21世纪
经济管理精品教材
管理科学
与工程系列

U0645539

现代仓储管理

周文泳◎主编

清华大学出版社
北京

内 容 简 介

本书较为系统地论述了现代仓储管理的相关知识,共分为七个部分:一是仓储、仓储系统与仓储管理的基础知识(第一章),二是仓储管理理论与实践发展的基本状况(第二章),三是仓库设施、设备管理与库场规划的相关知识(第三、四章),四是库场运营管理与仓储作业管理的相关知识(第五、六章),五是库存需求预测与库存控制的方法与技术(第七、八章),六是仓储管理信息系统的相关知识(第九章),七是仓储服务质量管理的相关知识(第十章)。

本书可作为物流管理及相近专业的研究生、本科生、专科生等不同层次学生的教材,也可作为企业仓储管理领域的专业培训的教材或参考书,还可作为仓储管理领域教学、研究及管理人员的参考用书。针对物流管理专业不同层次的教学,可以根据具体教学要求选择相关章节进行教学。

图书在版编目(CIP)数据

现代仓储管理 / 周文泳主编. —北京:清华大学出版社,2020.3(2024.2重印)
21世纪经济管理精品教材. 管理科学与工程系列
ISBN 978-7-302-52279-9

Ⅰ. ①现… Ⅱ. ①周… Ⅲ. ①仓库管理—高等学校—教材 Ⅳ. ①F253.4

中国版本图书馆 CIP 数据核字(2019)第 024849 号

责任编辑:杜 星
封面设计:李召霞
责任校对:宋玉莲
责任印制:丛怀宇

出版发行:清华大学出版社
　　　　　网　　　址:https://www.tup.com.cn, https://www.wqxuetang.com
　　　　　地　　　址:北京清华大学学研大厦 A 座　　　邮　　编:100084
　　　　　社 总 机:010-83470000　　　邮　　购:010-62786544
　　　　　投稿与读者服务:010-62776969, c-service@tup.tsinghua.edu.cn
　　　　　质量反馈:010-62772015, zhiliang@tup.tsinghua.edu.cn
印 装 者:三河市天利华印刷装订有限公司
经　　销:全国新华书店
开　　本:185mm×260mm　　　印　　张:20.5　　字　　数:525 千字
版　　次:2020 年 3 月第 1 版　　　印　　次:2024 年 2 月第 5 次印刷
定　　价:55.00 元

产品编号:065584-01

编委会名单

主　编：周文泳

参　编：金为开　杨　柳　高雯羽　万　幸　张　琪
　　　　钱加明　陈艳萍　舒贵彪

前言

仓储活动涉及千家万户，事关国计民生，是人类社会的一个永恒的主题。从自发的仓储管理经验、传统仓储管理思想到现代仓储管理理论，仓储管理的思想和理论的演变发展，为改善人民群众的生活水平、提升人类社会的生产、流通与消费效率作出了巨大贡献。仓储管理学是一门正在发展中的综合性交叉学科，涉及物流管理、企业管理、信息管理、质量管理、设备与设施管理等诸多领域。在仓储管理领域，古代中国积累了丰富的思想、经验、方法、工具和技巧，为世界仓储管理思想发展做出了杰出贡献，尽管西方工业革命之后的一段时间里被工业发达国家超越，然而，进入新时代以来，我国在仓储管理的很多领域已经达到了世界先进甚至领先水平。与此同时，我们必须清晰地认识到，新时代我国仓储业依然存在发展不充分、不平衡的现实问题，如何合理运用现代仓储管理理论和技术精准改造现有的传统仓储企业，依然是我国仓储行业面临的一项重要课题。

本书第一版在 2010 年出版之后，获得广大读者的青睐，大家也对作者提出了一些有益的改进建议，曾获得了 2012 年度中国石油和化学工业优秀出版物（教材）二等奖。本次修订出版第二版，结合作者近几年的科研、企业咨询服务以及课程教学的成果和体会，对全书进行了必要的完善和补充。第二版继承和保持了第一版的风格和框架，新增、补充和调整了部分章节，对原有章节也进行了较大的改动和完善。本书第二版共分七个部分：一是仓储、仓储系统与仓储管理的基础知识（第一章），二是仓储管理理论与实践发展的基本状况（第二章），三是仓库设施设备管理、库场规划的相关知识（第三、四章），四是库场运营管理与仓储作业管理的相关知识（第五、六章）；五是库存需求预测与库存控制的方法与技术（第七、八章）；六是仓储管理信息系统的相关知识（第九章），七是仓储服务质量管理的相关知识（第十章）。

本书第二版由周文泳教授（同济大学经济与管理学院）负责提纲编制和书稿修订工作。本书初稿形成过程中，周文泳负责第一章和第十章的修订工作，同济大学经济与管理学院的高雯羽和万幸、舒贵彪、钱加明、金为开和杨柳、张琪、陈艳萍分别参与第二和六章 、第三章、第四章、第五章、第七和八章、第九章的修订工作。全书最后由周文泳完成统稿、修改和定稿。

　　本书可作为物流管理及相近专业的研究生、本科生、专科生等不同层次学生的教材，也可作为企业仓储管理领域的专业培训的教材或参考书，还可作为仓储管理领域教学、研究及管理人员的参考用书。针对物流管理专业不同层次的教学，可以根据具体教学要求选择相关章节进行教学。本书第二版的修订，尽管作者尽了很大努力，但是，由于作者水平有限，难免有不足之处，恳请广大读者批评指正。此外，除了已注明的参考文献外，本书修订过程中还融入了其他一些文献的观点，在此一并向其原作者表示感谢。

周文泳

2019 年 5 月 9 日

目录

第一章

仓储管理概论

本章导读

　　仓储活动是一种节点活动，是连接物质产品的生产、流通与消费等环节的重要枢纽。有效运作仓储资源，有助于提高仓储活动的成效，实现仓储组织的目标。如何认识仓储、仓储系统和仓储管理的基本属性及其相互关系，如何把握仓储管理的主要目标、工作内容和评判标准，将是本章重点论述的内容。通过本章的学习，要求理解仓储的内涵、性质与作用，熟悉仓储系统的内涵、要素与功能，掌握仓储管理的内涵、原则与评判标准，把握仓储管理的研究对象、工作内容与时代特征。

第一节　仓储的内涵性质与作用

　　自从人类社会产生剩余产品以来，仓储活动经历了产生与发展的过程。从古到今，无论是一个国家、一个组织、一个家庭，还是一个人，都会自觉或不自觉地参与到仓储活动之中。那么，仓储究竟是什么？它具有哪些性质？在社会实践中，它又发挥着哪些作用呢？

一、仓储的内涵

　　"仓廪实而知礼节，衣食足而知荣辱"（出自《管子·牧民》），意思是"粮仓充足，丰衣足食，百姓才能顾及礼仪，重视荣誉和耻辱"。在日常生活中，无论是粮食、衣物，还是其他物品，当它们暂时没有被用到时，人们通常会利用诸如粮仓、衣物柜等进行储存和保管，以备将来使用。这是日常生活中最为常见的一种仓储活动。

　　仓储是指通过仓库对暂时不用的物品进行储存和保管。"仓"即仓库，是存放物品的建筑物和场地，可以是房屋建筑、洞穴、大型容器或特定的场地等，具有存放和保护物品的功能；"储"即储存、储备，表示收存以备使用，具有收存、保管、交付使用的意思。

　　为了更好地理解仓储的内涵，下文对仓储的目的、对象、场所、价值等方面进行讨论。

（一）仓储的目的是维持物品的使用价值

　　在维持物品的使用价值的过程中，我们既要维护好仓储物品的有形价值，也要防止仓储物品的精神磨损。一方面，我们要维护和保养好储存物品的有形价值，防止这些物品的物理磨损，腐蚀、变质或损坏。另一方面，我们也要持续关注储存物品替代产品的市场供需变化情况,避免这些物品因替代物品的升级换代而导致的价值磨损(精神磨损),如手机、电脑等电子产品更新换代快,这类产品储存时间太长会有被市场淘汰的风险。

(二)仓储的对象是实物动产

从现代物流的视角看,仓储的对象只包括实物动产,不包括不动产和无形资产等。仓储的对象既可以是生产资料,也可以是生活资料,但是,并非所有的生产资料与生活资料都属于仓储对象的范畴。尽管不动产(如土地、房屋等)可以储备,在储备过程中也需要维护和保养,但是,不动产不属于物流对象的范畴,也不属于仓储对象的范畴。尽管无形资产(如货币资金、应收账款、金融资产、股权投资、专利权、商标权等)对企业的生存与发展至关重要,但是,它们不属于物流对象的范畴,也不属于仓储对象的范畴。

(三)仓储的场所是仓库

作为一种客观的物质活动,仓储活动发生在特定的场所之中。储存与保管物品的场所很多,有时可以是不同形式的实体仓库(如露天堆场、货棚、库房等),有时可以是途中储存与保管物品的运输工具(如船舶的货舱、列车的车厢、管道等)。人们通常把储存与保管货品的场所统称为仓库,在第三章将对仓库进行详细讨论。

(四)仓储的价值是创造物品价值

物品仓储过程中需要消耗资源,同时也能创造物品价值。在物品仓储过程中,需要消耗人工、仓储设备、仓储设施、仓库储位、燃料与动力等资源,会发生一定的物品仓储成本。物品在不同时间点上的效用是不一样的,在仓储过程中,可以将物品从效用低的时刻延迟到效用高的时刻,由此创造了货品的时间效用。物品仓储过程中,仓库有时也会根据需方的特定要求开展一些流通加工活动来改造供方物品的形状、性质,由此创造了物品的附加值。可见,物品仓储过程中,尽管要消耗一些资源,但是仓储本身也创造物品的价值,这也是仓储活动存在的理由。

二、仓储的性质

仓储活动是一种客观的物质活动,从社会生产的角度看,它具备了一般生产活动的构成要素与共性特征。从活动形态的角度看,仓储活动不仅包括静态的物品储存,也包括一系列的动态作业活动。从社会分工的角度看,仓储活动是连接物质产品的生产、流通与消费等各个环节的桥梁与枢纽。从活动结果的角度看,仓储活动本身并没有提供新的实体产品,具有服务的基本属性。下文对仓储活动的生产性、二重性、连接性与服务性展开讨论。

(一)生产性

为了保证正常的仓储活动,不仅需要配备相应的仓储设施(如仓库的主体建筑、辅助建筑和辅助设施等)、保管设备(如托盘、货架等)、装卸搬运设备(如装卸、搬运、堆码等设备)及操作工具(如盘点机、读卡机、自动分拣机等),还需要耗费一定的人力对储存物品进行养护,防止各种因素对物品质量的影响。

仓储活动，具备了一般生产活动所需的劳动力、劳动资料和劳动对象等生产要素，是具有一定技能的工作人员借助于劳动资料（包括库房、设备和工具等）作用于劳动对象（如储存物品等）的活动，因此，仓储活动具有生产性。

（二）二重性

从活动形态看，仓储具有二重性，既有静态的物品储存，也包括动态的物品存取、保管、控制等过程。当产品不能被及时消耗掉，需要专门场所存放时，就产生了静态的仓储；而将物品存储在仓库以及对于存放在仓库里的物品进行保管、控制、提供使用等的管理，则形成了动态的仓储。

（三）连接性

仓储活动是物质产品生产过程的持续过程，也是连接供应商与顾客的桥梁和纽带。在制造企业生产物质产品的生产过程中，不仅需要对产品生产所需的原材料与零部件、生产出来的半成品与在制品进行存储和保管，还需要对进入流通环节之前的产成品进行储存与保管。在物质产品流通与消费过程中，各相关环节中一般都需要利用仓储对这些物质产品进行维护与保养，以确保这些物品保质保量地为消费者所用。由此可见，仓储是连接物质产品的生产、流通与消费等各个环节的重要枢纽。

（四）服务性

虽然仓储活动具有生产性，但是其在社会分工中所处的地位，与产品的生产活动还是有区别的，具体表现在如下几个方面。

（1）由于仓储活动会增加各种仓储费用，进而增加储存物品的持有成本，因此，加快商品周转，提高仓库利用率，减少作业环节，合理降低物品的储存成本，已经成为有效管理仓储活动的主要任务。

（2）实物产品生产是成批、连续进行的，而仓储活动是服务于生产和销售，据用户需要进行相关业务活动，具有不均衡性和不连续性。

（3）无论是工业企业还是商业企业，仓储是联系生产和消费的桥梁，具有服务的性质。由此可见，尽管仓储活动属于生产活动的范畴，但是，仓储活动本身并没有提供新的实体产品，具有服务的基本属性，这是有别于实体产品生产活动的最为显著的区别。

三、仓储的作用

在社会生产与生活中，由于生产与消费节奏的不一致，总会存在现在用不上、用不了或有必要留待以后使用的物质产品。如何在生产与消费或供给与需求的时间差内妥善地保持物质产品的有用性，是物流链中仓储环节所要解决的问题。作为物流体系中唯一的静态环节，仓储有时被称为时速为零的运输。

随着经济的发展，需求方式出现了个性化、多样化的改变，生产方式也变为多品种、小批量，仓储功能逐步实现了从重视提升保管效率到重视实现流通功能的转变。作为物流体系的一个重要节点，仓储环节不仅化解了货品供求之间的时间上的矛盾，还创造了货品的时间效用（如时令上的差值等）。

由此可见，在整个物流系统中，仓储活动是一个必不可少的重要环节，既有缓冲与调节的作用，也有创值和增效的功能。具体说来，仓储在现代物流中发挥着如下几个方面的重要作用。

（一）仓储是现代物流中不可缺少的重要环节

物流是指物品从供应地向接收地的实物流动过程。根据实际需要，将运输、储存、装卸、搬运、包装、流通加工、配送、信息处理等基本功能实施有机结合［《中华人民共和国国家标准：物流术语》（以下简称《物流术语》）］。在现代物流过程中，作为节点活动，仓储活动通常包括储存、保管、装卸、搬运等环节，有时也会涉及包装、流通加工、信息处理等环节。由此可见，仓储是现代物流不可缺少的重要环节。

（二）仓储能保证进入下一环节前的商品质量

商品从生产进入流通的过程中，通过仓储环节，通过进入市场前的商品质量检验，可以防止伪劣商品混入市场。因此，为保证商品质量，把好仓储这一关，以保证商品不变质、不受损、不短缺和有效的使用价值是非常重要的，仓储的任务就是要最大限度地保证商品的使用价值。通过仓储来保证商品质量主要反映在两个关键环节：一是入库时商品的质量检验关，二是储存期间商品的保质关。通过商品入库检验，预防不合格品进入仓库；把好仓储期间的质量关，避免商品因变质、受损、短缺等原因引起的质量问题，可以有效地预防不合格品流入下一工序或混入市场。

（三）仓储是提升商品流通效率的重要手段

商品在仓库内的滞留，表面上是流通的停止，而实际上恰恰促进了商品流通的畅通。一方面，仓储的发展，在调配余缺、减少生产和销售部门的库存挤压，从总量上减少地区内货物存储量等方面都起到了非常积极的作用。另一方面，加快仓储环节的收发和出库前为流通所做的准备，将直接促成商品流通的时间的缩短。仓储作为物流的一个重要环节，其费用的降低是节约整个流通费用的重要手段。

（四）仓储为商品进入市场做好了准备

仓储可以使商品在进入市场前完成整理、包装、质检、分拣、加标签等加工，以便简化和缩短后续环节的工作和时间，加快商品的销售。承担存储货物的简单加工已经变成仓储企业的一项重要业务，也是仓储企业改善服务、强化竞争能力的重要手段。

第二节　仓储系统的要素与功能

仓储系统是物流系统的子系统，作为供应和消费的中间环节，它能起到缓冲和平衡供需矛盾的作用。那么，什么是仓储系统？仓储系统由哪些要素构成？仓储系统又承担哪些功能呢？下文将对此展开讨论。

一、仓储系统的内涵诠释

系统是由相互作用、相互依赖的若干要素结合而成的，具有特定功能的有机整体，而且这个有机整体又是它从属的更大系统的组成部分。运动着的若干部分，在相互联系、相互作用之中组成的具有某种确定功能的整体，谓之系统。

对一个具有良好读书习惯的家庭而言，家庭成员会不断购买一些不同类型的书籍，通常会把一个房间作为书房。为了满足家庭成员随时找到书的需要，书房里会配置一定数量的书架和书柜，家庭成员通常会对书架和书柜的空间进行规划，把家里的书籍分门别类地存放在书架里，这实际上也构成了一个家庭书籍仓储系统。在这个书籍仓储系统中，它的构成要素包括家庭成员、家庭藏书、书房、书柜和书架、书籍仓储作业、书籍管理系统等，承担着维持家庭藏书的使用价值等功能。

由此可见，无论是个人物品的仓储活动还是组织货品的仓储活动，都可以从系统的视角加以考察。仓储系统是由仓储人员、仓储货品、储存空间、仓储设备、仓储作业、仓储管理系统等要素构成的，并承担特定功能的有机整体。

二、仓储系统的构成要素

下文从一个仓储组织的角度，简要介绍仓储人员、仓储货品、储存空间、仓储设备、仓储作业、仓储管理系统等构成要素。

（一）仓储人员

在一个仓储组织中，仓储人员是仓储活动的行为主体。仓储人员通常可以分为仓储管理者和仓储操作者两类。按层次，仓储管理者可以分为高层、中层和基层三个层次。关于仓储管理者的详细论述见本章第三节。仓储操作者是按照其上级仓储管理者的指令从事具体仓储业务工作的人员。

（二）仓储货品

货品是经济活动中涉及实体流动的物质资料。对任何物质材料而言，要成为货品需要满足如下两个基本条件：一是要参与经济活动，二是要发生实体流动。广义上看，一个组织的仓储货品是指组织内现有一切实物动产和即将进入组织的在途产品。狭义上看，组织仓储货品具备如下四个特征：一是仓储过程中不发生价值转移，但会在特定条件下实现价值增值；二是有明确的来源和去处；三是需要细心的保管才能维持使用价值；四是具有单元化集成储放的特点。在本书的第五章第一节中将对仓储货品管理展开详细讨论。

（三）储存空间

储存空间是一种建筑空间，通常指仓库内的保管空间，包括物理空间、潜在可利用空间、作业空间和无用空间。物理空间指存货实际占有的空间；潜在可利用空间指储存空间中没有充分利用的空间，一般仓库至少有10%的潜在可利用空间可加以利用；作业空间指为了作业活动顺利进行所必备的空间，如作业通道、存货之间的安全间隙等。储存空间是一种建筑空间。在储存空间内，可以保管货品，可进行出库、托运作业。仓储空间通常包括分拣区域的作业空间、柱子间隔、库房高度和通道。储存空间的评估要素涉及效率、流量、人性、成本和时间。

（四）仓储设备

仓储设备是指仓储工作中使用的设备，能够满足储存和保管物品需要的技术装置和机具。仓储工作中所使用的设备按其用途和特征可以分成装卸搬运设备、保管设备、计量设备、养护检验设备、通风照明设备、消防安全设备、劳动防护设备以及其他用途的设备和工具等。仓储设备是仓储与物流技术水平的主要标志，现代仓储设备体现了现代仓储与物流技术的发展。我国仓储设备现代化、自动化程度较高，呈现出社会化程度日益提高、设备结构日趋复杂、"五化"（连续化、大型化、高速化、电子化、智能化）趋势显著、设备源密集型居多等特征。

（五）仓储作业

仓储作业是指从商品入库到商品发送出库的整个仓储作业全过程。仓储作业可以分为订货作业、补货作业、拣货作业、入库作业、储存作业、盘点作业、流通加工作业、出库作业、装卸搬运作业等类型。上述九类作业的具体内容详见本书第六章。

（六）仓储管理系统

广义上看，仓储管理系统是指为达到仓储组织目标，针对仓储人员、仓储货品、储存空间、仓储设备、仓储作业等对象，由具有特定仓储管理职能和内在联系的各种管理机构、管理制度、管理过程、管理方法所构成的完整的组织管理体系。狭义上看，仓储管理系统是指一个实时的计算机软件系统，它能够按照运作的业务规则和运算法则，对信息、资源、行为、存货和分销运作进行更完美的管理，使其最大化满足有效产出和精确性的要求。

三、仓储系统的主要功能

物流过程主要创造三种效用，即空间效用、时间效用与形质效用。空间效用是指为克服物质产品从供方到需方的空间差而创造的效用，是在运输（配送）环节创造的。时间效用是指为克服从供方到需方的时间差而创造的价值，是在仓储环节创造的。形质效用是指按需方的具体要求改造供方物品的形状性质而创造产品附加值，是在流通加工环节创造的。

对仓储系统而言，它的基本功能是创造物品的时间效用。在现代物流活动中，仓储环节不仅承担物品储存、物品保管、流通加工、运输整合、分类与转运等主要功能，有时也承担着维护企业形象、传递市场信息、提供信用保证、提供现货交易等辅助功能。

（一）物品储存功能

现代社会生产的一个重要特征就是专业化和规模化生产，劳动生产率极高，产量巨大，绝大多数产品都不能被及时消费，需要经过仓储手段进行储存，这样才能避免生产过程堵塞，保证生产过程能够继续进行。对于生产过程来说，适当的原材料、半成品的储存，可以防止因缺货造成的生产停顿。而对于销售过程来说，储存尤其是季节性储存可以为企业的市场营销创造良机。适当的储存是市场营销的一种战略，它为市场营销中特别的商品需求提供了缓冲和有力的支持。

（二）物品保管功能

生产出的产品在消费之前必须保持其使用价值，否则将会被废弃。这项任务就需要由仓储来承担，在仓储过程中对产品进行保护、管理，防止损坏而丧失价值。如水泥受潮易结块，使其使用价值降低，因此在保管过程中就要选择合适的储存场所，采取合适的养护措施。

（三）流通加工功能

物品在保管期间，保管人根据存货人或顾客的要求对物品的外观、形状、成分构成、尺度等进行加工，使物品发生所期望的变化，我们称为流通加工。流通加工主要包括以下几种。

（1）为保护产品进行的加工。如对保鲜、保质要求较高的水产品和肉产品等食品，可进行冷冻加工、防腐加工、保鲜加工等；对金属材料可进行喷漆、涂防锈油等防锈蚀的加工。

（2）为适应多样化进行的加工。如对钢材卷板的舒展、剪切加工；对平板玻璃的开片加工；以及将木材改制成方材、板材等。

（3）为使消费者方便、省力的加工。如将木材直接加工成各种型材，可使消费者直接使用。

（4）为提高产品利用率的加工。如对钢材、木材的集中下料，搭配套材，减少边角余料，可节省原材料成本和加工费用。

（5）为便于衔接不同的运输方式、使物流更加合理的加工。如散装水泥的中转仓库担负起散装水泥装袋的流通加工及将大规模散装转化为小规模散装的任务。

（6）为实现配送进行的流通加工。仓储中心为实现配送活动，满足顾客对物品的供应数量、供应构成的要求，可对配送的物品进行各种加工活动，如拆整化零，定量备货，把沙子、水泥、石子、水等各种材料按比例要求转入水泥搅拌车可旋转的罐中，在配送的途中进行搅拌，到达施工现场后，混凝土已经搅拌好，可直接投入使用。

（四）运输整合功能

运输整合是仓储活动的一个经济功能。通过这种安排，仓库可以将来自多个制造商的产品或原材料整合成一个单元，进行一票装运。其好处是有可能实现最低的运输成本，也可以减少由多个供应商向同一顾客进行供货带来的拥挤和不便。为了能有效地发挥仓储整合功能，每一个制造商都必须把仓库作为货运储备地点，或用作产品分类和组装的设施。这是因为，整合的最大好处就是能够把来自不同制造商的小批量货物集中起来形成规模运输，使每一个顾客都能享受到低于其单独运输的成本。如图1-1所示。

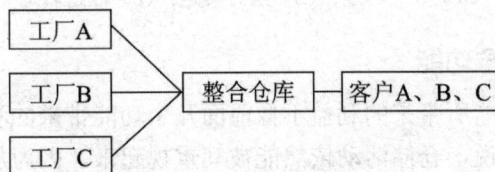

图1-1　运输整合功能

（五）分类与转运功能

在仓储系统中，分类与转运是指将来自制造商的组合订货分类或分割成个别订货，然后安排适当的运力运送到制造商指定的特定顾客的过程。分类与转运可以分为三种形式：一是分类转运，如图 1-2（a）所示；二是组合转运，如图 1-2（b）所示；三是制造转运，如图 1-2（c）所示。仓库从多个制造商处运来整车的货物，收到货物后，如果货物有标签，就按顾客要求进行分类，如果没有标签，就按地点分类，然后货物不在仓库停留直接装到运输车辆上，装满后运往指定的零售店。同时，由于货物不需要在仓库内进行储存，因而，降低了仓库的搬运费用，最大限度地发挥了仓库装卸设施的功能。

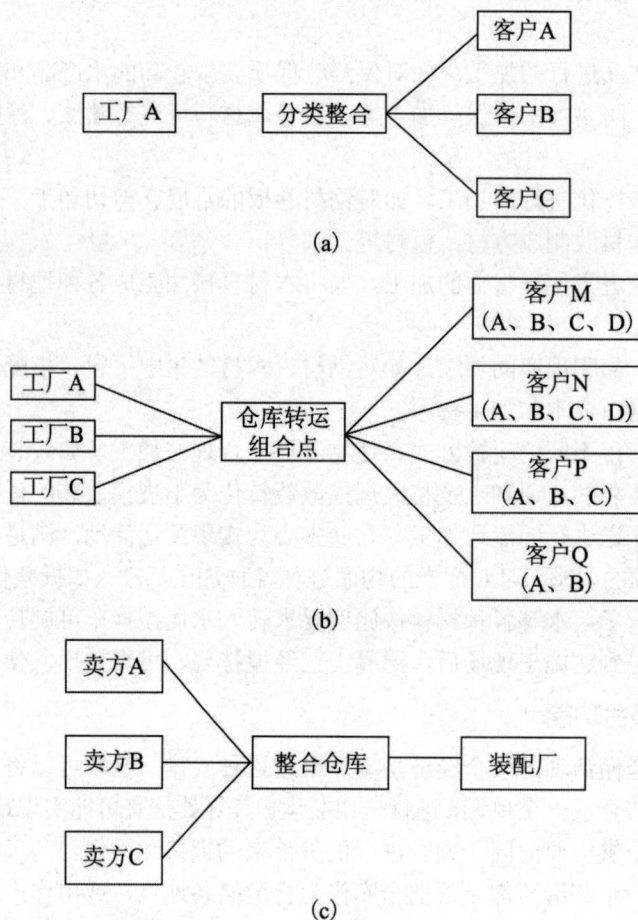

图 1-2　分类与转运功能

（a）分类转运；（b）组合转运；（c）制造转运

（六）维护企业形象功能

尽管市场形象的功能所带来的利益不像前面几个功能带来的利益那样明显，但对于一个企业的营销主管来说，仓储活动依然能被其重视起来。因为从满足需求的角度看，从一个距离较近的仓库供货远比从生产厂商处供货方便得多，同时，仓库也能提供更为快捷的递送服务。这样会在供货的方便性、快捷性以及对市场需求的快速反应方面，为企业树立一个良好的市场形象。

（七）传递市场信息功能

任何产品的生产都必须满足社会的需要，生产者都需要把握市场需求的动向。社会仓储产品的变化是反映市场需求变化极为重要的途径。仓储量减少、周转量加大，表明社会需求旺盛；反之则为需求不足。厂家存货增加，表明其产品需求减少或者竞争力降低，或者生产规模不合适。仓储环节所获得的市场信息虽然比销售信息滞后，但更为准确和集中，且信息成本较低。现代企业生产特别重视仓储环节的信息反馈，将仓储量的变化作为决定生产的依据之一。现代物流管理特别重视仓储信息的收集和反馈。

（八）提供信用保证功能

在大批量货物的实物交易中，购买方必须检验货物、确定货物的存在和货物的品质，方可成交。购买方可以到仓库查验货物。由仓库保管人出具的货物仓单是实物交易的凭证，可以作为对购买方提供的保证。仓单本身就可以作为融资工具，可以直接使用仓单进行质押。

（九）提供现货交易功能

存货人要转让在库商品时，购买人可以到仓库查验商品取样检验，双方可以在仓库进行转让交割。国内众多的批发交易市场，既是有商品存储功能的交易场所，又是有商品交易功能的仓储场所。众多具有便利交易条件的仓储都提供交易活动服务，甚至部分形成有影响力的交易市场。阁楼式仓储商店的涌现与发展，就是仓储功能高度发展、仓储与商业密切结合的结果。

第三节　仓储管理的内涵与评判标准

仓储管理学是一门正在发展中的综合性边缘学科，涉及物流管理、企业管理、信息管理、质量管理、设备与设施管理等领域的相关学科。一名出色的仓储管理工作人员，不仅需要掌握非常扎实的管理学领域的专业知识，也需要拥有良好的仓储设备与设施相关专业的技术素养，还需要具备丰富的库场营运管理的工作经验。下文对仓储管理的内涵和仓储管理的评判标准进行阐述。

一、仓储管理的内涵

仓储管理是运作仓储资源实现仓储组织目标的过程。为了更好地理解仓储管理的内涵，我们需要明确如下五个问题：①仓储组织目标是什么？②实现仓储组织目标的途径是什么？③对一个仓储组织而言，仓储资源有哪些要素？④什么是仓储管理者？⑤仓储管理的本质是什么？

（一）仓储组织目标

对个体而言，目标是个体主观设定的特定活动的预期结果状态，是个体在头脑中形成的一种主观意识形态,也是个体活动的预期目的,为个体活动指明方向。对组织而言,组织目标是维系组织存在的理由,是在未来一段时间里组织成员通过共同努力需要达到的预期结果状态。

仓储组织可以分为仓储企业与仓储部门两种基本类型。仓储企业,是为社会上各类组织与个人提供仓储服务的企业法人,通常是以实现仓储企业营利为目的的。仓储部门,是隶属于企业或其他类型组织(如事业单位、军队、政府机构等)的仓储部门,仓储部门的目标则服务与服从于所属的组织的目标。

在剥离不同类型的仓储组织的性质差异的基础上,仓储组织所提供的都是仓储服务。为此,对任何一个仓储组织而言,其仓储管理的目标都是在向其顾客提供仓储服务中得以实现的。

(二)实现仓储组织目标的途径

由于仓储组织的类型不同、隶属关系不同,仓储组织的目标会存在明显差异。对一个第三方物流仓库(仓储企业)来说,其赖以生存与发展的基础是向社会各类顾客提供仓储服务,在仓储服务提供过程中它也实现了其自身盈利的目标。而对一个隶属制造企业的仓储部门而言,其实现目标的途径则是围绕着其所隶属企业的经营目标与管理目标而承担起职能,主要是为企业其他相关部门提供所需的仓储服务。

任何仓储组织在实现目标过程中,都需要提供仓储服务。在提供仓储服务过程中,都需要配置与运作仓储组织所拥有的各类仓储资源。可见,配置与运作组织所拥有的各类仓储资源是仓储组织实现目标的基本途径。

(三)仓储资源

仓储组织的仓储资源可以分为人、财、物、信息、管理与技术等资源。仓储组织中人力资源处于核心的地位,人力资源的配备情况良好是仓储组织能有效运作其他资源的前提与基础;良好的人力资源结构表现为具备与仓储组织相匹配的合理的人员结构、能力结构与专业结构。财力资源一般是指仓储组织在特定时期内能够运作的资金,有时也将仓储组织中各类固定资产与流动资产通过货币计量后纳入财务资源之中。仓储组织中物力资源主要包括仓储设施、储存空间、仓储设备、动力燃料、包装材料等物质资料。信息资源是仓储组织在提供仓储服务过程中所涉及的各种数据与信息,是连接各项仓储活动的纽带。仓储组织的管理资源主要表现为仓储组织的仓储管理活动的水平与能力。仓储组织的技术资源表现在如下两个方面:一方面是通过仓储设备与设施等物化形态表现出来的技术水平,另一方面是隐含在组织成员中的专业技术能力和素养。

(四)仓储管理者

所谓仓储管理者是指在仓储组织(如仓储企业、其他组织的仓储部门)中有权指挥下级(如下级仓管人员、库房一线操作工人等)活动的人。也就是说,在仓储组织中,每一个仓储管理者从组织结构的角度看都存在他的下级。

按组织层次划分,仓储管理者可以分为高层仓储管理者、中层仓储管理者、基层仓储管理者。高层仓储管理者在仓储组织中负有全面性的职责,相应被赋予仓储组织中最高的权力；中层仓储管理者在仓储组织中负有他们管辖领域的职责，被赋予仓储组织中局部的权力；基层仓储管理者直接面对仓储组织中第一线工作的操作者（如搬运工、叉车驾驶员等），他们具有指挥操作者和实施具体仓储工作任务的职权。

（五）仓储管理的本质

仓储组织为了实现其目标，不仅需要处理组织成员之间的关系问题，需要处理组织成员与其他仓储资源之间的关系问题，还需要处理仓储组织当前目标与长远目标之间的关系问题。要处理好上述这些关系问题，就需要仓储管理者协调上述种种关系问题。只有协调好上述关系问题，仓储组织才能向其客户（或关联部门）提供仓储服务，才能实现仓储组织的目标。因此，仓储管理的本质是协调。

二、仓储管理的评判标准

由于仓储组织向顾客提供仓储服务，因此，顾客满意度是仓储管理的一个重要评判标准。评判管理好坏的标准有两个：管理的有效性与管理的效率。仓储管理属于管理学的范畴，为此，效率与有效性也应纳入仓储管理的评判标准。

（一）仓储组织顾客的满意度

仓储组织顾客满意度是指顾客（仓储组织顾客可以是外部的，也可以是仓储组织内部的）对仓储组织所提供的仓储服务的满意程度。如果顾客对仓储组织所提供的仓储服务越满意，则仓储管理工作的顾客满意度就越高。

（二）仓储管理的效率

效率是所有仓储管理工作的基础，没有生产效率，就不会有经营效益，更不可能有优质的仓储服务。仓储管理的效率是指仓储服务提供过程中投入与产出的比例关系。投入仓储资源少，提供的仓储服务多，说明发挥作用的仓储资源的比例高，浪费的仓储资源少，仓储管理的效率高。

（三）仓储管理的有效性

仓储管理的有效性是指通过运作仓储资源实现仓储目标的能力，也就是仓储管理工作投入后的产出与仓储组织目标的一致性程度。如果一个仓储组织能够很好地利用仓储资源实现其目标，就说明其仓储管理是有效的。

顾客满意度、效率与有效性三个仓储管理评判标准是相互联系的。现实的仓储管理中，只讲顾客满意度、效率或有效性，都是应该避免的。良好的仓储管理应该既是顾客满意程度高的，又是高效的，也是有效的。由此可见，良好的仓储管理应该是仓储组织的顾客满意度、效率与有效性的有机统一。

第四节　仓储管理的对象、原则与内容

合理界定仓储管理的研究对象，遵循仓储管理的基本原则，明确仓储管理的工作内容，对于从事仓储管理领域的理论研究与实务工作具有非常重要的现实意义。下文对仓

储管理的研究对象、仓储管理的基本原则和仓储管理的工作内容进行简要阐述。

一、仓储管理的研究对象

仓储管理的研究对象主要涉及仓储货品、仓储作业、储存空间、仓储设备、仓储信息、服务质量等方面管理的理论、方法、技术与案例。具体说来，仓储管理的研究对象如表 1-1 所示。

表 1-1　仓储管理的研究对象

研究对象	研究对象描述
仓储货品	不同类型货品的需求预测、存量控制、质量保证与料账管理等方面的方法、模型、技术、模式与案例等。
仓储作业	订货、补货、拣选、入库、储存、盘点、出库、流通加工、装卸搬运等相关仓储作业的方法、技术、规范、制度与案例等。
储存空间	仓库的物理空间规划、配套设施布置、储存空间布置、储位指派等方法、技术与案例等。
仓储设备	储存设备、装卸搬运设备、计量设备、养护检验设备、通风照明设备、消防安全设备、劳动防护设备以及其他用途设备和工具等仓储设备的设计、研发、选型、标准化等。
仓储信息	仓储管理信息系统的研发与实施，信息技术、网络技术、物联网技术、通信技术和人工智能在仓储信息管理中应用等。

二、仓储管理的基本原则

尽管仓储组织的性质不同，其仓储管理的目标也存在明显差异，但是，任何仓储组织在仓储目标实现过程中，都需要运作仓储资源，都需要向其顾客提供仓储服务。世界上不存在适用于所有仓储组织的最佳的管理模式，但是，在实际仓储管理工作中还是有一些具有共性的基本原则可以用来指导仓储组织的实际管理工作。

（一）高效率原则

效率是指在一定劳动要素投入时的产品产出量。高效率就是指以较小的劳动要素投入产出较多产品。高效率就意味着单位劳动产出大。劳动要素利用的高效率是现代生产的基本要求。仓储的效率表现在货物周转率、仓容利用率、进出库时间、装卸车时间等指标上。

高效率的仓储管理具有"快进、快出、多储存、保管好"的特点。仓储管理要以效率管理为核心，实现以最少仓储资源投入获得最大的仓储服务产出的目标。仓储资源的投入主要包括劳动力的数量、生产工具以及它们的作业时间和使用时间等诸多方面。

效率是所有仓储管理工作的基础，没有生产效率，就不会有经营效益，更不可能有优质的仓储服务。高效率的实现是管理艺术的体现，准确的核算，科学的组织，妥善的场所和空间安排，机械设备与员工的合理配合，部门与部门、人员与人员、设备与设备、人员与设备之间的默契配合，使生产作业过程有条不紊地进行。高效率需要有效的管理过程作为保证，包括现场的组织，标准化、督促、制度化的操作管理，严格的质量责任制约束。现场作业混乱、操作随意、作业质量差甚至出现作业事故等显然不可能有效率。

（二）效益原则

无论是仓储企业还是营利性企业的仓储部门，在提供仓储服务过程中，都需要考虑仓储服务本身所带来的效益。仓储服务的效益表现为特定仓储服务提供过程中收益（对仓储企业而言，这种效益表现为仓储服务所带来的收入）与仓储成本（包括仓储过程所发生的各类成本和费用）的差值。如果这一差值为正值，则说明提供这一仓储服务能为仓储组织带来效益。

对一个特定的仓储企业而言，如从财务评价的角度上看，这种效益可以通过利润的形式表现出来，仓储企业利润等于企业经营收入减去经营成本后再减去税收；如从国民经济的角度上看，这种效益则表现为国民经济的净效益，即效益流量与费用流量的差值。因此，对任何仓储组织而言，仓储管理过程中，都应该关注其所提供仓储服务的效益问题，也就是说，仓储组织都应该遵循效益原则。

（三）服务原则

仓储活动以为社会提供仓储服务为内容，仓储服务是贯穿仓储活动的一条主线。仓储的定位、具体操作、对储存货物的控制都以向顾客提供仓储服务为中心而展开。仓储管理需要围绕仓储服务定位而展开相应的管理工作，如仓储服务的计划、仓储服务的组织、仓储服务过程的领导、仓储服务的创新、仓储服务过程与质量的控制等工作。

对一个特定的仓储组织而言，在特定仓储服务中投入的力度越大，仓储服务的水平越高，仓储服务也越高，顾客所需支付的仓储服务费用也越高；在仓储服务投入不变的前提下，仓储组织可以提高其仓储管理水平，在保证仓储服务的质量与水平的基础上，降低仓储成本。仓储组织在仓储服务策划与提供过程中，应该以顾客为中心，从顾客需求与期望出发，才能实现仓储组织自身的效益。因此，仓储管理中应该遵循服务原则，才能实现仓储组织的管理目标，才能保证仓储组织的生存与发展。

三、仓储管理的工作内容

仓储管理的工作内容主要包括仓储人员管理、仓库设施与设备管理、库场规划、库场运营管理、仓储作业管理、库存需求预测与库存控制、仓储管理信息系统、仓储服务质量管理等方面。仓储管理的工作内容如表 1-2 所示。

表 1-2　仓储管理的工作内容

工作内容	工作内容描述
仓储人员管理	（1）人员规划：人员的现状评价与需求预测，编制人员聘任方案。 （2）人员聘任：按聘任方案开展减员、换岗、招新和选拔工作，确保各岗位有最合适的人员。 （3）适应环境：帮助新员工熟悉工作岗位、组织结构与工作内容。 （4）员工培训：更新员工的知识和技能，确保员工胜任工作岗位。 （5）绩效评价：测评员工的工作绩效，支持制定人事决策。 （6）劳资协调：正确处理工会与管理者之间的相互作用关系。 （7）员工发展：为员工提供成长和发展机会，留住、吸引和发展人才。

工作内容	工作内容描述
仓库设施与设备管理	（1）仓库设施管理：维护和保养仓储的主体建筑、辅助建筑和辅助设施，做好仓库设施的安全管理、治安管理和消防管理工作。 （2）保管设备管理：合理规划、设计、选用、养护和更新保管设备（托盘、货架和储物柜等），确保保管设备处于良好的使用状态。 （3）装卸搬运设备管理：按设备特性，做好维护与保养工作，编制操作规程，确保装卸搬运设备处于良好的使用状态。 （4）其他仓储设备管理：制定合理的管理制度与规范，做好计量设备、养护检验设备、通风照明设备、消防安全设备、劳动防护设备、其他用途设备（或工具）的管理工作。
库场规划	（1）库场选址：按货品储存与保管的客观需求和库场选址的约束条件，拟定和评估备选库场地址方案，确定最终选址方案。 （2）库场设施规划：按选定的库场地址，编制可行的库场主体建筑、辅助建筑与辅助设施的规划方案，为库场设施建设提供客观依据。 （3）库场布局：通过估算未来货品存量水平，做好库场平面、储存单元和库场空间的布置工作。 （4）库场设备配置：依据仓储货品与仓储作业的客观需求，配置一定规格、型号与数量的保管设备（托盘、货架、货柜）、装卸搬运设备及其他相关仓储设备与工具。
库场运营管理	（1）货品管理：货品分类管理、货品编码管理、货品日常维护与保养。 （2）储位管理：储区分类、储位编码、储位分类管理。 （3）现场管理：选取现场管理方法与技术，制定与落实现场管理制度。 （4）治安管理：依据职能分工与工作要求，做好保卫工作与警卫工作。 （5）安全管理：明确库场安全管理的对象、方针与要求，制定与落实库场安全管理制度。
仓储作业管理	（1）订货、补货与拣选作业管理：订货作业管理、补货作业管理、拣选作业管理。 （2）入库作业管理：编制进货计划、货品验收与交接、入库单证管理。 （3）储存作业管理：按储存作业管理要求，做好各项储存作业管理工作。 （4）盘点作业管理：制订盘点计划，做好盘点工作，编制货品盘点报告。 （5）出库作业管理：依据不同的出库方式与要求，做好货品出库工作和出库单证管理。 （6）流通加工管理：依据顾客要求，开展流通加工业务，提供增值服务。 （7）装卸搬运作业管理：选择合理的装卸搬运的方式、线路与设备，以最合理的方式完成装卸搬运工作任务。
库存需求预测与库存控制	（1）库存需求预测：采用定量或定性方法，客观预测仓储货品库存需求，为仓储货品库存控制提供客观依据。 （2）库存控制：选用适合的库存控制方法与模式，动态调控仓储货品的库存水平，实现仓储货品管理合理化。
仓储管理信息系统	依据仓储组织仓储信息管理的现实需求，合理选用信息、网络、物联网、通信和人工智能等相关技术，规划、设计、运行与维护仓储管理信息系统。
仓储服务质量管理	依据仓储顾客的现实需求，准确把握仓储服务的质量特性，通过仓储服务质量的策划、测量、评价、控制、改进等一系列活动，持续提升仓储服务质量和仓储顾客的满意程度。

第五节　仓储管理的时代特征

在信息通信技术与人工智能迅速发展的社会背景下，现代仓储业呈现专业化、国际化、综合化、集约化发展趋势。现代仓储管理实践呈现出仓储需求个性化、库存结构合理化、仓储技术智能化、存储空间集约化和仓储信息网络化等发展态势（详见本书第二章第四节）。下文从货品库存趋零化、仓储资源整合化、仓储作业精准化、仓储服务专业化四个方面阐述现代仓储管理的时代特征。

一、货品库存趋零化

所谓货品库存趋零化并非是不设库存，而是企业尽量把自己的库存向上转移给供应商或向下转移给零售商，最大限度地降低自身库存水平。货品库存趋零化主要包含如下三层意义：一是不必要的货品库存趋于零或等于零；二是不必要的仓储设施和设备使用消耗的数量趋于零或等于零；三是不必要的社会仓储物资数量降低到合理水平。

实现零库存的途径主要有以下几种：①推行协作、配套的生产方式。在此生产方式下，企业间的经济关系日益密切，在一些企业之间开始自然地构筑起稳定的供货（或购货）渠道，促使其库存物资的总量减少。②推行分包销售的经营方式。分包销售的经营方式，实行的是统一组织产品销售、集中设库储存产品，以及通过配额供货的形式将产品分包给经销商，进而降低各个分包（销售）点的库存水平。③依靠专业流通组织降低需求者的库存水平。商品购销活动的专业流通组织，通常都拥有配套的物流设施、先进的物流设备、大量的物资资源和资金，依靠专业流通组织均衡和准时地向需求者提供货物，有助于有效降低作为需求者的商业企业和制造企业的库存水平。④委托营业仓库储存和保管货物，降低库存水平。营业仓库是一种社会化、专业化程度比较高的仓库，通常隶属于特定企业集团公司，但其服务对象既有集团内部的成员企业，又有社会上的其他用户。对一个企业而言，委托营业仓库存储货品，不仅有利于用户企业集中主业，降低其货品的库存水平，还有利于营业仓库提升专业化水平，实现规模经营活动，降低库存管理成本。⑤实行看板供货制度。从运作方法和原理的角度来看，看板供货就是在企业内部各工序之间，或者在相互建立供求关系的企业之间，由下一个环节采用固定格式的卡片根据自己的生产节奏逆流而上，向上一个环节提出关于供货的要求，上一个环节则按照卡片上指定的供应数量、品种等及时组织送货。实行看板供货制度明显的好处是可以做到同步、准时向需求者供应货物。

二、仓储资源整合化

当今社会，企业的市场竞争能力强弱一定程度上取决于企业供应链运行状况（质量、效率与绩效）。供应链运行状况好坏与其供应链中的利益相关方（包括原材料和零部件供应商、制造企业、批发商、零售商、消费者、第三方物流企业等）的总体库存水平休戚相关。

在其他条件不变的前提下，一条供应链的仓储资源能整合得好，有助于合理降低供应链的总体库存，优化供应链的运行状态，进而提升供应链的竞争力。在仓储服务提供过程中，仓储组织需要从供应链的视角实施仓储资源整合化管理策略。

在保证满足顾客需求的前提下，有效整合供应链中利益相关方的储存空间、仓储设备、仓储人员、仓储货品等仓储资源要素，动态优化仓储服务的成本质量、效率与绩效，是仓储组织实施仓储资源整合化管理策略的核心要点。

三、仓储作业精准化

精准化管理是组织管理的一种理念、一种文化，是以量化管理为基础、遵循持续改进的思想方法、以工作团队为单元的组织管理系统。对一个仓储组织而言，设计并实施精准的仓储作业活动，是推行精准化管理的关键之所在。仓储作业的精准化管理，重点是要把握好"精"和"准"两个方面。

仓储作业管理的"精"是指各项仓储作业要尽量简化并容易操作，持续降低得到仓储作业的预期结果的时间成本、资金成本、风险成本等，进而提高仓储作业活动的管理效率和结果质量；要实现仓储作业管理的"精"，不仅需要有专业人员来做专业的仓储作业活动，也需要配备与之相匹配的设施、设备与工具等作为支撑。

仓储作业管理的"准"是指各项仓储作业工作要量化、细化、可操作化；要实现仓储作业管理的"准"，不仅需要准确把握顾客的关键需求，也需要准确界定每一项仓储作业的具体目标。

与此同时，在推行仓储作业精准化管理过程中，还需要配备必要的仓储作业的计量器具与测量系统，制定标准化的仓储作业管理的方法、制度与规范，编制合理化的仓储作业管理方案。

四、仓储服务专业化

随着仓储货品日趋多样化，仓储顾客需求日趋个性化，这对仓储服务供应商提出新的要求。在同业竞争日趋激烈的仓储服务市场中，对大多数中小仓储企业而言，如果想要赢得仓储顾客的青睐，就需要做好如下几项工作：一是需要合理定位自己的仓储服务细分市场，设计出符合目标顾客需求的仓储服务产品；二是需要配置专业化的仓储人员、仓储设施与仓储设备等仓储资源，三是需要形成专业化的仓储服务工作规范与标准，执行专业化的仓储作业流程；四是需要持续提高仓储服务工作的质量与效率，提升自己的企业信誉与品牌。由此可见，建设专业化的仓储服务的队伍、产品、设施、设备、流程、规范与标准，是仓储组织建设专业化的仓储服务体系的核心任务。

复习思考题

1. 什么是仓储？举例说明仓储的目的、对象、场所与价值。
2. 仓储具有哪些基本性质？在现代物流中，仓储又发挥哪些作用？
3. 简述仓储系统的内涵、构成要素与主要功能。
4. 什么是仓储管理？如何理解仓储管理的基本内涵？
5. 仓储组织拥有哪些资源要素？并举例说明不同类型的仓储人员运作仓储资源的权限。
6. 什么是仓储管理者？假如你是一个仓储企业的高层管理者，你将如何配置仓储资源？
7. 结合实际工作，谈谈一名出色的仓储管理者应该具备哪些方面的素养。

8. 评判仓储管理好坏的标准有哪些？良好的仓储管理具有什么特点？

9. 简要描述仓储管理的研究对象与基本原则。

10. 仓储管理的工作内容主要包括哪些方面？

11. 简述仓储管理的时代特征。

12. 论述仓储管理学是一门什么样的学科。你将如何学好这一门课程呢？

主要参考文献

[1] 周文泳. 现代仓储管理[M]. 北京：化学工业出版社，2010.

[2] 尤建新等. 高级管理学[M]. 上海：同济大学出版社，2003.

[3] 真虹，张婕姝. 物流企业仓储管理与实务[M]. 2 版. 北京：中国物资出版社，2007：7.

[4] 尤建新，周文泳，武小军，等. 质量管理学[M]. 北京：科学出版社，2014.

[5] 储存空间[DB/OL]. https://baike.baidu.com/item/储存空间/12746393.

[6] 刘军，左声龙. 现代仓储作业管理[M]. 北京：中国物资出版社，2006.

[7] 洪利红. 以精准化管理提升企业核心竞争力[J]. 中国质量技术监督，2014（1）：66-67.

仓储管理理论与实践发展

第二章

本章导读

仓储意识萌芽于一万多年之前，随着人类物资日趋丰富，仓储活动日趋频繁，推动着仓储管理理论的形成与发展。在过去很长的历史时期里，中国仓储行业和仓储管理思想在世界范围内处于领先地位。西方工业革命推动着物资供应从"短缺"向"充足"的转变，现代仓储管理理论由此应运而生。通过本章学习，要求熟悉仓储业的由来、国内发展历程和国际发展现状，掌握中国古代仓储管理思想的核心观点与主流思想，了解常用的库存控制、库场选址和库场布局等常用方法的核心思想，掌握库存观念的演变脉络与现代仓储管理实践的发展趋势。

第一节　仓储业的形成与发展

我国的仓储业历史悠久，仓储意识从一万多年前的萌芽，到当今的蓬勃发展，经历了复杂多样的演变。随着社会的发展和技术的进步，仓储业在国民经济体系中占有重要的地位，成为社会经济发展不可或缺的力量。为此，本节对仓储活动的由来、中国仓储业的发展历程和国际仓储业的发展现状进行讨论。

一、仓储活动的由来

在距今约1万年以前的旧石器时代，人类的祖先已经萌发了保管和储藏生产工具的意识，已出土的大量石器，就是这种意识的实践。但由于当时生产力低下，人们过着食不果腹的艰难生活，还不可能有多余的物品可供储备。

随着社会的不断进步，到了六七千年以前母系氏族公社的繁荣时期，原始农业的生产活动和定居生活要求人们储存农作物的种子，以备来年春种和维持人们食粮的需要，人类社会有了剩余产品，仓储也就于此起源。当某个人或者某个部落捕获的猎物自给有余时，就把多余的储藏起来以备下一次捕不到猎物或者捕获的猎物无法满足需求时食用。古代有句警示名言"积谷防饥"说的就是这个意思，就是丰收年剩余的粮食储存起来以备歉收年食用。当时的粮食仓储主要有露天堆放、器具储存、窖藏三种形式。

（1）露天堆放。最为典型的是浙江余姚河姆渡遗址中发现的稻谷遗物的堆集，经7 000余年的演变，这堆稻谷遗物仍高40～50cm，占地约50m²。显然，这是当时一种有目的、有意识的，又是十分必要的生产活动。

（2）器具储存。器具储存即将储藏物置于陶罐内，以期保持储藏物质量与数量的稳定性。西安半坡遗址曾出土盛着菜籽的陶罐。器具储存比露天堆放要优越得多，特别适于小型物品的储存，但受到烧制陶罐等条件的制约。

（3）窖藏。掘地成穴以储藏物品。河北磁山文化遗址及半坡遗址都发现了众多的窖穴，半坡遗址有窖穴 200 多处，有的地方 10 多个窖穴集中在一块儿，形成窖穴群。窖穴深度在 2m 左右，口径为 1m 左右，壁和底均经过加工处理，顶部有覆盖物。

二、中国仓储业的发展历程

我国仓储行业的发展大致可以分为传统仓储、机械化仓储、自动化仓储和智能化仓储四个历史阶段，下文对这四个阶段作简要说明，并对仓储业的发展趋势进行展望。

（一）传统仓储阶段

在古代，人民生产力和生产技术的发展较为缓慢，生产水平较为低下，当人们开始简单使用工具时，仓储行为就随之产生了。我国古代传统仓储方式主要通过人力来进行一系列操作，人们制造简单的小推车和货架等工具，通过肩扛、手搬、车运等人力手段进行货物的存取，以纸张文件为基础人工记录和追踪进出货物，以人为记忆实施仓储内部的管理。

对于整个仓库而言，虽然使用简单的工具对货物进行运输，但由于人为因素不确定，导致劳动力效率低下，人力资源严重浪费，同时随着货物数量的增加以及出入库频率的剧增，传统的人工仓储无法满足仓储管理实时性的需要。

（二）机械化仓储阶段

自 1840 年鸦片战争爆发以后，世界帝国主义列强侵入我国，并按照他们的方式开埠通商，使我国沿海运输和商业活动骤增，从而也使与之相关的仓储经营业务得到较快的发展，我国由此进入机械化仓储阶段。机械化仓储阶段物资的输送、仓储、管理、控制主要是依靠机械来实现。近代中国的商业性仓库也称为"堆栈"，即是堆存和保管货物的场所。堆栈经营者将资金投入堆栈业，并配备一定的机械设备，专门用于存放他人的货物，收取栈租。机械设备的引入提高了仓储活动的效率，扩大了当时仓库的性能，并且使得仓储活动更具规范化、统一化。

在此阶段涌现出大量机械化工具，主要为传送带、分拣机、叉车、机械手、吊车、堆垛机、升降机、包装机械、常规物料搬运车和自动引导搬运车等工具，常规搬运车包括蓄电池平衡重叉车、电动搬运车、电动堆垛车、前移式叉车、电动牵引车和电动拣选车等；叉车分为窄通道叉车和行业定制叉车等，其中窄通道叉车包括三向、四向、全向和侧面叉车；行业定制叉车包括特种叉车、冷库叉车、大吨位搬运叉车、模具搬运叉车、纺织专用叉车和电缆搬运叉车等。物料可以通过各种各样的传送带、分拣机、搬运车和升降机来移动、搬运，用货架托盘和可移动货架存储物料，通过人工操作机械存取设备，用限位开关、螺旋机械制动和机械监视器等控制设备来运行。机械化满足了人们对速度、精度、高度、重量、重复存取和搬运等方面的要求，其实时性和直观性是明显优点。

（三）自动化仓储阶段

自动化技术对仓储技术和发展起了重要的促进作用。20 世纪 60 年代以后，随着世界经济发展和现代科学技术的突飞猛进，仓库在我国仓储业的性质发生了根本性变化，从单纯地进行储存保管货物的静态储存一跃而进入了多功能的动态储存新领域，成为生产、流通的枢纽和服务中心。20 世纪 70 年代初期，我国开始研究采用巷道式堆垛机的立体仓库。1980 年，由北京机械工业自动化研究所等单位研制建成的我国第一座自动化立体仓库在北京汽车制造厂投产。从此以后，立体化仓库在我国得到了迅速的发展。

此阶段最主要的代表就是自动化立体仓库，由货架、巷道式堆垛起重机、入（出）库工作台和自动运进（出）及操作控制系统组成，在工业生产、物流运输、商品制造和军事应用等领域实现高效快速的存储。据不完全统计，截至 2006 年年末，我国已建成的立体仓库有 300 多座，其中全自动的立体仓库有 50 多座，其中高度在 12m 以上的大型立体仓库有 8 座，这些自动化的仓库主要集中在烟草、医药保健品、食品、通信和信息、家具制造业、机械制造业等传统优势行业。在此基础上我国对仓库的研究也向着智能化的方向发展，但是当时还处于自动化仓储的推广和应用阶段。

（四）智能化仓储阶段

在自动化仓储的基础上继续发展，实现与其他信息决策系统的集成，朝着智能和模糊控制的方向发展，人工智能推动了仓储技术的发展，即智能化仓储。21 世纪仓储技术的智能化将具有广阔的应用前景。

"互联网+"思潮的兴起，使得仓储物流与互联网技术、物联网技术、大数据技术、云计算技术和智能设备等信息技术集成与融合，出现了智能穿梭车搬运取货系统、智能分拣系统、智能物流机器人等。智能化仓储大大提高了仓储活动的运作效率、空间利用率，显著降低了人工成本，减少了操作出错率。此外，智能化将仓储物流与上下游企业活动协调整合，能够对整条供应链进行优化，促进多方平台合作，从而达成多赢的局面。

（五）仓储业的发展趋势

随着现代工业生产的发展，柔性制造系统（flexible manufacturing systems）、计算机集成制造系统（computer integrated manufacturing systems）和工厂自动化（factory automation）对自动化仓储提出更高的要求，搬运仓储技术要具有更可靠、更实时的信息，工厂和仓库中的物流必须伴随着并行的信息流。

射频数据通信、条形码技术、扫描技术和数据采集越来越多地应用于仓库堆垛机、自动导引车和传送带等运输设备上，智能机器人也作为柔性物流工具在柔性生产中、仓储和产品发送中日益发挥重要作用。实现系统柔性化，采用灵活的传输设备和物流线路是实现物流与仓储自动化的趋势。

人工智能技术的发展必将推动自动化仓库技术向更高阶段即智能自动化方向发展，在智能自动化物流阶段，制订生产计划后，自动生成物料和人力需求，查看存货单和购货单，规划并完成物流。如果物料不够，无法满足生产要求，系统会自动推荐修改计划以便生产出等值产品。这种系统是将人工智能集成到物流系统中。

目前，智能仓储系统的基本原理已经在一些实际的物流系统中逐步得到实现。可以预见，在 21 世纪智能仓储技术将具有广阔的应用前景。

三、国际仓储业的发展现状

第二次世界大战以后，世界经济得到了迅速的恢复和发展，货物的物流量越来越大，物流中的矛盾也愈加突出。如何使物流更为畅通，如何使物流过程更为合理，已成为人们关心的问题。为此，国外出现了一批从事与物流相关的经济活动的企业和一些专门研究物流的机构，特别是美国和日本。随着商品经济的发展，商品流通费用在进入消费者手中之前所占总费用比例呈上升趋势，目前，一些国家的商品流通费用已占商品总成本的 10%～30%，这就要求通过降低流通费用来提高经济效益。西方国家已经在这方面作出了许多努力。例如，20 世纪 50 年代始于美国、70 年代在日本得到高速发展的自动化立体仓库就是这种努力的结果。

目前，欧美国家又在发展大型中转仓库，面积可达上万平方米，单层高度达 10 多 m，使货物流转更加畅通和迅捷。特别是近几年在大型货物配送中心方面发展很快，由此形成的配送网络的覆盖面越来越广。配送中心的发展使传统的仓储功能发生了质的变化，进一步提升了仓库在物流中的地位。

以日本为例，作为一个资源缺乏的发达国家，日本对仓库的建设特别重视，而且现代化程度较高。在日本，仓储主要是由独立的企业承担，政府对仓储业的管理主要是通过法律的约束，如日本制定有专门的《仓库法》。在仓储企业经营方面，越来越多的日本仓储企业在从事拆、分、拼装商品等多种经营业务，并出现众多的为生产企业和商业连锁点服务的配送中心，由此大大减少了各部门内自各仓库中的货物存储量，从而降低了资金的积压。

法国、荷兰重视仓储的基础建设，由荷兰渣华、斯堪的纳维亚运输集团 Dan Transport、法国 Dubious 以及意大利 Siam Avandero 4 家公司合组的泛欧洲运输及仓储公司组建的目的就是适应整个欧洲市场对仓储的需求。而在其他国家和地区，目前基本上处于以分段运输为主的仓储发展的初级阶段，能够提供仓储服务的企业很少。

密歇根州立大学为一家仓储公司进行的一项新的研究表明，1998 年全球仓储市场总额为 28 900 亿美元，约为美国同期国内仓储市场总额的 3 倍，其中，发展中国家的仓储支出费用约 9 160 亿美元。一些专家估计，20 世纪 90 年代全球商业贸易高速增长，与某些典型国家的国内经济增长速度相比，至少快了 3 倍。仓储支出占 GDP（国民生产总值）的比重，美国为 10.5%，英国为 10.6%，法国为 11.1%，意大利和荷兰均为 11.3%，德国为 13%，西班牙为 11.5%，墨西哥为 14.9%，日本为 11.4%。相对而言，发展中国家的仓储水平较低，管理人员缺乏，软硬件设施都很不完备。总的来说，每一个国家都面临不同程度的仓储挑战。

第二节　中国古代仓储管理思想

我国古代仓储业从夏商周时期到明朝，发展历程跌宕起伏，在不同时期经历了稳固、衰败、停滞、恶化、好转、繁荣等多个阶段。

一、中国古代仓储业的历史演变

（一）夏商周时期

历史上，禹传位给自己的儿子启，改变了原始部落的禅让制，开创了中国近 4 000 年世袭的先河，建立了第一个朝代夏朝。夏朝建造了城墙、宫殿，有了国家赋税收入，仓储设施的营建有所进步。在这之后的商朝，随着生产力的提高，粮食产量大幅增加，贵族们开始大量地窖藏粮食。到西周时期，农作物的产量有了更多的剩余，王公贵族们的粮食储备更加充盈。混乱的春秋战国时期，大国争霸逐渐演化为兼并战争，各诸侯国都谋求富国强兵，进一步强化了各自的仓储，仓储事业得到了巩固。

（二）秦汉时期

大一统的封建政权、生产力发展及秦王朝的疯狂搜刮，使秦朝得以建立起全国规模的仓储系统。都城咸阳、旧都栎阳、荥阳附近的敖仓是三大国家级仓储基地。地方郡县也都设有相应的仓储设施。但是，汉朝时期，由于汉武帝的好大喜功、穷兵黩武使仓储事业很快地从高峰跌落下来。为挽救危机，增加仓储，西汉政府由陆路传输或水路潜运各地财赋至京师，将"储"与"运"有机地结合起来了。经挽救，仓储事业有所好转。此后直至汉亡，仓储呈现出时而停滞、时而前进的现象，总的趋势是平缓地向前发展。东汉的政治经济为豪强地主所主宰，仓储事业也为豪强地主所把持，出现了个体化、小型化的特征，国家仓储相形见绌。豪强地主的仓储突出地反映出自然经济的特征，将东汉仓储推向秦汉仓储的第三个小高峰。东汉末年，政治黑暗，经济衰败，国家储备也出现了危机。桓帝时出现田野、朝廷、仓库"三空"的严峻局面。统治阶级却不顾人民的死活，将原本有限的国家仓储据为己有。灵帝的"中御府"和其母的"万金堂"成为新的仓储处所。这对母子的做法开创了将国家仓储混同于皇室仓储的恶劣先例，为剥削阶级贪婪的当权者所效仿。

（三）魏晋南北朝时期

魏晋南北朝时期是我国古代仓储事业的曲折发展时期。一方面，仓储业的正常发展进程被打乱、被扭曲，遭到空前的劫难。另一方面，仓储业也时而短暂地、间断地、地域性地恢复与发展。由于国家陷入了四分五裂，大小战乱连绵不断，残暴的割据政权和嗜杀成性的军阀无情地摧残着经济，仓储事业也就首当其冲地遭到了空前的劫难。晋惠帝元康五年（295）国家武库失火，因扑救乏力，造成"累代之宝"和 200 万人的军械被焚毁的严重后果；十六国时期，北方少数民族政权的当权者头脑中物资储备的观念极其淡薄，大多不设也难以设立正常的国家仓储。北魏时仓储业虽一度好转，但因尔朱氏的暴虐而迅疾恶化。这一时期，南方经济获得了发展，但仓储事业却没能得到同步发展。

（四）隋唐时期

隋唐时期是我国古代仓储事业的重要发展阶段。隋广建仓窑，储存粮食，形成了都城大兴（今陕西西安）和以洛阳为主的河洛两个仓储中心。隋朝的仓储量极为丰盈，直至唐贞观十年（636）仍在使用隋时的物资。短暂的隋朝一扫百年来仓储事业的沉闷空气，将古代仓储事业推上新的高峰。唐王朝前期，国力空前强盛，社会财富增多，仓储事业在继承仓储的高起点上再上一个大台阶。设于长安的国家仓储有传统的储粮的太仓，还有左藏、右藏。地方上各道、郡、州、县也都设立了级别不等的仓储。唐代还曾建有特种军需库。"安史之乱"后，地方上藩镇割据，中央宦官专权和官僚集团的党争，社会动荡不安，经济全面崩溃，仓储事业只是维持而已。藩镇仓储成为了中晚唐的仓储的重要内容。

（五）宋元明清时期

960 年，北宋建立，仓储业再次繁荣；宋神宗时王安石改革期间，达到宋仓储的最高峰。北宋仓储有许多新的举措：第一是内藏（内库）的建立，内藏是"天子之别藏也"，同唐皇室仓储不同的是宋内藏所储之物可供国家需用，并由政府仓营机构参与管理；第二是转搬仓的设立；第三是和籴仓的推广；第四是草料场的独立；第五是临时性的仓储。宋代还出现了一些特殊的仓储。伴随着臃肿的官僚机构，产生了堆积如山的案牍。景德三年（1006）置文书库，负责收集积年文书，这已是典型的文档库了。当时出现了世界上最早的纸币，官府设置了交引库、会子库、回易库，负责印制、发型、储蓄、兑换、回笼纸币，此三库在我国金融史上占据重要地位。南宋偏安江南，仓储事业带有较浓重的保守痕迹，但因经济重心的南移，富庶的江南又哺育了仓储事业。当时的商业仓储有很大的突破。临安出现了专供商人储存货物的塌房，商人在内储存货物要定期交纳保管（仓管）费。 这已开始向专业化、企业化的商业仓储演化了。辽、金、西夏崛起之初无仓储可言。辽、金在南下中原的军事行动中摧毁了北方的仓储事业，党项贵族同宋的战争也消耗了宋的大量仓储财富。契丹贵族的所谓"打草谷"、女真上层的纵兵掳掠、西夏在西北的多次进攻，是造成宋元仓储缓慢发展的最重要的因素。随着这三个政权封建化的进程、统治的相对稳定及经济的逐渐复苏，仓储也随之恢复。

蒙古族为游牧民族，灭金攻宋的战争严重地破坏了我国北方的仓储。元世祖忽必烈统治时期，仓储事业全面恢复，并形成了京津仓储中心。元代出现了 3 个新的仓储基地。海运为元王朝的重要生命线，在海运的刺激下出现了太仓刘家港（今上海市）和直沽两处仓储基地，江南租赋集中于浏家港装船运抵直沽，再由内河槽船运至都城，南北两大工商业城市及仓储基地因此而形成。长城以北的开平（今内蒙古正蓝旗）为元朝的上都，这就使开平骤然成为新的仓储基地。元的盐仓、炮库、交钞库也极有特色。

明初，统治阶级调整了生产关系，注重发展经济，仓储事业很快地从元亡的阴影中走出来。前代形成的京津仓储中心的地位继续上升。明代迁都北京后，倾全力经营北京城内外和通州的仓储设施。直至明中叶，仓储仍很充盈。16 世纪，明仓储开始走下坡路，穆宗统治时期的仓储几乎陷入山穷水尽的境地。设在南京后湖的明黄册库是我国也是世界绝无仅有的古代文档库。黄册是明代的户籍赋役图册，每十年编造一次，统一存放在后湖湖心岛的黄册库内。商品经济的发展与资本主义萌芽的产生，使得贵金属——白银日益成为商品交换中的主要媒介。明的太仓专门用以收储白银，又被称为银库。明代私人窖藏白银之风也颇为兴盛，上至皇帝下至黎庶都有将聚敛搜括来的或多年积蓄的白银埋入地下的习惯，形成了窖藏白银的社会风气。明清两代漕运再度兴盛，官府于大运河沿线重要地方设水次仓为漕运服务。清前期推行的"更名田""摊丁入亩"和"地丁银"制度，有利于社会经济及仓储的恢复与发展。鸦片战争前夕，清王朝呈现出明显的衰败现象，仓储事业也逐渐滑坡，道光二十一年（1841）国库亏银900万两之多。

二、中国古代仓储管理的主要观点

（一）关注粮食储备对国家安全的重要作用

众多政治家、思想家、官员都纷纷指出储粮对于国家的重要性。"故备者，国之重也。"（《墨子·七患》）"仓无备粟不可以待凶饥，库无备兵虽有义不能征无义。"（《墨子·七患》）"仓廪实，则知礼节，且无委致围。"（《管子·事语》）"军无辎重则忙，粮食则亡，无委积则亡。"（《孙子·军争篇》）"国少物削，国多物强。"（《商君书·去强》）"故居者有积仓……然后可以爰方启行。"（《孟子·梁惠王下》）"国无九年之蓄曰不足，无六年之蓄曰急，无三年之蓄曰国非其国也。"（《礼记·王制》）贾谊在《论积贮疏》中针对汉初国库空虚的状况，尖锐地指出："夫积贮者，天下之大命也！" 长孙平指出："国以民为本，民以食为命"（《隋书·长孙平传》），李靓在《富国策》中提出"仓廪实而颂声作"，如果仓廪不实很快就会面临"用度竭"的危险。司马光的《论财利疏》警告当权者："公私之积不充实，若遇饥馑将无以相恤乎！"苏轼则认为，如果"仓廪有备"就可以大大减少灾害损失（《东坡奏议集》）。元代王祯在其《农书》中尖锐地指出"田野未尽辟，仓廪未尽实"的原因是当政者"徒示以虚文"，而未施之以实政。

（二）注重物资储备对国计民生的调节作用

中国古代不少思想家注意到了仓储的功能，侧面印证了仓储对于国计民生的重要性。耿寿昌的常平思想上承先秦的"平籴"，提出常平仓的作用：一是供给边军粮饷；二为调剂供需矛盾；三可平抑物价。可见他已注意到了仓储事业蓄水池和调节阀的功能，注意到了价值规律对仓储的影响。正因为常平仓具有稳定政局的作用，才会被历代沿用下去。桑弘羊继承了前人的轻重思想，主张当权者应"执准守时，以轻重御民"，才能使国家仓储充裕。他还进一步阐发了前人关于仓储功能的论述，指出仓储功能的延伸是："流有余而调不足"（《盐铁论·力耕》），这就颇有点近代物流观念的意味了。

（三）重视公私物资存量的辩证关系

对于如何发展仓储事业，保证适合的仓储存量，处理好执政阶层和农民之间的关系，我国古代也有不少人提出了自己的观点看法，或者做出了实际成绩来改善优化仓储管理。

晁错在《论贵粟疏》中指出了要做到"广蓄积""实仓廪"。他还提出做到这点的正确途径是"务民于农桑"和"薄赋敛"，说明晁错在重储的同时，已注意到了发展仓储事业，既要依靠发展经济，又要把握好聚敛的尺度。

东汉仲长统也注意到了要正确处理聚敛同仓储的关系，同前人不同的是他提出了"道"的概念，要求统治阶级在聚敛财富增加仓储时做到"由其道而得之，民不以为奢；由其道而取之，民不以为劳"（《后汉书·仲长统传》）。仲长统的设想兼顾到人民的利益固然可取，但此处的"道"毕竟要由统治阶级所掌握，剥削阶级的本质决定了他们必然要通过疯狂的搜刮来满足自己的私欲。因而，仲长统的主张在当时就是一种不切实际的空想。

晋傅玄提出"分民定业"论，主张四民中的农民耕作"三年足有一年之储"，这是传统的"耕三余一"思想的新见解。傅玄还要求统治阶级注意聚敛的手段，提出赋役要"用之至平"，应做到"计民丰约而平均之"（《晋书·傅玄传》）。刘颂着重强调仓储是施政三要素之一。他还较深刻地阐明了仓储、农业生产、国家征收粮食的政策三者之间的内在联系，指出："仓廪欲实，实在利农，利农在平籴"（《晋书·刘颂传》）。仓储放在三者的首位，在有关仓储的论述中尚不多见。贾思勰的《齐民要术》探讨了种子的储藏问题，这是生产劳动经验的总结与提高，也是仓储直接为农业生产服务的例证。上述仓储思想都具有一定的进步意义，应予以肯定。有的仓储思想在当时就为执政者所采用，化为国策，有力地促进了仓储的发展。

三、中国古代不同时期的主流思想

（一）秦汉主流思想

最初的仓储理论的主流是重储思想，秦汉仓储理论的主流是继承先秦重储理论，并进一步阐发为贵粟重储。中国是农业大国，农本思想始终居于统治地位。贵粟重储系农本思想在仓储事业中的反映，有它产生的社会基础，并促使人们积极发展粮食储备。《史记》中记载了宣曲任氏在楚汉相争之际"独窖仓粟"，因而致富的故事。汉人还有以"仓"为姓氏的，说明贵粟重储理论在人们头脑中已形成了一种观念，至于东汉墓葬中粮食仓储内容之多，更是贵粟重储理论在实践中的突出反映。但是，贵粟重储的理论和实践也使人们逐渐形成狭义上的仓储概念，认为古代仓储专指粮食仓储。

（二）宋元主流思想

宋元时期仓储理论首先是继承和发扬了传统的重储观念。其次是关于常平仓、义仓、社仓的论述。最后是注意到了仓储与金融货币的关系。沈括提出了"钱利于流"的思想，主张以食盐储备平抑物价，让国库钱络"流转于天下"（《续资治通鉴长编》卷283）。沈括和王安石都认为仓储物资不应积压过多过久，而应及时地将其转化为周转资金，这无疑是有利于国计民生的正确主张。曹望之主张通过统筹安排解决仓储费用，使"小民有入资之费，富室收转输之利"（《金史·曹望之传》）。元王恽提出用平准交钞库的利息收入购买粮食，储入常平仓，达到"不致有过贱伤农之叹"的目的（《秋涧先生大全文集》卷88）。叶李提出了《至元宝钞通行条画》，体现了金银货币应集中于国库的思想。

（三）明清主流思想

明清时期，仓储列为治国第一要务，当时的核心思想除了基本的重储外，"量入为出"也是当时仓储思想的重要内容。明代大经济学家丘浚多次强调国家储备要"量入为出"。为此，他建议国家应编制财政预算，由户部"通行计算"，编制出明年的钱谷的入储和支出数额，并制定出相应的措施来，"不足则取之何所以补数，有余则储之何所以待用。岁或不足，何事可以减省，某事可以暂已"（丘浚《制国用·总论理财之道》）。这样才能做到胸中有数，不会临事而无所措手足，另一大政治家张居正亦主张"量入为出"，他说："量入以为出，计三年所入，必积有一年之余，而后可以待非常之事，无匮乏之虞"（《张文忠公全集·奏疏八》）。"量入为出"思想的内核还是一个"储"字，只有"储"字解决好了，其他问题就会迎刃而解了。所以，"量入为出"仍然是重储思想的延伸。

第三节　库存观念演变与仓储管理方法

仓储管理学是一门正在发展中的综合性边缘学科，涉及物流管理、企业管理、信息管理、质量管理、设备与设施管理等领域的相关学科。仓储管理理论是仓储管理学的重要组成部分，在仓储管理实践中具有指导性的意义，因此本节对现代仓储管理理论进行研究。

一、库存观念的历史演变

第一阶段：库存等于财富。20 世纪以前，商品经济落后，物资短缺，货品流通速度缓慢，加之信息闭塞，市场供给时有时无，战乱频繁，需求具有高度的不确定性。此时，库存基本等同于财富。例如，遇到自然灾害或者战乱，储存粮食最多的往往成为一方太爷，粮食价格可以任意抬高，从而牟取暴利。

第二阶段：库存等于负担。19 世纪末和 20 世纪初，工业国家已经不同程度上做到了确保物料的充足供应，这时供应的不确定性大为降低，人们开始厌恶库存成本的高昂。于是，20 世纪 20 年代，出现了企业为了降低成本，片面追求降低库存水平的狂热现象。这种做法的结果是许多公司在降低库存水平的同时出现了货品短缺、生产停滞的现象。

第三阶段：科学库存管理。20 世纪 20 年代晚期，科学库存管理成为库存管理的主要手段，也就是依靠数学模型来寻找最佳的库存水平。最具代表性的是经济订购批量模型（EOQ）的产生与应用。EOQ 由 Harris 于 1915 年发明，由 Wilson 于 30 年代初引入市场，后来围绕着这一理论，人们进行了广泛的探讨和扩展。直到今天对经济订购的研究仍然没有停止。EOQ 理论的应用给企业寻找最佳订货方案提供了重要参考，但是企业外部环境越来越复杂，需要考量进去的参量越来越多，订购批量的计算越发复杂，而且准度不佳，人们对数学模型能否真正科学控制库存产生了怀疑。

第四阶段：供应链式库存管理。之前对库存的管理一直局限在局部库存本身上，以降低库存水平为本。随着供应链产业的发展，企业之间的竞争逐步转变为供应链体系之间的竞争，而供应链式库存管理的基本观念是建立在合作竞争信念之上的，它通过共享信息和共同计划提高整个供应链系统的效率，使松散的独立企业群体，变成一种致力于提高效率和增加竞争力的合作联盟。

第五阶段：多元化时代。实际上，没有一种库存控制方法适用一切企业，企业自身更多的是在行业特征、发展阶段、运作模式等因素的综合分析下选择合适的库存管理策略。不管怎样，任何一种理论的应用都是思索和实践的结果，都有待于在实践中检验和发展。相信在不久的未来我们对库存的认识会有新的变化，也会有更多适用于管理库存的有效方法。

二、常用的库存控制方法

21 世纪初以来，现代库存控制理论一直是运筹学中的活跃领域。库存理论首先分析库存系统的内在机理，使用量化手段建立库存模型，再研究库存问题的各种存储方案，最后探索出最优库存控制策略。具体地说，它是研究何时订货或组织生产以及订购多少数量或生产多少数量的物品，从而使系统的总收入最多或总支出最少的库存问题。库存理论的日益成熟，不仅给企业、国家乃至世界带来了客观的经济利益，而且促进了数学基础理论尤其是随机过程等理论的研究以及现代管理、工程技术、社会经济和现代军事理论等学科的研究。而当今的计算机经济、信息经济和网络经济的迅猛发展，既对库存理论的研究提出了新的挑战又为它的发展提供了新的机遇。

常用的库存控制方法包括 ABC 分类法、定期库存控制、库存最优控制、物料需求计划、供应商管理库存（vendor managed inventory，VMI）、联合库存控制（joint managed inventory，JMI）、零库存管理、准时制生产方式库存控制（JIT）、协同式的供应链库存管理（collaborative planning，forecasting & replenishment， CPFR）和多级库存控制管理等。上述库存控制方法的核心思想如表 2-1 所示，本书第八章第二、三节将对上述库存控制方法进行详细介绍。

表 2-1　几种常用的库存控制方法

库存控制方法	核心思想
ABC 分类法	把物资按品种和占用资金大小分类，再按各类重要程度不同分别控制，抓住重点和主要矛盾，进行重点控制
定期库存控制	以固定检查和订货间隔期为基础进行库存控制
库存最优控制	在既能满足生产需要、保证生产正常进行，又能使订购费用与保管费用总和最低的情况下，实现最优订货量
物料需求计划	将市场需求分解为具体生产任务和采购任务，按主生产计划确定物料需求，结合产品的物料清单（BOM）、生产工艺路线，各物料在途、在库、在制的情况，推算出各物料采购或生产数量，起止时间
供应商管理库存	在供应链环境下的库存运作模式，以实际或预测的消费需求和库存量，作为市场需求预测和库存补货的解决方法，即由销售资料得到消费需求信息，供货商可以更有效地计划、更快速地对市场变化和消费需求作出反应。本质上，它是将多级供应链问题变成单级库存管理问题

续表

库存控制方法	核心思想
联合库存控制	强调物流企业同时参与、共同制订库存计划，从而使供应链管理过程中的每个库存管理者都能从相互的协调性来考虑问题，保证供应链相邻两节点之间的库存管理实体对需求预测水平的高度一致，从而消除需求变异放大。任何相邻节点需求的确定都是供需双方协调的结果，库存管理不再是各自为政的独立运营过程，而是供需的连接纽带和协调中心
零库存管理	通过合理配送、协作分包、委托保管、按订单生产等方式实现零库存。
准时制生产方式库存控制	以需定供、以需定产，即供方（上一环节）根据需方（下一环节）的品种、规格、质量、数量、时间、地点等要求，将生产物资或采购物资，不多、不少、不早、不晚且质量有保证地送到指定地点，可概括为"在需要的时候，按需要的量生产所需的产品"，也就是通过生产的计划和控制及库存的管理，追求一种无库存，或库存达到最小的生产系统
协同式的供应链库存管理	及时准确地预测由各项促销措施或异常变化带来的销售高峰和波动，从而使销售商和供应商都能做好充分的准备，从全局的观点出发，制订统一的管理目标以及实施方案，以库存控制为核心，兼顾供应链上其他方面的管理
多级库存控制管理	注重对供应链资源的全局性优化控制，每个库存点不仅仅需要检查库存数据，同时还要传递处于整个供应链环境下的各级库存状况，体现出供应链集成控制的思想。全局供应链由很多个环节组成，其中包括供应商、制造商、分销商以及零售商等，而且每个功能环节也可以分解成多层级结构

三、常用的库场选址与布局方法

现代库场选址更多地考虑经营上的收益而不仅为了储存，这是同旧式仓库的区别所在。因此，现代库场选址考虑到多种因素，选址方法更加多样化。主要选址方法包括重心法、多重心法、动态选址法、混合—整数线性规划、模拟法、因素分析法、盈亏点平衡分析法等方法，如表 2-2 所示，内容详见本书第四章第二节。

表 2-2　几种常用的库场选址方法

方法	具体内容
重心法	用于中间仓库或分销仓库的选择，主要考虑的因素是现有设施之间的距离和要运输的货物量
多重心法	用于多仓库选址，确定建立多少个仓库和每个仓库服务范围，利用重心法为各个仓库确定最优地址，通过对仓库数量各种可能的选择进行考察，选出其中成本最小的方案
动态选址法	用于多仓库选址，将选址规划期划分为多个阶段，使用指数平滑法对各阶段的需求进行预测；进一步地，以整个规划期内的成本要求为目标，同时考虑库场的容量限制、货物可接受路程距离的限制以及建设库场的投资金额的限制，建立动态选址优化模型
混合—整数线性规划	用于多仓库选址，在解决物流网络设计中常见的大型、复杂的选址问题时具有实际意义，同时通过目标规划法、树形搜索法、动态规划法及其他方法可以得出数学上的最优解。其目标是使得固定成本最优

方法	具体内容
模拟法	模拟设施选址模型指以代数和逻辑语言作出的对物流系统的数学表述,在计算机的帮助下人们可以对模型进行处理。在给定多个仓库、多个分配方案的条件下反复适用模型找出最优的网络设计方法
因素分析法	在难以评估成本的过程中,使用因素分析法可以增加选址的客观性
盈亏点平衡分析法	根据产品的业务量(产量和销量)、成本、利润之间的相互制约关系的综合分析,用来预测利润、控制成本、判断经营状况,在特定产量规模下,选择出成本最低的设施选址方案

库场的布局规划是在库场选址确定后,根据库场场地条件、库场业务性质和规模、物资储存要求、货物的货种和存货量、预测的货物周转率以及技术设备的性能和使用特点等因素,通过对基础资料的分析,确定仓库的种类和仓库的面积、仓库内所需的作业区以及各作业区的面积和作业区在仓库内的布置,对仓库各组成部分,如库房、货场、辅助建筑物、库内道路、附属固定设备等,在规定的范围内进行平面的合理安排和布置,在此基础上再确定仓库运作所需的设备。库场的布局规划主要包含基本规划、详细规划和运作规划三个层次的规划。

库场布局的方法主要有关联性分析法和区域布置方法,如表 2-3 所示。

表 2-3　几种常见的库场布局方法

类别	方法	具体内容
关联性分析法	定性关联图法	对仓库内部的各种活动区域之间的相互关系进行定性分析,确定两个活动区域之间的关联程度,以此为仓库的空间布置提供依据
	定量从至图法	以资料分析所得出的定量数据为基础,目的是分析各作业区之间的物料流动规模的大小,使设计者进行区域布局时,避免搬运流量大的作业需要经过太长的搬运距离,减少人力物力的浪费,并为各区域的空间规模提供依据
区域布置方法	关联线图法	汇总各个作业区域的基本资料,如作业流程与面积需求等,然后制作各个区域的作业关联图
	动线布置法	将各作业区域依估计面积大小与长宽比例制成模块形式,然后在规划区域布置时根据各作业区性质决定其配置程序

第四节　现代仓储管理实践的发展趋势

随着现代物流业,信息技术行业的发展,仓储业的发展逐渐向仓储需求个性化、库存结构合理化、仓储技术智能化、存储空间集约化和仓储信息网络化的方向发展。

一、仓储需求个性化

随着专攻垂直领域的电商逐渐兴起,传统的商业模式、渠道代理被慢慢边缘化。新的零售形态使得仓储物流需求具有小规模、多样性、个性化、多批量的特点。不同类型的产品行业对于仓储的需求不一样，这也就给传统的仓储带来了新的要求和变革。

从生鲜经营商实体买卖到网上经营，从大商家瓜分市场到农户、渔民的介入，近年生鲜经营方式越来越多样化，对生鲜仓储物流的要求也逐步朝着多样化方向发展。由于生鲜产品互联网经营的不断兴起，很多地区的生鲜仓储物流已经有了翻天覆地的变化，其中仓储空间的随机性以及仓储时间的随时性要求最为突出。很多生鲜产品对于仓储条件以及运输条件的要求都非常苛刻，尤其是一些名贵的海鲜类产品对于温度、湿度要求极高，普通物流很容易在运输途中发生海鲜变质的情况。为了达到保鲜效果，目前主要从配送速度及仓库重点着手。

21 世纪以来，随着信息科学技术日新月异的发展和生活消费水平的提高，3C 数码产品在市场消费中占据重要位置。同时，企业和消费者对 3C 产品仓储服务的专业性、安全性的要求也越来越高。然而，3C 产品具有生命周期短、过时产品容易形成囤货、产品规格统一、产品淘汰快等特点，这就使 3C 数码产品的仓储配送服务更加专业化和规范化。此类产品商品价值较高，对库房及运输的安全性要求高，且商品需要唯一码管理，在物流仓储资源有限的情况下，具有较高的综合成本。

食品酒水、美护产品等往往有易碎、有严格保质期等特点，需要更细致地呵护。进口食品的产品形态多变，商品有效期难以管理，容易存在账目混乱、退换货等问题。需要针对不同商品的包装经验和对库存账目的清晰管理，避免压货囤货。酒类在存储运输过程容易破损，对存储的温度、湿度非常敏感，仓储运输成本很高。当前的市场形式不断催生了诸如葡萄酒工作室这样小而美的模式。近年来，一种仓储式模式也被酒商广为应用，如仓储式酒窖、仓储式超市等，这种模式集办公、仓储、物流、配送于一体，以最低成本运营，在国外已经十分流行。

二、库存结构合理化

对于涉及仓储的企业来说，高库存或者低营收的绝对值不能根本性地说明其经营状况，库存总量需要控制，但更重要的还是库存结构。优化库存结构是库存管理的重要组成部分。库存是指处于储存状态的物资，主要是今后按照预定的目的使用而处于闲置或非生产状态的物料。库存积压不仅占用企业运营资金，也增加了企业管理成本和获利成本，降低企业整体利润。库存结构主要是指库存商品数量中各类商品所占的比例；同类商品中高、中、低档商品之间的比例；以及同种商品不同规格、不同花色之间库存量的比例。为了靠近零库存的目标，减少库存积压，控制库存结构合理化，主要需要控制以下三种库存商品结构合理化：商品质量结构合理化，商品层次结构合理化，商品销售结构合理化。

（1）商品质量结构合理化，即对库存商品的质量进行把控。过期商品、质量缺陷的商品应及时检查出并进行处理报废，对退换货商品制定对应的处理流程，定期清理仓库，摸清库存，防止库存物资积压。

（2）商品层次结构合理化，意味着不同层次库存商品具有合理的库存数量。最常采用的优化方法是 ABC 控制法。ABC 管理方法主要是将库存中的货物按照价格、等级、数量等因素进行合理的分类，主要分为 A、B、C 三类，根据划分类型的重要程度对其采取相应的控制措施。

（3）商品销售结构合理化，需要根据销售情况来确定对应商品的库存数量。保证畅销的货品有充足的库存，滞销的货品有尽量少的库存。采用合理经济的订货方法，控制计划源头，建立有效的积压物资管控机制，提高库存周转率。

三、仓储技术智能化

时代的进步促使企业不断地进行革新，科技智能化已成为各大企业不可逆转的发展趋势。仓储是现代物流与供应链的节点，是物流一体化运作和商品流通的重要环节，为更快更好地实现高效物流，必然要加快实现仓储智能化。这是整个行业的发展需求，也是时代发展的必然趋势。

如今的用户对到货速度的要求越来越高，这对于仓储仓库拣货、配货的效率要求也越来越高。目前物流仓储或多或少都面临着这样的痛点：顾客分散不便于集中管理、业务流程复杂、人工参与效率低、体验差等。为了给顾客更好的体验，不少传统仓储物流行业开始进行智能化改造。

（1）智能化网络信息技术广泛应用。面对庞大复杂的物流系统，在物流互联网时代，各类智能化的信息技术都有用武之地。目前，在电子商务物流系统中，大数据、云计算、移动互联、GPS（全球定位系统）定位、物联网技术就已经得到推广应用。

（2）智能感知技术将获得巨大发展。实体的物流运作要联网，首先需要智能感知与识别技术，如 RFID（射频识别）技术、传感器技术、视频感知技术、GPS 技术、条码识别扫描技术等。这些技术的产品应用在仓储设备、输送设备、搬运输设备、运输装备、集装单元等方面，主要用于定位感知、过程追溯、信息采集、物品分类拣选等。

（3）自动化技术将与网络信息技术无缝对接。物流互联网时代，物流自动化技术大有用武之地，通过自动化设备与网络信息技术的无缝对接，让自动化设备有了智能，让物流互联网与实体物流作业无缝融合。例如，目前在制造业自动化仓库领域，有智能穿梭车与密集型货架相结合、全自动化立体库与自动分拣线结合、智能导引技术与叉车相结合等。随着物流互联网的发展，物流自动化技术也将获得巨大发展，从而给现代物流系统带来颠覆性影响。

（4）物流机器人将大量采用。智能机器人是最容易联网运作的技术装备，近年来发展很快，借助于激光导引或磁条感知的智能搬运机器人系统在自动化物流中心的应用很多；在物流出入库的堆码垛方面，智能机器人根据信息指令，对货物进行智能的堆码垛，也是物流技术装备智能化应用的主要领域。

四、存储空间集约化

随着电子商务的蓬勃发展，传统仓储面临着越来越大的压力。订单数量少或者只是一个单一项目是当下电子商务的特点，然而在以前的仓库，每种产品都是大批量处理的，然后批量运送到全国各地的实体店。在以电子商务为主的仓库中，存在大量的 SKU（最小存货单位），每个都需要拥有自己的特定空间。仓库的存货量在一年或销售季任何时候都会发生波动，尤其在节假日期间，存货量通常处于峰值，往往是平常的 2～3 倍。双十一等促销活动无疑又给仓储物流造成了巨大的压力，"爆仓"现象时有发生。

除了寻找额外存储空间，对现有存储空间进行充分利用，实现存储能力最大化是现今仓储发展的方向。例如，托盘货架是最有效的物料搬运存储系统，用于存储不同托盘、大中型货物。通过使用更多的垂直空间代替存储在地面上的托盘，这有助于增加存储密度。模块化货架可调整以适应任何仓库配置，以最大限度地减少浪费空间。另外，托盘货架可根据产品组合的变化不断调整，通过简单的货架配置和使用不同类型的产品，以节省资金。

此外，共享仓储、个人仓储的兴起，也反映了存储空间集约化的趋势。国外共享仓库，或者叫自存仓 20 世纪 60 年代就在美国发展，其模式是：在离目标顾客群 3～5 英里半径的交通便利区建立 3～30 m² 的仓库，由仓库商家为顾客上门打包物品、搬运、存储，顾客需要时再送回物品。其主要优势在于，和传统库房相比有更高的配置，如恒温、恒湿、24 小时摄像头监控、专人看管、免费保险等。目前，国内也开始出现这种仓储服务。国内的自存仓主要采用共享模式，通过在小区物业等地下室放置共享仓库，来实现自助、就近、灵活的及时存取，也有专门的仓储公司提供解决用户储物问题的迷你仓。

五、仓储信息网络化

随着现代工业生产的发展，柔性制造系统、计算机集成制造系统和工厂自动化对自动化仓储提出更高的要求，搬运仓储技术要具有更可靠、更实时的信息，工厂和仓库中的物流必须伴随着并行的信息流。人工智能技术的发展必将推动自动化仓库技术向更高阶段即智能自动化方向发展。物流仓储系统（WMS）的升级优化能够帮助企业进行更好、更全面的仓储管理，能够有效简化仓库作业，确保管理规范，提高存储拣选效率。使用相关仓储信息系统，生产计划作出后，系统会自动生成物料和人力需求，可以方便地查看存货单和购货单，规划并完成物流。如果物料不够，无法满足生产要求，系统会自动推荐修改计划以便生产出等值产品。这种系统是将人工智能集成到物流系统中。

快速发展的电商物流催生了海量单品、海量订单的专业性、网络化电商仓储的发展，出现了许多仓储互联网平台、仓储 O2O（线上到线下）平台以及大宗物资线上交易与线下仓储的互动平台，我国仓储业的信息化正在向深度与广度发展。移动互联网与物联网等技术的应用，促进了仓储信息化与电商仓储的融合发展，促进了仓储互联网平台与各类商品电子交易平台的对接、仓储 O2O 与商品交易 O2O 的融合。仓储作为整个供应链的一环，通过信息的实时共享交流，保证了各个环节产品的顺利流动。仓储行业从单一仓库走向互联网下的仓配一体化，仓储业本身的互联网化，建立仓储公共线上交易平台是顺应仓储业发展的新趋势。

复习思考题

1. 早期粮食仓储方式有哪几种？并举例说明。
2. 中国仓储业经历了哪几个发展阶段？各个阶段分别具有哪些基本特征？

3. 简述中国古代仓储业的历史演变情况。

4. 简述我国古代仓储管理思想的主要观点与主流思想。

5. 库存观念演变经历了哪几个阶段？简要说明各个阶段库存观念的核心思想。

6. 常用的库存控制方法有哪些？简要说明它们的核心思想。

7. 简述常用的库场选址与布局方法的核心思想。

8. 简述现代仓储管理实践的发展趋势。

主要参考文献

[1] 周文泳. 现代仓储管理[M]. 北京：化学工业出版社，2010.

[2] 吴忠起. 中国古代仓储史概要（一） 仓储事业的形成——先秦仓储[J]. 中国储运，1991（3）：46-47.

[3] 吴忠起. 中国古代仓储史概要（二） 中国古代仓储事业的第一个重要发展时期——秦、两汉的仓储[J]. 中国储运，1992（1）：50-51.

[4] 吴忠起. 中国古代仓储史概要（三） 中国古代仓储事业的曲折发展时期——魏晋南北朝的仓储[J]. 中国储运，1992（2）：37-38.

[5] 吴忠起. 中国古代仓储史概要（四） 中国古代仓储事业的第二个重要发展时期——隋唐仓储[J]. 中国储运，1992（3）：47-48.

[6] 吴忠起. 中国古代仓储史概要（五） 中国古代仓储事业的缓慢发展时期——宋元的仓储（上）[J]. 中国储运，1992（4）：39-40.

[7] 吴忠起. 中国古代仓储史概要（六） 中国古代仓储事业的缓慢发展时期——宋元的仓储（下）[J]. 中国储运，1993（1）：39-40.

[8] 吴忠起. 中国古代仓储史概要（七） 中国古代仓储事业的最后篇章——明清的仓储（上）[J]. 中国储运，1993（2）：39-40.

[9] 吴忠起. 中国古代仓储史概要（八）——中国古代仓储事业的最后篇章——明清的仓储（下）[J]. 中国储运，1993（3）：37-38.

[10] 吕彬丽，高英. 供应链条件下的库存管理模式变迁[J]. 电子商务世界，2004.

[11] 耿富德. 仓储管理与库存控制[M]. 北京：中国财富出版社，2016.

[12] 梁军. 仓储管理[M]. 杭州：浙江大学出版社，2009：260.

[13] 创新思维引领下的仓储技术发展趋势[DB/OL]. http://news.hexun.com/2016-03-30/183055543.html.

[14] 得不到更大的仓储空间？那就让现有的变得更好[DB/OL]. http://www.sohu.com/a/212933092_784002.

[15] 社区共享小仓库「空间号」称续租率或达 100%，刚需真的这么强吗？[DB/OL]. http://tech.ifeng.com/a/20171214/44804311_0.shtml.

[16] 王军. 仓储管理的信息化技术应用趋势[J]. 科学咨询（科技·管理），2017（12）：25.

第三章

仓库设施与设备管理

本章导读

仓库设施与设备是开展仓储活动的硬件基础，合理配备与使用机械化、自动化与智能化的设备和工具有助于提高仓储作业效率，对于仓库现代化水平的提高有着至关重要的作用。仓储组织要降低仓储成本、提高仓储服务质量、保证仓储运作的高效率，必须拥有适合自身特点的设施和设备，并进行科学合理的使用和管理。通过本章的学习，要求熟悉仓库的概念、分类与构成要素，了解仓库设施的分类与护养要求，掌握托盘、货架与储物柜的分类、作用与管理要求，熟悉装卸搬运设备的主要类别、使用方法与护养工作要求，了解计量设备、养护检验设备与劳动防护设备的常见类型及管理工作要求。

第一节　仓库概述

仓库是储存物资的场所，是物流活动的中转站，是调节物流的中心。作为进行仓储活动的主体设施，仓库在仓储管理中发挥着举足轻重的作用。下文重点介绍仓库的内涵与功能，仓库的分类，仓库的要素，自动化立体仓库等。

一、仓库的内涵与功能

仓库是用来保管、储存物品的建筑物和场所的总称。在我国，最初"仓"和"库"是两个概念，"仓"是指储藏粮食的地方，"库"是指存放兵器的地方，后人将二者合一为"仓库"，指任何储存物品的场所。在日本，仓库是指防止物品丢失、损伤的工作场地，或为防止物品丢失或损伤作业而提供的土地、水面等用于物品储藏保管的场所。从本书的定义出发，仓库不仅包括用来存放物品并对其数量和价值进行保管的建筑物，还包括可用于防止物品减少或损伤而进行作业的地面、水面等场所。

仓库作为物流服务的据点，仓储空间的提供者，最基本的功能就是存储物资，并对存储的物资实施保管和控制。但随着人们对仓库概念的深入理解，仓库也担负着挑选、配货、检验、分类、信息传递等功能，并具有多品种小批量、多批次小批量等配送功能以及附加标签、重新包装等流通加工功能。一般来讲，仓库具有以下几方面的功能。

（1）储存和保管功能。这是仓库最基本、最传统的功能。仓库具有一定的空间，用于储存物品，仓库通过保有库存，可满足再生产的需要，也可使其产生时间效用。同时，仓库根据物品的特性配有相应的设备，以保证储存物品的完好性。如储存精密仪器的仓库，需要防潮、防尘、恒温等，应设置空调、恒温等控制设备。在进行仓库作业时，为防止在搬运和堆放过程中碰坏、压坏物品，要求不断改进和完善搬运机具与操作方法，使仓库真正起到储存和保管的作用。

（2）货运能力调节功能。各种运输工具的运输能力差别较大，船舶的运输能力很大，海洋船舶一般都在万 t 以上。火车的运输能力较海洋船舶小，每节车厢能载 30 多 t 货物，一列火车的运量多达几千 t。汽车的运输能力相对较更小，一般在 10t 以下。随着经济发展和市场范围的扩大，物品的运输距离变远，各种运输工具之间运输能力的调节和运输方式的衔接，必须依赖仓库来完成。

（3）配送和加工功能。现代仓库的功能已由保管型向流通型转变，即仓库由原来的储存、保管货物的中心向流通、销售的中心转变。仓库不仅具备储存、保管货物的设备，而且还增加了分袋、配套、捆装、流通加工、移动等设施，既扩大了仓库的经营范围，提高了物资的综合利用率，又方便了消费者，提高了服务质量。

（4）信息传递功能。信息传递功能总是伴随着以上三个功能而发生。在处理有关仓库管理的各项事务时，需要及时而准确的仓库信息，如仓库利用水平、进出货频率、仓库的地理位置、仓库的运输情况、顾客需求状况以及仓库的人员配置等，信息能否准确通畅地传递对仓库管理能否实现有效性并高效率至关重要。当前，仓库的信息传递越来越依赖于计算机和互联网络。使用电子数据交换系统或无线射频识别技术来提高仓库物品的信息传递速度及准确性，通过仓库管理系统对仓库中各作业环节实施全过程控制。

二、仓库的分类

从不同角度来考察仓库，可以得到对仓库的不同分类方法。表 3-1 列出了按仓库用途、营运形态、保管货物特性、库场构造、建筑材料、功能、所处位置、作业方式等区分的仓库类型。

表 3-1　仓库的分类

分类依据	仓库分类
仓库用途	采购供应仓库、批发仓库、零售仓库、储备仓库、中转仓库、加工仓库、保税仓库、出口监管仓库
营运形态	自用仓库、营业仓库
保管货物特性	原料仓库、产品仓库、普通仓库、冷藏仓库、恒温仓库、危险品仓库、水面仓库
库场构造	单层仓库、多层仓库、立体仓库、散装和罐式仓库、露天堆场、地下仓库
建筑材料	钢筋混凝土仓库、混凝土块仓库、钢质仓库、砖石仓库、泥灰墙仓库、木架砂浆仓库、木板仓库
功能	储存仓库、流通仓库
所处位置	码头仓库、内陆仓库、车站仓库、终点仓库、城市仓库、工厂仓库
作业方式	人力仓库、半机械化仓库、机械化仓库、半自动化仓库、自动化立体仓库

（一）按仓库用途分类

仓库按商品流通过程中所起的作用，可以分为采购供应仓库、批发仓库、零售仓库、储备仓库、中转仓库、加工仓库、保税仓库、出口监管仓库等几种形式。在上述几种仓库形式中，采购供应仓库主要服务于制造企业的生产过程，批发仓库与零售仓库主要服务于商品流动过程，中转仓库在物流系统中主要起到衔接各运输或配送环节的作用，而兼有加工功能的仓库已经成为现代仓储业发展的趋势。此外，储备仓库与保税仓库与一个国家或地区的政策密切相关。下文，对上述仓库形式作简要说明。

（1）采购供应仓库。采购供应仓库主要用于集中储存从生产部门收购的和供国际间进出口的商品。这类仓库一般设在商品生产比较集中的大、中城市或商品运输枢纽的所在地。采购供应仓库一般规模较大。例如，我国曾经在商业系统中设置一级和二级采购供应站，其所属的仓库就是这类。当时的一级供应站面向的是全国，而二级供应站则面向省、自治区或经济区。随着市场经济的逐步确立，这种供应站的职能划分已被打破，但是作为流通领域的一种经济实体，采购供应仓库在物流网络中发挥着重要作用。

（2）批发仓库。批发仓库主要用于储存从采购供应仓库调进或在当地收购的商品。这类仓库贴近商品销售市场，是销地的批发性仓库，规模同采购供应仓库相比一般要小一些，它既从事批发供货，又从事拆零供货业务。

（3）零售仓库。零售仓库主要用于为商业零售业短期储货，以供店面销售。零售仓库的规模较小，在零售仓库中存储的商品周转速度较快，一般附居于零售企业。

（4）储备仓库。储备仓库一般由国家设置，以保管国家应急的储备物资和战备物资。货物在这类仓库中储存的时间一般比较长，并且会定期更新储存的物资以保证物资的质量。

（5）中转仓库。中转仓库处于货物运输系统的中间环节，存放那些待转运的货物，货物一般仅在此临时停放。这类仓库一般设在铁路、公路的场站和水路运输的港口码头附近，以便货物在此等待装运。

（6）加工仓库。在这种仓库内，除商品储存外，还兼营某些商品的挑选、整理、分级、包装等简单的加工业务，以便于商品适应消费市场的需要。目前，兼有加工功能的仓库是仓储业发展的趋势。

（7）保税仓库。保税仓库是指经海关批准设立的专门存放保税货物及其他未办结海关手续货物的仓库。国外货物可以免税进出这些仓库而无须办理海关申报手续。并且，经批准后，可在保税仓库内对货物进行加工、存储、包装和整理等作业。对于划定的货物保税的更大区域，则可称为保税区。

（8）出口监管仓库。出口监管仓库是指经海关批准，在海关监管下，存放已按规定领取了出口货物许可证或批件，已对外买断结汇并向海关办完全部出口海关手续的货物的专用仓库。

（二）按营运形态分类

按营运形态分类，仓库可以分为自用仓库和营业仓库。

（1）自用仓库。自用仓库是指生产或流通企业为本企业业务需要而建的供自己使用的附属仓库，这种仓库一般由企业自己管理。自用仓库一般也称为第一或第二物流仓库，自用仓库具有以下优点：①一般位于工厂内或营业场所内，生产或销售过程中物资流通与保管之间的搬运距离短，且生产或销售在仓库利用上的时间损失少；②企业可以根据生产或销售目的在适宜的地点设置仓库，使一体化流通系统设计成为可能；③可以根据企业生产或销售商品的特点，按照作业合理化要求配置仓库设备，安排作业流程；④有利于积累仓库管理经验，改善企业物流系统，通过仓库合理化管理降低物流成本。但是自用仓库需要较大的仓库建设投资，仓库的使用率受季节变动的影响较大，在库存管理上容易出现管理松懈。

（2）营业仓库。营业仓库是指专门从事仓储经营管理的，面向社会的，独立于其他企业的仓库。营业仓库一般被称为第三方物流仓库，营业仓库具有以下优势：①仓库空间具有弹性；②具备健全的管理体制；③有合理有效的赔偿制度；④其配送能力使得营业仓库具有弹性化的运输。但是营业仓库的公用特性使其难以使用特殊的设备，难以提供细致的物流服务，其与总体系统之间的联系也较弱。

（三）按保管货物特性分类

由于保管货物特性不同，对其储存与保管的环节也存在差异，为此，不同特性的货物需要与之相适应的仓库形式来进行储存和保管。按保管货物特性分类，仓库可以分为原料仓库、产品仓库、普通仓库冷藏仓库、恒温仓库、危险品仓库与水面仓库等形式。

（1）原料仓库。原料仓库是用来保管生产中使用的原材料的仓库，这类仓库一般规模较大，设有大型的货场。

（2）产品仓库。产品仓库是用来存放完成生产，尚未进入流通区域的产品的仓库，一般这类仓库附属于产品制造企业。

（3）普通仓库。普通仓库用于存放普通货物，这些货物对仓库没有特殊要求。

（4）冷藏仓库。冷藏仓库用来保管需要冷藏储存的货物，一般多为农副产品、药品等对储存温度有要求的货物，这类仓库具有冷却设备且能隔热。

（5）恒温仓库。恒温仓库是为保持货物存储质量，将库内温度、湿度控制在某一范围的仓库，这种仓库规模不大，可以存放精密仪器、药品等对存储温度有一定要求的商品。

（6）危险品仓库。危险品仓库专门用于保管易燃、易爆和有毒的货物。这类货物保管不当会对人体以及环境造成危害，在储存方面一般会有特殊的要求。

（7）水面仓库。水面仓库是利用货物的特性以及宽阔的水面来保存货物的仓库，可以是漂浮在水面上的趸船、囤船、浮驳或其他水上建筑，或划定水面用以保管木材、竹排等的特定水域。

（四）按库场构造分类

在现实生活中，我们可以看到结构各异的仓库形式。按库场构造分类，仓库一般可以分为单层仓库、多层仓库、立体仓库、散装和罐式仓库、露天堆场、地下仓库等几种形式。

（1）单层仓库。单层仓库是最常见的、使用很广泛的一种仓库建筑类型。这种仓库没有上层，不设楼梯（图 3-1）。单层仓库具有如下几个方面的特点：①单层仓库设计简单，在建造和维修上投资较省；②全部仓储作业都在一个层面上进行，货物在库内装卸和搬运方便；③各种设备（如通风、供水、供电等）的安装、使用和维护比较方便；④仓库地面能承受较重的货物堆放。一般说来，单层仓库的建筑面积利用率较低，由于城市土地使用价格不断上涨，在市内使用这类仓库时，单位货物的存储成本较高，故单层仓库一般建在城市的边缘地区。

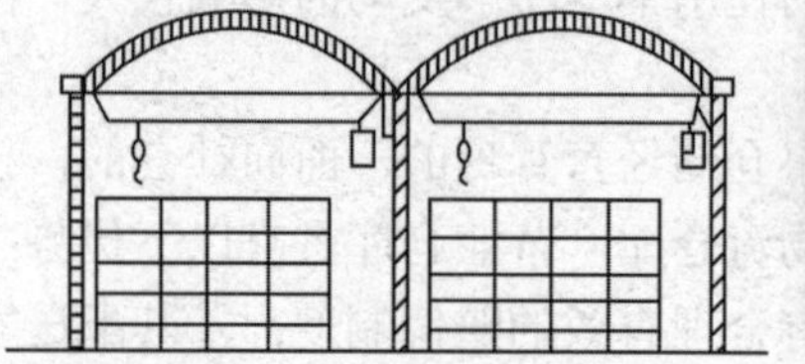

(a) 　　　　　　　　　(b)

图 3-1　单层仓库示意图

（2）多层仓库。多层仓库一般建在人口较稠密、土地使用价格较高的地区，它采用垂直输送设备（如电梯或倾斜皮带输送机等）实现货物上楼作业。图 3-2 反映了一种阶梯形的多层仓库，它通过库外起重机将货物吊运至各层平台。多层仓库主要有以下特点：①多层仓库可适用于各种不同的使用要求，如办公室与库房可分别使用不同的楼面；②分层的仓库结构将库区与其他部门自然分隔，这有助于仓库的安全和防火，如火情的发生往往可以被控制在一个层面，而不危及其他层面的货物；③现代的仓库建筑技术能很好满足重物的垂直运输要求；④多层仓库占地面积小，一般建在靠近市区的地方，适用于存放城市日常用的高附加值的小型商品（如家用电器、生活用品、办公用品等）。多层仓库的最大问题是建造和使用中维护的投资较大，故堆存费用较高，一般适用于高附加值的商品堆存。

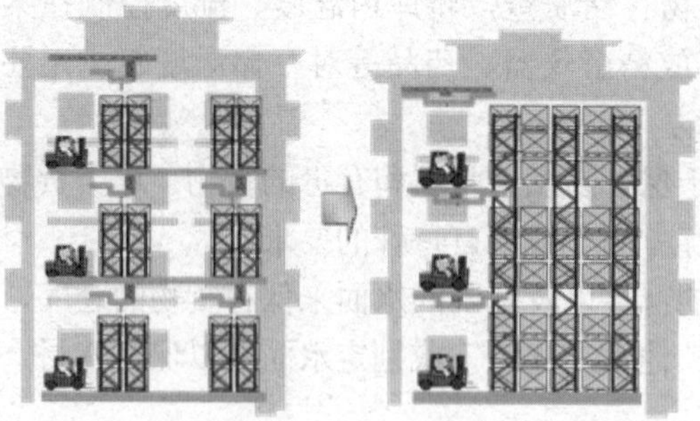

(a) 　　　　　　　　　(b)

图 3-2　阶梯形多层仓库示意图

（3）立体仓库。立体仓库又称高架仓库，实质上是一种特殊的单层仓库，它利用高层货架堆放货物（图 3-3）。一般与之配套的是在库内采用自动化的搬运设备，形成自动化立体仓库。当采用自动化的堆存和搬运设备时，便成为自动化立体仓库。

（4）散装和罐式仓库。散装和罐式仓库是指专门保管散粒状、粉状、液体等物资的容器式仓库。如用来保管谷物、粮食、水泥等颗粒状物品，或者原油、天然气等液、气态物品。图 3-4 所示为钢板圆筒仓。

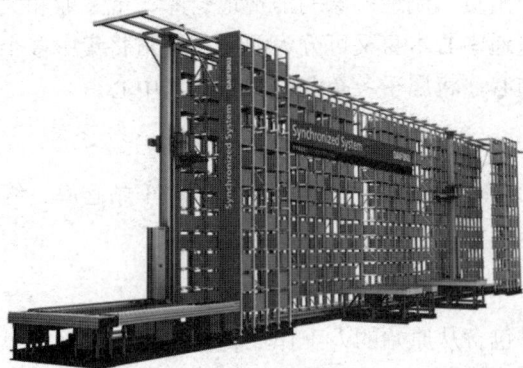

图 3-3　立体仓库示意图

图 3-4　钢板圆筒仓

（5）露天堆场。露天堆场是用于货物露天堆放的场所，一般堆放大宗原材料，或不怕受潮的货物。图 3-5 所示为集装箱露天堆场。

（6）地下仓库。地下仓库是指建筑于地平面以下或山洞等处的仓库，其建筑结构与地面封闭式仓库基本相同，但在建筑设计和施工方面需要有防水、防潮等措施以保证货物储存的完好性。图 3-6 所示为地下酒窖。

图 3-5　集装箱露天堆场

图 3-6　地下酒窖

（五）按建筑材料分类

根据仓库所使用的建筑材料不同，可以将仓库分为：钢筋混凝土仓库、混凝土块仓库、钢质仓库、砖石仓库、泥灰墙仓库、木架砂浆仓库和木板仓库等。随着建筑材料的发展，按建筑材料划分的仓库还会有新的种类出现。

（六）按功能分类

从功能性的角度，仓库可分为储存仓库与流通仓库两种类型。储存仓库以储存、保管为重点，货物在库时间相对较长，仓库工作的中心环节是提供适宜的保管场所和保管设施设备，保证商品在库期间的使用价值。流通仓库也可称为流通中心。流通仓库与储存仓库的区别在于：货物在库的保存时间较短、库存量较少，而且出入库频率较高。流通仓库虽然也有保管业务，但更多的是对货物的检查验收、流通加工、分拣、配送、包装等工作，在较短的时间内向更多的用户出货。制造厂家的消费地仓库、批发业和大型零售企业的仓库属于这种类型的较多。流通中心本身又可分为两类：通常将集中多个仓库的综合性、区域性物流基地叫作物流中心，将属于各企业的叫作配送中心。

（七）按所处位置分类

根据仓库所处的地理位置，可以将仓库分为码头仓库、内陆仓库、车站仓库、终点仓库、城市仓库以及工厂仓库等。

（八）按作业方式分类

仓库的作业方式千差万别，一般可以包含从原始的人工作业到自动化作业等多个层次。按作业方式区分，通常我们可以将其分为人力仓库、半机械化仓库、机械化仓库、半自动化仓库、自动化立体仓库五个层次。人力仓库一般是指储存电子元器件、工具、备品备件货物的仓库，这种仓库规模较小，这类采用人工作业方式，无装卸机械设备。半机械化仓库是指入库采用机械作业（如叉车等）、出库采用人工作业方式的仓库形式，这类仓库一般适合批量入库、零星出库的情况。机械化仓库是指入库和出库均采用机械作业（如行车、叉车、输送机等）、适用于整批入库和出库、长大笨重货物储存的仓库形式；一般机械化仓库配备有高层货架，有利于提高仓库空间利用率。半自动化仓库是自动化仓库的过渡形式，它配备有高层货架和输送系统，采用人工操作巷道堆垛机的方式，多见于备件仓库。自动化立体仓库是指以高层货架为主体，配备自动巷道作业设备和输送系统的无人仓库，如青岛海尔、红塔卷烟集团等自动化仓库。

三、仓库的要素

仓库的要素包括仓库结构、仓库布局、仓储设备和仓库管理人员。

（一）仓库结构

仓库结构包括库房结构、堆场结构和料棚结构三部分。库房结构需要考虑其主体建筑、库房出入口和通道、立柱间隔、天花板高度和地面等。仓库结构的主体建筑有单层结构和多层结构，单层结构较便于进行物流装卸搬运作业，而在多层结构中货物的上下搬运则成为困难，上下搬运的运输能力容易成为瓶颈；库房的出入口和通道要留有足够的空间且尽可能平整；立柱间的间隔要能允许通过 2 辆大型汽车或 3 台小型载货车或 6 个标准托盘；天花板的高度是叉车作业的前提，必须要保证一定的天花板高度；仓库地面要有一定的高度以满足装卸作业不同载货车辆的作业要求。堆场结构要充分考虑物流作业的效率，划分货物存取的区域，同时要对堆场做好排水设计。料棚结构较为简单，一般由预埋件、立柱、支撑件和彩钢瓦组成，对地面有一定的承载要求。

（二）仓库布局

仓库布局分为库区布局和库内布局两部分。库区布局包括生产作业区布局、辅助生产区布局及行政生活区布局，其中生产作业区布局包括验货区、储货区、通道、流通加工车间等的布局，辅助生产区布局包括车库、变电室、油库、维修车间、存放包装物料等场所的布局，行政生活区布局包括行政管理机构及生活区域等的布局，办公楼、门卫室一般布局在库区主要出口两侧，而生活区域则要与主要作业区域有一定距离。库内布局是指对库房内墙线所包含的面积，即可使用面积的布局。库内货架和料垛所占的面积为保管面积，其他如通道、墙间距、收发料区、仓库人员办公地点等则为非保管面积，在进行库内布局时要尽量扩大保管面积、缩小非保管面积。

（三）仓库设备

仓库设备以其所完成的物流作业为标准可分为包装设备、保管设备、装卸搬运设备、流通加工设备和运输设备等。这些设备涉及仓储物流作业的各个环节，为了使仓库设备发挥其最佳效用，就必须进行合理的选择配置和管理使用，应选择和配置最经济、合理、适用、先进的技术设备。此外，要保证每一台设备工作可靠，在各种工作条件下运行都要有良好的稳定性。

（四）仓库管理人员

仓库管理人员包括仓库管理员、采购人员、仓库保管员、领料人、收货人、司机等。仓库管理人员是贯通各项仓储作业的关键，仓库管理人员需要尽好货物、设备进出库的验收，货物存储，仓库保管，货物发放等职责，随时掌握库存状态，保证货物、设备及时供应，充分发挥周转率，并定期对仓库进行清理、巡视，保证仓库的安全、清洁，即仓库管理人员负责做好仓库的收货作业、发货作业、库存管理和日常管理等工作。

四、自动化立体仓库

自动化立体仓库（automated storage and retrieval system, AS/RS）从出现到发展成熟，大致经历了人工仓储技术、机械化仓储技术、自动化仓储技术、集成自动化仓储技术和智能自动化仓储技术等阶段。智能化自动化立体仓库是自动化立体仓库发展的第五个阶段，该阶段将现代智能优化理论应用到自动仓储技术中，系统根据实际需求及外界环境自动运行，并将系统的实时信息反映到软件界面中，使操作人员及时掌握系统信息。自动化立体仓库有时又称自动存取系统、自动仓库、自动化高架仓库、高架立体仓库、无人仓库、无纸作业仓库等。

（一）自动化立体仓库的含义

自动化仓库是指由电子计算机进行管理和控制，不需要人工搬运作业，而实现收发作业的仓库。立体仓库是指采用高层货架，以货架或托盘存储货物，用巷道堆垛起重机及其他机械进行作业的仓库。将上述两种仓库的作业结合就成为自动化立体仓库（图3-7），标准定义是指由高层货架、巷道堆垛起重机（有轨堆垛机）、入出库输送机系统、自动化控制系统、计算机仓库管理系统及其周边设备组成，可对集装单元物品实现机械化自动存取和控制作业的仓库（GB/T 18354—2006，定义 4.29）。智能化 AS/RS 则是在传统 AS/RS 基础上增加了智能模块，可以在任务调度、货位分配、队列优化的过程中，根据任务调度原则、货位分配策略、队列优化目标以及相应的约束条件，建立相应的数学模型并采用智能算法求取最优解，提高自动化立体仓库系统的运行效率。

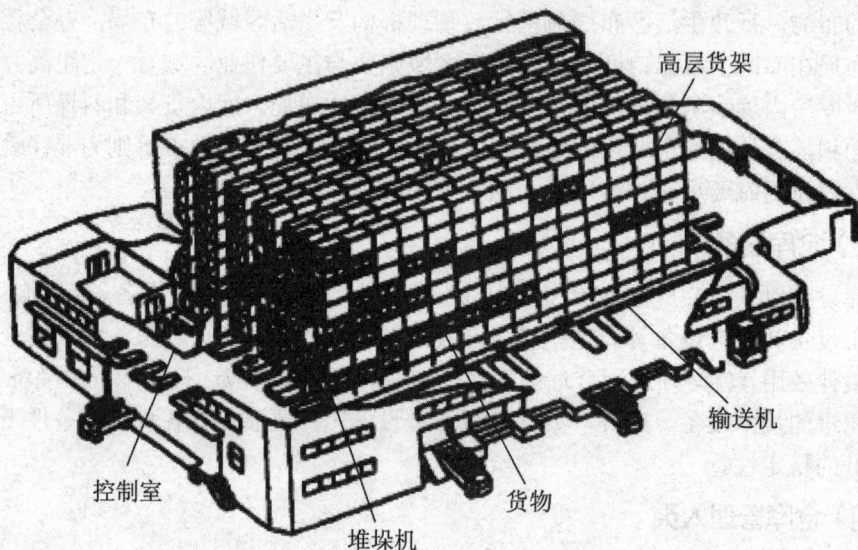

图 3-7　自动化立体仓库示意图

世界上第一座自动化立体仓库于 1963 年在美国建造应用，20 世纪 60 年代中期，日本开始兴建立体仓库，并快速发展成世界上拥有立体仓库最多的国家之一。随着现代化的物流管理思想与电子信息技术的结合，立体仓库已经成为企业成功的标志之一，许多企业纷纷兴建大规模的立体仓库，有的企业还建造了多座立体仓库。

在中国，真正意义上的立体仓库出现于 20 世纪 70 年代。从行业领域看，自动化立体仓库由于具有高空间利用率、强出入库能力、采用计算机进行控制的现代化管理等特点，受到企业的高度重视，几乎被应用于所有行业。在我国，自动化立体仓库应用的行业主要有机械、冶金、化工、航空航天、电子、医药、食品加工、烟草、印刷、配送中心、机场、港口等。从其规模和自动化程度来看，经济效益好、利润较高的烟草、医药、电子、家电行业的立体仓库走在前列。

（二）自动化立体仓库的构成要素

（1）高层货架。目前国内外大多数立体仓库都采用钢货架，其优点是构件尺寸小、仓库空间利用率高、制作方便、安装建设周期短。在货架内是标准尺寸的货位空间，单元格内一般存放托盘装货物。一个货位的唯一地址由其所在的货架的排数、列数及层数来确定，自动出入库系统据此对所有货位进行管理。

（2）巷道机。巷道机是用于自动存取货物的设备。在仓库两排高层货架之间一般留有 1～1.5m 宽的巷道，巷道机在巷道内做来回运动，巷道机上的升降平台可做上下运动，升降平台上的存取货装置可对巷道机和升降机确定的某一个货位进行货物存取作业。

（3）周边搬运系统。周边搬运系统所用的机械常有输送机、自动导向车等，其作用是配合巷道机完成货物的输送、转移、分拣等作业，负责将货物运送到巷道机或从巷道机将货物移走；同时当高架仓库内主要搬运系统因故障停止工作时，周边设备可以发挥作用，使立体仓库继续工作。

（4）控制系统。自动化立体仓库的计算机中心或中央控制室接收到出库或入库信息后，由管理人员通过计算机发出出库或入库指令，巷道机、自动分拣机及其他周边搬运设备按指令启动，共同完成出库或入库作业，管理人员对此过程进行全程监控和管理，保证存取作业按最优方案进行。

（5）库存信息系统。库存信息系统又称中央计算机管理系统，是自动化立体仓库系统的核心。目前典型的自动化立体仓库系统均采用大型的数据库系统构筑典型的客户机/服务器体系，可以与其他系统联网或集成。

（三）自动化立体仓库的功能

自动化立体仓库除了具有同其他一般仓库一样的收货、存货、取货、发货等基本功能外，还能充分利用空间，从而显著地节省仓库用地面积，而且，还容易实现现代化的控制和管理，能较好地适应特殊场合的需要。其功能主要可以概括为以下几点。

（1）大量储存。一般一个自动化立体仓库的货架高度在 15m 左右，最高达 44m，拥有货位数可多达 30 万个，可储存 30 万个托盘，以平均每托盘货物重 1t 计算，则一个自动存取系统可同时储存 30 万 t 货物。意大利 Benetton 公司只需建造这样一个自动存取系统，就可以承担向全球 60 个国家的 5 000 多家 Benetton 店铺配送商品的任务。

（2）自动存取。自动化立体仓库的出入库及库内搬运作业全部实现由计算机控制的机电一体化即自动化。在意大利 Benetton 公司拥有 30 万个货位的自动存取系统中，每天的作业只需 8 个管理人员，他们主要负责货物存取系统的操作、监控、维护等，只要操作员给系统以出库拣选、入库分拣、包装、组配、储存等作业指令，该系统就会调用巷道堆垛机、自动分拣机、自动导向车及其配套的周边搬运设备协同动作，完全自动地完成各种作业。

（3）信息处理。自动化立体仓库能随时查询仓库的有关信息和伴随各种作业产生的信息报表单据。在自动化仓库中可以随时查询库存信息、作业信息以及其他信息，这种查询可以在仓库范围内进行，也可以在其他部门或分厂进行。

总之，自动化立体仓库的出现，使仓库由储存、保管货物中心向流通、销售中心的转变成为可能。自动化立体仓库提高了仓库存取作业自动化程度，使物流系统更加方便和合理。同时，其也提高和扩大了仓储系统的综合利用率和作业范围，增加了分拣、转运、配送、包装、流通加工、信息处理等设施，能够全面地为生产和商业流通服务。

（四）自动化立体仓库的分类

（1）按货架的结构形式分类。主要类别如下所述：①整体式自动化立体仓库。这种自动化立体仓库的货架与建筑物结构为一体，货架既是储存货物的构件，又是仓库屋顶和墙体支撑的结构体系 [图 3-8（a）]。因此，货架除承受储存品的负荷外，还必须承受库顶重量，以及风力、地震等外力所产生的应力。一般认为，这种形式适用于货架高度较高（15m以上）的情况。采用这种结构形式的优点是比较经济，缺点是建成以后，很难改变和扩展。②分离式自动化立体仓库。货架设置在库房建筑之内，货架结构与库房建筑是分离的结构体 [图3-8（b）]。其优点是简单灵活，便于改变和扩建。分离式自动化立体仓库高度以15m以下较为经济，否则对地面承载力要求高而需要进行加固。

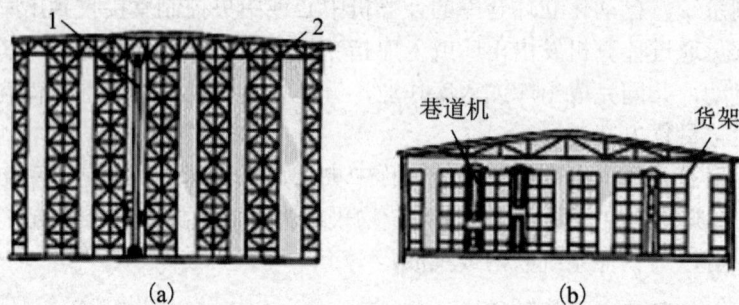

图3-8　整体式、分离式自动化立体仓库结构

（2）按储存物品分类。主要类别如下所述：①常温自动化立体仓库，用于一般工业品、生产资料的存取；②低温自动化立体仓库，用于对温、湿度有特殊要求的商品的存取；③防爆危险品自动化立体仓库，用于易挥发、易产生尘爆的化学危险品的存取；④无尘自动化立体仓库，用于计算机芯片、磁带、录像带等物品的存取。

（3）按储存作用分类。其主要可以分为生产型与流通型两种。①生产型仓库又可以分为如下三种：一是用于存放原材料、零部件的成品仓库；这类仓库的特点是存储货种较多，出入库作业频繁；这类仓库的规模一般较大，可以有上万个货位，仓库需要配备大量的装卸搬运设备。二是作为柔性制造系统（FMS）中一个环节的仓库；这类仓库的装卸搬运设备往往与加工单元和装配线连在一起，可以及时、准确地向生产线提供物料服务；一般这类仓库所储存的货物种类不多、规模不大、库存周期较短（甚至几小时）。三是备品备件仓库；这类仓库是为生产过程中设备维修、保养的需要所配备的，仓库中货物种类较多，批量较少，货物进出库频率较低。②流通型仓库是目前立体仓库的主要发展趋势，可以分为如下三种：一是商品配送中心仓库，它是为用户商品分拣和送货所配备的仓库，商品的分拣是这类仓库的突出功能。二是大型批发仓库，它是为商品流通过程中的批发环节服务的仓库；这类仓库所存货物的数量较多，周转较快。三是物资交易市场仓库；它是由参与交易市场的各会员单位共同使用的存放同一类物资的仓库；由于储存量较大，这类仓库的容量和规模一般较大，而货物的存储时间则与季节和经济的波动有关。

（五）自动化立体仓库的优点

（1）自动化立体仓库由于能充分利用仓库的垂直空间，其单位面积储存量远大于普通的单层仓库，一般是单层仓库的4～7倍。世界上最高的立体仓库可达40多米，容量超过数万甚至十多万个货位。

（2）自动化立体仓库采用巷道堆垛机，它沿着廊道上的轨道运行，不会与货架碰撞，也无其他障碍物，因此，行驶速度较快，一般可达 80～130m/s，升降速度为 12m/s（最高可达 48m/s），货叉取货速度一般为 15～20m/s。如果借助计算机控制，可以准确无误地完成货物库内搬运工作。货物的搬运效率远比一般仓库高。

（3）自动化立体仓库采用计算机进行仓储管理，可以方便地做到"先进先出"，防止货物自然老化、变质、生锈，也能避免货物的丢失。在库存管理中采用计算机，随时可以迅速、准确地清点盘库，由此大大提高了货物的仓储质量。

（4）自动化立体仓库采用能堆存较高货位的占用较窄巷道的堆垛机，使仓库面积和空间位置的利用率大大提高。据统计，其比单层仓库可节约用地 1/5～1/3，节省劳动力70%。因此，其经济性也较好。

（5）采用自动化立体仓库后，能较好地适应黑暗、低温、有毒等特殊环境的需要。例如，胶片厂储存胶片卷轴的自动化仓库，在完全黑暗的条件下，通过计算机控制可以自动实现胶片卷轴的入库和出库。

总之，自动化仓库的出现，使传统的仓储观念发生了根本性的变化。原来那种固定货位、人工搬运、人工堆放、人工管理，以储存为主的仓储作业已经转变为自由选择货位、按需要实现"先进先出"的机械化、自动化仓储作业。在储存的同时，可以对货物进行必要的拣选、组配并根据整个企业生产的需要，有计划地将库存货物按指定的数量和时间要求送到合适的地点，满足均衡生产的需要。

（六）自动化立体仓库的缺点

（1）结构复杂，配套设备多，需要的基建和设备投资高；货架安装精度要求高，施工比较困难，而且周期长；工艺要求高，包括建库前的工艺设计和投产使用中按工艺设计进行作业；对仓库管理和技术人员要求较高，必须经过专门培训才能胜任。

（2）储存货物的品种受到一定限制，对长大笨重货物及要求特殊保管条件的货物，必须单独设立储存系统。

（3）弹性较小，难以满足储存高峰的需要。流通作业在实际运作时，常常会有淡旺季或高低峰及顾客紧急的需求，而自动化设备数目固定，运行速度可调整范围不大，因此，其作业弹性不大，而对于传统设备只要采用人海战术就可以满足这种需求。

（4）必须注意设备的保管修养并与设备提供商保持长久联系。自动化立体仓库的高架吊车、自动控制系统等都是先进的技术型设备，由于维护要求高，就必须依赖供应商，以便在系统出现故障时其能提供及时的技术援助。

（5）如果自动化立体仓库要充分发挥其经济效益，就必须与采购管理系统、配送管理系统、销售管理系统等咨询系统相结合，但是这些管理咨询系统的建设都需要大量投资。

因此，在选择建设自动化立体仓库时，必须要综合考虑自动化立体仓库在整个企业中的营运策略和设置的目的，不能为了自动化而自动化。在实际建设中要有详细的方案规划，进行综合测评，充分考虑自动化立体仓库带来的正面和负面影响，同时还要考虑相应的补救措施才能确定最终建设方案。

第二节　仓库设施的分类与护养

仓库设施是指用于仓储的仓库建筑物，一般由主体建筑、辅助建筑和辅助设施三类构成。下文将重点介绍上述三类仓库设施的基本情况及其护养要求。

一、仓库设施分类

（一）主体建筑

仓库主体建筑一般分为生产作业区、辅助作业区和行政作业区三大部分，其中生产作业区是现代仓库的主体部分，是商品仓储的主要活动场所，主要包括储货区、道路、铁路专线、码头、装卸平台等。仓库的主体建筑分库房、货棚和露天货场三种。

（1）库房。库房是仓库中用于存储货物的主要建筑，多采用封闭方式。库房主要由基础、地坪、墙壁、库门、库窗、柱、库顶、站台、雨篷等建筑结构组成。

①基础。基础用于承受房屋的重量。库房基础可以分为连续基础和支点基础。连续基础在实体墙下由砖、块石和水泥浆砌成；支点基础是在培柱下形成柱形基础，柱形基础一般间隔 3~3.5m。

②地坪。地坪用于承受堆存的货物，地面的承载力必须根据承载货物的种类或堆码高度具体研究。通常，一般平房仓库一平方米的承载力是 2.5~3t，其次是 3~3.5t；多层仓库层数加高，地面承载力降低，一层是 2.5~3t，二层是 2~2.5t，依次减少。地面的形式有低地面和高地面两种，为了防止雨水流入仓库，低地面式的地面要比基础地面高 20~30cm；高地面式的高度要与出入库车辆的高度相符合。

③墙壁。墙壁是库房的维护、支撑结构，其作用是使库内环境尽可能不受外界气候影响。库房墙壁按其所起作用不同，可分为承重墙、骨架墙和间隔墙，其中，骨架墙是砌在梁柱间起填充和隔离作用的墙。

④库门。库门的尺寸应根据进出仓库的运输工具携带货物时的外形尺寸确定。对于较长的库房，每隔 20~30m 应在其两侧设置库门，如果与火车装卸线对应，则库门的间距为 14m。

⑤库窗。库窗用于库内采光和通风。为了便于开闭库窗操作，仓库可设置自动采光装置。

⑥柱。柱是库房的承重构件。柱的位置和密度的确定应综合考虑堆码方式、建筑面积、结构类型以及便于车辆行驶等诸方面因素。立柱过多会成为出入库作业的障碍，导致效率低下，因此要尽可能减少立柱数量。

⑦库顶。库顶的主要作用是防雨雪和保温。其外形有平顶、脊顶和拱顶三种，要符合防火安全要求、坚固和耐久的高标准。且由于仓库向着机械化、自动化方向发展，天花板的高度也要满足相应的要求。使用叉车的时候，标准提升高度是 3m，使用多端式高门架的时候要达到 6m。

⑧站台。站台围绕库房四周构筑，其主要作用是便于货物的车辆装卸和进出库作业。

站台平面应与车厢底面和仓库地面齐平，一般比地面高出 1.1m 左右；站台宽度根据库内流动机械的回转半径确定，一般为 6～8m。

⑨雨篷。在货物进出仓库时，雨篷用于防止雨雪浸淋，其宽度应大于站台 2～4.5m。

（2）货棚。货棚（图 3-9）是一种简易的仓库，为半封闭式建筑。货棚主要用于受自然温度、湿度影响较小的笨重商品及经得起风雨和日晒、对自然环境要求不高的货物。货棚根据其围墙建筑情况，可以分成敞棚（仅由支柱和棚顶构成）和半敞棚（有一面、两面和三面墙之分）。

（3）露天货场。露天货场（图 3-10）主要用于堆存不怕雨淋、风吹的货物，采用油布覆盖时，则可堆存短期存放的、对环境要求不太高的货物。露天货场的地面材料可根据堆存货物对地面的承载要求，采用压实泥地、铺沙地、块石地和钢筋水泥地等方式铺设。

图 3-9　货棚示意图

图 3-10　露天货场示意图

（二）辅助建筑

仓库的辅助建筑是指办公室、车库、修理间、装卸工人休息间、装卸工具储存间、油库、变电室等建筑物。这些建筑一般设在生活区，并与存货区保持一定的安全间隔。其中，办公室、车库的布置要求分别如下：①办公室可建在仓库大门附近，考虑到安全要求，办公室与库房和货场的距离应大于 20m。②车库是使停放车辆不受雨雪、气候等影响的建筑，车库面积根据车型和停车数量来确定，每个车位一般可取 4m×9m。

（三）辅助设施

仓库除以上设施外，还有一些辅助设施，主要有通风设施、照明设施、空调设施、提升设施、地秤、避雷设施以及消防设施等。表 3-2 对仓库辅助设施的用途进行了介绍。

表 3-2　仓库辅助设施的用途

辅助设施	用途
通风设施	通风设施是使库内空气清洁，防止高温和不良气体影响的设施。可分为自然通风和人工通风两种。自然通风靠仓库内外温度、湿度的差异来实现空气交换，自然通风可利用库房墙壁的空隙、库门和库窗来实现。人工通风要利用专门设置的通风装置（如通风机），强迫库内库外进行空气交换

续表

辅助设施	用途
照明设施	设置照明设施是为了便于库房内作业以及夜间作业。仓库的照明设施可以分为天然照明和人工照明两种。天然照明主要通过库门和库窗采光来实现库内照明。人工照明采用电气方式实现，一般采用直射光灯。为了提高作业的安全性和工作效率，仓库内人工照明应做到照度均匀，避免阴影和炫目的影响
空调设施	仓库内设置空调设施是为了满足特定商品的储存要求和适应当地气候条件，调节仓库内的温度与湿度
提升设施	提升设施一般为升降机，用于在仓库内进行垂直运送，具有方便、载货量大等特点
地秤	常见的地秤有地上衡、地中衡和轨道衡。地上衡一般置于地上，主要适用于仓库、车间、工地、码头等场地，适宜小型车辆装货称量。地中衡一般置于地下，将磅秤台面安装在车辆行驶的路面上，用于对通过的车辆进行称重。轨道衡是有轨式的地下磅秤，适用于对四轴货车进行计量，可在有轨车辆通过时称出总重量
避雷设施	常见的避雷设施有避雷器、避雷针、避雷线、避雷网和避雷带等。这些避雷设施将雷电引入自身并导入大地，用于防止雷电电流传入建筑物和用电设备而造成危害
消防设施	消防设施包括报警器、消防车、泵站、各式灭火器、水源设备、消防水桶、水龙带、砂土箱等，主要用于防火与灭火

二、仓库建筑护养

仓库作为仓储的活动场所，同时也是一种固定资产，也需要进行长期摊销。但是通过有效的护养能够避免仓库提前报废，延长使用寿命。仓库和设施的位置、设计、建造、使用和维护都必须适合所进行的工作。为确保仓库设施的正常使用，延长仓库、设施的使用寿命，使之充分发挥其性能和作用，仓库管理人员要遵循以下准则，按照定期与日常护养的要求对仓库建筑体进行维护与保养。

（一）定期检查护养

（1）一般要求每年至少对仓库建筑和所有设施进行一次全面检查。通过检查了解仓库和主要设施的实际状况，并对发现的问题及时进行整改。

（2）一般要求每3个月应有维修人员对仓库和主要设施进行一次检查，并认真填写相应的检查记录登记表。

（二）日常巡检与护养

仓库和设施会随使用时间的延长而发生变化，这些变化可能对仓储、生产产生不良影响。重要的检查、保养项目应列入计划，并定期实施，以保证仓库达到设定的指标、标准，因此有必要进行日常巡检和护养。

（1）楼体。每年都要对仓库的楼体进行检查，防止楼体变形、结构异化。如发现严重情况，应请专业部门来鉴定、指导，必要时应采取补救措施。

（2）墙体。对墙体的日常护养要求对墙体进行检查，如发现墙体破裂、渗水要及时修补，清除渗水源；要保持仓库外墙清洁，原则上墙体每年清洗一次，玻璃窗每年清洗一次；要不定期清理库区外墙，及时发现和清除不洁物及非法粘贴的广告纸。

（3）仓库楼顶。对仓库楼顶的日常护养要对所有屋顶的雨水管口、内天沟、外天沟每季度清理一次；要防止楼顶裂缝、漏水、隔热层损坏，一旦发现情况应及时修补和更换；楼顶不准堆放杂物，任何在屋顶摆放设施、设备，打孔等工作必须提前上报，经核验后方可实施，并指定专人管理清洁。

（4）地面。要确保地面无塌陷、无凹凸变形、无破损、无渗漏、无废旧物品堆积。

（5）排水设施。每年要定期检查，必要时进行清理疏通楼顶排雨水装置，保障雨水泄水道的畅通无阻。

（6）外悬挂物。所有的重型悬挂物，都要有专业机构或部门核验同意后方可安装，以防受力过重导致仓库变形甚至坍塌；对仓库外墙的悬挂物，一般要求必须每半年检查一次；对于已过期或报废的各种悬挂物应及时清理，消除隐患。

（7）仓库卫生。仓库区域内的公共卫生要着专人每天打扫，保持仓库的清洁卫生。

三、仓库辅助设施护养

仓库的辅助设施支持着仓库内仓储作业的正常进行，同时也对仓库安全问题起着监控与预防作用。因此，不仅需要对仓库建筑进行护养，对仓库辅助设施进行护养也是必不可少的。

（一）消防设施护养

仓库内的消防设施起到监控、预防、警报等重要作用，能确保最大限度地在突发意外情况下及时止损。仓库管理员要：①定期认真检查所在仓库的消防设施情况，检查是否有埋压、圈占、损坏、挪用、遮挡消防设施和器材的情况，及时更换失效或损坏的安全、消防设施；②定期检查防火门、防火卷帘、消防安全疏散指示标志、应急照明等设施是否处于正常工作状态；③保证消防通道时刻畅通无阻；④经常检查现场电气设备的接零、接地保护措施，漏电装置，电线接头，如出现故障应及时修理，保证电线安全可靠，并每年全面检修一次；⑤时刻避免乱拉、乱接电线。检查完毕后要及时填写仓库消防设施情况登记表（表3-3）。

表3-3　仓库消防设施情况登记表

序号	消防设施	配置数量	保养情况	报废年限	备注
1	报警器				
2	消防车				
3	泵站				
4	灭火器				
5	消防水桶				
...	...				

（二）照明系统护养

仓库内照明设施为仓储作业提供了便利，有利于仓储作业的安全性、有效性和作业效率。人工照明条件下，仓库管理员要保证库门和库窗的通透性，及时清洗库窗，并防止货物堆垛过程中阻挡自然光线照明，保证库内天然照明达到 30～36 烛光/平方米，要满足 GB 50034—2004 的仓库照明要求：①地面照度达到 50lux 以上；②选用具有防水、防尘、防腐蚀性的防爆照明灯具，确保灯具安全运行。同时，仓库管理员要定期检查仓库照明系统的灯具数量、照明效果，并登记仓库照明系统护养登记表，并及时更换质损或报废的灯具。

（三）通风系统护养

仓储物资入库时要求明确护养方法和维护保养周期，通风是常用的维护保养方法之一。仓库管理员在日常管理中，要做到：①每日检查仓库门、窗等能否正常开闭，确保货物堆垛过程中不遮蔽通风口，不影响正常通风。②对于要求密闭保存的货物，要定期检查以确保满足空间的密闭性要求。③定期维护保养通风机等设备，做好护养登记，并及时更换损坏或报废的装置。

（四）空调系统护养

在仓库中，空调系统起调节空气温度与湿度的作用，影响着货物仓储质量，空调系统正常运作与否决定了仓储质量的好坏。空调由通风系统、水系统、电气系统组成，长时间使用会受到污垢沉积等影响，降低制冷效果，缩短使用年限。对于空调系统，要定期进行空调维护清洗，对机组、末端设备、通风管道、水系统管道依次进行物理、化学相结合的全面清洗，以清洁表面，提升空调系统的制冷效率，节能降耗，延长设备的使用年限。

第三节　保管设备的分类与管理

保管设备是指仓储业务中一类重要的仓储设备，本节着重介绍三种常用的保管设备托盘、货架、储物柜以及保管设备管理的工作内容。

一、托盘

托盘是一种重要的集装器具，是在物流领域中适应装卸机械化而发展起来的一种集装器具，托盘的发展可以说是与叉车同步的。叉车与托盘的共同使用形成的有效装卸系统大大促进了装卸活动的发展，使装卸机械化水平大幅度提高，使长期以来运输过程中的装卸瓶颈得以改善。

（一）托盘的内涵

根据国家标准 GB/T 18354—2006 中的定义，托盘（pallet）是指在运输、搬运和存储过程中，将物品规整为货物单元时，作为承载面并包括承载面上辅助结构件的装置。托盘可以有效地装卸、运输、保管货物，组合量较大，这种台面有供叉车从下部插入并托起的叉入口。它与叉车的联合使用，可以有效突破物流系统的装卸搬运瓶颈。

托盘运用于物流系统中有以下优点：①托盘自重小；②容易对托盘进行装盘作业；③托盘装载量适宜，组合量较大；④可以节省包装材料，降低包装成本；⑤可以循环使用。托盘的缺点有：①托盘本身的回程运输需要消耗运力，增加成本支出；②需要仓库等设施进行存放保管，不宜露天存放。

（二）托盘的作用

托盘作为物流产业中最为基本的集装单元，在衔接物流供应链各环节方面，起着举足轻重的作用。

（1）搬运或出入库场都可用机械操作，有效减少货物堆码作业次数，从而有利于提高运输效率、缩短货运时间、减小劳动强度。

（2）以托盘为运输单位，货运件数变少、体积重量变大，而且使用托盘运输能保证每个托盘所装数量相等，既便于清点、理货交接，又可以减少货损、货差等事故的发生。

（3）托盘的投资比较小，由此所带来的收益时效比较快。

（4）标准化的托盘能够实现物流各环节运作的无缝对接，提高物流效率。

（5）返空容易，返空时占用运力很少。由于托盘造价不高，又很容易互相代用，所以不要求必须有固定归属者。

但是托盘的回收利用、组织工作难度较大，需要浪费一定的人力、运力，且托盘本身也需要占用一定的仓储空间。托盘作为物流产业中最为基本的集装单元，随着产品在生产企业、物流企业、零售企业和用户之间流通，它与产品生产线、产品包装、叉车、货架、公路、铁路运输车辆、轮船、集装箱和仓储设施等许多方面均有较为严格的尺寸匹配关系。因此托盘标准化对物流企业的健康发展十分重要，托盘标准化能够实现各环节的无缝对接，避免因托盘差异造成冗余工作，面对新的国际标准，中国也已逐步实现托盘标准化，与国际对接。

（三）托盘的分类

托盘的种类很多，按结构可分为平托盘、柱式托盘、箱式托盘、轮式托盘、折叠式托盘；按材料可分为塑料托盘、金属托盘、木制托盘、纸制托盘；按台面可分为单面托盘、两面托盘；按叉车叉入方式可分为单面叉入式托盘、两面叉入式托盘、四面插入式托盘。目前国内外常见的托盘大致可以分为平托盘、柱式托盘、箱式托盘、塑料垫板托盘和三合箱式托盘、滑板托盘、轮式托盘、特种专用托盘七大类。下文对常见的托盘进行介绍。

（1）平托盘。平托盘是托盘中使用量最大的一种，也称为通用型托盘，是指在承载面和支撑面间夹以纵梁，构成可以集装物料、可以使用叉车或者搬运车等进行作业的货盘。平托盘可以进一步分类：按台面分为单面型、单面使用型、双面使用型、翼型四种；按叉车叉入方式分为单向叉入型、双向叉入型、四向叉入型三种；按托盘制造材料分为木制平托盘、钢制平托盘、塑料制平托盘、复合材料平托盘和纸制托盘五种。以下简单介绍按材质划分的托盘形式。

①木制平托盘：木制平托盘（图3-11）制造方便，便于维修，自重也较轻，是使用

广泛的平托盘，也是托盘中最传统、最普及的类型。

图 3-11　木制平托盘

②钢制平托盘：用角钢等异型钢材焊接制成的平托盘，与木制平托盘一样，也有叉入型、单面使用型、双面使用型等多种形式。钢制平托盘（图 3-12）质量较重，一般较难以以人力搬运。与其他材质托盘比，具有最好的承载性和牢固性。

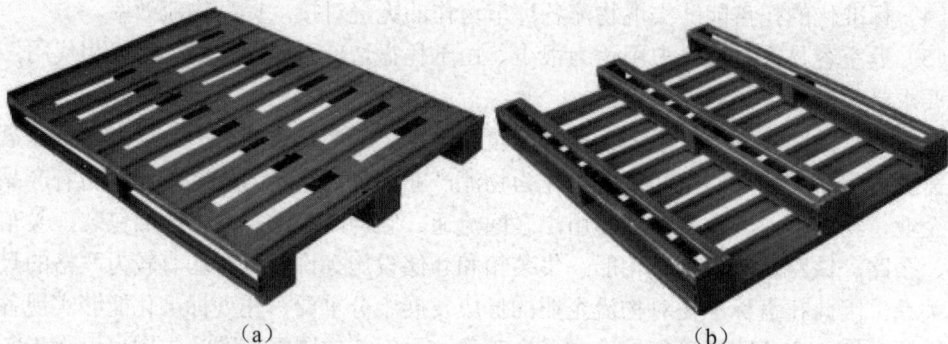

　　　　（a）　　　　　　　　　　　　　　　（b）

图 3-12　钢制平托盘

图 3-13　塑料制平托盘

③塑料制平托盘：采用塑料膜制成平托盘，一般是双面使用型，两向或四向叉入，由于塑料强度的限制，一般很少有异型的平托盘。塑料制平托盘（图 3-13）重量轻、美观、整体性好、易冲洗消毒、不腐烂、无静电火花、耐腐蚀、易着色以区分，但承载能力不如钢制及木制托盘。

④复合材料平托盘：复合材料平托盘（图 3-14）具有较其他材料更好的性能，常见的复合材料平托盘是木塑平托盘，但复合材料平托盘成本相对较高。

⑤纸制托盘：用现代化的机电合一技术，以纸为原料，生产出的一种蜂窝状的新兴材料。纸制托盘（图 3-15）自重轻、强度高、刚度好，具有很好的缓冲、隔震、保温、隔热、隔音性能，绿色环保，也可根据需要进行防潮处理。

图 3-14　复合材料平托盘

图 3-15　纸制托盘

（2）柱式托盘。柱式托盘（图 3-16）是在平托盘的基础上发展起来的，其特点是在托盘的四个角有用钢制成的固定式或可卸式的立柱，柱式托盘的柱与柱之间有连接的横梁，使柱子成为框型。平托盘堆垛货物时，上层托盘的重量完全压在下层托盘的货物上，这就要求下层货物有一定的耐压力，柱式托盘则能解决这一缺陷。柱式托盘的优点为：一是可以防止托盘上所置货物在运输、装卸等过程中发生滑落，最适宜装运袋装货物。二是可以利用四角支撑承重，在不压坏底层货物的前提下，可提高托盘上放置货物的堆码高度，充分提高其利用率。

图 3-16　柱式托盘

（3）箱式托盘。箱式托盘是指在托盘上面带有箱式容器的托盘，如图 3-17 所示。它的基本结构是沿托盘四个边有板式、栅式、网式等栏板和下部平面组成的箱体，有些箱体有顶板，有些没有顶板。箱板有固定式、折叠式和可卸式三种。由于四周栏板不同，箱式托盘又有各种称法，如四周栏板为栅栏式的也称笼式托盘或集装笼。箱式托盘的主要特点：一是防护能力强，可有效防止塌垛，防止货损。二是由于四周有护板护栏，这种托盘装运范围较大，不但能装运码垛形状整齐的包装货物，也可装运各种异形、不能稳定堆码的物品。

（a）

（b）

图 3-17　箱式托盘

（4）轮式托盘。轮式托盘（图 3-18）是在柱式、箱式托盘下部装有小型轮子的托盘，是仓储笼的一种变形产品。这种托盘不仅具有一般柱式、箱式托盘的优点，而且可利用轮子作短距离移动，不需要搬运机械就能实现搬运。可利用轮子作有坡度的装卸，也有利于装放车内、舱内后，移动其位置，所以轮式托盘有很强的搬运性。另外，在生产企业物流系统中，还可以兼做作业车辆。

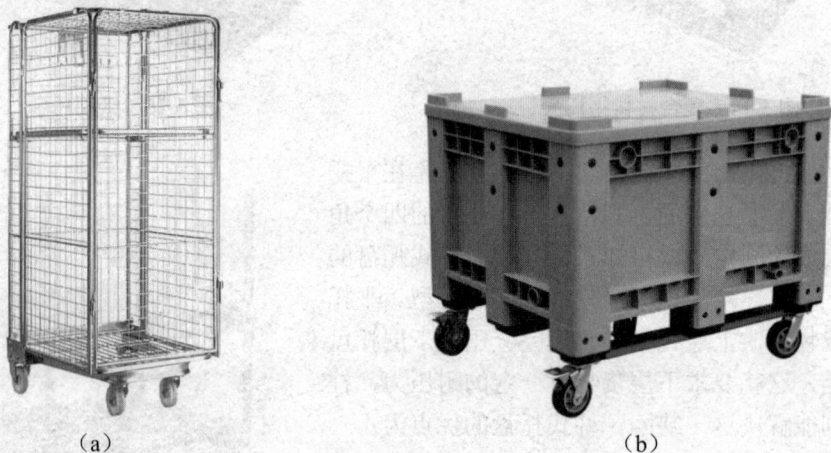

（a）　　　　　　　　　　　　　　　　　（b）

图 3-18　轮式托盘

图 3-19　滑板托盘

（5）滑板托盘。滑板托盘（图 3-19）是一种不用叉车作业的新型托盘，没有叉口，由一张片料简单地折曲而成，仅在操作方面有突出的折翼，以便进行推、拉操作。按照材质来分，滑板托盘分为塑料滑板托盘和纸滑板托盘，其中塑料滑板托盘多用于仓库周转，可多次重复使用，纸滑板托盘多用于一次性的发货。按折翼的个数不同分为一边滑托盘、两边滑托盘、四边滑托盘。滑板托盘有以下特点：①降低了成本，滑板托盘的成本最低能在 10 元以内，而相同规格的木托盘、塑料托盘均在 100 元以上；②占用更少的运输空间与存储空间；③配合推拉器进行全机械化操作，提高运作效率。

（6）特种专用托盘。这类托盘是根据产品特殊要求专门设计制造的托盘。例如冷冻托盘、航空托盘、平板玻璃集装托盘、油桶专用托盘、托盘货架式托盘、轮胎托盘、长尺寸物托盘等。

①冷冻托盘。冷冻托盘实质上是一种将特种产品所需环境及使用要求结合在一起的技术装置。这是一个自容性的冷冻装运设备（尺寸与一个装运托盘差不多），可放置于一辆普通的干燥火车内，作为一个"拼装"运输。它消除了对冷冻卡车的依赖性。像冷冻托盘这样的复合技术有助于一批产品迅速有效地流动，它们依赖于控制温度以延长商品

的寿命及适销性，被新鲜食品、鲜花、化工产品、医疗及冷冻食品所采用。

②航空托盘。航空货运或行李托运托盘，一般采用铝合金制造，为适应各种飞机货舱及舱门的限制，一般制成平托盘，托盘上所载货品用网络覆罩固定。

③平板玻璃集装托盘。平板玻璃集装托盘又称平板玻璃集装架，这种托盘能支撑和固定平板玻璃，在装运时，平板玻璃顺着运输方向放置以保持托盘货载的稳定性。

④油桶专用托盘。专门装运标准油桶的异型平托盘，托盘为双面型，两个面皆有稳固油桶的波形表面或侧挡板，油桶卧放于托盘上面，由于波形槽或挡板的作用，不会发生滚动位移，还可几层叠垛，解决桶形物难堆高码放的困难，也方便了储存。

⑤轮胎专用托盘。轮胎本身有一定的耐水、耐腐蚀性，因而在物流过程中无须密闭，且本身很轻，装放于集装箱中不能充分发挥集装箱的载重能力。其主要问题是储运时怕压、挤，采用这种托盘是一种很好的选择。

⑥长尺寸物托盘。是专门用于装放长尺寸物的托盘，多个托盘叠高码放后变成了组装式长尺寸货架。

（四）托盘的选择

托盘选择时，需要全方位考量何种托盘最适合企业的物流运作，需要从托盘尺寸、应用承载的要求、托盘材质、托盘结构、成本等方面进行考虑。

（1）托盘尺寸。应根据企业托盘标准和存放物料的尺寸来确定托盘尺寸，企业应尽量选用国际标准的托盘规格，以便托盘进行交换和使用。装载货物的托盘的流向直接影响托盘尺寸的选择，如国内发往日本、韩国的托盘尺寸常用 1 100 mm×1 100 mm 的规格。

（2）应用承载的要求。企业应根据托盘上所存放的物料的重量及物流作业方式，考虑托盘的静载和动载能力需求，选择能达到承载要求的托盘。

（3）托盘材质。不同材质的托盘具有不同的性能，损坏率及成本也存在差异。钢结构托盘一般只是为了解决较重货物的承载问题时才选用，木托盘和塑料托盘在大部分物流作业场所均可使用。木托盘的刚性好，承载能力比塑料托盘强，不易弯曲变形，但不适合潮湿和卫生要求高的作业环境。塑料托盘是一个整体结构托盘，适合周转而不易损坏，方便清洁。

（4）托盘结构。托盘有不同的结构方式，企业应根据作业工具的货叉特点、承载要求以及其他应用要求来选择托盘。

（5）成本。木托盘成本较低，但如果管理不善容易损坏，在一定的损坏程度下可以维修；塑料托盘的成本比木托盘的成本高很多，其使用寿命比木托盘长，但是损坏后不能维修，钢结构托盘的成本比木托盘和塑料托盘都高，其自重也最重。同时，在选购托盘时一定要严格把控质量关，验收时严格把关，剔除不合格的托盘。

（五）托盘的使用

合理使用与管理托盘是对托盘质量和货物安全运输的保障，企业在托盘使用和托盘保管方面应遵循以下规则，以达到提高物流运作效率和节约成本的目的。

（1）托盘货物的堆码方式。托盘货物的堆码方式有四种基本类型：重叠式、旋转交错式、纵横交错式、正反交错式。重叠式即各层码放方式相同，上下对应。这种堆码方式操作速度快，各层重叠的角和边能承受较大的荷重，但是各层之间缺少咬合作用，稳定性较差。旋转交错式是指同一层中相邻的两个货物互相垂直，相邻层货物是另一层旋转180°的形状，使得相邻层之间互相咬合，稳定性较高，但是堆码难度较大，货物中间空余降低托盘装载能力。纵横交错式是指同一层货物的码放方式相同，相邻层间的货物摆放旋转90°，层间有一定咬合作用。正反交错式是指同层的相邻列货物互相垂直，相邻层货物是另一层旋转180°的形状，咬合强度较高，但较难操作。

（2）托盘的使用方式。托盘的使用方式分为托盘联运和专用托盘两种。托盘联运是指全社会实行统一的托盘技术标准，在物流过程的各个环节，将托盘货物整体作为处理对象，减少人力装卸次数，节省劳务费用，加快物流速度。专用托盘是指按某一领域的要求，在其各个环节，采用专用托盘作为贯通所有流程的手段，专用托盘就是在这一领域的托盘联运，只是不按照社会物流标准化的要求选用托盘，而是按照个别领域的特殊要求进行选用。

（3）托盘货物的紧固。托盘货物进行紧固是为了稳固货物，防止货物倒塌。托盘货物紧固的方法有捆扎、网罩、框架、中间夹摩擦材料、专用工具、粘合、胶带粘贴、平托盘周边垫高、收缩薄膜、拉伸薄膜等。捆扎是指用绳索、打包带等对托盘货物进行捆扎以稳固货物；网罩是指用网罩住货物以紧固托盘货物；框架是指用框架包围整个托盘，再用打包带或绳索捆紧；中间夹摩擦材料是将麻包片、塑料泡沫等摩擦系数大的片状材料加入货物层间以加大摩擦力；专用工具是指在包装物允许的情况下用专用夹片将相邻的货物卡住以形成一个整体，避免个别滑落；粘合是指用双面胶将相邻层粘上防止滑落；胶带粘贴是指用单面胶粘捆托盘整体防止滑散；平托盘周边垫高是指将托盘周边稍稍垫高，使货物向中心靠拢以稳固货物；收缩薄膜是指将热缩塑料置于托盘整体上，进行热缩处理后，塑料薄膜收缩，托盘货体形成一个整体以起到紧固、防水的作用；拉伸薄膜是指用拉伸薄膜捆扎货物，拉伸薄膜收缩后即紧固托盘与货物。

（六）托盘的护养

在使用中，叉车司机和装卸搬运工人要严格执行操作规程并加强托盘的养护和维修。托盘使用过程中应注意如下几个事项：①叉车叉取托盘时，叉齿要保持水平，不应上下倾斜；②叉车必须对准叉孔，垂直于托盘，不应斜着进出托盘；③严禁甩抡空托盘，更不准空托盘以边角落地；④不准用叉齿推移、拖拉托盘；⑤空托盘应用叉车整齐叠放，避免碰撞和日晒雨淋。单块空托盘不宜平放，以避免压坏；⑥如用绳索捆扎货物，捆扎方向应与边板平行，不应垂直于铺板，以避免钉子受力松动。

托盘的养护和维修过程中应注意如下几点：①专人检查，一经发现任何损坏，即应停止使用。使用损坏的托盘不仅缩短使用寿命，还会损坏货物；②及时修理，按标准的要求更换板、钉，整修恢复到原样。一般情况下，只要在采购、使用、维修方面严格按照上述要求去做，木托盘的使用寿命可达10年。反之，一两年就得报废。

（七）托盘的标准化

形状的标准化，在物流领域是一个非常重要的问题，托盘标准化也是如此。托盘如果只在工厂和仓库里使用，是不能充分发挥其效益的，只有全程托盘化，即以托盘货物为搬运单位，运输到目的地后又连同托盘一起搬运，才能取得良好的效果。实施全程托盘化，必然涉及托盘回收的问题。将商品装在托盘上送到目的地后，既不能将托盘放下不管，也不宜等对方卸下商品再带回空托盘，如此会导致时间效率差。因此，托盘交换系统就显得很重要。商品送到的时候，或者带回同样数量的空托盘，或者集中起来委托专业回收公司送回。为此，必须做到托盘标准化。

从国际上看，许多国家都打算放弃国内原来使用的模数尺寸，而改用国际的模数尺寸。ISO（International Organization for Standardization，国际标准化组织）经过 ISO/TC51 托盘标准化技术委员会多次分阶段审议，对 ISO 6780《联运通用平托盘主要尺寸及公差》标准进行了修订，国际上的托盘标准现共有 6 种：1 200 mm×1 000 mm，1 200 mm×800 mm，1 219 mm×1 016 mm，1 140 mm×1 140 mm，1 100 mm×1 100 mm，1 067 mm×1 067 mm。其中 1 200 mm×1 000 mm 托盘在全球应用最广。我国自 2008 年 3 月开始正式在全国范围内实施 1 200 mm×1 000 mm 和 1 100 mm×1 100 mm 两种规格，优先推荐使用 1 200 mm×1 000 mm 规格。另外，托盘高度基本尺寸为 100mm 与 70mm 两种。

为了使托盘在将来的使用中有通用性，在购置托盘时应该尽可能地选用以上几种规格托盘，这样便于今后托盘的交换和使用。具体还应该考虑以下因素：①运输工具和运输装备的规格尺寸。合适的托盘尺寸，应该是刚好满足运输工具的尺寸，这样可以使运输工具的空间得到充分合理的利用，节约运输费用，尤其要考虑集装箱和运输卡车的箱体尺寸，表 3-4 列出了国际集装箱的规格尺寸。②仓库的大小、每个货格的大小。③托盘装载货物的包装规格。根据托盘装载货物的包装规格选择合适尺寸的托盘，可以最大限度地利用托盘的表面积。④托盘的使用区间。装载货物的托盘的流向直接影响托盘尺寸的选择。通往欧洲的货物要选择 1 200 mm×1 000 mm 的托盘；通往日本的货物要选择 1 100 mm×1 100 mm 的托盘。

表 3-4　国际集装箱的规格尺寸

单位：mm

集装箱型号	长度	宽度	高度
1AAA			2 896
1AAA			2 591
1AAA			2 438
1AX	12 192	2 438	<2 438
1BBB			2 896
1BBB			2 591
1BBB			2 438
1BX	9 125	2 438	<2 438
1CC			2 591
1C			2 438
1CX	6 058	2 438	<2 438
1D			2 438
1DX	2 991	2 438	<2 438

二、货架

（一）货架的内涵

根据国家标准 GB/T 18354—2006 中的定义，货架（rack）是指用立柱、隔板或横梁等组成的立体储存物品的设施。其特点有：可以充分利用仓库空间，提高库容利用率；存入货架中的货物互不挤压，可保证货物完整，减少货品损失；存放在货架上的货品存取方便，便于清点和计量，可做到先进先出；可以采取防潮、防尘等措施，保证和提高货物存储质量。

（二）货架的作用

货架在仓库中居于非常重要的地位，随着现代工业的迅速发展，物流量的大幅增加，为了实现仓库现代化管理，改善仓库的功能，不仅要求仓库货架的数量多、功能全，能实现机械化、自动化等要求，而且要求货架的使用合理。货架的作用可以归纳为以下几个方面。

（1）充分利用仓库空间，提高库容利用率，有效扩大仓库的储存能力。货架是一种架式结构，可以向空间延伸，减小仓库占地面积，货架的储存能力根据货架的层数倍增，有效提高仓库的储存能力。

（2）货架上的货物互相不接触、不挤压，可以保护货物，减少货损。由于有货架隔板的承托和分隔作用，存入货架中的商品互不挤压，可以保证货物本身的质量，减少物资的损耗。

（3）货物存取方便，结合计算机管理易实现先进先出。有利于货物存取、拣选、计量、清点等作业，有利于提高作业效率及贯彻先进先出的原则。存入货架中的商品，由于有货架层格的分隔作用，存取作业方便，便于清点及计量，操作速度快，而且易于定位，操作准备时间短。

（4）有利于实现仓储系统的机械化和自动化管理，提高仓储作业的现代化水平。有些新型货架的结构及功能有利于进一步实现机械化、自动化、电子化，从而减少人力消耗、降低成本、提高效率。

（5）可采用防潮、防尘、防盗等措施来提高货物储存质量。由于有货架隔板的承托和分隔作用，可以方便地采取防尘、防潮等措施。

（三）货架的分类

货架的分类方式多种多样，下文从发展、适用性、制造材料、封闭程度、结构特点、可动性、结构、高度、重量、用途、存取方式等角度进行分类。如表 3-5 所示。

表 3-5　货架的分类

分类依据	货架分类
发展	传统式货架：层架、层格式货架、抽屉式货架、橱柜式货架、U 形架、悬臂架、栅架、鞍架、气罐钢筒架、轮胎专用货架等； 新型货架：旋转式货架、移动式货架、穿梭车货架、装配式货架、调节式货架、托盘货架、进车式货架、高层货架、阁楼式货架、重力式货架、屏挂式货架等

分类依据	货架分类
适用性	通用货架、专用货架
制造材料	钢货架、钢筋混凝土货架、钢与钢筋混凝土混合式货架、木制货架、钢木合制货架等
封闭程度	敞开式货架、半封闭式货架、封闭式货架等
结构特点	层架、层格架、橱架、抽屉架、悬臂架、三脚架、栅形架等
可动性	固定式货架、移动式货架、旋转式货架、组合货架、可调式货架、流动储存货架等
结构	整体结构式：货架直接支撑仓库屋顶和围栅； 分体结构式：货架与建筑物分为两个独立系统
高度	低层货架（5m 以下）、中层货架（5～15m）和高层货架（15m 以上）
重量	分为重型货架、中型货架和轻型货架。重型货架每层货架载重量在 500 公斤以上，中型货架每层货架载重量 150～500 公斤，轻型货架每层货架载重量在 150 公斤以下
用途	分为仓储货架和超市货架。超市货架主要用于零售业的店面商品的陈列与销售；仓储货架主要用于工厂、仓库、配送中心的货物的储存、保管、拣选
存取方式	人工存取和机械存取。人工存取即采用人力存取货物的方式，一般隔板式货架、层板式货架采用此存取方式。机械存取指使用叉车等机械进行存取，如驶入式货架等

（四）几种常见的货架简介

（1）托盘货架（pallet rack）。托盘货架是以托盘为单元货物的方式来保管货物的货架（图 3-20），其每层都设有隔板，托盘货架使用广泛，通用性强。其结构是：货架沿仓库的宽度方向分成若干排，货架间有供堆垛起重机、叉车或其他物流起重搬运设备运行的巷道，每排货架沿仓库纵向方向分为若干列，垂直方向上分为若干层，形成大量货格，用以存储托盘货物。托盘货架结构简单、刚性好、自重轻，可调整组合使层高能自由调节，运输和安装便利，因此托盘货架有以下优点：一是每一块托盘均能单独存入或移动，而不需移动其他托盘；二是可适应各种类型的货物，可按货物尺寸要求调整横梁高度；三是配套设备简单、成本低，能快速安装及拆除；四是货物装卸迅速，主要适用于整托盘出入库或手工拣选的场合。托盘货架适用于重量、批量一般的货物储存。通常在高 6m 以下的3～5 层为宜。此外，它的出入库不受先后顺序的影响，一般的叉车都可使用。

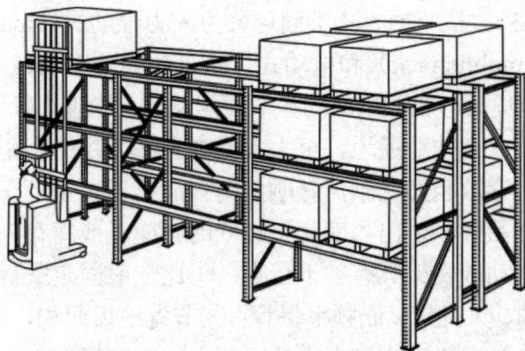

图 3-20　托盘货架示意图

（2）悬臂式货架（cantilever rack）。悬臂式货架是由在立柱上装设悬臂来构成的，悬臂可以是固定的，也可以是移动的。为防止物料损伤，常在悬臂上加垫木衬垫或橡胶带加以保护。悬壁式货架根据承载能力可分为轻量型、中量型、重量型三种；根据结构形式可分为单面悬臂式货架和双面悬臂式货架。悬臂式货架示意图如图 3-21 所示。这种货架适合存储长、大件货物和不规则货物，诸如钢铁、木材、塑料等，需要配合叉距较宽的搬运设备，其前伸的悬臂具有结构轻巧、载重能力好的特点。如果增加搁板，特别适合空间小、高度低的库房，一般高在 6m 以下为宜，空间利用率低，为 35%～50%。

（3）重力式货架（live pallet rack）。重力式货架也称流动式货架（图 3-22），是一种密集存储单元物品的货架系统。在每层货架上，都安装有一定坡度的、带有轨道的导轨，与水平面成一定的倾斜角度，放入货架的物品在重力的作用下，自动由入库端滑向出库端，即入库端高于出库端。重力式货架具有以下特点：①货物由高的一端存入，滑至低端，从低端取出。货物滑动过程中，滑道上设置有阻尼器，控制货物滑行速度保持在安全范围内。滑道出货一端设置有分离器，搬运机械可顺利取出第一板位置的货物。②货物遵循先进先出顺序。③适用于以托盘为载体的存储作业。④重力式货架非常环保，全部采用无动力形式，无能耗、噪音低、安全可靠，可满负荷运作。⑤在货架的组与组之间没有作业通道，从而增加了空间的利用率，提高了仓储的容积率，同时，减少了运输路线和叉车的数量。

图 3-21　悬臂式货架示意图

图 3-22　重力式货架示意图

（4）移动式货架（mobile rack）。这是一种在货架的底部安装有运行车轮，可在地面上运行的货架（图 3-23）。按驱动方式不同可分为人力推动式（manual mobile rack）、摇把驱动式（crank-type mobile rack）和电动式（electric mobile rack），根据承重可分为重型、中型和轻型，重型货架一般采用电动控制便于移动，中型、轻型一般采用手摇移动。移动式货架因为只需要一个作业通道，可大大提高仓库面积的利用率。其广泛应用于办公室存放文档，图书馆存放档案文献，金融部门存放票据，工厂车间、仓库存放工具、物料等。其适用于库存品种多、出入库频率较低的仓库；或库存频率较高，但可按巷道顺序出入库的仓库。移动式货架具有如下特点：①比一般固定式货架储存量大很多，节省空间；②适合少品种、大批量、低频率保管；③节省地板面积，地面使用率可达 80%；④可直接存取每一项货品，不受先进先出的限制；⑤高度可达 12m，单位面积的储存量可达托盘货架的 2 倍左右。

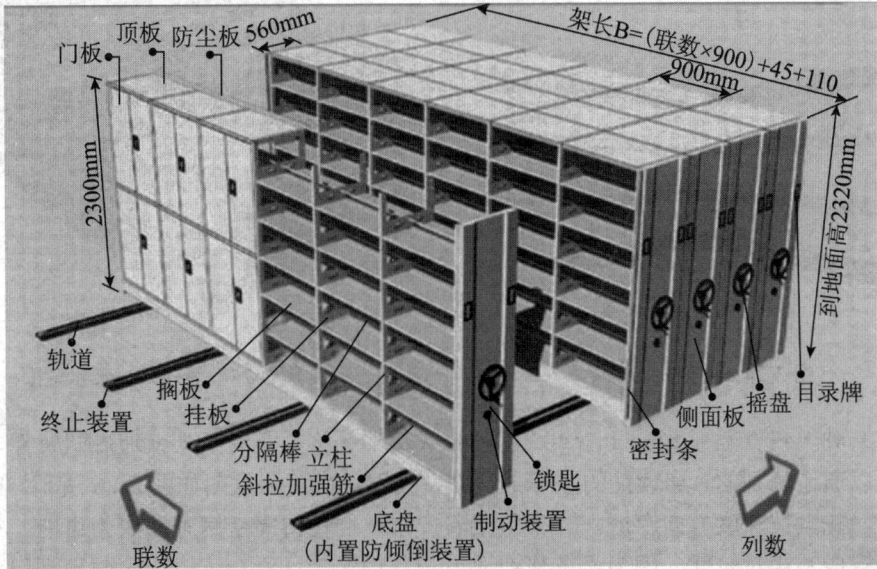

图 3-23　移动式货架示意图

（5）层架式货架（shelf rack）。层架式货架（图 3-24）在仓库及物流活动中应用非常广泛，层架式货架由主柱、横梁及层板构成，架子本身分为数层，层间用于存放物品。层架式货架种类繁多，按层架存放货物的重量级别可划分为重型层架、中型层架和轻型层架。其按货架结构方式分为装配式、固定式和半固定式三种，装配式层架多用于轻型货架，采用轻钢结构，较机动灵活；固定式层架牢固结实、承载能力强，用于重、中型层架。其按货架封闭程度分开放型、半开放型、金属网型、前挡板型层架；按层板安装方式分为固定层高层架及可变层高层架两种。层架的尺寸规格在很大范围内变动，一般而言，轻型层式货架主要是人工进行装、取货操作，规格、尺寸及承载能力都和人的搬运能力适应，高度一般在 2.4 m 以下，厚度在 0.5 m 以下；中、重型货架尺寸则要大得多，高度可达 4.5 m，厚可达 1.2 m，宽度可达 3 m。层架结构简单、省料、适用性强，便于作业的收发，是人工作业仓库的主要储存设备，但存放货物的数量有限。

（6）阁楼式货架（mezzanine rack）。阁楼式货架示意图如图 3-25 所示。这种货架是在已有仓库工作场地上进行立体规划，建造阁楼，将原有的单层仓库改成两层或多层的仓库。利用钢梁和金属板对原有的储区作楼层分割，每个楼层可存放不同种类的货架。阁楼式货架适用于库房较高、货物轻巧、人工存取、储货量较大的情况，如五金工具、电子器材、机械零配件等物品的小包装散件储存，也适用于现有旧库房的改造，存放多品种、少批量货物时可提高仓库的空间利用率。阁楼式货架具有如下特点：①提高货架高度，充分利用仓储高度，提高空间利用率；②上层仅放轻量物品，如上层存放箱、包和散件，下层存放托盘；③阁楼式货架安装、拆卸方便，可充分考虑人性化物流，根据实地灵活设计。

图 3-24　层架式货架

图 3-25　阁楼式货架示意图

（7）驶入式货架（drive in rack）。驶入式货架又称贯通式货架或通廊式货架，这是一种不以通道分割的、连续性的整栋式货架，驶入式货架示意图如图 3-26 所示。在支撑导轨上，托盘按深度方向存放，一个紧接着一个，这使得高密度存储成为可能。驶入式货架投资成本相对较低，因为叉车作业通道与货物保管场所合一，仓库面积利用率大大提高。但同一通道内的货物品种必须相同或同一通道内的货物必须一次完成出入库作业。适用于横向尺寸较大、品种较少、数量较多且货物存取模式可预定的情况，常用来储存大批相同类型货物，广泛应用于批发、冷库及食品、烟草行业。驶入式货架的特点有：①储存密度高，充分利用仓库空间。②不易做到先进先出管理，货物存取从货架同一侧进出，"先存后取，后存先取"。③不宜存储太长、太重的物品，适用于品种少、批量大且出货频率较低的货物储存。

（8）驶出式货架（drive through rack）。驶出式货架示意图如图 3-27 所示，与驶入式货架不同之处在于驶出式货架是贯通的，前后均可安排存取通道，可实现先进先出管理。

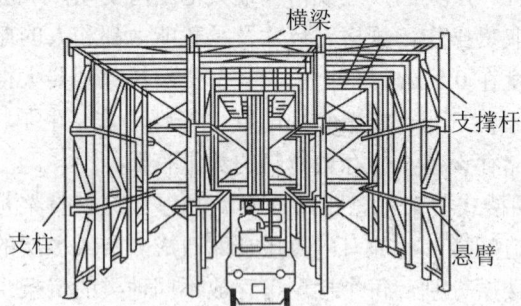

图 3-26　驶入式货架示意图

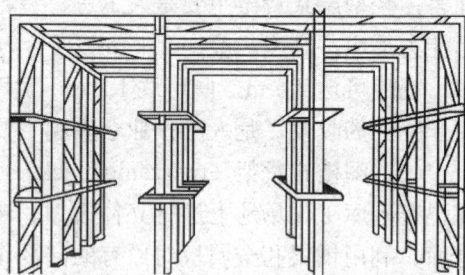

图 3-27　驶出式货架示意图

（9）旋转式货架（rotary rack）。旋转式货架（图 3-28）设有电力驱动装置（驱动部分可设于货架上部，也可设于货架底座内），货架沿着由两个直线段和两个曲线段组成的环形轨道运行，由开关或小型电子计算机操纵。根据旋转方式不同，其可分为垂直旋转式、水平旋转式、立体旋转式三种。旋转式货架的特点有：①由开关或计算机操纵，存取货物时，把货物所在货格编号用控制盘按钮输入，该货格则以最短的距离自动旋转至拣货点，因此拣货路线短、拣货效率高；②旋转式货架没有通道，操作人员位置固定，储存密度提高，节约仓库空间，投资较少，也便于管理；③是一种拣选式货架，适用于入库频率高、多品种拣选的仓库。

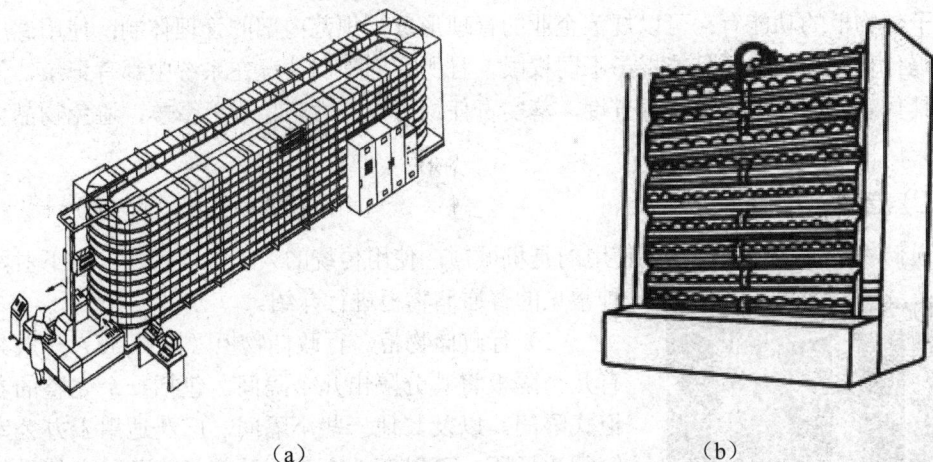

（a）　　　　　　　　　　　　（b）

图 3-28　水平、垂直旋转式货架示意图

三、储物柜

储物柜主要用于分门别类存储不同的物品，一般分为家庭储物柜和商务储物柜，能够充分利用空间来容纳较多的物品。广泛应用于办公室、政府机关、工厂等各类型的小型零件、样品、模具、电子元器件、文件资料、设计图纸、账单、目录、表格等的存储管理。储物柜采用冷轧钢板板材制作，较之传统的木柜易损坏、不耐撞击、容易滋生细菌的缺点，储物柜有无法比拟的优越性。储物柜的类别多样，一般有多功能储物柜、电子储物柜、行政储物柜、防水储物柜、枪支储物柜、自行车储物柜、重型或高安全性储物柜、学校储物柜等。以下对有代表性的储物柜的功能进行介绍。

（一）电子储物柜

电子储物柜（图 3-29）是装有电子控制器系统的储物柜。电子储物柜采用优质冷轧钢板板材制作，采用电子管理模式，安全系数比传统储物柜更高。电子储物柜的使用常见于物流企业为解决最后一公里问题而设置的智能快递柜，及超市等公共场所的物品暂存柜。

电子储物柜一般有单卡感应式、双卡感应式和密码三种管理模式。单卡感应式模式下，使用者在机柜前出示经过授权的感应卡或者条形码，经读卡器确认合法身份后，控制器驱动对应的电锁打开柜门，并记

图 3-29　电子储物柜

录开门时间，适用于安全级别不是很高的情况，是最常用的管理模式。双卡感应式模式下，使用者有两人，需要两人分别持各自的经授权的感应卡先后识别确认后才能打开柜门，适用于安全级别较高的环境。密码模式是使用者在机柜外的读卡器键盘上输入密码，控制器才能打开柜门，并由系统做相应记录，适用于安全级别很高的环境。

电子储物柜的功能有：可以规范企业的管理形象，规范内部的管理体制；使用感应卡或密码代替开门钥匙，且能授予不同权限，且所有的开门情况在系统中都有记录，便于针对具体事情的发生时间进行查询，落实责任；可以有效防止顺手牵羊，避免物品丢失，减少偷盗行为的发生。

（二）普通储物柜

普通储物柜较之电子储物柜使用的是机械锁，使用传统的人工管理模式。以下对两种常见的普通储物柜进行介绍。

图 3-30　行政储物柜

（1）行政储物柜。行政储物柜（图 3-30）一般具有几个隔板将其分隔出几个隔间，包括一个完整的衣柜式隔间，以及其他一些小隔间，广泛适用于办公室等行政场所，可以存放仓库行政部门的各种文件及物品，同样也适用于其他各种用途，如存放样品等。

（2）防水储物柜。防水储物柜是一种常见的储物柜类型，与一般储物柜的差别在于其材料具有防水性，且有良好的密闭性，能保证所保存的物品干燥不受潮。其主要用于潮湿的地方，常见于游泳池、健身房等地，在仓库中，防水储物柜能保证精密仪器的存放不受水分影响。

四、保管设备管理的工作内容

对托盘、货架、储物柜这些保管设备的管理方式要根据仓库规模的大小、设备数量的多少以及设备的集中与分散、固定与流动等使用情况而定。在这些设备中，除少数固定的设备是统一使用外，其余的都是分散使用。因此设备的管理通常在统一管理的基础上，实行分级管理、专人负责的管理方式，以确保设备完好率，保证仓储业务的正常进行。

对于仓库中的设备必须建立管理、使用、维修、保养制度，这是仓储管理工作中的一个重要环节。尤其是一些大型仓库，设备较多，更应加强管理。保管设备管理的工作有以下几点：①制定必要的规章制度、操作规程，并认真贯彻执行；②加强对操作、维修人员的安全教育和技术培训，实行使用、维修相结合的方法，不断提高管理水平及技术水平；③及时总结推广先进经验。

保管设备管理可以分托盘管理、货架管理和储物柜管理，以下对托盘管理、货架管理和储物柜管理的工作内容进行介绍。

（一）托盘管理的工作内容

托盘管理主要由托盘设计、日程管理与托盘配置三部分内容组成。

（1）托盘设计。托盘设计指托盘的划分及托盘对象物品的确定。这是根据建造方针、施工要领制定的划分原则，由生产设计部门以托盘管理表形式将托盘管理的对象物品分类，规划物资的集配，以便据此提供物资采购或制造，并按规定的交付期送到生产现场。

（2）日程管理。日程管理指托盘集配计划的确定。这是根据工厂建造计划、大日程计划表和中日程计划表要求，由托盘集配部门编制托盘集配计划，含月度计划与各个托盘的交付日期，即确定各个托盘的出库指示要求。

（3）托盘配置。托盘配置必须建立按托盘管理表进行装件集配的管理部门。可把这个部门称为集配中心。它是推行托盘管理的中心环节。

（二）货架管理的工作内容

货架管理一般指货架优化管理，货架管理的工作内容主要由明确储位标识、做好货物定位和及时做好变动更新三部分内容组成。

（1）明确储位标识。先将仓库货架储存区域详细划分，并加以编号，让每一种预备存储的货物都有位置可以存放。此位置必须是很明确的，而且经过储位编码的，不可以是边界含混不清的位置，如走道、楼上、角落、某货物旁等不明确的位置不可使用。需要指出的是仓库的过道不能当成储位来使用，虽然短时间内会得到一些方便，但会影响商品的进出，不利于作业效率的提高。

（2）做好货物定位。依据货物保管方式的不同，应该为每种货物确定合适的货架储存单位、储存策略、分配规则，以及其他储存货物要考虑的因素，把货品有效地配置在先前所规划的储位上，流通速度快的货物就该放置在靠近出口处，相关性高的货物存放位置要相对靠近，等等。

（3）及时做好变动更新。当货物被有效地配置在规划好的仓库货架储位上之后，接下来的工作就是仓库货架储位的维护，也就是说货物不管是因拣货取出，或是货物被淘汰，或是受其他作业的影响，使得货物的位置或数量发生改变时，都必须及时地把变动情形加以记录，以使记录与实物数量能够完全吻合，如此才能进行管理。

（三）储物柜管理的工作内容

储物柜管理主要是对储物柜进行维护与保养。第一，要定期对储物柜进行清理与清洗。储物柜使用一段时间后，要进行一定的清理，以保证环境的整洁。清理的过程中，先用湿抹布将储物柜抹干净，然后再用干抹布将其抹干，避免水分的残留导致储物柜的腐蚀。等抹干净储物柜后，再将物品存放回储物柜。第二，要避免储物柜与腐蚀性气体及液体的接触使储物柜腐烂。储物柜一般有铁质、木质、塑料这三种，这三种材料都很忌讳与腐蚀性的物体接触，所以要避免接触腐蚀性气体和液体。第三，要避免刮花储物柜的表面。为了保养好储物柜，保持储物柜的亮丽光泽，要避免让储物柜接触到尖利的物品，在清洁储物柜时最好选用布质较为柔软的布料，避免在擦拭过程中刮到储物柜。第四，要检查储物柜的功能是否出现故障，出现故障时要及时修理，排除故障，保证储物柜的正常使用。

第四节　装卸搬运设备管理

装卸搬运是在货物运输、储存等过程中随同发生的作业，贯穿于物流作业的始终。装卸搬运设备就是主要用来搬移、升降、装卸和短距离输送物料或货物的机械设备，是仓储活动中的重要机械设备。能否有效地衔接各个工作环节，安全、迅速、优质地完成装卸搬运作业，直接影响到物流的效率和效益。本节主要介绍了装卸搬运的内涵及装卸搬运设备的分类，并详细介绍了几种常用的装卸搬运设备的特点及使用要求。

一、装卸搬运的内涵

（一）装卸搬运的定义

根据国家标准 GB/T 18354—2006 中的定义，装卸是指物品在指定地点以人力或机械实施垂直位移的作业；搬运是指在同一场所内，对物品进行水平移动为主的作业。在物流实践中，装卸和搬运是密不可分的，因此，通常将二者合称"装卸搬运"，即在同一地域范围内进行的，以改变物品存放状态和空间位置为主要目的的作业过程。搬运的"运"与运输的"运"区别在于，搬运是在同一地域的小范围内发生的，而运输则是在较大范围内发生的，两者是量变到质变的关系，中间并无一个绝对的界限。

（二）装卸搬运的特点

装卸搬运操作时，往往需要接触货物，这是在物流过程中造成货物破损、散失、混合等损失的主要环节。装卸搬运具有如下特点。

（1）伴生性和起讫性。装卸搬运的目的总是与物流的其他环节密不可分的，在加工业中甚至被视为其他环节的重要组成部分，不是为了装卸而装卸，因此与其他作业环节相比，具有"伴生性"的特点；同样，在运输、储存、包装等作业环节，一般都是以装卸搬运为起始点和终结点，故而，它又具有"起讫性"的特点。

（2）保障性和服务性。装卸搬运作业保障了生产中其他环节活动的顺利进行，具有保障的性质；装卸搬运过程不消耗原材料，不占用大量流动资金，不生产有形产品，因此具有提供劳务的性质。

（3）衔接性。装卸搬运作用制约着生产与流通领域其他环节的业务活动，这个环节处理不好，整个物流系统将处于瘫痪状态。从这个角度上讲，可以说装卸搬运作业是衔接性的活动。

装卸搬运是增加物流成本的活动。据资料统计，在中等批量的生产车间里，零件在机床上加工的时间仅占总生产时间的 5%，而其余的 95%的时间消耗在原材料、工具、零件等的搬运、等待上，并且，装卸搬运的费用占总生产费用的 30%～40%。因而说装卸搬运作业是增加物流成本的活动。

（三）装卸搬运的作用

装卸搬运在生产领域和流通领域都是影响物流速度与物流费用的重要因素，在物流系统中发挥着以下作用。

1. 衔接生产各阶段和流通各环节的转换

在物流作业过程中，从一个环节转换到另一个环节，基本都伴随着装卸搬运活动，运输、储存、包装等环节一般都是以装卸搬运作为起点和终点。如货物需要从仓库搬运至运输工具处并装到运输工具上才能进行运输，运达目的地后又要从车辆上卸下并搬运至仓库等地储存。

2. 保障生产和流通各环节作业的顺利进行

虽然装卸搬运活动本身不产生有形产品，但其工作质量对生产和流通的其他环节有重大影响。如果生产过程中的物料搬运不能适应生产要求，就可能导致停工，而如果流通过程中的装卸搬运出现问题，就可能导致货物滞留在某一环节，从而中断流通过程。

3. 影响物流活动的效率

在整个物流过程中，装卸搬运都在反复进行，而每一次装卸搬运的进行都需要耗费时间，其所耗费的时间长短在一定程度上影响着物流速度，也就是说装卸搬运的效率直接影响物流活动的效率。

（四）装卸搬运的分类

装卸搬运可以按作业场所、作业内容、作业方式、货物的主要运动形式、搬运的对象和作业特点等方式进行分类。

1. 按装卸搬运作业的场所分类

按装卸搬运作业的场所可分为车船装卸搬运、港站装卸搬运和库场装卸搬运。车船装卸搬运是指在载运工具之间进行的装卸、搬运、换装作业，包括汽车在货场和站台旁的装卸搬运、火车在站台的装卸搬运、装卸搬运时的加固作业、车辆清扫、检测计量等作业。港站装卸搬运是指在港口码头、车站、机场等进行的各种装卸搬运作业，包括码头前沿和后方之间的搬运，在港站堆场的堆码、拆垛、分拣、理货、配货、中转作业等。库场装卸搬运是指在货主的仓库或储运公司的仓库、堆场、物品集散点、物流中心等地点进行的装卸搬运作业，经常会伴随物品的出库、入库和维护保养等作业。

2. 按装卸搬运作业的内容分类

按装卸搬运作业的内容可分为堆垛拆垛作业、分拣配货作业和挪动移位作业。堆垛拆垛作业是堆垛作业和拆垛作业的合称，堆垛是指把物品移动或升高到装运设备或固定设备的指定位置，再放置成指定状态的作业；拆垛作业则与堆垛作业相反。分拣配货作业是分拣作业和配货作业的合称，分拣是在堆垛作业前后或配送作业之前把物品按品种、出入先后等进行分类，再放到指定地点的作业；配货则是指把物品从指定的位置按品种、下一步作业种类、发货对象等进行分类的作业。挪动移位作业包括水平、垂直、斜行搬运及其组合的搬运。

3. 按装卸搬运机械的作业方式分类

按装卸搬运机械的作业方式可分为使用吊车的"吊上吊下"方式，使用叉车（fork truck）的"叉上叉下"方式，使用半挂车或叉车的"滚上滚下"方式、"移上移下"方式及"散装散卸"方式等。"吊上吊下"方式是指采用起重机械从货物上部起吊，依靠起吊装置的垂直移动实现装卸，并在吊车运行或回转的范围内实现搬运或以搬运车辆实现小搬运，这种装卸属于垂直装卸。"叉上叉下"方式是指采用叉车从货物底部托起货物，并依靠叉车的运动实现货物位移，搬运完全靠叉车实现，这种装卸属于水平装卸。"滚上滚下"方式是指港口装卸的一种水平装卸方式，利用叉车或半挂车、汽车等承载货物，车辆将货物开上船后，将货物卸下，车辆再从船上开下。"移上移下"方式是指在两车之间进行靠接，紧靠水平移动的方式将货物从一辆车移动到另一辆车上，而不使货物垂直运动。"散装散卸"方式是指对散装货物一般采用从装货点直接运送至卸货点，中途不落地的装卸方式。

4. 按被装卸搬运的货物的主要运动形式分类

按被装卸搬运的货物的主要运动形式可分为垂直装卸和水平装卸两种形式。垂直装卸是指采用提升和降落的方式进行装卸，这是一种采用比较多的装卸形式，应用领域较广，通常使用如吊车、叉车等通用性较强的器械。水平装卸是指采取平移的方式实现装卸目的，这种方式相比垂直装卸节能。

5. 按装卸搬运的对象分类

按装卸搬运的对象可分为单件作业、集装作业和散装作业。单件作业是指对按件的、非集装的货物进行装卸搬运。集装作业是指对集装货物进行装卸搬运的作业，和单件作业相比，集装作业的对象虽然也是按件处理，但集装作业的对象是一个组合后的集装单元，尺寸远大于单件作业的尺寸。散装作业是指对大批量粉状、粒状物品进行不包装的散装、散卸作业。

6. 按装卸搬运的作业特点分类

按装卸搬运的作业特点可分为连续作业和间歇作业。连续作业是指对同种大批量或小件杂货通过连续输送机械进行中间不停顿、无间隔的连续作业，适用于在货物量较大、对象固定、货物不易形成大包装的情况下采用。间歇作业则是中途有停顿的作业方式，有较强的机动性，装卸搬运的地点可在大范围内变动，适用于包装货物、大件货物，散装货物也可采用间歇作业的方式。

二、装卸搬运设备的分类

装卸搬运设备是指用来搬移、升降、装卸和短距离输送物料或货物的机械。装卸搬运设备是实现装卸搬运作业机械化的基础，是物流设备中重要的机械设备。它不仅可用于完成船舶与车辆货物的装卸，而且可用于完成库场货物的堆码、拆垛、运输以及舱内、车内、库内货物的起重输送和搬运。装卸搬运设备一般可以按作业性质、设备工作原理、有无动力进行分类。

（一）按作业性质分类

装卸搬运设备按装卸及搬运两种作业的性质不同可分成装卸机械、搬运机械及装卸搬运机械三类。①装卸机械。单一装卸功能的机械种类不多，最为典型的是手动葫芦，固定式吊车如卡吊车、悬臂吊等吊车虽然也有一定的移动半径，也有一些搬运效果，但基本上还是被看成单一功能的装卸机械。②搬运机械。单一搬运功能的机械种类较多，如各种搬运车、手推车及斗式输送机、刮板式输送机之外的各种输送机等。③装卸搬运机械。兼具装卸、搬运两种功能的机械在物流领域很受重视，这种机械可将两种作业的操作合二为一，有较好的系统效果，这类机械主要有叉车、港口中用的跨运车、车站用的龙门吊以及气力装卸输送设备等。

（二）按设备工作原理分类

按装卸搬运设备的工作原理可将其分为叉车类、吊车类、输送机类、作业车类、管道输送设备类和 AGV（automated guided vehicle，自动引导运输车）。①叉车类包括各种通用和专用叉车。②吊车类包括门式、桥式、履带式、汽车式、岸壁式、巷道式各种吊车。③输送机类包括辊式、轮式、皮带式、链式、悬挂式等各种输送机。④作业车类包括手车、手推车、搬运车、无人搬运车、台车等各种作业车辆。⑤管道输送设备类包括液体、粉体、气体的装卸搬运一体化设备。⑥AGV 是 automated guided vehicle 的缩写，即"自动引导运输车"，是指装备有电磁或光学等自动导引装置，能够按规定的导引路径行驶，具有安全保护以及各种移载功能的运输车，如牵引式自动引导车（tow AGV）、单位荷载自动引导车（unit load AGV）、装配线自动引导车（assembly AGV）、轻型载重自动引导车（light load AGV）、叉车式自动引导车（fork AGV）。

（三）按有无动力分类

按有无动力可将装卸搬运设备分为：①重力式装卸搬运设备，辊式、滚轮式等输送机属于此类。②动力式装卸搬运设备，可细分为内燃式及电动式两种，大多数装卸搬运机具属于此类。③人力式装卸搬运设备，用人力作业，主要是小型机具和手动叉车、手车、手推车、手动升降平台等。

三、装卸搬运设备的使用要求

装卸搬运设备的使用有各自的使用标准和使用要求，下文对一些常用的装卸搬运设备的特点及其使用要求进行介绍。

（一）叉车

叉车又称铲车、叉式举货车，是物流领域最常用的具有装卸、搬运双重功能的机具。在仓储作业环节的装卸搬运过程中，叉车是最常用的装卸设备，其种类有很多。按其动力装置的不同可分为内燃叉车和电瓶叉车；按其结构和用途不同分为平衡重式叉车、插腿式叉车、前移式叉车（以上三种均为正面式叉车）、侧面式叉车、跨运车以及其他特种叉车等。

（1）平衡重式叉车。平衡重式叉车（图 3-31）车体前方具有货叉和门架，车体尾部有装卸作业车辆，依靠车体与车载平衡，故称平衡重式叉车。平衡重式叉车是叉车中应用最广泛的构造形式，占叉车总数的 80% 以上。由于没有支撑臂，需要较长的轴距与较大的配重来平衡荷载，所以车身尺寸与重量很大，需要较大的作业空间。同时，货叉直接从前轮的前方叉取货物，对容器没有任何要求；底盘较高，使用橡胶轮胎或充气胎，使其具有很强的爬坡能力与地面适应能力。因此，其普遍用于装卸货物及室外搬运。它的特点是货叉伸出在车身的正前方，货物中心落在车轮轮廓之外。为了平衡货物重量产生的倾覆力矩，保持叉车的纵向稳定性，在车体尾部配有平衡量。平衡重式叉车要依靠叉车前后移动才能叉卸货物。

（2）插腿式叉车。插腿式叉车（图3-32）的特点是叉车前方带有小轮子的支腿能与货叉一起伸入货板叉货，然后由货叉提升货物。由于货物中心位于前后车轮所包围的底面积之内，叉车的稳定性好。一般采用蓄电池做能源，起重量在2t以下。插腿式叉车比平衡重式叉车结构简单，自重和外形尺寸小，适合在狭窄的通道和室内堆垛、搬运，但是速度较低，行走轮直径小，对地面的要求较高。

图 3-31　平衡重式叉车　　　　　图 3-32　插腿式叉车

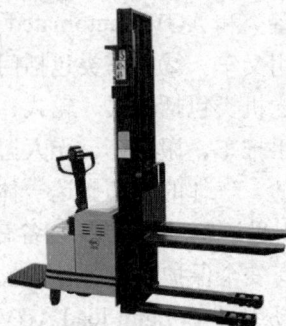

（3）前移式叉车。前移式叉车（图3-33）的货叉可沿着叉车横向前后移动，它具有平衡重式叉车和电动堆垛机的共同特征。当门架前伸至最前端时，载荷重心落在支点的外侧，此时相当于平衡重式叉车；当门架完全收回后，载荷重心落在支点内侧，此时相当于电动堆垛车。这两种性能的结合，使得这种叉车具有操作灵活和高载荷的优点，同时体积和自重不会增加很多，最大限度节省作业空间，大大提高仓库空间的利用率。取货卸货时，货叉伸出，叉卸货物后或带货移动时，货叉退回到接近车体的位置，因此叉车行驶时的稳定性好。前移式叉车一般由蓄电池做动力，起重量一般在3t以下。特点有车身小、种量轻、转弯半径小、机动性好，不需要在货堆间留出空处，前轮可做得较大。前移式系列叉车最具效益的操作高度为6～8m，相当于建筑物高度在10m左右（此高度是目前最常见的超市、配送中心、物流中心、企业中心仓库的建筑高度），其最大提升高度已达到11.5m，载重范围为1～2.5t。在此高度范围内，操作人员视线可及，定位快捷、效率较高。但是，由于它的行驶速度低，主要用于室内搬运作业，很少在室外作业中使用。

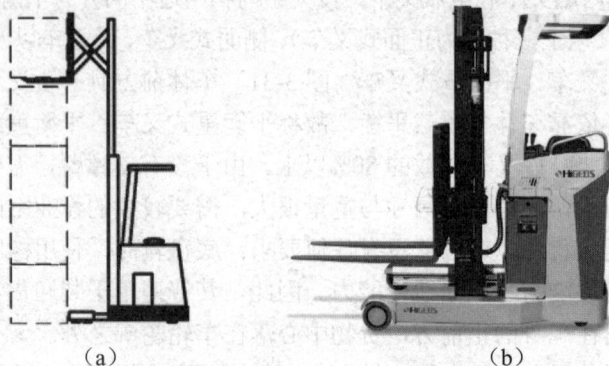

（a）　　　　　　　　　　（b）

图 3-33　前移式叉车

（4）侧面式叉车。侧面式叉车（图3-34）主要用于搬运长大件货物。门架和货叉位于车体中部的一侧，不仅可以上下运动，还可以前后伸缩。叉货时，先将千斤顶顶着地，门架向外推出，叉取货物后，货叉起升，门架退后，然后下降货叉，货物即自动放置在叉车一侧的前后车台上。将千斤顶收起后，叉车即可行驶。由于货物沿叉车纵向放置，可减少长大件货物对道路宽度的要求，同时，货物重心位于车轮支承之内，叉车行驶时稳定性好、速度高，司机的视野比平衡重式叉车好。由于门架和货叉只能向一侧伸出，当需要在对侧卸货时，必须将叉车驶出通道，掉头后才能卸货。侧面叉车的特点主要有两个：一是在出入库作业时，车体顺通道进入后，货叉侧面面向货架或货垛，在装卸作业时不必再先转弯然后作业，这样，可在窄通道中进行作业，最小通道宽度要求仅为5~6英尺，可节约通道的占地面积，提高仓容利用率。二是有利于装卸长条形尺寸货物，叉上长尺寸货物，长尺寸货物与车体平行，作业方便，便于处理如棒料等大于托盘尺寸的货物装载，在运行时还可放于侧面台板上，运行也方便。而用其他叉车叉运长尺寸货物时，长尺寸货物横于车前，需要很宽的通道才能通过。这种叉车动力主要是内燃机式，一般以柴油机驱动，起重量为2.5~40 t，但由于其车体大、自重高，司机在进行装卸作业时不如其他叉车方便。

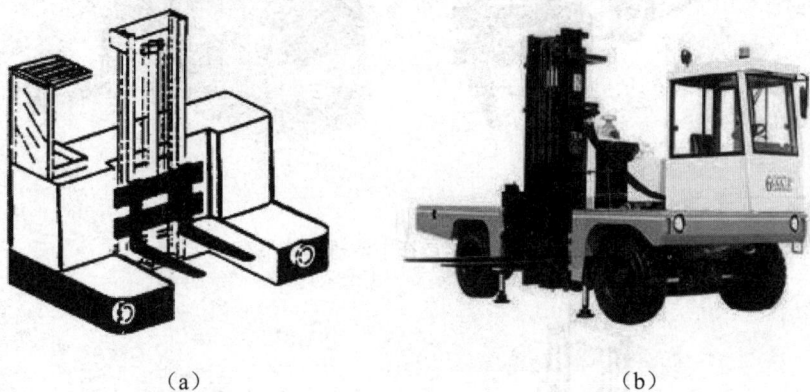

（a）　　　　　　　　　　　　　　　（b）

图 3-34　侧面式叉车

（5）跨运式叉车。跨运式叉车（图3-35）是由门形车架和带抱叉的提升架组成的搬运机械，一般用内燃机驱动，起重量为10~50 t。作业时，门形车架跨在货物上由抱叉托起货物后，进行搬运和码垛。在港口，跨车可用来搬运和堆码钢材、木材和集装箱等。跨车的起重量大、运行速度高、装卸快，甚至可以做到不停车卸载，但跨车本身重量集中在上部，重心高，空车行驶时稳定性差，要求有良好的路面。

（6）转向式叉车。转向式叉车的主要特点是货可做前、左、右三向旋转，或直接从两侧叉取货物，在巷道中无须转弯，卡车的主体可以更长以增加其平衡能力并允许操作

图 3-35　跨运式叉车

员坐着，因此所需的巷道空间是最小的，可以像运输大于托盘尺寸的侧面式叉车一样运行。转向式叉车最大提升高度超过 14m，巷道宽度通常在 1.6m 左右，载重量最大为 1.5t，在制造行业、电子电器行业使用较为普遍。转向式叉车分为操作员在下的拣选式叉车（图3-36）和操作员升起的拣选式叉车（图 3-37）两种。操作员在下的拣选式叉车，操作员坐在支点后面，操作员没有增加负载，最小巷道宽度要求为 5~6 英尺，适合于仓库面积较小、高度较高，既需要很大的储存量及较高的搬运效率，又不想花费巨大的投资建自动仓库的情况；操作员升起的拣选式叉车在使用时，操作员随着货叉一起上升，操作员也施加负载，但可以更精确地堆叠货物，其最小的巷道宽度要求为 5~7 英尺。

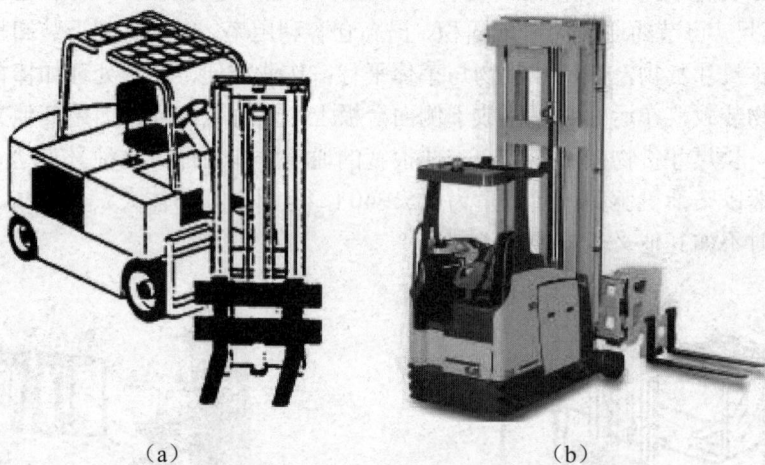

（a）　　　　　　　　　　　（b）

图 3-36　操作员在下的拣选式叉车

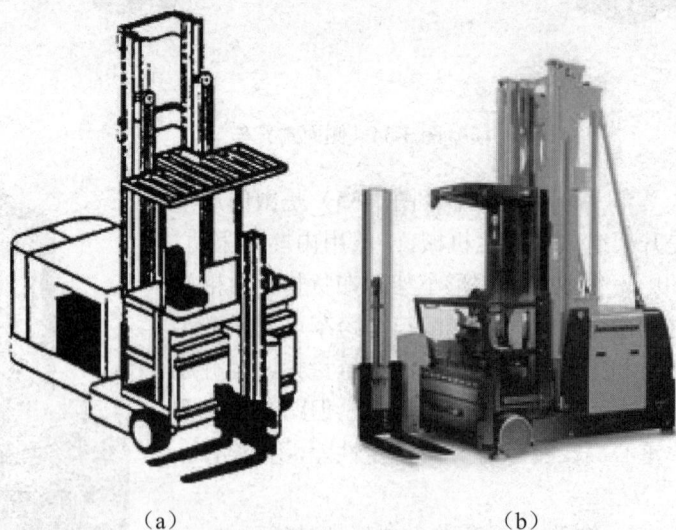

（a）　　　　　　　　　　　（b）

图 3-37　操作员升起的拣选式叉车

（7）其他类型叉车。为了适应各种用途的需要，叉车还有很多其他的形式，如液压式叉车、蓄电池式叉车（电瓶车）、自由起升叉车和防爆叉车等（图 3-38）。

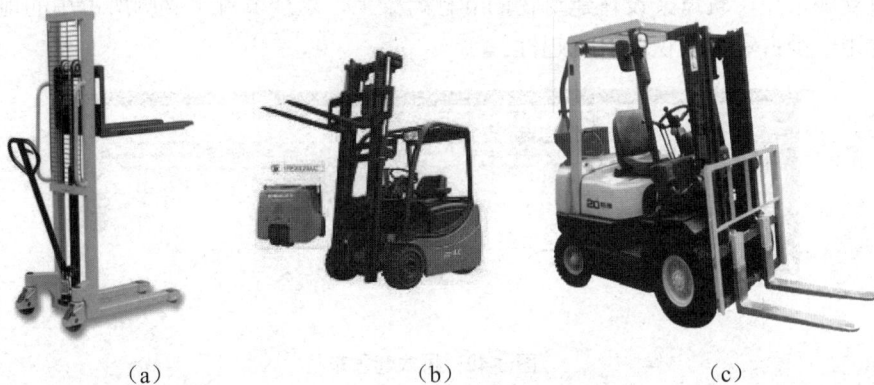

（a） （b） （c）

图 3-38　其他类型的叉车

（a）液压式叉车；（b）电瓶车；（c）防爆内燃式叉车

（二）起重机

起重机是指在一定范围内垂直提升和水平搬运重物的多动作起重机械，是借助于各种吊索具从物品上部实施装卸的一类起重机械的总称，又称天车、航吊、吊车，适用于装卸大件笨重货物。最常用的起重机有龙门起重机、桥式起重机、汽车起重机等。

（1）龙门起重机。龙门起重机（图 3-39），又称门式起重机，俗称门吊，是构架结构的起重设备，可同时完成装卸和搬运两项作业，门式起重机有的有较长的悬臂，悬臂伸离支脚轨道范围，覆盖火车装卸区和汽车或船舶装卸区。门式起重机具有占地面积少，提升高度和起重能力较大的优点，其起重量可达到 300t 以上，在转运中心、港口及车站特别适合采用。龙门起重机可分为轨道式起重机和轮胎式起重机两种。轨道式起重机沿着场地上铺设的轨道行走，因此，只能限制在所设轨道的某一场地范围内进行作业，它由两个沿轨道边运行的支脚及横跨在其上部的梁组成；轮胎式起重机则不受轨道限制，运动范围较大，它不仅可以前进、后退，而且能左右转向，可从一个堆场转向另一个堆场进行作业。

图 3-39　龙门起重车

（2）桥式起重机。桥式起重机（图 3-40），又称天车，其工作原理和门式起重机相同。不同的是，门式起重机有两端的高支腿在地面的轨道上行走，用于露天货场，桥式起重机支腿很短，轨道架设在建筑物的立柱跨梁上，这样节省了支脚所占用的地面，在仓库内由于少占室内面积而有优越性。

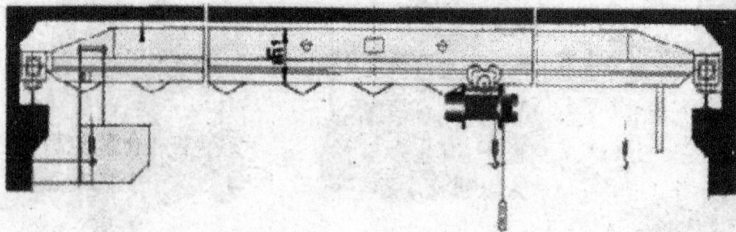

图 3-40　桥式起重车

桥式起重机在厂房内或库内作业的主要优点是，由于从货物上部作业，仓库不需留有通道，靠桥架的纵向运动和天车在桥架上的横向运动，桥式起重机可覆盖整个厂房平面或库房平面，因而就仓库而言，仓容的利用率可高达 90%，这是比叉车作业优越之处。桥式起重机在生产物流中应用广泛，尤其是重型工业生产企业和冶金、机械、建材等生产企业使用较广泛，机电仓库、钢材库等库内使用也较广泛。

（3）汽车起重机。汽车起重机（图 3-41）俗称汽车吊，是一种起重臂安装在载重汽车上的旋转式起重机，具有起重、行驶并重的特性。适用于长距离两场地之间的装卸作业。国产液压汽车起重机最大起重量已达到 125t，起升高度 30m。履带起重机，主要用在挖土方和矿山作矿石装车用。汽车起重机的行使性能与一般的汽车不同，在进行装卸作业时，需要用两侧伸出的支腿来维持整体平衡，不能带载行使。必须注意，汽车起重机的额定起重量只有在一定的条件下（如吊杆位置和角度，吊钩高度等）才允许达到。条件不同，最大起重量也随之变化。各类汽车起重机都规定各自的"作业曲线固"，操作时必须严格遵守。如果超过这些条件限制，即超载，可能发生危险。

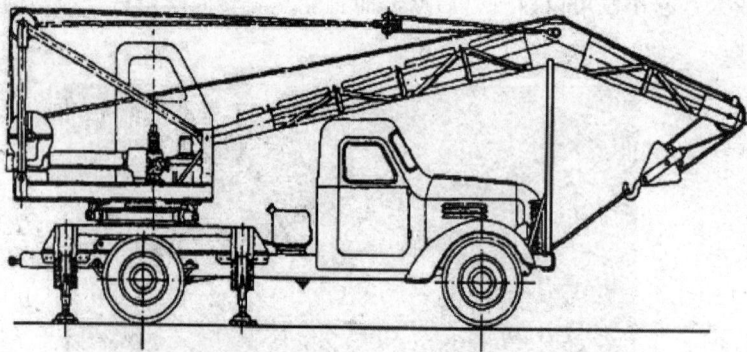

图 3-41　汽车起重机示意图

（4）动臂起重机。动臂起重机（图 3-42）是一种臂架变幅可以上下回转的起重机。动臂起重机的起重机链接在起重臂上，上臂安装在墙上或附着在地面安装的支架上，起重机也可以沿着手臂移动，因此手臂可以旋转 360°，在工作区内可以像手臂一样工作，可以作为任务的操纵者，在楼宇建筑工地上使用广泛。

图 3-42　动臂起重机

（三）输送机

输送机又称连续输送机械，是指货物沿着一定的输送路线运输的机械设备。其具有以下几个特点：可以不间断地的搬运货物，即装货、输送、卸货均连续进行，不必因空载回程而引起运货间断，同时由于不必经常启动和制动，因而有较高的输送速度和作业效率；沿着固定的路线输送货物，动作单一、结构简单，便于实现自动控制；通用性较差，每种机型只能适用一定类型的货种，一般不适于运输重量较大的单件物品；大多数的连续输送机械不能自行取货，需要采用一定的供料设备。一般在满足以下条件时适用输送机：材料在特定点之间频繁移动；材料在固定路径上移动；有足够的流量使输送机的投资合理化。

连续输送机械的形式、构造和工作原理多种多样，其种类也很多。连续输送机械按其运送货物的种类可分为输送件货的和输送散货的；按其传动的特点可分为有挠性牵动构件的和无挠性牵动构件的；按其结构形式则分为带式输送机、辊式输送机、链式输送机、板条输送机、风动输送机、垂直输送机、气力输送机、滑槽输送机、轮式输送机等，下文主要对带式输送机、辊式输送机、链式输送机、气力输送机和垂直输送机进行介绍。

（1）带式输送机。带式输送机（图 3-43）是将输送带张紧在辊柱上，外力驱动辊轮转动则带动输送机循环转动，依靠输送带与物料之间的摩擦力，使置于其上的物料移动，是一种用连续运动的无端输送带输送货物的机械。带式输送机是使用最普遍的连续输送机，在各种连续输送机械中，它的生产率最高、输送距离最长、工作平稳可靠、能量消耗少、自重轻、噪声小、操作管理容易，最适宜在水平或接近水平的条件下连续输送散货和小型物件。但是，当运送粉末状物料时，容易扬起粉尘，特别是在装卸料点和两台带式输送机的连接处，这时，就需要采取防尘措施。带式输送机在港口、站台、货栈、库场的应用很广，特别适用于煤炭、矿石、粮食等散货的输送。带式输送机主要有三种类型：一是固定式，固定在两个区域进行搬运，可以进行长距离搬运，在矿山的矿石物流、煤炭物流等领域中应用有很大优势，在港口、车站常用于装卸散、块料。二是移动式，可利用人力移动位置，随时改变搬运区域，是一种小型机，作为衔接性搬运，在集货、配送、拣选货物领域作为配套机械使用，也用于设施外的装卸搬运。三是往复式，皮带回程也设计成运货通路，主要用在仓库、配送中心等设施内。带式输送机可用于输送散、粒、块状物料，也常用于中小包装货物，一般不用于集装运输。

图 3-43　带式输送机

（2）辊式输送机。辊式输送机（图3-44）是由许多按一定间距架设在固定支架上的辊柱组成来运输成件物品的输送机，辊柱可在动力驱动下在原处不停地转动，以带动上置货物移动，也可在无动力情况下，以人力推动货物在辊柱上移动，可实现直线、曲线、水平、倾斜运行，并能完成分流、合流等要求。辊式输送机的特点有结构简单、运行可靠、可输送高温物品、节能、承载能力强等。由于辊子滚转，使货物移动的摩擦力很小，因而搬运大、重物件较容易，常用于搬运包装货物、托盘集装货物，而由于辊子之间有空隙，散料、小件物品或不规则的物品需放在托盘上或周转箱内输送，主要在仓库和配送中心使用。

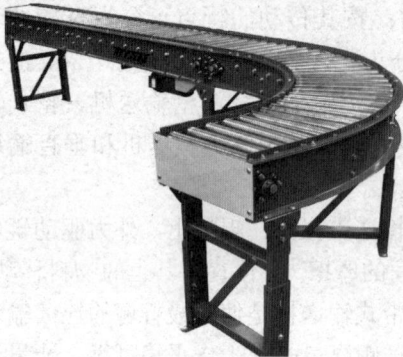

（a）　　　　　　　　　　　　　　　　　（b）

图 3-44　辊式输送机

（3）链式输送机。链式输送机（图3-45）是用绕过若干链轮的连续运动的无端链条输送货物的机械。链式输送机的种类很多，物流系统常用的有链板输送机、埋刮板输送机等。其结构原理与带式输送机很相似。它们的区别主要在于带式输送机用输送带牵引和承载货物，靠摩擦来驱动和传递牵引力；而链式输送机则用链条牵引，用固定在链条上的板片等来承载货物，靠耦合驱动来传递牵引力。链式输送机的主要功能元件是输送链，输送链既有传递动力的功能，又有承载能力。由于输送链链条的结构可以千变万化，所以链式输送机能适用于众多的工作环境和众多的使用要求，具有以下特点：输送物品具有多样性，几乎可以输送所有类型的物品，散料、大件货物、电子元器件、10t 以上的件货均可输送；能适应低温、高温、粉尘、有毒介质等各种苛刻的工作环境；能实现物品流向的任意性，水平、垂直、倾斜、环形输送均能实现；能保证输送速度的准确和稳定性，常用于控制生产流水线的节拍；使用寿命长，效率高。

(a)　　　　　　　　　(b)

图 3-45　链式输送机

（4）气力输送机。气力输送机（图 3-46）是利用具有一定速度和压力的空气，带动粒状物料在密闭管路内沿垂直或水平方向输送的设备。物料的输送过程完全由空气的动力状态来控制：当空气速度处于临界范围时，物料呈悬浮状态，也就是说，物料的重力与空气的动力达到平衡；低于临界范围，物料下降；高于临界范围，物料被输送。气力输送机是采用风机使管道内形成气流来输送散粒物料的机械。它的输送原理是将物料加到具有一定速度的空气气流中，构成悬浮的混合物，通过管道输送到目的地，然后将物料从气流中分离出来卸出。气力输送机主要用于输送粉状、粒状及块度足够小的小块物料，有时也输送成件物品。对于不同物料，选择不同的风速，既要保证物料在管道内呈悬浮状态、不堵塞管道，又要尽可能多地输送物料，做到既经济又合理。气力输送机的优点是：可以改善劳动条件，提高生产效率，有利于实现自动化；可以减少货损，保证货物质量；结构简单，没有牵引构件；生产效率较高，不受管路周围条件和气候的影响；输送管道能灵活布置，适应各种装卸工艺；有利于实现散装运输，节省包装费用、降低成本。气力输送机的缺点是：动力消耗较大、噪声大；被输送物料有一定的限制，不宜输送潮湿的、黏性的和易碎的物料；在输送磨损性大的物料时，管道等部件容易磨损。

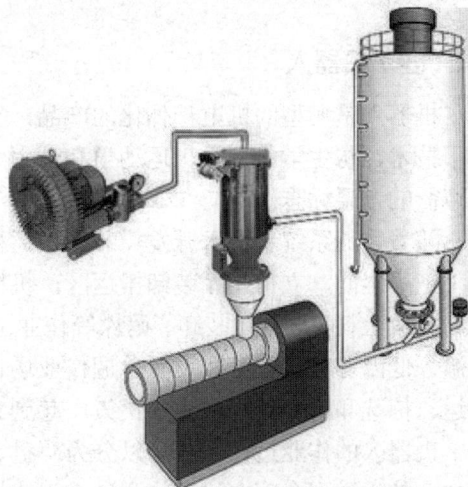

图 3-46　气力输送机示意图

（5）垂直输送机。垂直输送机（图3-47）又称连续垂直输送机和折板式垂直输送机，能连续地垂直输送物料，使不同高度上的连续输送机保持不间断的物料输送。也可以说，垂直输送机是把不同楼层间的输送机系统连接成一个更大的连续的输送机系统的重要设备。垂直输送机是当代最为普通的运输设备之一，与其他运输设备相比，具有输送距离长、运量大、连续输送等优点，而且运行可靠，易于实现自动化和集中化控制。目前带式输送机正向大运距、大运量、大倾角的方向发展。普通带式输送机由于受到输送带与物料之间的摩擦系数等多种因素限制，其输送物料的倾角不能过大，一般最大倾角在18°～20°范围内。为了节约设备的占地面积，节省设备的投资和土建费用，提高运输能力，垂直输送机是一种较理想的运输设备。

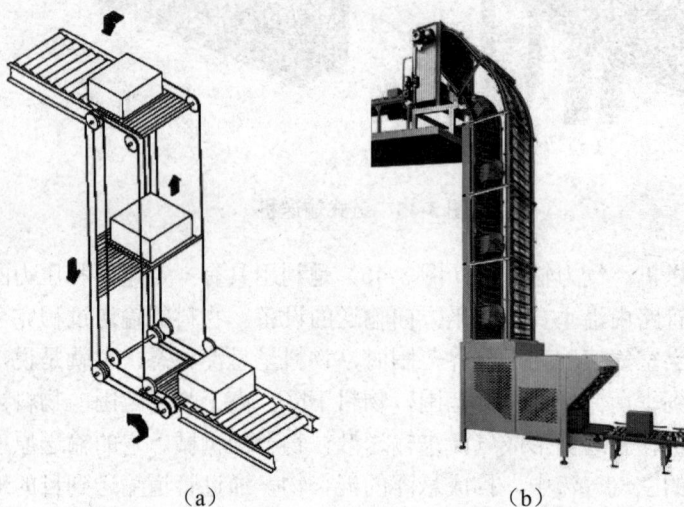

(a)   (b)

图 3-47   垂直运输机

（四）机器人

机器人是典型的机电一体化的产品，它是计算机科学、自动控制技术、机械技术、电子技术、仿生学、光学、运动学和动力学等多门学科相互渗透的产物，是当今世界技术革命的重要标志。

随着物流系统新技术开发，装卸搬运机器人得到了应用。在生产线的各加工中心或加工工序之间、立体仓库装卸搬运区，机械手搬运机和装卸搬运机器人按照预先设定的命令完成上料、装配、装卸、码垛等作业。其作业速度高、作业准确，尤其适合有污染、高温、低温等特殊环境和反复单调作业场合。在仓库中利用机器人作业的优点是其能在搬运、拣选和堆码过程中完成决策，起到专家系统的作用。

机器人的作业过程主要可以分为码盘、搬运、堆垛、拣选等环节。在码盘与搬运过程中，被运送到仓库中的货物通过人工或机械化手段放到载货台上，放在载货台上的货物通过机器人进行分类。由于机器人具有智能系统，可以根据货箱的位置和尺寸进行识别，将货物放到指定的输送系统上。在堆垛与拣选过程中，仓库中作业的机器人与典型加工制造工厂有很大的不同，在加工制造工厂，机器人动作是固定的，而仓库中机器人的作业会因顾客要求的不同而不同。

我们可以按结构、抓取重量和工作范围、驱动方式对机器人进行分类。

（1）机器人按结构可分为如下五种：①直角坐标型机器人，如图 3-48（a）所示。具有三个互相垂直的移动轴线，其工作空间为一个长方体。这种机器人结构简单、定位精度高，但是占地面积大、工作范围小，灵活性差。②圆柱坐标型机器人，如图 3-48（b）所示。其水平臂能沿立柱上下移动、绕立柱转动，并能伸缩，作业空间为圆柱形。结构简单、占地面积小、操作范围较大、定位精度不高。③球坐标型机器人，如图 3-48（c）所示。机器人的手臂能上下俯仰、前后伸缩、绕立柱回转，其作业空间为一个球体。这种机器人作业灵活、作业范围大，但是定位精度不高。④垂直多关节型机器人，如图 3-48（d）所示。机器人由立柱、大小手臂和手爪组成。立柱与大臂形成肩关节，大臂与小臂之间形成肘关节，小臂与手爪之间形成腕关节。这种机器人作业灵活、工作范围大、占地面积小、通用性强、作业速度高。⑤多关节型机器人，如图 3-48（e）所示。除了具有垂直多关节型机器人的特点外，多关节型机器人的臂部和腕部可在绕垂直轴的水平面内旋转，末端工作部分可沿垂直轴上下移动。这种机器人动作灵活、速度快、结构复杂、定位精度高。

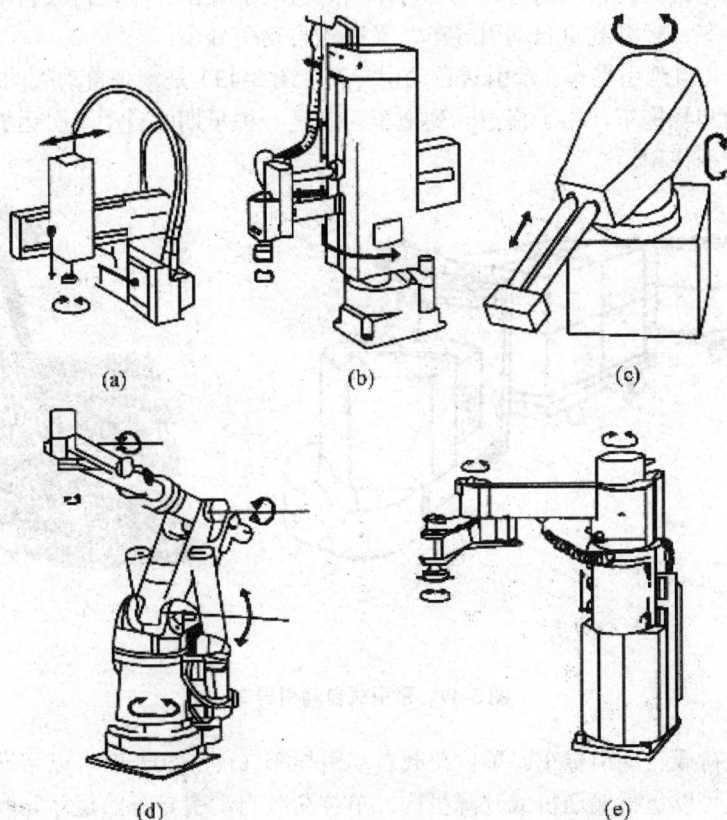

(a)　　　　　　(b)　　　　　　(c)

(d)　　　　　　(e)

图 3-48　各种坐标型式机器人

（2）机器人按抓取重量和工作范围分为三种：①大型机器人，其抓取重量 100～1 000 公斤或运作范围在 10m³ 以上。②中型机器人，其抓取重量为 10～100 公斤或动作范围为 1～10m³。③小型机器人，其抓取重量在 10 公斤以下或动作范围为 1～10m³。

（3）机器人按驱动方式分为三种：一是液压型机器人，这种机器人动力大，易于直接驱动，动作响应快。二是气动型机器人，这种机器人作业速度快、结构简单、维修方便、价格低于中小负荷。三是电动机器人，这种机器人作业灵活、使用方便、噪声低、定位精度高，是应用最广泛的一种。

（五）自动引导运输车

自动引导运输车是指装备有电磁或光学等自动导引装置，能够沿规定的引导路径行驶，具有安全保护及各种移载功能的运输车。自动引导运输车不需要操作员，适用于高劳动成本、危险或对环境敏感的条件（如洁净室等），以及低到中等体积的长距离随机材料流动操作等情况，如在柔性制造系统（FMS）环境中的工作单元之间的传输。自动引导运输车的系统有两种引导方式，分别是固定路径和自由范围。固定路径是指地面上犹如电线、胶带、油漆等用于引导的物理导轨；自由范围的方式没有物理导轨，这使得车辆路径更容易通过软件进行更改变换，但这需要来自如激光器的绝对位置估计来推算误差以纠正航位。常见的自动引导运输车有牵引式自动引导车、单位荷载自动引导车、装配线自动引导车、轻型载重自动引导车、叉车式自动引导车。

（1）牵引式自动引导车。牵引式自动引导车（图 3-49）是一种自动版的拖拉机拖车，通常需要手动装载拖车，用于拖拉一列拖车。这是一种早期的自动牵引运输车，在物流作业中已经较少使用。

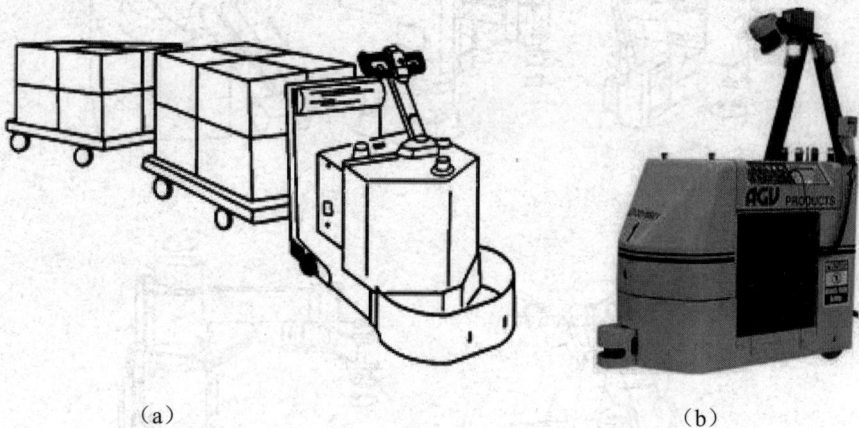

(a)　　　　　　　　　　　　　　　(b)

图 3-49　牵引式自动引导车

（2）单位荷载自动引导车。单位荷载自动引导车（图 3-50）有可以手动或自动加载的甲板，甲板可以包括输送机或升降机构。单位荷载自动引导车的尺寸一般是 4 英尺×4 英尺，可以承载 1～2 000 磅的负载，在 AGV 系统中通常只有少于 10 辆的单位荷载自动引导车。

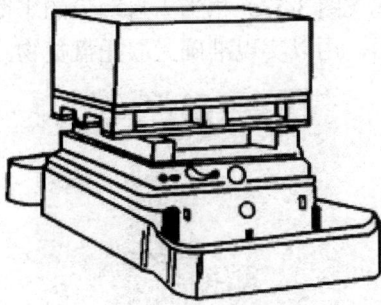
（a）

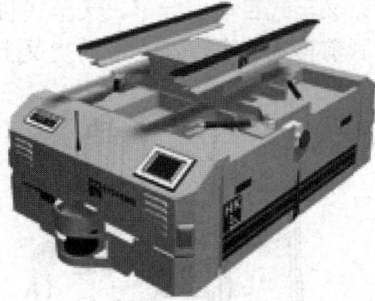
（b）

图 3-50　单位荷载自动引导车

（3）装配线自动引导车。装配线自动引导车（图 3-51）被认为是 20 世纪 80 年代最伟大的发明，一般用作如汽车底盘、发动机、电器等的装配平台，在该 AGV 系统中通常有 50～100 辆引导车进行运作。

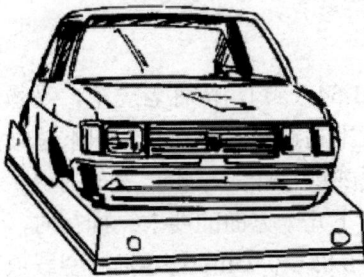
（a）

（b）

图 3-51　装配线自动引导车

（4）轻型载重自动引导车。轻型载重自动引导车（图 3-52）的承重量一般小于 500磅，用于负载组件、工具等小型货物，通常用于电子组装和邮件、零食等的办公环境中。

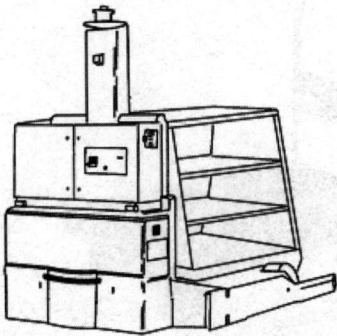
（a）

（b）

图 3-52　轻型载重自动引导车

（5）叉车式自动引导车。叉车式自动引导车（图 3-53）相当于自动版的平衡式叉车或自动版前移式叉车，在叉车的货叉上有传感器，用以实现准确叉取托盘货物。

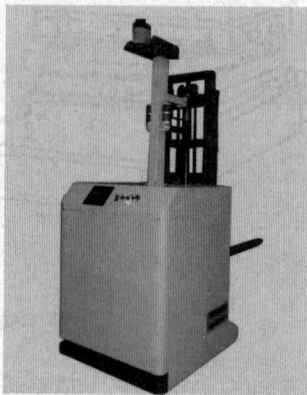

（a）　　　　　　　　　　　　　　（b）

图 3-53　叉车式自动引导车

（六）其他装卸搬运设备简介

（1）双轮手推车。双轮手推车又称手车 [图 3-54（a）]，俗称老虎车，是最常用的人力搬运工具，用于货物重量为 50～100 公斤（最大不超过 200 公斤）、体积不超过 $0.4m^3$、运距较短的情况。车身一般多用钢管制作，采用尼龙或橡胶的车轮。手车的形状、尺寸和用料与使用方便和省力很有关系，一般应符合如下几个方面的要求：推行时，货物和车身的重心应落在车轮中心附近，手柄离地面高度 0.85～0.95m；停止时（空载或满载），依赖车前的托板，手车能保持直立；车轮大小适宜，尽量减轻自重。

（2）四轮手推车。四轮手推车又称平板推车 [图 3-54（b）]，既是搬运工具，又是集装单元器具，能随电梯上下楼或随汽车运输，形式多样，灵活方便。它通常使用于货物重量为 100～500 公斤的情况，最大可达 1t，运距一般在 50m 以内。

（a）　　　　　　　　　　　　　　（b）

图 3-54　二轮手推车、四轮手推车

（3）平板拖车。仓库平板拖车（图 3-55）是一种安装在定向轮或车轮上的载货平台，它与牵引车配合使用。现有的平板拖车，其尺寸以及载货能力有各种规格，轮胎有实心和充气两种。平板拖车的选择，可根据载货能力、载货大小、牵引车能力以及路面情况而定。

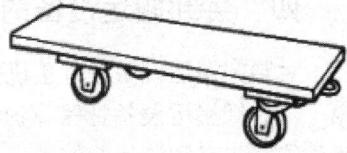

图 3-55 平板拖车

（4）牵引车和挂车。牵引车就是车头和车厢之间用工具牵引的一般的大型货车或半挂车，也就是该车车头可以脱离原来的车厢而牵引其他的车厢，而车厢也可以脱离原车头被其他的车头所牵引。前面有驱动能力的车头称为牵引车，后面没有牵引驱动能力的车称为挂车，挂车是被牵引车拖着走的。牵引车和挂车的连接方式有两种：第一种是挂车的前面一半搭在牵引车后段上面的牵引鞍座上，牵引车后面的桥承受挂车的一部分重量，这就是半挂；第二种是挂车的前端连在牵引车的后端，牵引车只提供向前的拉力，拖着挂车走，但不承受挂车的向下的重量，这就是全挂。仓库牵引车对仓库作业的重要性在于当牵引车与叉车并用时，可使货物装卸、运输、堆码作业完全机械化。几种常见的牵引车和挂车如图 3-56 所示。

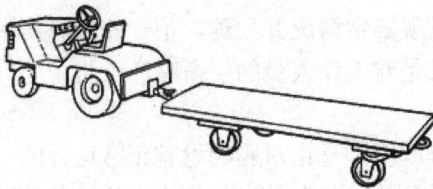

（a）

（b）

（c）

（d）

（e）

（f）

图 3-56 几种常见的牵引车和挂车

（a）牵引小车示意图；（b）仓库作业牵引小车；（c）牵引车；（d）油挂车；（e）自卸半挂车；

（f）集装箱半挂车

四、装卸搬运设备的护养要求

对装卸搬运设备进行正确的使用和维护具有重要的实践意义,主要体现为以下几点:第一,装卸搬运设备是保障物流作业顺利进行、保证正常物流运输的前提,设备的正常运作能够提高物流作业的效率;第二,装卸搬运设备的维护保养可以防止设备发生非正常磨损和避免突发性故障,延长其使用寿命,降低设备成本。因此,仓储企业或部门需要制定并完善相关的装卸搬运设备使用维护规章制度,做好日常维护。设备的维护保养事项包括如下两个方面。

(一)熟知设备的安全操作规程

设备的操作规程规定了设备的正确使用方法和注意事项,操作者需要按照规程操作,按规定交接班,开机前准备、开机、操作和停机均要按规程操作,不允许安排不符合设备规范和操作规程的作业任务。

(二)建立设备维护制度

为了保证物流作业的顺利进行,正常发挥设备的功能,必须建立起设备维护制度,对设备进行安全检查和维修保养,及时发现异常情况并处理,把一些隐患消灭在萌芽状态,这样不仅是对工作进度的负责,而且是对工作人员的生命财产负责。

1. 制定点检制度

点检制度是一种现代先进的设备检查制度,是指对影响设备正常运行的一些关键部位进行经常性检查和重点控制的方法。设备的“点”是指预先规定的设备关键部位或薄弱环节,设备的“检”是指通过人的五官或运用检测的手段进行检查,及时准确地获取设备部位(点)的技术状况或劣化的信息,及时预防、维修。进行设备点检能够减少设备维修工作的盲目性和被动性,及时掌握故障隐患并予以消除,从而掌握主动权,提高设备完好率和利用率,提高设备维修质量,并节约各种费用,提高总体效益。

点检的方法有:①运行中检查;②停机检查,其中包括停机解体检查和停机不解体检查;③凭感官和经验检查;④使用仪表仪器检查。

点检的步骤是:①确定设备的检查点:设备的检查点往往是设备的关键部位或薄弱环节,检查点一经确定,轻易不要变动,并要长期积累历次检查的数据和资料。②确定点检路线:检查点确定后,要根据设备的分布和类型等具体情况组成一条点检路线,并明确点检前后顺序,点检路线确定后,不可轻易变动。③确定点检标准:设备的点检标准要根据设备的各种资料并结合实际经验来制定,其标准要定量化,便于检查。④确定点检周期:不同的设备,其性能、特点、寿命不同,点检周期也不同,要根据实际情况,分别制定各种设备的点检周期,以保证设备按时接受检查。

做好点检工作,对后续的设备修理工作会起到重要作用,因此要加强领导,定期检查、考核,杜绝不负责任的点检,使点检工作真正起到成效。

2. 制订日常维护计划

(1)日检。装卸搬运设备每班使用前由公司负责作业人员的例行保养项目,主要内容为清洁卫生,检查设备的润滑传动部位,调整和紧固工作。通过运行测试安全装置灵敏可靠性等，监听设备运行时是否有异常声音，并做好记录。

（2）周检。由维修工和操作员共同进行，周检同样要完成日检的内容，此外，主要还要做好外观检查，检查设备中的吊钩、货叉、机械臂、取物装置、钢丝绳等使用的安全状态，制动器、离合器、紧急报警装置等的灵敏性、可靠性，运行检测传动部件等是否有异常声音及过热现象，并做好相关记录。

（3）月检。月检由设备安全管理部门组织检查，同使用部门有关人员共同进行，除了要完成周检内容外，还要对设备的动力系统、起升机构、回转机构、运行机构、液压系统等进行状态检测；更换磨损、变形、有裂纹、被腐蚀的零部件；检查控制器、过载保护、安全保护装置等的可靠性，全面掌握搬运设施设备的技术状态，检查确定出现异常现象的故障源，并做好相关记录。

（4）年检。年检由单位领导组织设备安全管理部门负责，联合相关部门共同进行，主要在除了月检内容外的项目上对装卸搬运设备进行技术参数检测、可靠性试验等；通过检测仪器对设备各工作机构运动部件的磨损、金属结构的焊缝测试探伤；通过安全装置及部件的试验，对设备运行的技术状况进行评价，根据设备状况合理安排大修、改造、更新等计划，并做好相关记录。

装卸搬运设备的维护与保养需要领导充分认识其重要性并制定完善的规章制度，并监督员工良好实施，才能实现设备维护与保养给仓储带来的经济利益。

第五节　其他设备管理

本章第二节至第四节已介绍了主要的仓库设施与设备，结合第一章对仓储设备的介绍可知，除了以上设施设备，仓库中还有计量设备、养护检验设备及劳动防护设备等，如表 3-6 所示。本节将针对这些设备进行介绍。

表 3-6　其他仓储设备用途

设备分类	设备用途
计量设备	用于商品进出时的数量、重量、尺寸、精度等计量及存货期间的盘点、检查等
养护检验设备	主要用于商品入库验收，及商品在库期间保养商品等作业，通过提供适宜的环境以维持商品原有质量
劳动防护设备	用于在仓储作业过程中确保仓库职工的人身安全

一、计量设备

计量设备是利用机械原理或者电测原理对库存物品的重量、长度、数量和容积等值进行度量的器材与仪器的总称，如利用弹簧受力变形原理制成的秤可以称量出货物的重量。仓储作业在仓库中需要广泛应用计量设备，如进出库作业需要记录货物的重量和数量，在库盘点、检查等仓储作业也需要广泛使用。

仓库的计量设备根据计量库存物品物理量的不同，可以分为重量计量设备、流体容积计量设备、长度计量设备、个数计量设备，如表 3-7 所示。其中，**重量计量设备**是现代仓储作业中使用最广泛的计量设备。

表 3-7　计量设备分类

分类依据	计量设备分类
重量计量设备	各种磅秤、地中衡、轨道衡、电子秤
流体容积计量设备	液面液位计、流量计
长度计量设备	检尺器、长度计量仪（直尺、折尺、卷尺等）、辅助量具（卡钳、线规等）、精密量具（游标卡尺、千分尺等）
个数计量设备	自动计数器、自动计数显示装置

仓库的物资在收发管理的过程中要使用精准的计量设备以保证计量的准确性。因此为了保持计量设备的精确性，仓库工作人员需要合理使用并妥善保管，需要做到以下几点：为每一件计量设备指定确定的保管空间；使用前检查设备的精确性；严格遵循使用手册的要求正确使用设备；使用完毕将设备放回指定位置，对于电子设备应按照使用手册要求结束使用设备；定期清洁设备，确保设备不受腐蚀或锈蚀等影响。

二、养护检验设备

养护检验设备是指商品进入仓库时验收，在库内保管测试、化验以及防止商品变质、失效的机具和仪器，分为养护设备和检验设备。

（一）养护设备

影响物资储存的因素多种多样，其中仓库的温湿度条件是影响库存物资质量的两个最重要因素。为了使仓库内温湿度条件符合物资养护条件标准，需要对库内的温湿度进行控制，改善库内的储存环境。这就需要通过设置各种不同的设备来构成仓库养护系统，在我国华南地区，温度较高，常年湿度较大，物资存储的自然环境较差，对物资养护设备要求较高。常用的养护设备有温湿度计、测潮仪、吸湿器、烘干机、通风机、空调机、红外线装置、风幕装置等。

（二）检验设备

检验设备在仓库内主要用于测试与化验商品，在存储化学试剂、药品等的仓库内使用最为广泛。以药品仓库为例，通常在仓库内规划有检验室，常见的检验设备有万分之一分析天平、酸度仪、电热恒温干燥箱、恒温水浴锅、片剂崩解仪、超净工作台、高倍显微镜、高压灭菌锅等。

养护检验设备用于防止商品变质或损坏，其前提是养护检验设备自身不存在质量缺陷。因此仓库工作人员需要指定特定的存储空间保管养护设备，定期按时做好养护清洁工作，并做好相应记录。

三、劳动防护设备

劳动防护设备用于确保仓库工作人员在工作中的人身安全，根据仓库所存储的商品特性及作业特性需要配备不同的劳动防护用品。防护用品多种多样，不同的防护设备能在不同的作业环境下保护人体的不同部位、不同器官。常见的防护设备有安全帽、安全带、绝缘手套、防毒面具、面罩、防护镜、耳塞、防护服、遮光镜、防毒口罩、绝缘靴等。根据不同的分类方法，可分为不同的防护类型（表3-8）。

表3-8 防护设备分类

分类依据	防护设备分类
按人体生理部位分类	头部防护、面部防护、眼睛防护、呼吸道防护、听力防护、手部防护、脚部防护、身躯防护
按防护用途分类	防尘设备、防毒设备、防酸碱制品、耐油制品、绝缘设备、耐高温辐射设备、防噪声设备、防冲击设备、防放射性设备、防水设备、涉水作业设备、高处作业设备、防微波和激光辐射设备、防机械外伤和脏污设备、防寒设备、农业作业设备

劳动防护设备保护仓库工作人员进行安全作业，对安全防护设备的管理至关重要。在使用设备前，要逐一详细检查设备的完好性，排除安全隐患。使用完毕，需要妥善保管，对于存在隐患的设备要及时更换。仓库管理人员要按照设备的使用年限要求，定期检查、清洁设备，及时更换报废设备，并做好相应登记。

复习思考题

1. 简述仓储的内涵、功能与构成要素。

2. 列表说明仓库的分类情况，并以某种分类方式为例结合实际谈谈不同子类仓库之间的差异。

3. 列表说明自动化仓库、立体仓库、自动化立体仓库和智能化自动化立体仓库的主要特征。

4. 简述自动化立体仓库的功能、构成要素及其优缺点。

5. 列表说明自动化立体仓库的分类情况，并说明整体式和分离式自动化立体仓库之间的区别。

6. 仓库的主体建筑可以分为哪三种类型？试比较这三类主体建筑所适用的储存货物特征。

7. 简述仓库建筑护养的要求。

8. 仓库保管设备包含哪些？保管设备管理的工作内容有哪些？

9. 简述托盘的内涵、分类与作用。

10. 托盘在选择、使用和护养过程中应注意哪些问题？

11. 为什么要开展托盘的标准化工作？

12. 简述货架的内涵、分类与用途。

13. 什么是装卸搬运？简述装卸搬运设备的护养工作内容。

14. 举例说明机器人在装卸搬运中的用途。

15. 简述自动引导运输车的内涵与主要类别。

16. 列表说明仓库中常见的计量设备、养护检验设备与劳动保护设备的分类依据与具体类别，并举例说明这些设备管理工作的具体要求。

主要参考文献

[1] 周文泳. 现代仓储管理[M]. 北京：化学工业出版社，2010.

[2] 吴新燕，王常伟. 仓储管理实务[M]. 南京：东南大学出版社，2016.

[3] 尤美虹. 仓储管理实务[M]. 武汉：武汉大学出版社，2013.

[4] 于鸿彬. 物流设备操作[M]. 沈阳：沈阳出版社，2014.

[5] 汤齐，谢芳. 现代物流技术基础[M]. 北京：中国纺织出版社，2014.

[6] 潘艳君，彭宏春. 物流设备操作[M]. 北京：机械工业出版社，2014.

[7] 马钦援. 物流管理[M]. 兰州：兰州大学出版社，2012.

第四章

库场规划与设备配置

本章导读

库场规划工作好坏，对拟建库场的后续运行绩效影响深远。能否正确处理仓储作业功能、库场选址、库场结构、仓储设施、储存空间、仓储设备与仓储信息系统等规划对象之间的相互关系，直接关系到库场规划方案的可行性。通过本章学习，要求掌握库场规划的内涵、原则与内容，熟悉库场选址、库场布局与设备配置的原则、思路与常用方法，了解库场规划与库场选址的影响因素和主要步骤。

第一节　库场规划概述

库场规划是仓储组织开展拟建库场建设的基础性工作，对仓储组织后续的经营管理产生深远影响。下文将重点介绍库场规划的内涵、原则、环境因素、工作内容与工作程序。

一、库场规划的内涵解读

库场规划是对拟建库场的长远的、总体的发展计划。值得注意的是，库场规划与库场设计是两个不同的概念，两者既存在相同之处，也存在不同之处。

两者相同之处主要体现在如下两个方面：一是库场的规划工作与设计工作都属于项目的高阶段设计过程，内容上不包括项目施工图纸等的设计。二是理论依据相同，基本方法相似。开展库场规划与设计工作时，都是以物流学原理为理论依据，运用系统分析的观点，采取定量与定性相结合的方法。

两者不同之处主要体现在如下两个方面：一是目的不同。库场规划是库场建设的全面长远发展计划，是进行可行性论证的依据；库场设计是在一定的技术与经济条件下，对库场的建设预先制订详细方案，是项目施工图设计的依据。二是内容不同。库场规划强调宏观指导性，库场设计强调微观可操作性。

二、库场规划的基本原则

库场规划是库场建设活动的基础性工作，应当遵循以下几个原则。

（1）动态柔性原则。物流活动中进行库场规划时，应在详细分析现状及对未来变化作出预测的基础上进行，而且要有相当的柔性，在一定范围内要能适应环境、政策、成本等多方面的变化。

（2）低运费原则。物流库场必须组织运输与配送活动。由于运费和运距、运量有关，所以低运费原则常简化成最短运距和运量的问题，通过数学模型求解以作为物流库场规划的参考。

（3）交通便利原则。库场的运输配送活动需依赖于交通条件。交通便利原则的贯彻包括两个方面：一是规划时要考虑现有交通条件；二是规划库场时必须把交通作为同时规划的内容来处理。只布局库场而不布局交通，有可能会使库场的规划失败。

（4）统筹兼顾原则。库场的层次、数量、布局是与生产力布局、消费布局等密切相关的，它们是互相交织且互相促进和制约的。设定一个非常合理的库场规划，必须统筹兼顾、全面安排，既要做微观的考虑又要做宏观的考虑。

三、库场规划的环境因素

影响库场规划的环境因素主要包括经济环境因素、自然环境因素与政策环境因素。

（一）经济环境因素

（1）货流量的大小。库场设立的根本目的是降低社会物流成本，如果没有足够的货流量，物流库场的规模效益便不能发挥。所以物流库场的建设一定要以足够的货流量为条件。

（2）货物的流向。货物的流向决定库场的工作内容和设施设备配备。对于制造物流来说，物流库场主要为生产企业提供原材料、零部件，应当选择靠近生产企业的地点，便于降低生产企业的库存，随时为生产企业提供服务，同时还可以为生产企业提供暂存或发运工作。对于配送物流来说，物流库场的主要职能是将产品集结、分拣，配送到门店或用户手上，故应选择靠近顾客的地方。在货物的流向分析上要考虑顾客的分布和供应商的分布：①顾客的分布。为了提高服务水准及降低配送成本，物流库场多建在城市边缘接近顾客分布的地区，如零售商型库场，其主要顾客是超市和零售店，这些顾客大部分分布在人口密集的地方或大城市，物流库场选址要接近这样的城市或区域。②供应商的分布。供应商的分布地区也是库场选址应该考虑的重要因素。因为进入物流的货物全部是由供应商所供应的，如果物流库场接近供应商，则其货物的安全库存可以控制在较低的水平上。因为我国国内一般进货的输送成本是由供应商负担的，因此这个因素往往被忽视。

（3）城市的扩张与发展。库场的选址，既要考虑城市扩张的速度和方向，又要考虑节省分拨费用和减少装卸次数。中国物资储运总公司的许多仓库，在 20 世纪 70 年代以前处于城乡接合部，不对城市产生交通压力，但随着城市的发展，这些仓库现处于闹市区，大型货车的进出受到管制，专用线的使用也受到限制，不得不选择外迁。但凡道路通达之后，立即就有住宅和工商企业兴起，城市实际上沿着道路一块一块发展着、迁徙着，物流库场也非固守一地。

（4）交通条件。交通的条件是影响物流配送成本及效率的重要因素之一，交通运输的不便将直接影响车辆配送的进行。因此必须考虑对外交通的运输通路，以及未来交通与邻近地区的发展状况等因素。库场选址宜紧临重要的运输线路，以方便配送运输作业的进行。考核交通方便程度的条件有高速公路、国道、铁路、快速道路、港口、交通限制规定等几种。一般库场应尽量选择在交通方便的高速公路、国道及快速道路附近的地方，如果以铁路及轮船来当运输工具，则要考虑靠近火车编组站、港口等。对于综合型物流库场，一定要选择在两种以上运输方式的交汇地，如港口水运、公路运输、铁路运输、航空运输等的各种组合。对于港口物流库场，还要选择内河运输与海运的交汇地，既要满足吃水较深、能停靠大型货船的需要，又要克服内河泥沙淤积、河道疏通的困难。对于城市物流库场，要选择干线公路或高速公路与城市交通网络的交汇地，还要拥有铁路专用线或靠近铁路货运编组站。

（5）经济规模的要求。一般认为物资年吞吐量小于 30 万 t，设置铁路专用线不经济。当物流库场仓库位于铁路编组站附近，都能有较好的车源提供。仓库距编组站在 2 km 以内不仅基建费用少，而且管理营运费用少，营运方便。

（6）人力资源条件。在仓储配送作业中，人力资源是重要的资源需求。由于一般物流作业仍属于劳动密集型的作业形态，在物流库场内部必须要有足够的作业人力，因此在决定物流库场位置时必须考虑员工的来源、技术水准、工作习惯、工资水准等因素。如果库场的选址位置附近人口不多且交通又不方便时，则基层的作业人员不容易招募；如果附近地区的薪资水准太高，也会影响到基层的作业人员的招募。因此必须调查该地区的人力、上班交通及薪资水准等评估条件。

（二）自然环境因素

（1）地理因素。市镇的规模应该与库场的大小相适应。地形对仓库基建投资的影响也很大，地形坡度应为 1%～4%，在外形上可选择长方形，不宜选择狭长或不规则形状；库区设置在地形高的地段，容易保持物资干燥，减少物资保管费用；临近河海地区，必须注意当地水位，不得有地下水上溢；土壤承载力要高，避免地面以下存在淤泥层、流沙层、松土层等不良地质条件，以免造成受压地段沉陷、翻浆等严重后果。另外由于物流库场作业比较繁忙，容易产生许多噪声，所以应远离闹市或居民区。应考虑物流库场周边不应有产生腐蚀性气体、粉尘和辐射热的工厂，库场至少应处于这些企业的上风方向。还应与易发生火灾的单位保持一定的安全距离，如油库、加油站、化工厂等。

（2）气候因素。在物流用地的评估当中，自然条件也是必须考虑的，事先了解当地自然气候环境有助于降低建设的风险。例如在自然环境中有湿度、盐分、降雨量、风向、风力、瞬时风力、地震、山洪、泥石流等几种气候因素，有的地方靠近山湿度比较高，有的地方湿度比较低，有的地方靠近海盐分比较高，这些都会影响货物的储存品质，尤其是服饰产品或 3C 产品等对湿度及盐分都非常敏感。另外暴雨、台风、地震及河川等自然灾害，对于物流库场的影响也非常大，必须特别留意并且避免被侵害。选址时要避开风口，因为在风口建设会加速露天堆放商品的老化。

（三）政策环境因素

政策环境因素也是物流库场选址评估的重点之一，尤其是物流用地取得困难的现在，如果有政府政策的支持，则更有助于物流业者的发展。政策环境条件包括企业优惠措施

（土地提供、减税）、城市规划（土地开发、道路建设计划）、地区产业政策等。目前，我国许多城市建立了现代物流园区，其中除了提供物流用地外，也有关于税赋方面的减免，有助于降低物流业者的运营成本。另外，还要考虑土地大小与地价，考虑现有地价及未来增值状况，配合未来可能扩充的需求程度，决定最合适的用地面积大小。

四、库场规划的工作内容

库场规划是一项系统工程，是一种长远的、总体的发展计划。它主要包括作业功能规划、选址规划、结构规划、仓储设施规划和仓储信息系统规划等多方面的内容。

库场规划可以分为两类，一类是新建库场规划，新建库场规划又可以分为新建单个库场规划和新建多个库场规划两种形式；一类是库场改造规划。表 4-1 列出了这几种库场规划形式的特点和内容。

表 4-1　库场规划形式的特点和内容

类型	新建单个库场规划	新建多个库场规划	库场改造规划
规划目的	高起点、高标准、低成本	成为企业、区域的新经济增长点或支柱产业	实现从传统物流组织向现代库场的转变
关键点	库场选址	系统构造、网点布局	进行作业流程、企业重组，充分利用现有设施
规划内容	仓储功能、库场选址、仓储作业流程、仓储设施、仓储信息系统	仓储功能、仓储系统、仓储网络信息、仓储网点布局、仓储设施	企业发展战略研究、仓储功能、仓储作业流程、仓储设施
规划原理与方法	物流学、统计学、物流系统分析、管理信息系统	物流学、统计学、物流系统分析、生产布局学、城市规划、管理信息系统	物流学、统计学、企业发展战略、物流系统分析、管理信息系统

五、库场规划的工作程序

库场规划是一件复杂的工作，其工作程序可简化如图 4-1 所示。

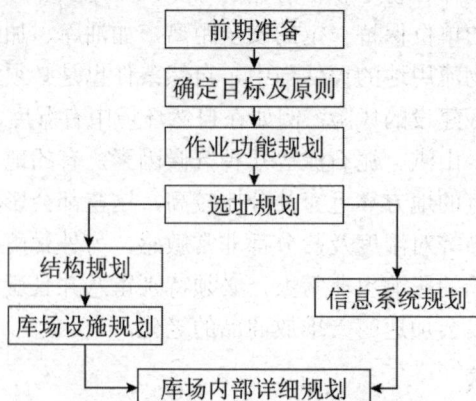

图 4-1　库场规划工作程序

（一）前期准备

前期准备工作是为库场规划设计提供必要的基础资料，常采用调研的方法，包括网上调研、图书资料调研与现场调研等，其主要内容包括：①收集库场建设的内部条件、外部条件及潜在顾客的信息；②分析库场经营货物的品种、货源、流量及流向；③调查物流服务的供需情况、物流行业的发展状况等。

（二）确定目标及原则

确定物流库场建设的目标及原则是库场规划设计的第一步，主要依据是前期准备工作的资料。

（三）作业功能规划

作业功能规划是将库场作为一个整体的物流系统来考虑。依据确定的目标，规划库场为完成业务而应具备的物流功能。物流库场作为一种专业化的物流组织，不仅需要具备一般的物流功能，还应该具备适合不同需要的特色功能。物流库场的作业功能规划，首先需要针对不同的库场确定相应的作业流程，进而完成作业区域的功能规划，最后对工作区的作业能力进行规划。

（四）选址规划

物流库场拥有众多建筑物、构筑物以及固定机械设备，一旦建成很难搬迁，如果选址不当，将付出长远代价，因而对于物流库场的选址规划需要予以高度重视。选址规划主要包括以下内容：分析影响因素，如自然环境、经营环境和基础设施状况等；选择选址方法，根据实际情况，一般采用定性和定量相结合的方法；筛选选址方案，确定选址结果。

（五）结构规划

物流库场作业功能规划完成后，根据各作业流程、作业区域的功能及能力规划进行空间区域的布置规划和作业区域的区块布置工作以及标识各作业区域的面积和界限范围，以及进行其他建筑设施的规划设计。这部分工作主要包括以下内容：区域布置规划、库房设计、装卸货平台设计、货场及道路设计和其他建筑设施规划。

（六）库场设施规划

库场的设施设备是保证库场正常运作的必要条件，设施设备规划涉及建筑模式、空间布局、设备安置等多方面的问题，需要运用系统分析的方法求得整体优化，最大限度地减少物料搬运、简化作业流程，创造良好、舒适的工作环境。在传统物流企业的改造中，设施设备规划要注意企业原有设施设备的充分利用和改造等工作，这样可以尽可能地减少投资。库场的物流设施规划一般包括以下工作：原有设施设备分析（改造型物流库场）、库场的功能分区、设施的内部布局、设备规划、公用设施规划。

（七）信息系统规划

信息化、网络化、自动化是库场的发展趋势，信息系统规划是库场规划的重要组成部分。库场信息系统规划，既要考虑满足物流库场内部作业的要求，有助于提高物流作业的效率；也要考虑同物流库场外部的信息系统相联，方便物流库场及时获取和处理各种经营信息。一般来讲，信息系统规划包括两部分：库场管理信息系统的功能设计，物流管理信息系统的关键技术与应用。

第二节　库　场　选　址

由于库场选址对企业的采购成本、服务成本、服务质量都有深远影响，对库场选址问题的研究具有重要的现实意义。本节在介绍库场选址的内涵、目标、原则、影响因素与一般程序的基础上，重点阐述代表性的备选库场地址的筛选方法、库场选址方案的评价方法与库场选址方案的决策方法。

一、库场选址概述

以下主要介绍库场选址的内涵、目标、原则、影响因素及一般程序。

（一）库场选址的内涵

库场选址是指运用科学的方法决定仓库的地理位置，使之与企业的整体经营运作系统有机结合，以便有效、经济地达到企业的经营目的。库场选址包括如下两个层次的问题：一是选位，即选择什么地区（区域）设置设施，沿海还是内地，南方还是北方，等等；二是定址，地区选定以后，需要确定具体选择在该地区的什么位置设置仓库，也就是说，在已选定的地区内选定一片土地作为设施的具体位置。设施选址还包括这样两类问题：一是选择一个单一的仓库位置；二是选择多个仓库的位置。

（二）库场选址的目标

库场选址目标与该库场所属企业的类型有着密切的关系。如附属于制造企业的库场选址目标服务与服从于企业自身的经营目标与管理目标，通常以支持企业产品制造成本最小化与企业价值最大化为目标；而附属于物流企业的库场选址目标一般兼顾企业收益最大化与服务水平最优化这两个方面。

（三）库场选址的原则

在宏观层面上看，库场选址的原则是有利于促进生产和货物流通，节约流通费用，有利于运输能力的合理利用，有利于货物的安全储存，以及有利于环境保护。从微观层面上看，一个库场选址过程中一般应遵循效益原则、接近用户原则与可持续发展原则。

效益原则体现了拟建库场的选址方案在国民经济评价、财务评价与社会评价中的可行性问题。一般可以通过技术经济的分析方法，从众多备选的选址方案中，筛选出国民经济评价、财务评价与社会评价三者综合效益最优的选址方案。

接近用户原则体现了拟建库场的选址方案对顾客服务的效率与有效性问题。任何一个库场的建设都是以满足顾客需求为导向，在库场选址过程中遵循接近用户原则，需要将库场建在它所服务的区域附近，不仅可以降低为其顾客提供仓储服务的日常运行成本，还可以提高对顾客需求的反应速度。

可持续发展原则关注的是拟建库场的选址方案的长远发展的战略问题。库场的选址对库场经营有重要影响，在库场选址过程中遵循可持续发展原则，需要预测拟建库场服务对象的未来分布情况及其未来发展趋势，使库场选址的决策方案适应库场投资者的经营战略的需要，以保证库场的投资者、顾客及其社会相关方的价值在库场寿命期内达到整体最优。

（四）库场选址的影响因素

库场选址的影响因素包括基础设施因素、成本因素与时间因素。

从拟建库场的基础设施条件的角度看，不论是何种类型的库场，在选址时都要考虑下列基本要素：一是防火防污，保证环境安全。库场与周围其他建筑物之间必须有安全间隔，以防止火势蔓延。在库场选址时，还应注意将油库、化工危险品以及污染性大的库区设在郊外旷野；库场布置时应尽可能少占良田，少拆迁民宅；并且不应长期预留库场发展用地。二是交通便利，有利于商品运输。要从便于商品的购销、加速商品流通、降低流通费用出发，对于货物进出量大、进出频繁的通用、专用和特种库场，要考虑铺设铁路专用线，或建设专用码头。三是地质良好，有利于库场建筑。库场应选择在地质坚实、地势较高且平坦、环境干燥或易建地下库场的地点，以降低建筑费用。四是给水充足，又无水淹危害。库场选址既要用水方便，同时又要求库区排水系统良好，故在建库选址时，要注意当地的水文情况。五是靠近电源，便利库场作业。现代仓储管理，自动化程度不断提高，这就要求当地具有较高的供电能力。因此，库场应选择在电网的附近。

库场建设的成本是库场选址的一个重要因素。从运费上考虑，在几个生产地和几个消费地之间建立库场，可以采用线性规划模型使运费达到最小。从场地的可获得性和地价看，在城市中心建设大型库场是不可行的。此外，在什么地方建设库场，还应考虑当地建筑材料的可获得性和价格。

建立库场，既要考虑能使为之服务的供应链的成本最小，又要对顾客的需求作出有效的反应。因此，需要考虑货物运送到顾客手中的时间限制。

（五）库场选址的一般程序

库场选址问题实质上是一个管理决策问题。在库场选址过程中，首先要明确库场选址的目标与原则才能从众多备选的选址方案中筛选出最优方案的前提和基础。在明确选址目标与原则的前提下，通过实地调研、情报收集、电话调研等方式收集备选地址的相关资料，然后对备选地址的相关因素进行分析，拟定出备选的选址方案。然后，从国民经济、财务与社会效益等角度，对各备选方案进行评价，进而筛选出最优的选址方案。图 4-2 简要地列示了库场选址的一般工作程序。在实际的库场选址过程中，选址所需资料收集、选址相关因素分析、拟定备择选址方案、选址方案评价等环节之间存在一些反馈过程。这些反馈过程已在图 4-2 中得到了具体反映。

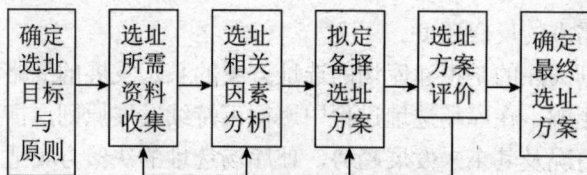

图 4-2   库场选址的一般工作程序

二、备选库场地址的筛选方法

物流库场的地址几乎决定了整个物流系统的模式、结构和形状，物流库场选址决策包括设施的数量、位置和规模，这方面的研究有很多成果。这里我们介绍几种常用的方法。

（一）单一库场选址位置估算方法

如果要配送的货物范围比较小，可以考虑建设一个物流库场。一般来讲配送货物的目的地都非常明确，在这种情况下，选址的因素主要考虑运费率和该点的货物吞吐量。这个方法很简单，用运量乘以到该点的货物运输费率，再乘以到该点的距离，求出上述乘积之和（总运输成本），选择计算结果最小的位置点。即

$$\min TC = \sum_i V_i R_i d_i \tag{4-1}$$

式中：TC——运输总成本；

$\quad V_i$——i 点的运输量；

$\quad R_i$——到 i 点的运输费率；

$\quad d_i$——从位置特定的物流中心到 i 点的距离。

$$d_i = K\sqrt{(X_i - \bar{X})^2 + (Y_i - \bar{Y})^2} \tag{4-2}$$

上式中 K 代表一个度量因子，将坐标轴上的坐标单位转换成各通用的距离度量单位如 km。

式中：$\bar{X}$、$\bar{Y}$——位置特定的物流库场的坐标；

$\quad X_i$、Y_i——需配送货物地点的坐标。

分别求 TC 对 X 和 Y 的偏导，设定其等于零，解两个方程，可以得到物流库场的坐标值。其精确中心的坐标值为

$$\bar{X} = \frac{\sum_i (V_i R_i X_i / d_i)}{\sum_i (V_i R_{ii} / d_i)} \tag{4-3}$$

$$\bar{Y} = \frac{\sum_i (V_i R_i Y_i / d_i)}{\sum_i (V_i R_{ii} / d_i)} \tag{4-4}$$

迭代法求解过程包括以下七个步骤：

（1）确定各需求地点的坐标 X、Y，同时确定各点货物需求量和直线运输费率。

（2）不考虑距离因素 d_i，用重心公式估计初始选址点：

$$\bar{X} = \frac{\sum_i V_i R_i X_i}{\sum_i V_i R_i} \tag{4-5}$$

$$\bar{Y} = \frac{\sum_i V_i R_i Y_i}{\sum_i V_i R_i} \tag{4-6}$$

（3）根据式（4-2），用步骤（2）得到的 $\bar{X}$、$\bar{Y}$ 计算 d_i（这里先不用计算度量因子 K）

（4）将 d_i 代入式（4-3）和式（4-4），解出修正的 $\bar{X}$、$\bar{Y}$。

（5）根据修正的 $\bar{X}$、$\bar{Y}$ 再重新计算 d_i。

（6）重复步骤（4）和（5）直至 $\bar{X}$、$\bar{Y}$ 的值在连续迭代过程中都不再变化，或变化很小，继续计算没有意义。

（7）根据式（4-1）计算最优的选址总成本。

由上可知，应用迭代法的关键是给出库场的初始地点 (X, Y)。通常的做法是将配送需求点之间的重心点作为初始地点，故这种方法常常称为重心法。也可采用任选一地点的方法，还可以根据各配送需求点的位置和货物需要量的分布情况选取初始地点。初始地点的选取方法可以不同。

求解库场最佳地址的模型有离散型和连续型两种。重心法模型是连续型模型，相对于离散型模型来说，其库场地点的选择是不加特定限制的，有自由选择的长处。但是，重心法模型的自由度过多也是一个缺点，因为由迭代法计算求得的最佳地址，实际上往往很难找到，有的地点很可能在河流湖泊上或街道中间等。此外，迭代计算非常烦琐，也是连续型模型的缺点之一。

除了上述的重心法模型外，其他的单个库场选址方法还包括图表技术（graphical techniques）和近似法（approximating methods）。这些方法对现实情况的把握程度、计算速度和难度以及获得的最优解各不相同。没有一个模型具有选址所追求的所有特点，也不可能由模型直接导出最终决策，管理人员也不能把选址问题完全委托给分析人员，因为选址问题还需要考虑经济、自然环境等各种动态发生变化的因素。

（二）多个物流库场选址位置估算方法

如果要配送的货物范围分布广，用一个物流库场无法满足需求，就需要考虑设立两个或多个物流库场。实际上几乎所有的大公司的物流系统都有这样的库场，由于这些库场不能看成是经济上相互独立的，且可能的选址布局方案很多，所以问题比较复杂。

选址问题是一个普遍问题，将仓库选址问题作为一类普遍问题进行研究，一般可以归结为这样几个基本规划问题：①物流网络中应该有多少个物流库场？这些物流库场应该有多大规模，位于什么地点？②哪些用户指定由哪个物流库场负责供应？③各物流库场都存放哪些产品？哪些产品可以直接从生产厂运到用户手中？

已经有很多学者设计了很多种方法解决上述部分或全部问题，如多重心法、混合-

整数线性规划、模拟法等，上述多设施选址方法详见本章参考文献[1]的第二节。下面介绍一种常用的多物流库场选址方法：鲍摩-瓦尔夫模型。

对于从几个工厂经过几个物流库场向用户输送货物的问题，物流库场的选址分析一般只考虑运费为最小时的情况。

这里需要考虑的问题是：各个工厂向哪些物流库场运输多少货物？各个物流库场向哪些用户发送多少货物？

总费用应包括以下内容。

式中：C_{ki}——从工厂 k 到物流库场 i，每单位运量的运输费；

$\qquad$ h_{ij}——从物流库场 i 向用户 j 发送单位运量的发送费；

$\qquad$ X_{ijk}——从工厂 k 通过物流库场 i 向用户 j 运送的运量；

$\qquad$ W_i——通过物流库场 i 的运量；

$\qquad$ v_i——物流库场 i 的单位运量的可变费用；

$\qquad$ F_i——物流库场 i 的固定费用。

故总费用函数为

$$f(X_{ijk}) = \sum_{i,j,k}(C_{ki}+h_{ij})X_{ijk} + \sum_i v_i(W_i)^\theta + \sum_i F_i r(W_i) \qquad (4\text{-}7)$$

式中，$0<\theta<1$，$r(W_i) = \begin{cases} 0, & (W_i = 0) \\ 1, & (W_i > 0) \end{cases}$

总费用函数 $f(X_{ijk})$ 的第一项是运输费和发送费，第二项是库场的可变费用，第三项是库场的固定费用（这项费用函数是非线性的）。

该模型的计算方法是首先给出费用的初始值，求初始解；然后进行迭代计算，使其逐步接近费用最小的运输规划。

这个模型具有一些优点，但也有些缺点，使用时应加以注意。

该模型的优点主要有：计算比较简单；能评价流通过程的总费用（运费、保管费和发送费之和）；能求解物流库场的通过量，即决定物流库场规模的目标；根据物流库场可变费用的特点，可以采用大批量进货的方式。

该模型的缺点主要是：由于采用的是逐次逼近法，所以不能保证必然会得到最优解。此外，由于选择备选地点的方法不同，有时求出的最优解中可能出现物流库场数目较多的情况。也就是说，还可能有库场数更少、总费用更小的解存在。因此，必须仔细研究所求得的解是否为最优解。此外，库场的固定费用没在所得的解中反映出来。

三、库场选址方案的评价方法

（一）单仓库多指标评价法

此方法要考虑影响选址的各个因素，确定各因素的重要程度，并给各因素打分来评价。选址步骤为：①把影响选址的各因素罗列出来。②确定每个影响因素的权重，根据每个因素的相对重要程度来确定。③制定各因素的评价标准，不同等级赋以不同分数。

④给各方案的各影响因素评分。⑤加权计算各方案的总分，总分越高地址越优。

本书主要从交通便利性、经济合理性和可持续性角度对库场选址作出评价，这三大指标又可细分为如下 12 个子指标，如图 4-3 所示。

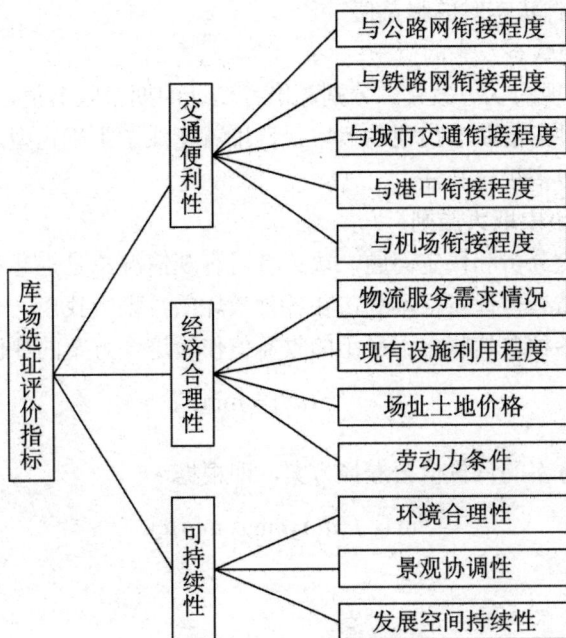

```
                                           ┌─────────────────┐
                                           │ 与公路网衔接程度  │
                                           └─────────────────┘
                                           ┌─────────────────┐
                                           │ 与铁路网衔接程度  │
                              ┌────┐        └─────────────────┘
                              │交通 │       ┌─────────────────┐
                              │便利 │───────│ 与城市交通衔接程度 │
                              │性  │       └─────────────────┘
                              └────┘        ┌─────────────────┐
                                           │ 与港口衔接程度    │
                                           └─────────────────┘
                                           ┌─────────────────┐
                                           │ 与机场衔接程度    │
                                           └─────────────────┘
           ┌────┐                          ┌─────────────────┐
           │库场 │                          │ 物流服务需求情况  │
           │选址 │       ┌────┐             └─────────────────┘
           │评价 │───────│经济 │            ┌─────────────────┐
           │指标 │       │合理 │            │ 现有设施利用程度  │
           └────┘       │性  │───────────  └─────────────────┘
                        └────┘             ┌─────────────────┐
                                           │ 场址土地价格      │
                                           └─────────────────┘
                                           ┌─────────────────┐
                                           │ 劳动力条件        │
                                           └─────────────────┘
                              ┌────┐        ┌─────────────────┐
                              │可  │       │ 环境合理性        │
                              │持  │───────└─────────────────┘
                              │续  │        ┌─────────────────┐
                              │性  │       │ 景观协调性        │
                              └────┘        └─────────────────┘
                                           ┌─────────────────┐
                                           │ 发展空间持续性    │
                                           └─────────────────┘
```

图 4-3 库场选址评价指标

一般认为，交通越便利、经济情况越符合企业投资现状，且越具有可持续性发展的地区越适合企业进行库场选址。

（二）多仓库整体网络评价法

由于交通、政策等因素的相互影响，多个库场选址评价效果并不是简单的单个库场选址评价效果的加和，因此，一个有效办法是将各个分散的库场看成一个整体的网络，之后对该多库场网络进行多指标评价。

例如，A 地靠近某企业的原材料加工地，但劳动力成本较高，不具备经济效益，从单个库场角度来讲并不适合库场选址。但是 A 地与 B 地之间交通便利，且运输成本极低，可将 A 地的原材料运往劳动力成本不高的 B 地进行加工。综合来看，A 地与 B 地间形成的库场系统是符合企业经营效益的。

四、库场选址方案的决策方法

本节主要介绍了库场初步选址的两种定量方法。企业高层在最后对多种选址方案进行决策时，可通过个人经验与对市场敏锐的洞察力进行判断。将定性与定量方法相结合，才能达到最后的选址效果。下面介绍两种选址方案的决策方法。

（一）单仓库风险决策法

各备选场址都面临几种可能状态，已知各可能状态发生的概率，并已知各场址面临

可能状态时的收益值，则某一场址的期望收益值为

$$E = \sum_{i=1}^{n} x_i W_i \qquad (4\text{-}8)$$

式中：x_i——在第 i 种状态时的收益值；

W_i——第 i 种状态发生的概率；

n——可能出现的状态数目。分别算出各场址的期望收益值，大者为首选。

如果不知道各种可能状态出现的概率，选址就变成了不确定型选择，根据选址者心理状态的不同，可有多种选择法。

1. 悲观法——小中取大原则

这是用保守观点分析和决定问题，决策者对客观情况总是抱悲观态度，为了保险起见，总是把事情的结果估计得很不利，在各种最坏的结果中找出一个好一点的方案。决策者用一个方案在各种自然状态下最小的收益值作为这个方案的评价值，即

$$f(d_j) = \min_i u_{ij} \qquad (4\text{-}9)$$

然后根据每个方案的评价值去选择方案，即根据

$$\max_j f(d_j) = \max_j \min_i u_{ij} \qquad (4\text{-}10)$$

选择评价值最大的方案为最优方案。

2. 乐观法——大中取大原则

决策者用一个方案在各种自然状态下最大的收益值作为这个方案的评价值，即

$$f(d_j) = \max_i u_{ij} \qquad (4\text{-}11)$$

然后选最大评价值的方案为最优方案，即根据

$$\max_j f(d_j) = \max_j \max_i u_{ij} \qquad (4\text{-}12)$$

选择最优方案。

3. 最小后悔值法——大中取小原则

在各种自然状态下，以最大收益值减去其他收益值得到该自然状态下各方案的后悔值。

在 θ_i 状态下，选择 d_j 方案的后悔值为

$$r_{ij} = \max_j u_{ij} - u_{ij} \qquad (4\text{-}13)$$

所有后悔值构成后悔值矩阵 $[r_{ij}]_{m \times n}$。

在后悔值方法中，决策者用一个方案在各自然状态下最大的后悔值作为这个方案的评价值，即

$$f(d_j) = \max_i r_{ij} \qquad (4\text{-}14)$$

然后选择评价值最小的方案为最优方案，即根据

$$\min f(d_j) = \min_j \max_i r_{ij} \tag{4-15}$$

选择最优方案。

（二）多仓库模糊综合决策法

此法综合考虑客观因素（成本因素）和主观因素（非成本因素）对选址的影响，其选址步骤分为以下几步。

选定因素并确定重要比重。凡是与成本有关、可用货币表示的因素归为客观因素，其他的归为主观因素，设主观因素重要比重为 x（$0 \le x \le 1$），则客观因素重要比重为 $1-x$。

计算客观度量值。对每一可行选址方案，计算其客观度量值：

$$C_i = \sum_{j=1}^{m} C_{ij} \qquad M_{o,i} = \left[C_i \sum_{i=1}^{n} (1/C_i) \right]^{-1} \tag{4-16}$$

式中：C_i——第 i 选址方案的总成本；

C_{ij}——第 i 选址方案的第 j 项成本；

$M_{o,i}$——第 i 选址方案的客观度量值；

m——客观因素的项数；

n——选址方案的数目。

而，$\sum_{i=1}^{m} M_{o,i} = 1$，即第 i 选址方案的所有客观因素的客观度量值之和等于 1。

确定主观评比值。对每一项主观因素，将每一选址方案两两对比，较好的比重值定为 1，较差的比重值定为 0。然后，将某方案的比重除以所有方案所得比重之和，求出某主观因素在某选址方案的主观评比值，即

$$S_{ik} = W_{ik} / \sum_{i=1}^{n} W_{ik} \tag{4-17}$$

式中：S_{ik}——第 i 选址方案对比第 K 因素的主观评比值；

W_{ik}——第 i 选址方案在第 K 因素中的比重；

$\sum_{i=1}^{n} W_{ik}$——第 K 因素的总比重值。

计算主观度量值。确定各个主观因素的重要性指数，确定方法可用上述的两两比较法，然后把每一因素主观评比值与该因素的重要性指数相乘，再相加，得到每一选址的主观度量值：

$$M_{s,i} = \sum_{k=1}^{m} (l_k S_{ik}) \tag{4-18}$$

式中：$M_{s,i}$——第 i 选址方案的主观度量值；

S_{ik}——第 i 选址方案对第 k 项主观因素的评价值；

l_k——第 k 项目主观因素的重要性指数；

m——主观因素的项数。

与 $M_{s,i}$ 综合计算地址度量值：

$$M_i = xM_{s,i} + (1-x)M_{o,i} \qquad (4\text{-}19)$$

最后，选择度量值最大的地址为最优方案。

第三节　库　场　布　局

库场布局是指为了合理摆放库场内的货品，对库场内的平面区域、储存单元、空间区域进行科学的布局设计。

一、仓储货品估算

在库场布局中，对仓储货品进行估算是一项基础工作，也是一项关键活动。要进行货品估算，可进行以下步骤。

（1）根据库场内部货品存储清单确定货品的大致种类。

（2）针对每一种货品计算最大储量。最大存储量等于入库时最大入料数与安全库存数之和。其中入料方式可选择按周期入料或按数量盘点入料，如果货品供应商众多，如汽车制造业则多选用按周期入料的方式；如果供应商距离生产地点较近，且可保持实时的信息沟通，则可以选择按数量盘点入料的方式。订货提前期的计算多由供应商距离与供给运输速度决定。安全库存的计算需先对供应商进行量化评价，而后依据供应商不同确定安全库存。

（3）将最大存储量转换为以装载容器计量的存储量。例如，需要存储 100 个某类货品转换为需要存储 4 个大号周转箱的某类货品。然后对使用同一种装载容器的货品，进行最大存储量求和，结果以装载容器计量。

二、库场平面布置

平面布置是指对货区内的货垛、通道、垛间距以及收发货区等进行合理的规划，并正确处理它们的相对位置。平面布局的形式可以概括为垂直式布局和倾斜式布局。

（1）垂直式布局。垂直式布局是指货垛或货架的排列与仓库的侧墙互相垂直或平行，具体包括横列式布局、纵列式布局和纵横式布局。

横列式布局是指货垛或货架的长度方向与仓库的侧墙互相垂直。这种布局的主要优点是：主通道长且宽，副通道短，整齐美观，便于存取查点，有利于通风和采光，如图 4-4 所示。

纵列式布局是指货垛或货架的长度方向与仓库侧墙平行。这种布局的优点主要是可以根据库存物品在库时间的不同和进出频繁程度安排货位：在库时间短和进出频繁的物品放置在主通道两侧；在库时间长和进出不频繁的物品放置在里侧，如图 4-5 所示。

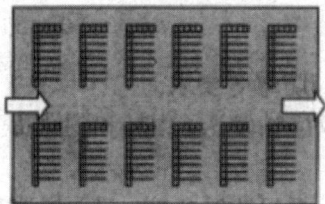

图 4-4　横列式布局

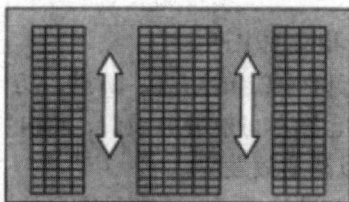

图 4-5　纵列式布局

纵横式布局是指在同一保管场所内，横列式布局和纵列式布局兼而有之，可以综合利用两种布局的优点，如图 4-6 所示。

（2）倾斜式布局。倾斜式布局是指货垛或货架与仓库侧墙或主通道成 60°、45°或 30°夹角，具体包括货垛倾斜式布局和通道倾斜式布局。

图 4-6　纵横式布局

货垛倾斜式布局是横列式布局的变形，它是为了便于叉车作业，缩小叉车的回转角度，提高作业效率而采用的布局方式，如图 4-7 所示。

通道倾斜式布局是指仓库的通道斜穿保管区，把仓库划分为具有不同作业特点，如大量存储和少量存储的保管区等，以便进行综合利用。这种布局形式，库房内形式复杂，货位和进出库路径较多，如图 4-8 所示。

图 4-7　货垛倾斜式布局

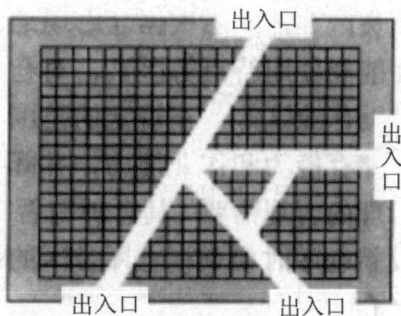

图 4-8　通道倾斜式布局

三、储存单元布置

为了在进出货时间内尽量省略不必要的物品搬运和储存，应尽量使用同样的容器，节省更换容器的时间，真正做到物品的"先进先出"，在优选货位时要采取科学合理的方法，如使用"双仓法"储存，给每一种储存物品都准备两个货位，轮回进行存取，再配以必须将一个货位中储存物品全部取出才可补充的规定，以保证实现"先进先出"。再如，使用贯通式货架系统，即利用设计货架的特殊结构形成贯通的通道，从一端存入物品，从另一端取出物品，物品在通道中自行按先后顺序排队，不会出现越位现象，避免某些物品由于长期积压出现呆滞现象，减小物品在库储存损失。

为了使物品存取工作顺利进行，必须对物品储存定位。仓库储存单元是仓库内具体存放物品的位置。为了使仓库管理有序、操作规范，且存货位置能准确表示，仓库根据结构及功能等要求将仓库存货位置进行分块和分位，形成货位。每一个货位都使用一个编号表示，以便区别。在货位确定过程中，应遵循如下准则。

（一）以周转率为基础准则

以周转率为基础准则即将物品按周转率由大到小排序，再将此序分为若干段，通常分为3~5段，同属于一段中的物品列为同一级，依照定位或分类存储法的原则，指定存储区域给每一级物品，周转率越高应离出入口越近。

（二）物品相关性准则

这样可以减短提取路程，减少工作人员疲劳，简化清点工作。物品的相关性大小可以利用历史订单数据来分析。

（三）物品同一性准则

把同一物品储放于同一保管位置或将同一供应商或者同一顾客的物品集中存放。这样，作业人员对于物品保管位置能熟知，并且对同一物品的存取花费最少搬运时间。否则当同一物品散布于仓库内多个位置时，物品在存放取出作业时不方便，会对盘点以及作业人员掌握货架物品造成困难。

（四）物品互补性准则

互补性高的物品也应存放于邻近位置，以便缺货时可迅速以另一物品替代。

（五）物品相容性准则

相容性低的物品不可放置在一起，以免损害品质。

（六）物品尺寸准则

在仓库布置时，同时考虑物品单位大小以及相同的一群物品所形成的整批形状，以便能供应适当的空间，满足某一特定要求。所以在存储物品时，必须要有不同大小位置的变化，用以容纳不同大小和不同容积的物品。此法则可以使物品存储数量和位置适当，搬运工作及时间都能减少。一旦未考虑存储物品单位大小，将可能造成存储空间太大而浪费，或存储空间太小而无法存放；未考虑存储物品整批形状亦可能造成整批形状太大无法同处存放。

（七）重量特性准则

按照物品重量不同来决定储放物品于货位的高低位置。一般而言，重物应保管于地面上或货架的下层位置，重量轻的物品则保管于货架的上层位置；若采用手工进行搬运作业，人腰部以下的高度用于保管重物或大型物品，而腰部以上的高度则用来保管重量轻的物品或小型物品。

（八）物品特性准则

根据物品特性分区分类储存，将特性相近的物品集中存放。物品特性不仅涉及物品本身的危险及易腐蚀性，同时也可能影响其他物品，因此在货位布置时应考虑。

（九）先进先出准则

先进先出即先入库的物品先安排出库，这一原则对于寿命周期短的物品尤其重要，如食品及化学品等。在运用这一原则时，除考虑物品形式变化少、产品寿命周期长、质量稳定不易变质等情况外，还要综合考虑先进先出所引起的管理费用的增加。而对于食品及化学品等易变质的物品，应考虑的原则是"先到期的先出货"。

除上述准则外，为了提高储存空间的利用率，还必须利用合适的积层架和托盘等工具，使物品储放向空间发展。储放时尽量使物品面对通道，以方便作业人员识别标号和名称，以提高货物的活性化程度，如图 4-9 所示。保管物品的位置必须明确标示，保管场所必须清楚，易于识别、联想和记忆。另外，在规划储位时应注意保留一定的机动储位，以便当物品大量入库时可以调剂储位的使用，避免打乱正常储位安排。

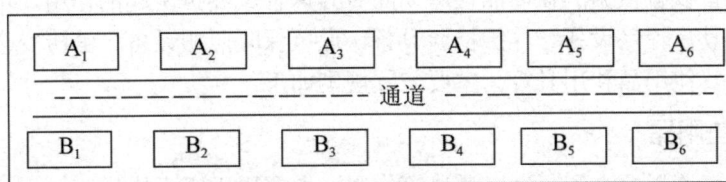

图 4-9　储存单元布置图

四、库场空间布置

现代仓库的立体规划是指现代仓库在立体空间上的布置，即仓库建筑高度的规划。仓库基建时，应因地制宜地将场地上自然起伏的地形加以适当改造，使之满足库区各建筑物、库房和货场之间的装卸运输要求，并合理地组织场地排水。

（一）库房、货场、站台标高布局

库房地秤标高与库区路面标高的关系，决定于仓储作业机械化程度和叉车作业的情况。由于机械在载重作业时爬坡能力受到限制，如库房地秤与路面之间的高度相差较大，会影响叉车作业效率。最好使仓库的地秤和库区路面在标高上相等；不得已时，可使两者之间有不超过 4% 的纵向坡度。

货场一般沿铁路路线布置，多数是跨在铁路专用线两侧。在标高上，除确保铁路专门的规定外，货场标高可适当略高或略低于铁路线。

站台通常以其一侧纵边面向铁路，另一侧面向汽车线路或装卸货场。站台的高度和宽度，因物资搬运方式和运输工具不同而不同。用汽车运输时，根据汽车的一般类型，站台应高出道路路面 0.9～1.2 m。用火车运输时，站台的高度应与车厢底板相平。

（二）合理利用地坪建筑承载能力

仓库地坪单位面积建筑承载能力因地面、垫层和地基的结构不同而不同。例如，在坚硬的地上采用 300 mm 厚的片石，地面用 200 mm 厚的混凝土，其建筑承载能力为 $5\sim7$ t/m²。应当充分利用地坪的承载能力，采用各种货架存货，以充分利用空间，同时使用各种装卸机械设备配合作业，加速库存货物的周转。

第四节　库场设备配置

库场设备配置是库场规划的重要内容，不仅关系到仓库建设的成本和运营费用，而且关系到仓库的生产效率和经济效益。库场设备主要分为保管设备和装卸搬运设备两大类。

一、保管设备配置

保管设备是库场保管商品的主要设备，对在库商品质量的维护有着重要的作用。在各种类型的仓库中，保管设备都是不可缺少的，且数量很大。

库场的保管设备根据其在商品在库期间对其保管、养护所起的作用，可分为：苫垫用品、存货用具、计量设备、养护检验设备、通风保暖照明设备、消防安全设备、劳动防护用品以及其他用品和用具等。主要配置规则如下：

（一）苫垫用品

苫垫用品起遮挡雨水和隔潮、通风等作用，主要用于露天堆场。

（二）存货用具

存货用品包括各种类型的货架、货橱。

（1）货架。货架是指存放货物的敞开式格架。根据仓库内的布置方式不同，货架可采用组合式或整体焊接式两种。整体式的制造成本较高，不便于货架的组合变化，因此较少采用。货架在批发、零售量大的仓库，特别是立体仓库中起很大的作用，它既便于货物的进出，又能提高仓库容积利用率。

（2）货橱。货橱是指存放货物的封闭式格架。其主要用于存放比较贵重的或需要特别养护的商品。

（三）计量设备

计量设备用于商品进出时的计量、点数，以及货存期间的盘点、检查等。如地秤、轨道衡、电子秤、电子计数器、流量仪、皮带秤、天平仪以及较原始的磅秤、卷尺等。随着仓储管理现代化水平的提高，现代化的自动计量设备将会更多地得到应用。

（四）养护检验设备

养护检验设备是指商品进入仓库验收，在库内保管测试、化验以及防止商品变质、失效的机具、仪器。如温度仪、测潮仪、吸潮器、烘干箱、风幕（设在库门处，以隔内外温差）、空气调节器、商品质量化验仪器等。在规模较大的仓库中这类设备使用较多。

（五）通风保暖照明设备

通风保暖照明设备根据商品保管和仓储作业的需要而设。

（六）消防安全设备

消防安全设备是仓库必不可少的设备。它包括报警器、消防车、手动抽水器、水枪、消防水源、沙土箱、消防云梯等。

（七）劳动防护用品

劳动防护用品用于确保仓库职工在作业中的人身安全。

（八）其他用品和用具

在仓库设备的具体管理中，应根据仓库规模的大小进行恰当的分类。

二、装卸搬运设备配置

装卸搬运设备是指用来搬移、升降、装卸和短距离输送物料或货物的机械。装卸搬运设备是实现装卸搬运作业机械化的基础，是物流设备中重要的机械设备。它不仅可用于完成船舶与车辆货物的装卸，而且可用于完成库场货物的堆码、拆垛、运输以及舱内、车内、库内货物的起重输送和搬运。

装卸搬运设备为了顺利完成装卸搬运任务，必须适应装卸搬运作业要求。装卸搬运作业要求装卸搬运设备结构简单牢固、作业稳定、造价低廉、易于维修保养、操作灵活方便、安全可靠，能最大限度地发挥其工作能力。

装卸搬运设备的配置，应遵循如下几个原则。

（一）根据作业性质和作业场合进行配置

装卸搬运作业性质和作业场合不同，需配备不同的装卸搬运设备。根据作业是单纯的装卸或单纯的搬运，还是装卸、搬运兼顾，从而可选择更合适的装卸搬运设备；作业场合不同，也需配备不同的装卸搬运设备。

（二）根据作业运动形式进行配置

装卸搬运作业运动形式不同，需配备不同的装卸搬运设备。水平运动，可配备选用卡车、牵引车、小推车等装卸搬运设备；垂直运动，可配备选用提升机、起重机等装卸搬运设备；倾斜运动，可配备选用连续运输机、提升机等装卸搬运设备；垂直及水平运动，可配备选用叉车、起重机、升降机等装卸搬运设备；多平面式运动，可配备选用旋转起重机等装卸搬运设备。

（三）根据作业量进行配置

装卸搬运作业量关系到设备应具有的作业能力，从而影响到所需配备的设备类型和数量。作业量大时，应配备作业能力较高的大型专用设备；作业量小时，最好采用构造简单、造价低廉而又能保持相当生产能力的中小型通用设备。

（四）根据货物种类、性质进行配置

货物的物理性质、化学性质以及外部形状和包装千差万别，有大小、轻重之分，有固体、液体之分，有散装、成件之不同，所以对装卸搬运设备的要求也不尽相同。

（五）根据搬运距离进行配置

长距离搬运一般选用牵引车和挂车等装卸搬运设备，较短距离搬运可选用叉车、跨

运车等装卸搬运设备，短距离搬运可选用手推车等装卸搬运设备。为了提高设备的利用率，应当结合设备种类和特点，使行车、货运、装卸、搬运等工作密切配合。

（六）装卸搬运设备的配套

成套地配备装卸搬运设备，使前后作业相互衔接、相互协调，是保证装卸搬运工作持续进行的重要条件。因此，需要对装卸搬运设备在生产作业区、数量吨位、作业时间、场地条件、周边辅助设备上作适当协调。

复习思考题

1. 什么是库场规划？列表说明库场规划与库场设计之间的联系与区别。

2. 简述库场规划的基本原则、环境因素与工作步骤。

3. 什么是库场选址？简述库场选址的原则、影响因素与主要环节。

4. 试比较不同类型的库场选址方法的适用条件。

5. 简述仓储货品估算过程的一般步骤。

6. 什么是库场平面布置？简述库场平面布置的常见形式。

7. 什么是库场储存单元布置？在库场储存单元布置时应遵循哪些原则？

8. 简述库场空间布置的基本要求。

9. 简述库场保管设备配置的基本原则。

10. 简述库场装卸搬运设备配置的基本原则。

11. 一个汽车零部件企业，在某城市有 5 个工厂，主要原材料将从一个新的库场仓库运送过去，而此时，中心仓库的位置还在决策中。运至各个生产厂的原料数量和运费情况如表 4-2 所示，同时将各个工厂位置建立一个坐标系，每个厂址的坐标值同样归纳在表格中。试确定新建的库场仓库位置应该设在哪里。

表 4-2　习题 11 数据表

地点	A	B	C	D	E
$(X，Y)$	(3，7)	(8，2)	(4，6)	(4，1)	(6，4)
运费费率［元/（吨·公里）］	0.5	0.4	0.4	0.5	0.5
日运量/吨	26	9	25	30	40

12. 某仓储企业需要确定新建仓库的具体位置，经初步筛选共有 A 地、B 地、C 地三个备选地址可供选择。该企业将从交通便利性、经济合理性、可持续性三个方面作为后续的仓库选址的决策依据。经评估，各备选地址在交通便利性、经济合理性、可持续性这三方面的目标值得分情况如表 4-3 所示；此外，该企业还请了三位专家对交通便利性、经济合理性、可持续性三方面相对重要性进行打分，其打分情况如表 4-4 所示。试问该企业应将仓库建在哪个地方？

表 4-3 习题 12 数据表 1

目标值	A 地	B 地	C 地
交通便利性	80%	90%	50%
经济合理性	30%	50%	90%
可持续性	70%	50%	60%

表 4-4 习题 12 数据表 2

目标值	专家 1	专家 2	专家 3
交通便利性	9	6	2
经济合理性	6	8	7
可持续性	5	7	8

13. 某企业建一标准化仓库，仓库内货物最高储存量为 600t，该企业欲采购一批货架，该类型货架长 6m、宽 1.5m、高 3m，货架容积充满系数为 0.8，货架储存定额是 120kg/m³，则至少需要多少该货架？

14. 某电商企业打算建一仓库，其中就地堆码货物的最高储量为 600t，就地堆码货物存储限额为 5t/m²；在托盘存放的货物最高存量为 90t，每个托盘长 2.5m，宽 1m，可承重 6t 的货物，若面积利用系数为 0.6，则该仓库的设计有效面积至少应为多少平方米？

主要参考文献

[1] 周文泳. 现代仓储管理[M]. 北京：化学工业出版社，2010.

[2] 汝宜红. 配送中心规划[M]. 北京：北方交通大学出版社，2002.

[3] 冯耕中. 物流配送中心规划与设计[M]. 西安：西安交通大学出版社，2004.

[4] 贾争现. 刘康.物流配送中心规划与设计[M]. 3 版. 北京：机械工业出版社，2014.

[5] 赵玉国. 仓储管理[M]. 北京：冶金工业出版社，2008.

[6] 王欣. 物流设施设备[M]. 北京：中国劳动社会保障出版社，2013.

[7] 真虹，张婕姝. 物流企业仓储管理与实务 [M]. 2 版. 北京：中国物资出版社，2007.

[8] 田肇云. 现代物流管理[M]. 北京：机械工业出版社，2015.

[9] 汤齐，谢芳. 现代物流技术基础[M]. 北京：中国纺织出版社，2014.

库场运营管理

本章导读

正确把握仓储货品与储位之间的内在联系，不仅是有效推进仓储货品管理与储位管理的必然要求，也是库场现场管理的关注重点。本章将从仓储货品、储位、库场现场、库场治安与库场安全等角度阐述库场运营管理的相关知识。通过本章学习，要求理解仓储货品与储位的内涵特征、管理原则、分类管理、编码管理及其本质关系，熟悉仓储货品的料账管理与护养工作要点，熟悉储位管理的原则与内容，了解库场的现场管理、治安管理与安全管理的相关知识。

第一节　仓储货品管理

仓储货品管理从字面上就可理解为货品在仓储范围内的管理，货品的状态和属性在仓储业务过程中分为变化性储放和常规性储放。变化性储放是指货品在入库和出库时的属性是不同的，即货品在仓库内经过了加工或包装处理；对于常规性储放，仓库对其行使的是保管功能，对货品的管理重心在于为货品安排适宜的储放地点，并且维持货品的各项属性不变，保证货品的价值不发生流失。下文将从介绍仓储货品的基本特征、仓储货品管理的内涵出发，重点讨论仓储货品的分类管理、编码管理、料账管理和护养工作的相关内容。

一、仓储货品与仓储货品管理

正确理解仓储货品的本质特征，有利于客观把握仓储货品管理的核心内涵。下文将重点介绍仓储货品的基本特征、仓储货品管理的内涵、仓储货品管理的任务与仓储货品管理的意义。

（一）仓储货品的基本特征

货品是指经济活动中涉及实体流动的物质资料。物质资料要成为物流中的货品，需要满足两个基本条件：第一，货品是经济活动中的物质资料，而不是自然现象中的物质资料；第二，货品是有实体流动的物质资料，而不是静止的物质资料。尽管仓储货品仓储时间有长有短，但总归或者是送交生产领域或者是送交销售领域，货品具有相对的流动性。我们可以形象地理解为仓库不过是货品生命流动旅程中的一处休憩和调理的场所。

仓储货品是货品物流过程中的一种状态，其具备的基本特征有以下几点。

（1）仓储货品在仓储过程中不发生价值转移。仓储货品是货品物流过程的一种状态，即仓储货品有明确的来源和去处，并且仓储货品不会在仓储过程中展现其使用价值，仓储的重要功能是保持货品的使用价值。

（2）仓储货品需要细心的保管。仓储货品通常种类繁多、数量巨大，并且储存条件各有差别，同时有些货品储存时间很长，因此需要对仓储货品进行特别的保管照料，并且制定出一系列针对货品管理的方案和规则。

（3）仓储货品具有单元化集成储放的特点。因为仓储货品数量巨大，为合理利用仓储空间和加快货品存取速度，仓储货品通常单元化储放，最大限度地方便运输和堆垛。

（二）仓储货品管理的内涵

对仓储货品管理的内涵，可以从狭义与广义两个角度加以理解。从狭义上看，仓储货品管理是指对仓库内货品的保管管理，包括货品分类、编码、安置、清查、护养、安全等内容。从广义上看，仓储货品管理是指为了实现货品在价值链上的转移，在入库验收、保管、加工、出库等一系列仓储环节上对货品数量与质量的管理控制活动。

（三）仓储货品管理的任务

仓储货品管理的任务如下所述。

（1）制订仓储货品计划，掌握货品的供求情况。企业通过深入的调查研究，一方面要根据生产计划掌握生产中需要什么货品，需要多少，什么时候需要；另一方面要掌握货品供应的可能条件以及供应来源和供应渠道等。只有充分掌握货品供求情况及其变化规律，才能提高货品管理的主动性和计划性。

（2）根据制订的货品供应计划，做好货品的订货、采购、运输、仓库保管、发放等一系列供应组织工作。

（3）贯彻对库存货品的监管与护养工作。有条件的企业最好成立货品质量维护小组，专门负责货品存放条件的维护和监督，以及定期对货品存放状态的检查等工作。尤其对于对外界条件比较敏感的货品，更要细心对待，贯彻货品护养标准和方法。

（4）定期进行货品使用与效益评价。仓库长时间不进行清仓，会导致积压库存增多、库区有效面积减少、企业效益降低等。因此，货品管理还有一个任务是定期对货品进行评估，包括货品的数量、周转频率、保管成本与效益的统计和分析。对于积压库存要及时处理，过时或成为企业负担的货品要进行清理或替代。

（四）仓储货品管理的意义

仓储货品管理的意义主要体现在如下几个方面。

（1）保持货品的使用价值，防止价值缺失。保管的最重要职能是维持货品的使用价值，倘若货品在存储过程中发生变质损坏，导致货品的使用价值丧失，不但影响后续活动的展开，并且无形中浪费了仓储成本。加强货品管理可以最大程度上避免此类情况的发生。经常性的检查可以避免出现恶性后果。

（2）有利于规范仓储管理活动、加快作业效率。仓储管理的第一对象是货品，仓储业务活动围绕货品进行，货品不存在，一切活动都无意义。加强货品管理可以有效规范仓储活动，加强作业秩序，减少意外情况的发生。

（3）有利于降低生产成本、提高企业效益。我国的工业企业中，材料费用在成本中所占比重很大，一般在 50% 以上，有的竟达 80% 左右。随着劳动生产率的提高，比重尚有提高的趋势。加强货品管理，降低单位产品的货品消耗，降低原材料的进厂价格和采购、存储费用，对于降低产品成本、提高企业效益具有很大的影响。

（4）支持企业生产经营活动，提供正常物资保障。现代化大生产增加了货品管理的复杂性。现代化生产的规模大、产品品种多、技术复杂，生产的社会化程度高，因此，生产中所需要的货品数量大，品种、规格、型号繁多，供应来源广，给货品管理工作带来了许多新的问题。在企业所需的少至几千种、多至上万种的货品中，一旦发生供应不正常或不及时，企业的生产活动就有可能发生中断，使设备和人员不能得到充分利用，生产能力不能得到充分发挥，使产量减少、收入下降，造成严重的经济损失。

二、仓储货品的分类管理

（一）货品分类的内涵与仓储货品分类管理的意义

货品分类是指为了一定目的或需要，根据货品的属性或特征，选择适当的分类标志将货品划分为不同类别并形成系统的过程。

仓储货品分类管理的意义表现在以下几方面：首先，货品分类是进行仓储货品管理的基础，如按重量、价值、外形尺寸、理化性能等方式将货品分类是货品管理的基础性工作。其次，清楚分层归类，可以提高仓储货品管理效率，主要表现在能减少作业的行走移动距离，使存取人员更容易记忆货品位置，方便货品的分配与调拨，便于记账及统计分析，便于物流中心货品的联合与委托采购等方面。最后，货品分类可作为货品编码的依据。编码是货品进行计算机管理的基础，对货品进行编码往往都依赖于货品的分类。此外，货品分类是储位管理的基础。货品与储位如同一枚硬币的两面，不可分割。储位管理的任务之一是对储位进行分类，而储位的分类多数情况下与货品分类一致。

（二）货品分类的基本原则

如果货品的种类比较繁多，货品分类对货品管理而言，就显得非常重要。在货品分类时，应该遵循如下几条基本原则：一是逐层分类原则，从大到小逐层分类。二是按需分类原则，按企业的实际需要，来选择适用的分类标准。三是系统性分类原则，逐次细分，方能层次分明。四是互斥原则，当一产品已归于某类，绝不可能再分至他类。五是普适性分类原则，必须具有完全性、普通性，分类系统应能包罗万象、适用于广大的地区类别，使所有货品均能清楚归类。六是稳定分类原则，即货品一经确定其类别后，便不可任意变更，以免造成混乱。七是弹性分类原则，以便随时可增列新货品或新产品。八是实用性分类原则，必须确切实用，绝不可流于空想。

（三）仓储货品的分类方法

货品的种类繁多才需要分类，而仓库的类型不同，货品种类、数量差异巨大，如专门的原材料储存仓库，可能仅仅储放几种原材料；大型的物流配送仓库，货品的种类可能有几千种。因此对货品的分类复杂而标准难以统一，仓库的类型不同，分类的依据也千差万别。表 5-1 罗列了制造业仓储货品的分类方法。

表 5-1　制造业仓储货品的分类方法

依据	小类	说明
用途	原料	产品的主要材料
	零配件	产品的重要组成部分
	半成品	加工组装过，但未成型的产品
	制成品	加工完毕可以出厂的产品
会计成本	直接材料	原材料、零部件等。会计上列入直接材料成本
	间接材料	辅助性材料，不构成产品部件。会计上列入制造费用
	消耗性材料	如文具用品、医疗卫生用品、体育康乐器材等消耗性用品，依会计科目分类而处理
形态	素材	仍需加工的材料
	成型材料	加工完毕的材料，如零部件
性质	一般货品	无须特殊维护的货品
	危险货品	特别防护、安全处置的货品
	易变质货品	需防腐、防潮、防虫害、防热的货品
	贵重货品	需特别看护
采购方式	统一采购	实施集中采购
	非统一采购	分散给各部门单独采购
采购来源	国内采购	供货商来自国内
	国外采购	供货商来自国外
重要性	A 重要货品	通过 ABC 分类法对货品的重要性进行分类，这是广泛应用的库存控制方法
	B 一般货品	
	C 次要货品	

对于物流中心，货品品类繁多，分类呈现多样化。管理人员通常根据仓储自身业务的特点结合仓库布局、顾客要求等设置分类体系。常用的分类方法如下所述。

（1）按货品的储放特性划分。物流中心通常储放货品数量众多，储位有限，为了最大限度地发挥储放效率，通常按货品的储放特性来分类，储放特性或储放规格相似的货品归为一类。例如根据对温度和湿度的要求可以分为常温保管货品、低温保管货品、干燥保管货品等。

（2）按货品的处理层次划分。有的货品到货后要立即进行配送，有些货品却要在库内保管很长时间，还有些货品需要进行流通加工，货品在库内的处理层次不同、保管时间不同，对其管理亦不同，如果物流中心货品在这些方面分化明显，可以就此方法进行分类管理。

（3）按货品的来源或去处划分。物流企业往往承接着上游的供应商或生产商以及下游的分销商或顾客，在供货商或顾客数量较少、订货频率较高、货品类目较杂的情况下可以考虑根据货品来源或去处进行分类，以满足顾客需求，提高顾客服务质量。

（4）按货品的通用属性划分。零售类仓库最常用的一种分类方法。根据货品的通用属性可以分为服装、生活用品、家电用品、体育器材、娱乐文化、食品、保健等类别。按通用属性分类，思路清晰，易于管理，方便订购和销售。

（四）仓储货品 ABC 分类管理

ABC 分类法是库存控制中广泛应用的方法，此处作简要介绍，详细说明请参看第八章第二节部分介绍。货品的 ABC 分类法起源于 Pareto 定律。Pareto 是 19 世纪意大利的一位经济学家，他发现当时意大利 80% 的财富集中在 20% 的人手里。后来他将这一理论扩展发展并出版了一本书专门论述这一定律，Pareto 定律也称 80/20 法则。1951 年，管理学家戴克（H. F. Dickie）将这一理论应用于库存管理，命名为 ABC 分类法。

所谓 ABC 分类就是将各种货品按其价值高低依次排列，以每个品种的库存资金占总库存资金的累计百分比为基础，将排好顺序的货品分为 ABC 三类，对每类货品采取不同的控制：将品种数量少、价值高、占用资金多的货品，划为 A 类，采取重点严格控制；将品种数量较少，价值中等的货品划为 B 类，采取一般控制；将品种数量繁多，而价值又低的货品划为 C 类，采取较为简便的方法加以控制。在一般情况下，三种类型的货品，其品种、数量和价值的关系大致如表 5-2 所示。

表 5-2　ABC 分类的数量关系

货品分类	货品的数量比率	货品的价值比率	控制策略
A	5%～15%	60%～70%	重点对待
B	30%～40%	20%～30%	一般对待
C	50%～60%	5%～10%	简单对待

三、仓储货品的编码管理

编码是在信息分类的基础上赋予编码对象一个有一定规律的、便于计算机各相关系统以及人员识别和处理的符号。它是人们统一认识和交换信息的一种技术手段。编码是给事物或概念赋予代码的过程。编码的直接产物是代码。

编码是一个管理系统赖以运行的基础数据。系统需要通过各种编码来建立各类业务数据之间的关联；同时编码的使用也简化了数据的输入，大大提高了数据录入和处理速度，可以降低业务和信息管理的复杂程度。代码的符号有许多编码方法，有纯阿拉伯数字，也有数字加字母，还有数字加一些特殊符号等。但组成代码符号的种类不能太多，一般在两种以内。从人机工程学来讲，使用计算机键盘右边区域的数字混杂特殊符号较好，这样便于快捷地输入。

（一）货品编码的概念

货品编码是一种用有序的代表符号表示分类体系中不同类目货品的过程。这一定义包括三层含义。

（1）突出其过程性，表明货品编码是用一组特定代码表示特定货品的过程。编码不是一个简单的事件，而是一个持续的过程，从意识上不应该简单对待。对货品编码的管理也应着眼于过程管理的方法，规范系统的管理才能保证编码质量与代码维护。

（2）这种代码是按照一定规律而编制出来的。首先代码必须是有序的代表符号，而不是无序任意所为；其次它代表的是分类体系中不同类目的货品，它表示的方式基于货品的分类体系；最后编码须遵守一定的规则。"不合规矩，不成方圆"，编码也是一样。

（3）在进行货品编码的仓库中，每种货品都有一个代码与之相对应。与公民身份证号码一样，一组代码表示一种货品。这里的货品是指企业内部的所有货品，包括材料、半成品、成品等。不允许出现一个代码表示两种货品，或一种货品两个代码。另外代码一旦指定不可随便变更，一旦给了某种货品一个代码，且开始使用，那就不能随便变更和删除。

（二）货品编码的目的与原则

编码的目的最初是方便记录和管理，后来随着编码用途的扩大，编码的目的以及编码能带来的好处越来越丰富，通常来说，进行货品编码的基本目的有以下几方面：一是货品编码能增强管理体制的严密性。编码可以有效避免混乱，提高仓储质量，并且使查核方便。二是货品编码能使报表管理保持一致性。编码是对报表进行计算机管理的必要条件。三是货品编码能确保传递信息的准确性。四是简化货品描述，货品信息准确传递。五是货品编码能更好适应电子化的要求。六是货品编码能防止机密的外泄。例如隐义编码可以实现货品质量、成分、配方的保密，企业内部保有编码对照表。七是可以节省人力、减少开支、降低成本。

货品编码的诸多益处能在整体上提高仓储管理的效率。一般来说，货品编码应遵循分类统计、简短易懂易记、易于核查、弹性、数字化等原则。

（1）分类统计原则。所谓分类统计，就是将货品按照一定的标准、原则划分和归并，作有系统的组合。在分类统计的原则下很容易对货品进行编码和统计，并且可以凭此建立货品管制的基础，提高效率，易于比较和分析。分类的方法有很多，企业应当根据企业的性质并配合当时的环境来决定采用何种分类方法。

（2）简短易懂易记原则。为了能节省有效工作时间，使货品编号能易于阅读、抄录、核查和记忆，货品编号应该遵循简短易懂易记的原则，力求用最简明的文字、符号或数字来进行编码。另外，货品的编码在不同的国家和行业有不同的要求，在货品编码时应尽量使标准统一。

（3）易于核查原则。易于核查是进行货品编码的最基本原则。货品编码要力求方便易用，能迅速根据编号在最短的时间内寻找所需的货品。对于仓储业，尤其是制造业的仓储来说，存储的货品种类成千上万，按照以往目视的方法来寻找东西是很不现实的。

（4）弹性原则。货品的品种可能会出现不断增加的情况，因此，在编码时应注意为编号保留一定的空间，具备一定的弹性，以备将来之需。同时余地也不可留得太大，应该对将来一段时间可能的种数规模进行合理的预测和评估。

（5）数字化原则。计算机管理涉及代码的输入输出、代码的存储、代码的查询与变更处理等。代码的设计要尽量方便这些活动的处理，以提高信息化管理的效果。

（三）货品编码的一般步骤

货品编码是项重要的基础工作，企业应该成立专门的编码团队负责整个编码工作。如果按照大中小类的编码方法，可按照以下步骤进行。

步骤 1：成立编码小组。根据编码工作需要，可以从企业各部门（如开发部、技术部、质量部、物料部等）各抽出 1 人组成编码小组，并指定编码小组组长，其职责是负责整个编码工作。

步骤 2：收集现有货品的所有种类及规格型号。

步骤 3：将收集的货品种类进行整理分类，确定出较可能出现的新类别，需留一定的空位以便未来使用。

步骤 4：确定大类、中类的位数及代号。

步骤 5：确定小类的位数及编码方法。

步骤 6：制定出科学合理的编码原则。

步骤 7：对现有货品进行全部编码，并编制出编码对照明细表。

步骤 8：制定货品编码管理办法。

（四）货品编码的常用方法

货品编码的方法有多种，根据代码是否带有含义可以分为隐义法和显义法两种。

1. 隐义法

隐义法是货品编码中任何一栏上的都事先设定的无含义指向的符号，运用时需要对照表查找所代表的意义。隐义法具有结构简单、隐秘性好等优点；但存在人为编码难度，以致降低管理效率的缺点。隐义法编号的方法是通过建立货品属性的代码表，按代码表对货品进行编号。隐义法通常有流水序号法、部位结构法和分类组合法三种。

（1）流水序号法。流水序号法是指根据货品的开发、入库、投入使用的时间等像流水般按次序顺序排列下去的编号方法（表5-3）。流水序号法具有简单快捷、不易重复的特点。

表 5-3　流水序号法举例

品种	流水编号
铜	001
铁	002
铝	003
铅	004

（2）部位结构法。部位结构法由装配业演化而来，依据货品组成的分解结构分别予以标示。部位结构法具有简单明确的优点，但有时会出现同一规格拥有不同编号的情况（图 5-1）。

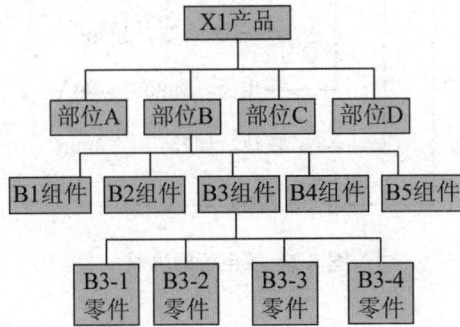

图 5-1　部位结构法

（3）分类组合法。分类组合法是指使用阿拉伯数字或者混合英文字母对货品进行分类标识的方法。分类组合法在隐义编码中应用最为广泛。分类编号法的种类有：杜威氏图书馆编号法、英文和数字分类法、自由化的分类法、品类的分类编号法。各方法的特点如表 5-4 所示。表 5-5 举例说明了某货品分类编号情况。

表 5-4　分类组合法的基本类型

基本类型	方法特点
杜威氏图书馆编号法	用一组数字表示，每个（组）数字代表一个范围或意义。由美国图书馆学家杜威发明，用于图书编码
英文和数字分类法	把数字和字母结合起来使用，更加直观和易于管理。由于英文字母 O 和 I 与阿拉伯数字 0 和 1 容易混淆，所以，仅使用 24 个字母
自由化的分类法	不限制每个位数代表一个规格、范围或分类，而用 2 个以上的位数，组成一段的定义范围，则应用更广泛和自由化
品类的分类编号法	品类是货品种类或分类，它可以独立在编号之外，也可以融合在编号之中

分类组合法具有应用广泛、逻辑性非常严密、系统架构比较完善等特点，有利于仓储管理人员自行编码。表 5-5 举例说明了某货品分类编号情况。

表 5-5　某货品分类编号举例

货品	类别	形状	供应商	尺寸
编号	07	5	6	110
意义	饮料	圆筒	统一	4'×9'×15'

2. 显义法

所谓显义，就是指栏位符号能代表或携带其规格属性信息。显义法具有见字知意、便捷易用、无保密性等特点。显义法的编码原则有：①品种以类似的字母标示；②主规格直接简化选取；③副规格直接取用；④附属规格以流水号编入；⑤必要时加设变序号。

某电容的编号如图 5-2 所示。

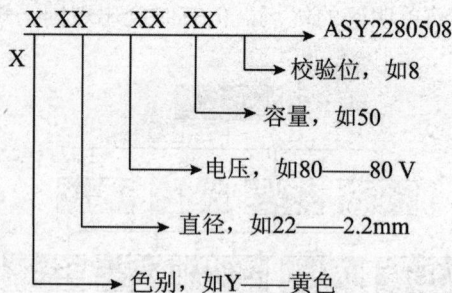

图 5-2 某电容的编码

四、仓储货品的料账管理

料账管理是仓储货品管理的主要内容和重要基础,料账管理的基本目标就是真实地反映存货的流转。料账管理的核心在于单据管理,好的料账管理能够全面准确地反映出仓储货品管理的过程与结果,为仓储货品的清晰精益化管理提供保障。

(一)料账管理的工作内容

成功的料账管理有如下四个特点,即标准化、普及化、信息化与成本化。标准化是指料账管理业务的工作流程、料账文件(如业务单据表格的编制)都制定有依照的规范和标准。普及化是指不仅料账人员需要掌握料账管理的知识,也要对其他部门展开料账管理沟通与培训,以便促进对其他业务流程的料账错误的纠正与监察。信息化是指料账相关环节的人、物、事都应当在信息系统中得到准确无误的反馈。成本化是指料账相关作业环节需要提高效率,将料账管理的每一个环节成本化,加强料账管理工作的成本管理。

料账管理的工作内容根据不同管理制度和不同的货品性质会有所不同,其中主要作业包括基本账务工作、其他的支持辅助工作,以及管理提升工作。基本账务工作主要有四个方面:①对账、业务单据的及时填制、单据的确认与收回、货品入账与单据审核工作。②对账。双方或者三方单据的核对,确认单据情况与货品情况是否一致。③结算。结算金额的确认,发票的处理。④报表。统计各库房的收发存用情况并制作报表,制作各库房的成本分摊报表。

辅助支持工作主要有料账管理系统维护,产销值统计,采购合同管理,生产领料分析,物流费用计提与结算,料账档案管理等工作。下面主要介绍料账管理系统维护、产销值统计、采购合同管理。①料账管理系统维护。料账管理系统维护是指在 BOM(bill of material,物料清单)中,出现错误需要及时纠正,基础信息的更新维护要及时,以免给后续工作带来误差。②产销值统计。统计收发存用报表,监测仓储货品的流动性。③采购合同管理。采购合同管理是指采购合同的接收传递和归档。在信息系统中,录入和维护采购合同,确保信息系统的正确与及时。

（二）料账管理的风险

料账管理的主要任务就是确保账实零差异。料账风险主要是指在料账管理中可能导致账实差异的原因。在表5-6中统计了常见的账实差异形成的原因。

表5-6　账实差异形成原因

序号	风险	风险原因	账面风险	库存风险
1	多入库	入库过程统计不准确	虚增	盘亏
2	少入库	入库过程统计不准确	虚减	盘盈
3	重复入库	入库执行流程出现问题	虚增	盘亏
4	未入库	入库执行流程出现问题	虚减	盘盈
5	货号错误	产品辨认失误	账实不符 总体平衡	账实不符 总体平衡
6	私自调整入库	月度调整没有遵守操作规范	虚增	盘亏
7	多出库	出库统计不准确	虚减	盘盈
8	少出库	出库统计不准确	虚增	盘亏
9	重复出库	出库执行流程出现问题	虚减	盘盈
10	未出库	出库执行流程出现问题	虚增	盘亏
11	私自调整出库	月度调整没有遵守操作规范	虚减	盘盈

五、仓储货品的护养工作

（一）仓储货品护养的内涵、目的与任务

货品护养是指在货品储存过程中对其进行的维护和保养。货品只能在一定的时间内，一定的条件下，保持其质量的稳定性。货品经过一定的时间，会发生质量变化，这种情况在运输和储存中都会出现。而且货品不同，其质量变化的快慢程度也不同。越易发生变质的货品，对它的流动时间限制就越大，就越需要对其进行维护和保养。

要做好货品护养工作，首先必须研究货品储存期间导致其质量变化的两个因素：第一个因素是货品本身的自然属性，即货品的结构、成分和性质等；第二个因素是货品的储存环境，包括空气的温度、湿度及氧气、阳光、微生物等。

货品护养的目的在于维护货品的质量，保护货品的使用价值。因此，货品护养的内容主要有两方面：一方面是研究货品在储存过程中受内外因素影响时质量发生变化的规律；另一方面是研究安全储存货品的科学护养方法，以保证货品的质量，避免和减少货品损失。随着我国物流业的蓬勃发展，仓库储存货品的数量不断增加，品种向多样化发展，而且随着科学技术的发展和科技水平的提高，又会使新工艺、新材料不断涌现，这就对货品护养工作提出了新的要求。因此，要做好货品护养工作，就要不断地学习、了解各种新产品、新材料的性质，并采取新的护养技术与方法，推动货品护养科学化的进程，保证货品安全储存。

货品护养的工作任务如下所述：①建立健全必要的规章制度。为做好货品的护养工作，应建立健全相应的规章制度如岗位责任制，以便明确责任，更好地按照制度的要求，完成护养工作。②加强货品的入库验收。货品入库验收时，一定要将货品的品种、规格和数量与货单核对是否相符；同时检查商品的包装是否完好，有无破损；检验货品温度与含水量是否符合入库要求；检验货品是否发生虫蛀、霉变、锈蚀、老化等质量变化。③适当安排储存场所。应按照货品的不同特性，适当安排储存场所。易霉变及易生锈货品应储存在较干燥的库房；易挥发及易燃易爆货品，应储存在低温干燥的地下或半地下库房；贵重货品要储存在楼上等防潮条件优越的库房内，同时配备空调与去湿机等设备。④加强仓库温湿度的管理。要想管理好温湿度，必须掌握气温变化规律，做好库内温湿度的测定工作，以便更好地对仓库的温湿度进行控制和调节。⑤保持环境卫生。为使货品安全储存，必须保持环境卫生。库房的各个角落均应清扫干净，做好货品入库前的清仓消毒工作，将库房的清洁卫生工作持久化、制度化，杜绝一切虫鼠生存，做好有效的防治工作。⑥做好在库货品的检验工作。对在库货品，应根据其本身特性及质量变化规律，结合气候条件和储存环境实行定期或不定期检查，及时掌握货品质量变化的动态，发现问题及时解决。

（二）库存货品质量变化的形式

货品在储存期间，由于货品本身的成分、结构和理化性质及受到日光、温度、湿度、空气、微生物等客观外界条件的影响，会发生质量变化。货品质量变化的形式很多，归纳起来主要有物理变化、化学变化、生理生化变化和生物学变化。

物理变化是指货品仅改变其本身的外部形态（如气体、液体、固体在三态之间发生的变化），在变化过程中没有新物质生成，而且可以反复进行变化的现象，主要分为几种变化形式。

（1）三态变化。货品的外表形态分为气、液、固三种状态。不同形态的货品在一定的温湿度、压力条件下，会发生变化，固体货品受热熔化、升华，吸水而溶解；液态货品受热挥发，受冷凝固。三态变化的结果是消耗了货品，降低了质量。

（2）串味。具有吸附性的货品吸收其他异味。如茶叶和化妆品同处存放彼此吸收异味，会失去使用价值。

（3）渗漏。渗漏是指液态货品由于包装发生的渗漏现象。包装破损除了与包装材料性能、容器结构、包装技术优劣有关外，还受库内温度变化的影响。温度升高或降低到一定值时都会引起货品的体积膨胀、容器胀破，造成货品流失。

（4）沾污。沾污是指货品表面有脏物或有其他污染而影响货品质量的现象。货品沾污主要是生产、储运过程中卫生条件差或包装不严造成的。

（5）干裂。有些货品在储存过程中，由于环境干燥，引起制品失水，使制品干缩、开裂的现象称为干裂。如肥皂在干燥的环境中就会干缩，乐器也会干裂，从而影响货品的使用性能与外观质量。

（6）其他形式。货品在外力作用下还会发生机械变化，使货品破碎、变形、结块、脱散、划伤等。

化学变化是指构成货品的物质发生变异，不仅改变了货品本身的外观形态，也改变了本质，并有新物质生成的现象。常见的化学变化有氧化、分解、锈蚀、风化、燃烧与爆炸、老化等。

（1）氧化。氧化是指货品在空气中氧的作用下发生的反应。如棉、麻、丝等纤维制品若长期与日光接触，会使货品变色、变质。桐油制品中桐油被氧化而放热，使温度升高，引起自燃。

（2）分解。某些货品在光、热、酸、碱以及潮湿空气的影响下，会由一种物质生成两种以上的新物质的反应称为分解。如溴化银在光的作用下生成银和溴气的曝光现象就是一种分解反应。

（3）锈蚀。金属制品在潮湿的空气及酸、碱、盐等作用下被腐蚀的现象称为锈蚀。如钢铁在潮湿的空气中温度越高锈蚀越快、越严重。

（4）风化。风化是指含结晶水的货品，在一定温度和干燥的空气中，失去结晶水而使晶体崩解变成非晶态无水物质的现象。

（5）燃烧与爆炸。燃烧是发生发热的剧烈的化学变化过程，其形式按特征可分为内燃、自燃、外热自燃、本身自燃。爆炸是指物质由一种状态迅速地转变成另一种状态，并瞬间放出大量能量的现象。爆炸分为物理爆炸、化学爆炸、核爆炸等。

（6）老化。老化是指橡胶、塑料、化纤织品等高分子化合物在光、热、氧的作用下出现发黏、硬脆、龟裂、褪色等现象。老化影响货品的使用性能。

生理生化变化是指有机体货品（有生命力的货品）在生长发育过程中，为了维持其生命活动，自身发生的一系列特有的变化。如呼吸作用、后熟作用、胚胎发育等现象。由于这些变化使有机货品消耗了大量的营养物质，使货品发热增湿，造成微生物的繁殖，以致污染、分解货品，加速货品变质。

生物学变化是指货品在外界有害生物作用下受到破坏的现象，如虫蛀、霉变等。有些货品在一定的温度条件下易受到虫蛀。在仓储条件较差时货品还会受到鼠的啃咬。

（三）货品发生质量变化的影响因素

货品储存期间会发生质量变化，其影响因素是多方面的。例如，霉变、虫蛀、锈蚀、老化是工业品货品储存期间最易发生质量变化的几大影响因素。

1. 霉变

货品霉变主要是由霉菌引起的。由于霉菌在货品中进行新陈代谢作用，把货品中的营养物质变成各种代谢物，从而降低货品的物理力学性能，产生霉臭气味，甚至出现长毛现象，严重者丧失其使用价值。发生霉变有以下三个条件。

（1）货品含水量与湿度。水对霉菌孢子的萌发，营养物质的吸收、新陈代谢与酶的生化作用等都有一定作用，而水分的主要来源是货品本身所含的水分。

（2）库房的温湿度。大多数霉变微生物属于中温型中湿性，最适生长温度为25℃～37℃，在相对湿度75%以上可以正常发育，库房的温度主要影响酶的活性。在25℃～28℃时，霉菌体内酶的活性最强，代谢便随之加速，生长繁殖也旺盛。

（3）适量的氧气。在无氧或空气流通的地方，均不易发生霉变。

2. 虫蛀

货品在储存过程中常常受到各种害虫的侵袭，害虫不仅能蛀食、污染动植物性货品，有时还会危害塑料、化纤等高分子货品，使货品完全失去使用价值。所以，虫蛀也是货品储存过程中的主要生物危害之一。仓虫大多数来源于农作物，其食性广泛、繁殖力强，对环境条件有很大的适应性和抵抗能力。用药物防治害虫时，如果浓度低或剂量不足，剩余的个别仓虫通过长期世代遗传，可能形成对某种药物的抗药性。因此，仓虫能在仓库这种特定的环境下生活与繁殖。仓虫主要为鞘翅目与鳞翅目昆虫，仓库的环境因素，特别是温度、湿度与食物对害虫的生长有极大的影响。

3. 锈蚀

锈蚀又称腐蚀，是指金属与其所接触的物质发生化学或电化学作用引起的破坏现象，其本质是氧化还原反应。

金属制品在储存中易被潮湿大气锈蚀。锈蚀过程就是在金属制品表面形成的水膜下发生的电化学反应过程。所以，相对湿度的大小直接影响金属锈蚀的快慢。当空气中相对湿度较小时，制品只会发生化学锈蚀。当相对湿度逐渐增大直到在金属表面形成的水膜足以满足电化学锈蚀的需要时，锈蚀的速度则明显加快，这时的相对湿度值称为临界湿度。一般金属锈蚀的临界湿度在70%左右。金属制品表面粗糙，结构复杂，表面吸附有盐类、尘埃和有害气体时都能降低锈蚀的临界湿度。

4. 老化

高分子材料在生产、加工、储存、使用过程中，由于内外因素的综合影响，使其失去原有的优良性能，以致最后丧失使用价值，这种变化称为老化。可能加速货品老化的因素有以下几点。

（1）日光。光的波长越短，能量越大。高分子吸收光的能量后获得能量，处于激发态能产生光物理作用或光化学反应，导致材料老化。

（2）热。温度升高，会促使分子的热运动加速，从而促进高分子材料发生氧化裂解反应。

（3）氧及臭氧。高分子材料对大气中的氧是很敏感的，特别是在光的引发与热的作用下极易发生光老化与热老化。臭氧分解生成的原子态氧活性大、破坏性大，在光的活化下光臭氧老化更为强烈。含有双键的高分子与臭氧结合生成臭氧化合物，这种现象称为"臭氧龟裂"。

（4）相对湿度。夏天的骤雨洒在晒热的高分子材料上，会引起热冲击作用，使表面突然冷却，产生一定的应力。雨水、凝露形成的水膜能使水溶性物质（增塑剂、亲水基团等）被溶解，从而加速老化。

（四）库存货品的维护与保养方法

1. 温湿度控制

影响仓储货品质量变化的众多环境因素中，最重要的是仓库的温湿度。货品对温度和湿度都有一定的适应范围，如果超过此范围就会产生不良影响，甚至发生质的变化。因此，货品护养的首要问题就是采用科学的方法控制与调节温湿度，使之适合货品的储存，以保证货品完好无损。

（1）温度。温度是指物体（包括空气）冷热的程度。温度的变化，可以提高或降低货品的含水量，引起某些易溶、易挥发的液体货品以及有生理机能的货品发生质量变化。为此，必须对仓库提出适合货品长期安全储存的温度界限，即"安全温度"。对一般货品来说，只要求最高温度界限；一些怕冻货品和鲜活货品，则要求最低温度界限。

（2）湿度。湿度是指空气中水蒸气含量高低的程度。空气湿度的表示方法有绝对湿度、饱和湿度、相对湿度等。相对湿度对仓储货品的质量有较大的影响，因此掌握空气的相对湿度对货品保管护养至关重要。

（3）温湿度控制的方法。温湿度是货品质量变化的重要因素。控制与调节温湿度，必须熟悉货品的性能，了解商品质量的变化规律及货品储存的最适宜温湿度；掌握本地区的气候变化规律及气象、气候知识；采取相应措施控制温湿度的变化，对不适宜货品储存的温湿度要及时调节，保持适宜商品安全储存的环境。最常用的方法有密封、通风、吸湿等。

2. 金属制品的护养处理

金属制品在储存期间发生锈蚀，不仅影响外观质量、造成货品陈旧，而且会使其机械强度下降，从而降低其使用价值，严重者甚至报废。如各种刀具因锈蚀使其表面形成斑点、凹陷，难以平整并保持锋利；精密仪器锈蚀，可能影响其使用的精确度。金属制品的护养方法包括以下几种。

（1）选择适宜的保管场所。保管金属制品的场所，不论是库内还是库外，均应清洁干燥，不得与酸、碱、粉末等类物质相互混放。

（2）保持库房干燥。相对湿度在60%以下，就可以防止金属制品表面凝结水分，生成电解液层而使金属制品遭受化学腐蚀。但相对湿度60%以下较难达到，一般库房控制应为65%～70%。

（3）塑料封存。塑料封存就是利用塑料对水蒸气及空气中腐蚀性物质进行隔离，防止金属制品在环境因素作用下发生锈蚀。

（4）涂油防锈。涂油防锈是金属制品防锈的常用方法。它是在金属表面涂刷一层油脂薄膜，使货品在一定程度上与大气隔离开来，达到防锈的目的。这种方法省时、省力、节约、方便且防锈性能较好。

（5）气相防锈。气相防锈是利用挥发性缓蚀剂，在金属制品周围挥发缓蚀气体，来阻隔腐蚀介质的腐蚀作用，以达到防锈目的。

3. 虫害与霉变的防治

（1）虫害的防治方法。①杜绝仓库害虫的来源。对付虫害一定要以防为主，做好仓库的环境清洁工作。②物理防治。物理防护就是利用物理因素（光、电、热、冷冻、原子能、超声波、远红外线、微波及高频振荡等）破坏害虫的生理机能与机体结构，使其不能生存或抑制其繁殖。③化学防治。化学防治就是利用化学药剂直接或间接毒杀害虫的方法。

（2）霉变的防治方法。①常规防霉。常规防霉可以采用低温防霉法与干燥防霉法。低温防霉法就是根据货品的不同性能，控制和调节仓库温度，使货品温度降至霉菌生长繁殖的最低温度界限以下，抑制其生长；干燥防霉法就是降低仓库环境的湿度和货品本身的含水量，使霉菌得不到生长繁殖所需要的水分，达到防霉变的目的。②药剂防霉。

药剂防霉是将对霉变微生物具有杀灭或抑制作用的化学药品喷洒到货品上，如苯甲酸及其钠盐可对食品防腐，托布津可对果蔬防腐保鲜，水杨酰苯胺及五氯酚钠等可对各类日用工业品及纺织品、服装鞋帽等防腐。防霉药剂能够直接干扰霉菌的生长繁殖。理想的防霉药剂，应当灭菌效果好、毒害小，常用的有水杨酰苯胺、五氯酚钠、氯化钠、多菌灵、托布津等。③气相防霉。气相防霉就是利用气相防霉剂散发出的气体，抑制或毒杀货品上的霉菌。这是一种较先进的防霉方法。用法是把挥发物放在货品的包装内或密封垛内。对已经发生霉变但可以救治的货品应立即采取措施，根据货品性质可选用晾晒、加热消毒、烘烤、熏蒸等办法，以减少损失。

第二节 储 位 管 理

库场的储存空间可以依据仓储业务活动划分不同类型的储区，为方便货品储存可以利用货架等保管设备将储区划分不同的储位。下文讨论了储区、储位及其与仓储货品关系，阐述了储位管理的内涵、对象、要素、原则与思路，介绍了储位编码管理与储区分类管理的相关知识。

一、储区与储位

（一）储区的分类

根据仓储活动的业务流程，可以将仓库的储存空间划分为如下三类储区。

（1）暂存区。暂存区分为入库暂存区和出库暂存区，位置上一般分处仓库的两端。货品入库后要先将货品存于暂存区，然后根据下一步的业务要求对入库的货品作相关的处理。货品出库亦类似，经过拣选的货品集中于出库暂存区，然后根据具体的配送安排指定货品装车。

（2）保管区。保管区通常是仓库的核心储区，货品经入库安排后，就被安排到保管区储放。保管区储位要求管理严格，每个储位都要有明确的标识和储放特性。根据储放货品性质的不同，保管区储位也有很多类别，如根据保管要求不同，可以分为普通储位和特殊储位；根据储放设备的不同分为托盘式储位、货架式储位、容器式储位等。

（3）分拣区。分拣区是仓库用来拣货的区域。此区域货品流动速率很快、人员设备密集。

（二）储位的内涵与特点

所谓储位，简单的理解就是货品在仓库内的储放位置。假定仓库非常小，只能容纳几件货品，自然无所谓安排具体的储放位置，仓库的容量越大，货品的种类越多，对储位的安排就越发重要。储位的出现是对仓储货品进行科学管理的重要条件。现代大型仓库内储位的层次很多，如同大型的图书馆。储位的安排与细化方便了对货品的系统管理。因暂存区、保管区与分拣区的功能不同，它们的储位也呈现出不同特点。

暂存区储位的特点有：一是暂存区储位相对简单，一般不设货品种类对储位的固定安排。在暂存区货品堆垛的高度不宜很高。二是采用目视管理。暂存区是个业务繁忙，人流、设备混杂的地方，不管是入库还是出库，都需要借助看板、颜色、标牌来指导工作人员进行操作。

保管区储位的特点有：一是储放条件严格。因为货品在保管区数量庞大、时间较长，不可能实时检查货品的存放状态，为确保货品的质量，通常对保管区储位要严格要求。二是储位的一贯性。保管区的储位一旦被确定，不可随意变更。保管区域扩大时可以新增部分储位，但原来储位的标识不能变更，以免造成记录信息的混乱。

分拣区储位分为拣选前储位和拣选后储位，拣选前储位通常排成流水线，供工人或设备操作；拣选后储位是指拣选出的货品的储放位置。拣选出的货品通常按照货品的类别集中储放，然后送到出库暂存区。分拣区储位的最大特点是具有流动性。

（三）货品与储位的关系

货品与储位是相互依存的关系，货品存放于储位上，储位存放着货品。

对于依存性较强事物的管理，我们通常要做一体化考虑，如对于储位的分类安排首先要参照货品的分类特性；对于储放设备的选择首先要参照货品的保管条件，等等。

货品要依存于储位实现其在仓库内的属性维持以及位置变动。储位对于货品的影响主要表现在：①储位影响货品的质量。一般说来，货品的存放时间越长，质量就越差。而企业一旦出现库存积压，货品长时间无法周转，价值很容易打折扣，因此储位的保管特性和条件很大程度上决定了货品的质量状况。②储位影响货品的存取效率。进行储位规划一方面要优化仓储空间的利用效率，另一方面要加快货品的存取效率。储位能影响货品存取的方便程度以及对机械设备的利用效率。

二、储位管理的内涵对象与要素

（一）储位管理的内涵

储位管理就是利用储位来使货品处于"被保管状态"并且能够明确显示所储存的位置，同时当商品的位置发生变化时能够准确及时记录，使管理者能够随时掌握货品的数量、位置与去向。货品在入库、分拣、出库时的数量管理和控制可以称为动管，主要用于区别传统仓储中的保管。仓库的类型不同，侧重于保管和动管的比重就不同，以传统的原料仓库、成品仓库、物流配送中心等为例，它们对保管和动管的侧重如图 5-3 所示。

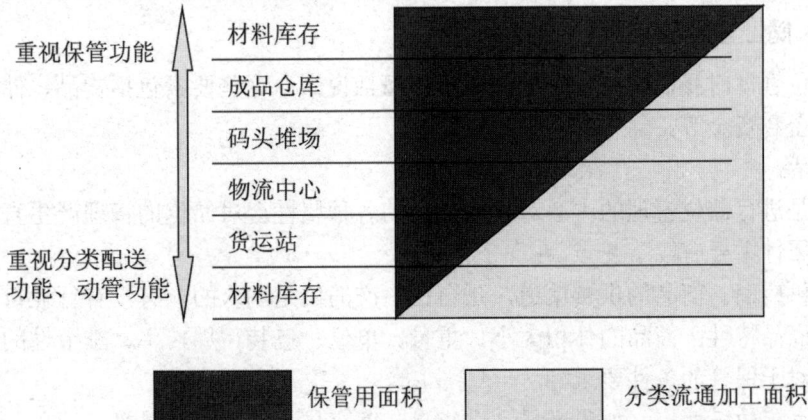

图 5-3　各类仓库在保管和动管面积上的差异示意图

对于物流配送中心来说，其更加侧重动管，而且仓库中心用于分拣、流通加工等作业面积巨大。我们知道物流中心的作业就是一连串的存与取的动作组合，进货需存放进进货暂存区，暂存区取出再存放至保管区，保管区补货取出再存放至拣货区，拣货区拣货取出再存放至出货暂存区，出货暂存区取出再存放到配送车上。从这里可以看出储位管理贯穿于货品在仓库内的整个作业流程，因此储位管理的意义在于辅助这些作业活动的顺利进行，为其他作业的进行提供判断依据。

（二）储位管理的对象

储位管理的对象可以概括为两类：其一是保管货品，其二是非保管货品。储位管理的对象不仅仅包括保管货品，对于其他资材的管理也不可忽略，需要注意的是，无论是保管性质还是非保管性质的货品在储位的管理上都需要妥善处理。

（1）保管货品。保管货品是指在储存或保管区域存放的货品，由于它对作业、储放搬运、拣货等方面有特殊要求，使得其在保管时会有很多种的保管形态出现，如托盘、箱、散货或其他方式，这些虽然在保管单位上有很大差异，但都必须用储位管理的方式加以科学管理。

（2）非保管货品。非保管货品主要可以分为三种材料：一是包装材料。包装材料即用于包装的材料。现代商业讲求眼球效应，厂商在产品包装与营销上倾注了大量成本，物流仓储活动中流通加工的分量逐渐加重，贴标签、二次包装、组合包装等业务必不可少，相应地对于包装加工材料的需求量加大，量大易乱，因此我们应该对包装加工材料进行科学的分类管理，否则必然会影响流通加工的作业效率，甚至造成某项加工包装活动的停滞。二是辅助材料。辅助材料就是一些托盘、箱、容器等搬运器具。目前由于流通器具的标准化，使得仓库对这些辅助材料的需求越来越大，依赖也越来越强。为了不影响商品的搬运，就必须对这些辅助材料进行管理，制定专门的管理标准与规则。三是废弃材料。绿色物流的概念要求企业进行物流活动时除了注意业务本身外还要注重绿色循环效应。仓储活动会产生很多废弃材料，通常对废弃材料的处理或者是加以回收利用，或者是直接扔弃。对于可以回收利用的材料需要制定相应的管理和处置方案，尽量做到将一切物资管理得井井有条。

（三）储位管理的要素

做储位管理时我们需要考虑一些要素，概括说来，这些要素包括货品、储位空间、员工、设备和资金等。

1. 货品

货品是进行储位管理的中心对象，货品的各种属性会对储位的管理产生直接影响。这些货品属性主要有以下几点。

（1）供应商。商品的供货渠道，是自己生产的还是购入的，有没有行业特点。

（2）商品特性。商品的体积大小、重量、单位、包装、周转率、季节性的分布及自然属性，对于保管的条件要求等。

（3）存货数量特点。如生产量、进货量、库存量、安全库存量等。

（4）进货要求。采购前置时间，采购作业特殊要求。

（5）种类。种类类别、规格大小等。

了解了货品各项属性和特点后，根据科学的存放原则和对货品进行储位的安排，以及存放方式的设计等，此时应该考虑：存储单位（单个、箱、托盘）、储位策略（定位存储、随机存储、分类存储、分类随机存储，或是其他的分级、分区存储）、储位分配原则、商品特性、补货的方便性、单位在库时间、订购频率等。

货品摆放入库后，要做好货品的在库管理，定期进行盘点清查，同时货品在库内的作业安排或者位置迁移，都需要管理系统全面、及时地掌握和控制。

2. 储位空间

仓库从功能上可划分为仓储型仓库和流通型仓库。仓储型仓库注重保管机能，储位管理的重点放在储藏货品的保管质量和仓库空间的最大利用上，因此储位空间的规划与分配都是以保管为核心进行的；流通型仓库注重货品的流通性，仓库空间的分配更加多样性，处理的货品种类更加繁多，货品在库位的停留时间更短，位置变动频繁，这些都决定了流通型仓库储位空间布置的复杂性和关键性，因此在划分库区大小，空间，梁柱的排列与高度，过道，作业空间回旋余地等的布置上应该更加科学合理，储位空间是储位管理的基础与核心要素，空间规划不合理，在对储位进行管理时定会捉襟见肘。

3. 员工

员工主要包括仓库管理人员、装卸搬运工、各种作业人员（入库、盘点、分拣等）、信息系统管理员等。大型或者自动化立体仓库具备现代化的设备和信息技术，对员工的技能和素质要求较高，员工除了要了解本职的业务规范外，还需要对仓储的流程和储区的位置和功能有所熟悉。

4. 设备和资金

储位管理涉及的设备主要是搬运、输送设备以及存放设备，现代社会各种仓储设备虽然趋向于标准化，但是设备的种类、规格、功能差异巨大，我们在选择设备时一定要综合考虑仓库的特点、作业要求以及成本。选择搬运输送设备时，要考虑货品特点、单位、规格、托盘等因素，同时不要忽略设备成本和员工使用的方便性；选择存放设备主要根据货品的特性以及储位的布置来安排，存放货品的容器、货架等必须进行统一编码以方便管理。

资金也是储位管理的一个因素，因为以上的一切都要以资金为前提，一套规划与购买方案出来后，实施资金是否超出了预算，预期的投资收益率是否能令人满意是我们进行储位管理规划的重要凭据。

三、储位管理的原则与思路

（一）储位管理的原则

尽管仓库的类型和功能变化多样，对仓库的储位管理的具体要求往往有所不同，但是，为了保证仓库内各项业务活动的有序开展，储位管理就必须有章可循、有法可依。这里简要列举三个适用于储位管理的最基本的原则。

（1）明确标识货品所处储位。仓库必须明确定义储区储位，并且各处已被定义的储位必须有明确清晰的标识，货品入库后按照业务流程必须存放于固定的储区储位，不能随地摆放。尤其应当注意走道、楼梯、角落等通道或边界处不能摆放货品，这种方式尽管能取得出货时的短暂方便，但往往会造成阻塞或者货品搬运的混乱。

（2）有效定位货品储存位置。仅将货品存储于有明确标识的储位上还远远不足，我们还需要明确货品存于哪个储位，怎样的存储策略和指派法则。因此货品储位必须有效定位，即必须把货品有效正确地放置在已经规划好的储位上。如冷藏区的货品不能跑到保温区，危险化学品不能和蔬菜水果堆在一起。对货品的储区定位首先要准确，其次在操作上要小心、正确，这样我们方能认为货品正完好无损地待在为其整理好的货架上。

（3）及时登记货品异动状况。货品入库安顿后并非从此安然不动了，现代物流要求货品转移迅速，有时甚至不进入保管区，直接进行分拣、加工包装，随后便配送出去，在短暂的过程中，货品的位置进行了数次变动，货位货架的使用信息也变动频繁，这些都需要管理员作及时的登记和更新。不论是什么原因造成了货品位置的变动都需要立刻记录，以使库存与储位数据库，账目和实际情况保持一致，否则一错百错、难以管理。因此这项工作既关键又繁复，工作人员往往因为疏懒和延滞造成仓储管理整体上的不协调，出错后的连带效应会产生非常不良的后果。

（二）储位管理的思路

储位管理的思路，如图 5-4 所示。在此，对储位管理的一般步骤作简要说明。首先，依据储位管理的原则，判别货品储放需求。其次，规划配置货品的存储空间，选择存储设备及搬运设备。再次，配置保管区域与设备，并对储位进行编码。又次，选择用什么指派方式把货品分配到所完成编码的储位上，通常可根据实际情况选择人工分配、计算机辅助分配或者计算机全自动分配的方式进行指派。最后，货品分配到储位上后，要对储位进行维护。做好储位维护的工作，除了使用传统的人工表格登记外，也可应用更有效率、更科学的方法（如控管技术）来执行。而要使维护工作能持续不断地进行就得借助一些核查和改善的方法来监督与鼓励。

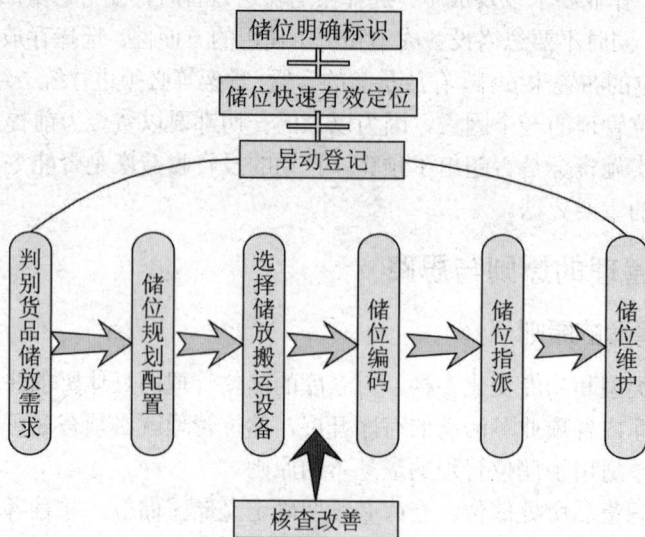

图 5-4　储位管理的思路

四、储位编码管理

（一）储位编码的概念与要求

储位编码是指在分区、分类和划好储位的基础上，将仓库的库房、货场以及货架等存放货品的场所，划分为若干储位，然后按储存地点和位置排列，采用统一标记，编列储位的顺序号码，并做出明显标志，以方便仓库作业的顺利进行。在品种数量很多、进出库频繁的仓库里，保管员必须正确掌握每批货品的存放位置。储位编码要符合"标志明显易找、编排循规有序"的要求。

（1）标志设置。储位编号的标志设置，要因地制宜，采取适当方法，选择适当位置。例如，多层建筑库房的走道、段位的标志一般都刷在水泥或木板地坪上，但存放粉末类、软性笨重类货品的库房，其标志也有印刷在天花板上的。

（2）标志制作。目前仓库储位编码的标志制作很不规范、统一，可谓五花八门。有用甲乙丙丁的，有用 ABCD 的，也有用东南西北的，这样容易造成单据串库、货品错放等问题。若统一用阿拉伯数字制作储位标志，则可以避免以上弊端。另外，制作库房、通道和支道的标志，可以在阿拉伯数字之外辅以圆圈、漆线等标志。

（3）编号顺序。仓库的库房、货棚、货场等主体建筑以及库房内的通道、段位，皆不能随意编号，都要以进门的方向左单右双或从左到右的规则进行。

（4）段位间隔。段位间隔的宽窄，取决于储存货品批量的大小。遵从大时宽、小时窄的原则。

（二）储位编码的管理作用

对储位进行编码于储位管理可提供如下作用：确定储位资料的正确性；提供计算机相对记录位置以供识别；提供进出货、拣货、补货等人员存取货品的位置依据，以方便货品进出上架及查询，节省重复找寻货品的时间且能提高工作效率；提高调仓、移仓的工作效率；方便计算机处理分析；因记录正确，可迅速依序储存或拣货，一目了然减少弊端；方便盘点；可让仓储及采购管理人员了解掌握储存空间，以控制货品存量；可避免货品乱放堆置致使过期而报废，并可有效掌握存货而降低库存量。

（三）储位编码的常用方法

储位编码的常用方法有下列四种。

（1）区段方式。把保管区域分割几个区段，再对每个区段编码（图 5-5）。此种编码方式是以区段为单位，每个号码所标注代表的储位区域将会很大，因此适用于容易单位化的货品，以及大量或保管周期短的货品。在 ABC 分类中的 A、B 类货品也很适合此种编码方式。货品以物流量大小来决定其所占的区段大小；以进出货频率次数来决定其配置顺序。

A1	A2	A3	A4
通道			
B1	B2	B3	B4

图 5-5　区段划分示意图

（2）品项群别方式。把一些相关性货品经过集合以后，区分成几个品项群，再对每个品项群进行编码。此种编码方式适用于比较容易进行商品群别保管及品牌差距大的货品。例如服饰、五金方面的货品。

（3）地址式。利用保管区域中的现成参考单位，如建筑物第几栋、区段、排、行、层、格等，依照其相关顺序来进行编码，就像地址的几区、几巷、几号一样（图5-6）。这种编码方式由于其所标注代表的区域通常以一个储位为限，且其有相对顺序性可依循，使用起来容易、明了又方便，所以是目前物流中心使用最多的编码方式。但由于其储位体积所限，适合一些量少或单价高的货品储存使用，如ABC分类中的A类货品。

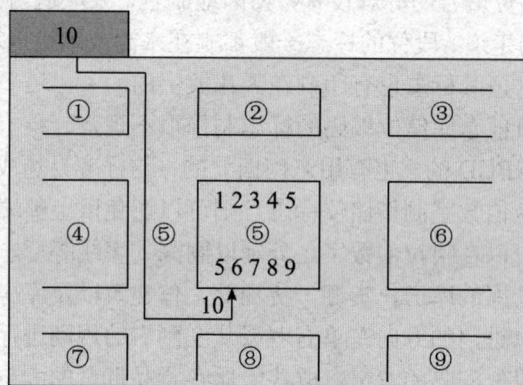

图 5-6　地址式储位编码

（4）坐标式。利用空间概念来编排储位的方式（图5-7），此种编排方式由于其对每个储位定位切割细小，在管理上比较复杂，对于流通率很小、需要长时间存放的货品即一些生命周期较长的货品比较适用。

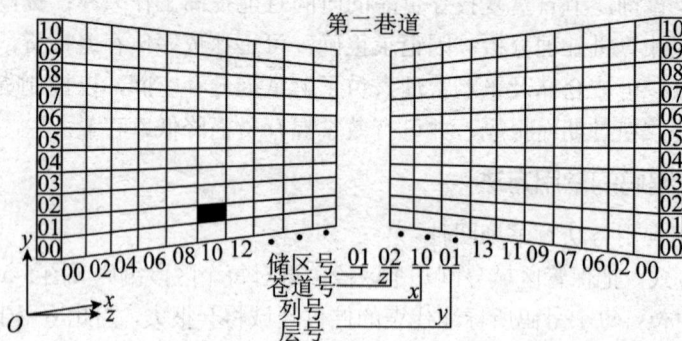

图 5-7　坐标式储位编码

一般而言，由于储存货品特性不同，所适合采用的储位编码方式也不同，而如何选择编码方式就得依保管货品的储存量、流动率，保管空间布置及所使用的保管设备来选择。不同的编码方法，对于管理的容易与否也有影响，必须先行考虑上列因素及信息管理设备，才能适宜地选用。

五、储区分类管理

对于一般的物流中心，作业过程通常为进货、入库、拣货、出货、配送。根据这一业务流程以及性质的不同可以将储区分为预备储区、保管储区、动管储区以及移动储区。作业与储区对照如图 5-8 所示。

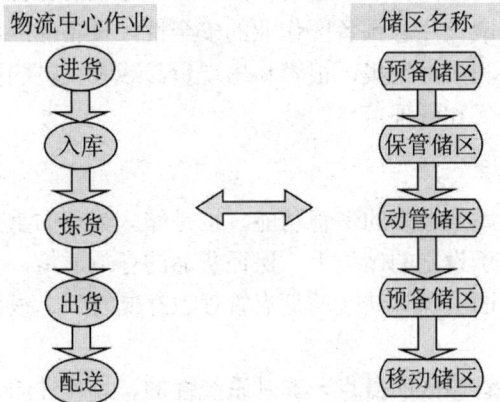

图 5-8　作业与储区对照

（一）预备储区管理

预备储区相当于货品出入库的缓冲区。只需联想计算机的缓存就能获悉设立缓存区的功能性和必要性。货品在预备储区停留的时间一般不会很长，很快就会被分门别类地搬运到相应的保管区域或者搬上货车加以配送，但是这并不代表货品在预备储区不需管理，事实上，如果抱着这样的心态而缺乏对预备储区的规范管理，势必经常会造成手忙脚乱、临阵找不到货品，或者货品堆积凌乱无从下手的结局。因此预备储区的管理不应被简单对待。

预备储区的基本管理过程如下：

（1）要对预备储区进行区域细分，分类的方法要根据物流中心的特点量身而为，如按供应商来进行分类，为主要的几家供应商设立单独接货区域，一方面能够实现集中装卸，加快作业速度；另一方面强化了货品的位置，不易发生凌乱。这种分类方法比较适合供应商数量不多，且货品种类较少的情况。无论根据哪种方式分类，需要注意所分成的区隔不宜太多，特别是预备储区面积不大时。另外在为货品选择暂存区域时，除了考虑一般的因素外，还应重点参照货品的下一步操作或作业。

（2）要对暂存区域的各分域进行明确标识。就像所有的保管储位都要有明确的标识一样，一般而言，物流中心的暂存区都不会摆放任何存储设备，大都以开放式的平面区域为暂存区。这个区域的编码可采用区段式，先依照历史资料，分析每批进出货的量，求取一个概估量，再按照这个量把暂存区分隔成数个区段，每个区段以有颜色的线标示区分，并在每个区段前方靠近走道处标上 20cm 见方大小的储区编号。由于货品在暂存区上均属于短时间存放，因此这个储区无法标上其品名货号。所以除了在每区段货品上粘贴这些货品的品名、货号、数量等资料外，还需在暂存区前方最醒目处准备一块足够大的提示牌，依照暂存区的储区分隔布置方式划分成相等比例区域，并比照标上储区编号。一旦有货品放入暂存区，便要在看板储位对应位置写上品名、货号、数量，而在货品取出时擦除。

（3）组织货品存放于指定的预备储区储位上或从储位上取下货品送交下一步处理。考虑到货品在预备储区短时间内就要移动，因此货品存放的位置不宜太高，存放方式应该方便快速存取。另外应该注意预备区作业的安全性，预备储区可能是所有储区里最为忙碌的区域，各种设备和人力聚集，很容易出现货品或者人员的安全问题，所以应该加强对预备储区的安全监督和管理。

（二）保管储区管理

保管储区担负着仓库最原始的保管功能，也是储区管理的重点所在。保管储区最重要的功能是将货品存放于设定的储位上，保证货品的存放质量，并且对货品的异动能作出快速准确地处理，下面就保管储区的盘点管理、存储管理、设备管理和安全管理作简略的说明。

（1）盘点管理。保管储区的盘点一般是系统性的、规模性的、周期性的，因此进行盘点业务需要一丝不苟，重点货品的清查需要两遍以上，核对无误后方可进行数据提交和更新。另外进行盘点时，最好能停止货品出入保管区的活动，以免造成核查数据的错误；对于因特殊情况不得不进出货品的情况，应该在进行盘点时，切断进出货的作业资料，将其独立分开作业，等到盘点完工后再进行汇总。

（2）存储管理。其核心任务是为货品确定最佳的储存地点，这里的最佳是指综合货品保管条件与作业效率的最佳。实现最佳存储首先要确定货品的存储策略，我们知道存储策略有定位、随机、分类等。不论哪种都不是绝对适用的，在实际操作中要根据具体情况选择恰当的方式，也可以几种策略混合使用，无论如何管理者在进行储位规划时都不应拘泥于陈规，而应具体情况具体分析。

（3）设备管理。这里的设备主要指储放设备。现代仓储中常见的货架有十几种之多，因此对于货架的选择与排列以及维护与更换是储放设备管理的重点。以折损性而言，货架可分为损耗性货架和非损耗性货架，对损耗性货架要定期进行检查评估，一旦出现质量问题应及时进行撤换。

（4）安全管理。保管区域内货品数量巨大，一旦出现安全隐患，后果将不堪设想，因此对于库区防火、防水、防震、防霉等基本安全防护一定要到位。此外对于有特殊保管要求的货品一定要持续监管，如对温度、湿度有严格要求的货品在存放期间需要严格监察，一旦遇到停电、停水等特殊情况，需要立刻调动备用资源来保证货品的安全保管。

（三）动管储区管理

动管相对于保管，意在一个"动"字，表明动管储区货品的移动性，人们通常认为用于进行拣选作业和流通加工作业的区域为动管区域，在此区域内，货品在储位上的流动频率很高，管理上有很大难度，近些年关于拣选方式与技术的探索有较大成效，计算机辅助拣选在很大程度上提高了拣选的速度和准度，另外自动化立体仓库的全自动分拣系统更是告别了传统的拣货区人力堆积的状况。

很多仓储企业在仓库中并没有设立专门的动管储区，原因是设立动管储区会降低储位的利用效率，同时会增加储位的管理难度，实际上保管区和动管区分开管理并非不可行。随着仓储管理信息系统和货品识别技术的成熟，电脑完全可以胜任对储位和货品去向的复杂管理，而动管储区的优势是明显的，由于动管储区每一品项只有唯一储位，货品更容易定位，拣选速度更快；另外如果货品是由保管储区到动管储区再进行拣选，看起来是进行了二次拣选，但是由保管区补货至拣选区是以托盘为单位，作业简单，并且次数不会很频繁，因此并未增加多少负担，相反地在缩短行走距离与寻找货品时间上的优点就是提升储位管理的最佳佐证。

在动管储区管理中最重要的是拣选单的生成与完成补货。由于所有工作人员和设备的拣选操作都是严格按照拣选单的指示进行的，因此拣选单的内容必须与仓库的储位系统保持高度一致，尽量避免一位多物、一号多物、物不在位等情况的发生。当系统查询动管储区货品数量发生短缺时要及时进行补货作业，补货方式根据货品和储位特性以及货品周转率等进行合适的选择；为避免临阵磨枪，动管储区的货品通常按照日常的拣选频率和数量制定最低限的货品保有量，一旦货品数量低于最低安全数量，要及时补齐。

（四）移动储区管理

移动储区是指从货品出库到货品顺利送交到顾客手中这段路程的存储区，之所以将其作为一个延伸储区进行管理，是因为考虑到货品储位跟踪管理的连贯性和配送业务与仓储内部业务的衔接性。我们知道在配送过程中通常并不能像我们预期的那样依序分别把货品送交到顾客手中。由于现在交通拥堵，很多顾客又有收货的时间限制，结果往往中间某一顾客的货品无法预期送交，只能继续留在车上，而如果原先规划好的储放位置不当，这批仍滞留于车中的货品会严重影响后续的作业，因此需要事先制订周全的配送计划并且做好储位布置。

在对移动储位进行布置时应该遵循一定的原则，基本的要点如下所述。

（1）先达后进原则。做好配送计划和设计完行驶路线后，就要根据提前规划的顺序装车，最先到达目的地的货品放在最外端。

（2）依配送计划进行送货优先顺序选择时应对时间与数量作严密的考虑。

（3）当优先顺序决定后，在驾驶记录表上应载明路线优先顺序与到达时间，并且驾驶员应与总部保持实时联络。

（4）货品装载的单位（如托盘），应尽量使用标准尺寸，以提升装载车的容积率。

（5）装载车内的储存空间应预留一定空间，以方便配送货品顺序移转调配以及人员取货站立使用。

（6）货品装载单位上，应附上写有顾客名称、卸货顺序等信息的标识卡，并正确存放在事先规划好的移动储位编号上。如果没有事先对储位进行规划编号，则每家店的货品必须以帆布或隔板明确区隔出来。

第三节 库场现场管理

5S 现场管理起源于日本企业广泛采用的现场管理方法，通过开展以整理（SEIRI）、整顿（SERITON）、清扫（SEISO）、清洁（SEIKETSU）和素养（SHITSUKE）为内容的活动，创造一个干净整洁、舒适良好的工作环境；通过对工作环境的整治，对生产现场中的生产要素进行有效管理。在仓储管理中实行 5S 管理能营造良好的仓储工作环境，提高仓储保管人员的品质，保证仓库安全工作，实施标准化作业，降低作业成本，有效地提高工作效率和仓储效益。本节主要讲述了 5S 管理的基本思想、实施要点、实施步骤以及 5S 在库场管理中的应用问题，在此基础上简要介绍近年来 5S 管理的理论发展。

一、库场现场管理概述

5S 现场管理源于日本，是一种生产现场的管理技术，旨在使生产现场管理相关人员形成一种良好的习惯。5S 主要包括整理、整顿、清扫、清洁、素养五个阶段。

5S 现场管理技术是对生产、仓储、办公等各种环境进行控制的一种先进的科学管理系统，特别适合于对各类库场的现场管理。整理是整顿的前提，整理、整顿又是清扫的前提，整理、整顿、清扫又是清洁的前提，素养是推动员工进行整理、整顿、清扫、清洁的基本前提和内在动因，而整理、整顿、清扫、清洁长期作用的目的又在于提升产品的品质和员工的素养。5S 现场管理五个阶段之间相互关系如图 5-9 所示。

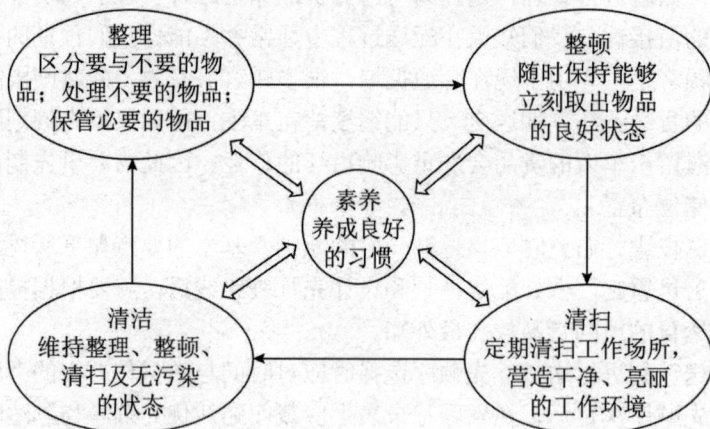

图 5-9　5S 现场管理五个阶段之间相互关系

总之，5S 源于素养，终于素养，是一个闭合循环。5S 的基本思想就是通过规范现场、现物，营造一目了然的工作环境，培养员工工作习惯，其最终目标是提升人的品质。高品质的员工应该养成如下四个好的习惯：①革除马虎之心，养成凡事认真的习惯；②遵守规定的习惯；③自觉维护工作环境整洁明了的良好习惯；④文明礼貌的习惯。

由于 5S 在日本工业界取得的巨大成功，各国纷纷前往参观学习，使 5S 走向世界。欧美国家部分企业将 5S 称为"5S 作战"或"5C 作战"，在后续的实践中，5S 理论得到进一步的创新和发展。企业管理者和理论工作者在 5S 的基础上增加了安全（safety）、节约（save）、习惯化（shiukanka）、服务（service）、速度（speed）和坚持（shikoku）等要素与阶段，形成了 6S、7S 乃至 10S 管理理念。不同企业对于生产现场的管理需求不同，因此在现场管理的实践过程中，基于 5S 加入了不同要素和阶段，形成了不同的现场管理理念。

二、库场现场管理的一般步骤

库场现场管理涉及的需求是随着仓库类型、功能以及所存储货品的类型变化的，因而在讨论库场现场管理的一般步骤时，本小节主要以 5S 理论作为分析框架。

（一）整理阶段

生产过程中经常有一些残余物料、待修品、待返品、报废品等滞留在现场，既占据了空间又阻碍生产，包括一些已无法使用的工夹具、量具、机器设备，如果不及时清除，会使现场变得凌乱。生产现场摆放不要的物品是一种浪费。这是因为：即使宽敞的工作场所，也会变窄小；棚架、橱柜等被杂物占据而减少使用价值；增加了寻找工具、零件等物品的困难，浪费时间；物品杂乱无章的摆放，增加盘点的困难，成本核算失准。

在整理阶段，需要将工作场所内任何东西区分为有必要的和不必要的。把必要的东西与不必要的东西明确地、严格地区分开来；不必要的东西要尽快处理掉。这一阶段的目的在于腾出空间、活用空间；防止误用、误送；塑造清爽的工作场所。

在整理过程中，需要特别注意做到：要有决心，将不必要的物品断然地加以处置。在这一阶段的实际操作中，要求做好如下六点：一是要相关员工全面检查自己的工作场所（范围），包括看得到和看不到的场所；二是要制定要和不要的判别标准；三是要将不必要物品清出工作场所；四是要对需要的物品调查使用频度，决定日常用量和放置位置；五是要制定废弃物处理方法；六是要每日自我检查。

（二）整顿阶段

在整顿阶段，需要对整理之后留在现场的必要的物品分门别类放置，排列整齐；明确数量，进行有效的标识。这一阶段的工作目标在于使库场的工作场所一目了然；营造整整齐齐的工作环境；消除找寻物品的时间；消除过多的积压物品。整顿工作是整理工作的落实，也是提高库场现场管理效率的基础。在整顿过程中的实施要点在于：①流程布置，确定放置场所；②规定放置方法，明确数量；③画线定位场所物品的标识。

为了更好地做好整顿工作，需要特别关注"整顿的三要素"与遵循"三定原则"。"整顿的三要素"为：①放置场所。物品的放置场所原则上要 100%设定；物品的保管要定点、定容、定量；生产线附近只放真正需要的物品。②放置方法。易取；不超过所规定的范围；在放置方法上多下功夫。③标识方法。放置位置的标识和放置场所原则上要一对一标识；现物的标识和放置场所的标识；某些标识方法要全企业统一；在标识方法上多下功夫。所谓的"三定原则"是指定点（放在哪里合适）、定容（用什么容器）与定量（规定合适的数量是多少）。

（三）清扫阶段

清扫就是要将工作场所清扫干净，保持工作场所干净、亮丽。清扫阶段的主要目的在于：消除脏污，保持职场内干净、明亮；稳定品质；减少工业伤害。清扫阶段需要特别注意的是制度化与责任化的问题。为此，在清扫过程中，需要做好如下几个方面的工作：①建立清扫责任区（室内外）；②执行例行扫除，清理脏污；③调查污染源，予以杜绝或隔离；④建立清扫基准，作为规范。

（四）清洁阶段

清洁的目的在于维持好整理、整顿与清扫的成果。为此，在清扫阶段，需要将"整理""整顿""清扫"之后的日常活动维持下去，并形成制度和习惯。每位员工随时检讨和确认自己的工作区域内有无不良现象，如有，则立即改正。在每天下班前几分钟（视情况而定）实行全员参加的清洁作业，使整个环境随时都维持良好状态。实施了就不能半途而废，否则又回到原来的混乱状态。

为了更好地做好清洁工作，需要特别注意制度化与定期检查这两项工作。这一阶段的实施要点可以归纳为如下几个方面：①落实前面的 3S 工作；②制定考评方法；③制定奖惩制度、加强执行；④高层主管经常带头巡查，以表重视。

（五）素养阶段

开展 5S 容易，但长时间维持必须靠提高员工的素养。提高员工素养就是培养全体员工良好的工作习惯、组织纪律和敬业精神。如果通过 5S 活动的开展，企业的每一位员工都能自觉养成遵守规章制度、工作纪律的习惯，都能努力创造一个具有良好氛围的工作场所，那么，我们可以说，企业的 5S 活动是富有成效的，也就达到了提高员工素养的目标。

在全面提升员工素养的过程中，需要注意如下几点：①学习、理解并努力遵守规章制度，使它成为每个人应具备的一种修养；②企业领导的热情帮助与被领导者的努力自律是非常重要的；③需要人们有更高的合作奉献精神和职业道德；④互相信任，管理公开化、透明化；⑤勇于自我检讨反省，为他人着想、为他人服务。此外，随着人们对这一活动的不断深入认识，有人又添加了"坚持""习惯"两项内容，分别称为 6S 或 7S 活动。

为了更好提升员工的素养，需要企业长期坚持 5S 活动，并养成员工良好的习惯。养成员工良好习惯，可以从如下几个方面切入：①制定服装、仪容、识别证标准；②制定共同遵守的有关规则、规定；③制定利益守则；④教育训练（新进人员强化 5S 教育、实践）；⑤推动各种精神提升活动（晨会、礼貌运动等）。

除以上五个阶段之外，较普遍的实施阶段还有安全阶段和节约阶段。安全是指为了使生产劳动在符合安全要求的物质条件和工作秩序下进行，防止伤亡事故、设备事故及各类灾害的发生，保证劳动者的安全健康和生产的正常进行而采取的各种措施及从事的一切活动。节约是指在生产、劳动过程中，减少浪费、降低成本。

三、库场现场管理的注意事项

从上述对 5S 各阶段的介绍，可以看出：在整理阶段，关键在于树立正确价值意识，即区分要与不要的标准在于物品的使用价值，而不是原购买价值；在整顿阶段，关键需要采用正确方法，即"整顿的三要素"与"三定原则"；在清扫阶段，关键在于责任化，即明确各岗位的 5S 责任；在清洁阶段，关键在于制度化及考核，即稽查、竞争、奖惩；而提高素养贵在坚持与长期化。表 5-7 简要地归纳了 5S 现场管理的基本要点。

表 5-7　5S 现场管理的基本要点

阶段	行为对象	行为内容	执行要点
整理	现场的设备、物资、产品等物品	区分要与不要的，要的物品进行分类管理，不要的物品坚决清除	区分物品，分别处置
整顿	物品堆放	堆放有序，放置合理，物品数量标识明显；安全、高效，提高工作质量	取物路径最近、时间最短，物资堆放布局最好，标识安全醒目
清扫	环境、货架和设备	清扫、擦洗，使工作环境空气净化、工作台干净整齐	彻底清扫，不留死角，清扫尘源和污染源，定期化和责任化
清洁	环境、货架和设备	保持清扫效果，保持环境最优	持之以恒，落实到人头，经常检查
素养	员工	素养是通过教育、训练达到管理规范化、制度化，员工素质提高、讲究社会公德、加强自我修养	从遵守劳动纪律和作业指导书做起

5S 是现场管理的基础，是 TPM（全面生产管理）的前提，是 TQM（全面质量管理）的第一步，也是 ISO 9000 有效执行的保证。5S 能营造一种"人人积极参与、事事遵守标准"的良好氛围，有利于 ISO、TQM、TPM 等活动的推动。实施 ISO、TQM、TPM 等活动的效果是隐蔽的、长期的，而 5S 活动的效果是立竿见影的。5S 是现场管理的基础，5S 的水平高低代表管理者对现场管理认识的高低，而这又决定现场管理水平的高低，制约 ISO、TQM、TPM 能否顺利、有效地推行。5S 活动的推行，有利于企业从现场管理着手改进企业的"体质"，能起到事半功倍的效果。

第四节　库场治安管理

仓库治安保卫工作是仓库管理工作中的一项重要任务，仓库领导者必须高度重视，组织员工切实做好相关工作。仓库应建立健全警卫保卫制度，建立相应的保卫组织、专职的警卫守卫组织、群众性的治安保卫组织。由这三种组织形成的仓库安全网络，将对仓库的治安保卫工作产生很重要的影响。

一、库场治安管理的职能分工

库场治安管理是指仓库管理人员依据相关法律法规、制度章程，运用行政手段，维护仓库内生产作业正常、安全、高效进行的行政管理活动。为实现以上目的，仓库需要完善的库场治安管理组织，制定并运行适应库场的治安管理职能，在库场中，主要分为库场的保卫职能和警卫职能，保卫职能是指仓库中人、财、物的安全保卫，警卫职能是指负责仓库日常的警戒和保卫。

二、库场治安管理的工作要求

为了库场治安管理工作能正常进行，需要对此类工作提出一系列要求。

（1）在保卫部门领导下做好治安保卫工作、维护治安秩序，执行企业或仓库的政策、指示和决议，文明值勤、热情服务，讲究职业道德。

（2）负责库场内的治安防范和巡查、员工管理，维护管区安全、稳定。

（3）负责管理库场秩序，积极引导人流，发现问题及时处理，以确保车辆行驶、停放规范和有序。

（4）负责收集、掌握和统计各类治安信息，作出正确分析并及时上报。

（5）完成领导交办的其他工作任务。

三、库场保卫工作

库场保卫工作承担了整个仓库人、财、物安全保卫的重任，不仅关系到仓库生产作业能否正常进行，而且直接关系到仓库工作人员生命、财产的安全，还关系到社会再生产能否顺利进行，因此，仓库必须加强安全保卫工作。

仓库保卫组织的形式和规模，应根据仓库规模、性质及作业特点而定。一般情况下，仓库都设有保卫机构，如保卫科、保卫处等，或设有专职或兼职的保卫干部、保卫人员。保卫机构应在仓储企业的领导下进行工作，业务上受上级保卫部门和公安机关的双重领导。

仓库保卫机构工作的主要任务包括以下几项。

（1）对本仓库的商品、设施、人员的安全负全面的责任，消除各种不安全的隐患，确保仓库的安全。

（2）负责开展法制教育、遵章守纪教育、安全生产教育、交通法规教育及安全行车教育等。

（3）全面做好防火、防爆、防盗、防毒等工作。

（4）负责对所有的安全员进行检查、考评。

（5）负责调查和处理各类行车、工伤事故。

（6）会同有关部门做好职业病的防治和有毒、有害物质的劳动保护工作。

（7）配合消防干部进行消防训练和消防安全竞赛。

（8）负责特种作业人员安全技术培训、考核，负责警卫、护卫人员的管理及业务指导。

（9）全面落实防台、防汛、防暑降温、防寒防冻等工作。

（10）积极完成上级领导和公安机关交办的各项治安保卫任务。

（11）仓库除设立专职的保卫部门外，还可建立治安保卫委员会和治安保卫小组。

群众性的治安保卫组织，应由仓库领导参加，并邀请库内、库外的群众参加。群众性治安组织的任务是：对仓库的全体员工和近邻居民进行"十防"宣传教育；组织制定群众治安保卫公约，并监督执行；加强与邻近公安机关、乡政府、街道、单位的联系，团结左邻右舍，取得各方面的密切配合，一起做好仓库的治安保卫工作。群众性治安组织的成员应明确分工，明确各自的职责，定期举行会议，共同研究、群策群力，一起完成仓库治安保卫的任务。

四、库场警卫工作

库场警卫工作是仓库安全管理中必不可少的重要组成部分。仓库的警卫工作，主要是负责仓库日常的警戒和保卫，即守仓和护仓的工作。其主要任务是：日夜轮流守卫仓库，防止被人盗窃和破坏；掌握进出库人员的情况，做好警卫和登记工作，阻止闲人入库；守护仓库大门，严禁将火种、易燃、易爆等危险品带入仓库；核对出库凭证，检查出库商品与出库凭证是否相符；同时，在仓库发生各种灾难时，负责仓库的保卫、警卫工作。

负责仓库警卫工作的人员一般有两大类：一类是守护员，或称为护仓员、卡口人员，通常为专职人员。另一类是警卫人员，即经济警察，属于仓库和公安部门双重领导，常配备一定的武器。在大型仓库和特种仓库，一般均设有警卫员、警卫班甚至警卫中队。

仓库的警卫人员应充分发挥护仓保库的重要作用，坚守岗位，认真做好以下工作，贯彻警卫文明岗的规范。

（一）分段负责，确保仓库安全

仓库分管安全的负责人可根据整个仓库的地理位置、地形、地貌及分布情况，分区分段，划定值勤岗哨和巡逻范围，分段负责，以确保整个仓库的安全。在划定区域内，守护员和警卫人员要负责该区域的安全。在非工作时间，尤其是在夜间，值班的警卫人员要严格把守住仓库的大门，未经仓库负责人批准（如夜间加班作业等），一律不准擅自进入仓库。

（二）严格遵守警卫制度

仓库警卫人员必须严格遵守仓库的警卫制度，坚守仓库阵地。专职仓库警卫员，应驻守仓库，工作时间不得随意离开仓库，即使有事外出，也应请假，得到准许后，方可外出，并且必须按时返库，以确保仓库警卫岗位始终有专职警卫人员守护。为保证警卫人员的休息，可设立专供警卫人员休息的寝室，并可采用三班制轮休的方法。

（三）熟悉周边情况，做到心中有数

仓库警卫人员不仅应对仓库中人员及设备、商品储存情况了如指掌，而且应与仓库周边的单位、居委会及当地公安部门建立经常的联系，熟悉四周人员情况及动态，以利于仓库的保卫、警卫工作。

（四）加强学习，提高素质

仓库的警卫人员应努力进行政治学习，提高革命的警惕性、组织性和纪律性，以提高自身的政治素质。同时，仓库的警卫、护卫人员还应努力进行业务学习，可以邀请当地的公安部门有关人员来库讲授警卫的专业知识和进行有关的军事训练，以提高自身的

业务素质。

（五）严格遵守警卫文明岗位规范

仪容整洁、统一标志、坚守岗位、礼貌待人、举止文明、语言规范，是警卫文明岗位规范的基本要求。具体要求如下：

（1）警卫人员当班必须着装整齐。

（2）警卫人员当班必须热情服务。

（3）警卫人员实行文明站立执勤，及时指挥车辆、人员的进出，保持仓库通道畅通、场地停车整齐。

（4）外来人员、车辆进出库时，均要进行登记；商品出库应出示《商品出库凭证》，方可放行。

（5）登记记录及《商品出库凭证》应完整保存、规范装订、及时归档。

（6）当班执勤时，要按规定定时进行巡逻检查，巡检情况应详细记录。

（7）警卫人员应按规定做好交接班，若下一班的接班人员因故未到，当班的警卫人员不得离岗，应与有关领导联系，等接班人员到达后，方可离开，并按规定做好交接班记录。

（8）警卫人员须熟悉防火防盗等有关的业务知识，能熟练使用仓库内各类灭火器材，熟悉和了解仓库处置各类突发事件应急预案，必要时能妥善应急处理。

（9）警卫室干净、整洁，窗明几净，当班人员生活用品（茶杯、面盆、毛巾等）应放置整齐，确保周围环境整洁有序。

（10）警卫室不兼做其他场所，不放置无关物品，无关人员不得进入警卫室内闲谈。

第五节　库场安全管理

库场安全管理是仓库运营管理的重要组成部分。仓库安全与否直接关系着仓库工作人员的人身安全。本节将对库场安全管理的内涵与对象、库场安全管理的方针与要求和库场安全管理的制度展开介绍。

一、库场安全管理的内涵与对象

库场安全管理是针对存储货品、工作人员以及设施设备等库场必须要素在库场正常工作运行过程中的安全进行的管理工作。对于存储货品，应注意库场内货品质量、数量以及危险货品的储存方式等；对于工作人员，应注意其在库场内劳动过程中的安全措施；对于设施设备，应注意设施设备的使用、维护和管理工作。

（一）安全生产管理

仓储企业的生产安全是指在生产过程中对员工和外来人员的人身安全、货物在搬运装卸储存中的质量以及仓储企业自己或外来的设施设备完好所提供的应有保障。为了使企业能在参与激烈的市场竞争的同时，保持清醒的头脑，注意企业生产中的安全是非常重要的。

（二）劳动保护

劳动保护是为了改善劳动条件、提高生产的安全性、保护员工的身心健康、减轻劳动强度所采取的相应措施和有关规定。劳动保护制度则是为达到劳动保护的目的所制定的一套有效的规定。

（三）库区的安全管理

库区的安全管理可划分为仓储技术区、库房、货物保管、货物收发、货物装卸与搬运、货物运输、技术检查、修理和废弃货物的处理等。

（四）仓库技术的安全管理

仓库技术的安全管理主要包括防雷、防静电、电气以及防汛防台等方面。

二、库场安全管理的方针与要求

库场安全管理应贯彻"以防为主"的方针，库场必须有领导干部主管安全工作，把安全工作列入议事日程。库场要建立健全治保、消防等安全组织，制定安全工作的各项规章制度和生产作业的操作规程，经常开展安全思想教育和安全知识教育，使职工保持高度的警惕性和责任心。库场必须实行逐级负责的安全检查制度。保管员每天上下班前后要对本人负责区检查一次；货区负责人、库场主任、企业领导要定期检查。遇到有灾害性天气或有特殊情况，库场工作人员要及时检查，加强防范。各主管部门领导，在汛期、梅雨、夏防、冬防等时期和重大节日前都要组织力量对库场进行安全检查。各级检查中发现的隐患要做好记录，责令有关部门或人员限期解决；自身无法解决的问题要积极采取防范措施，并及时上报。上级领导接到报告后，应及时处理，不得拖延。

同时要求员工掌握各种安全知识和技能，严格照章办事，杜绝违章作业，层层落实责任，并经常开展活动，切实做好"十防"（防偷、防盗、防火、防中毒、防工伤事故、防自然灾害、防跑漏混油、防危险品事故、防商品霉变残损、防设备损坏和交通安全事故）工作，确保人身、商品物资和设备安全。库场发生火灾或其他事故，必须按照规定迅速上报。库场领导要抓紧对事故的调查处理，做到事故原因不查清不放过、责任者和群众没有受到教育不放过、整改措施不落实不放过。

三、库场安全管理的制度

库场安全管理的重要性可见一斑，为实现库场安全，要求仓库工作人员严格按照库场安全管理的制度来执行工作。其中，库场安全管理制度包括以下内容。

（一）安全生产制度

（1）强化安全意识。经常性地进行安全生产方面的教育，使员工从思想上重视安全作业。同时，通过提高仓储设备的技术水平，减少人工直接装卸、搬运，更多地采用机械设备和自动控制装置，这是提高生产安全的最主动的方法。例如，现代自动化立体仓库的使用，使作业的安全性大大提高。

（2）提高操作技能。员工的技术水平的提高，可以有效地降低事故的发生概率。因此，对作业工人进行岗位培训和定期技能考核的方法既能提高企业的生产效率，也能提高劳动的安全性。

（3）认真执行安全规程。仓储企业生产的安全操作规程是经过实践检验能有效减少事故发生的规范化的生产操作方法，因此，在生产中应予严格执行，并对不按照安全规程操作的行为进行严肃查处。

（二）劳动保护制度

劳动保护是为了改善劳动条件、提高生产安全性、保护员工的身心健康、减轻劳动强度而采取的相应措施和有关规定。劳动保护制度则是为达到劳动保护的目的所制定的有效规定。一般来说，库场的劳动保护制度包含以下几个方面。

（1）强化员工劳动保护的意识。这包括员工在生产中自我保护的意识和生产组织者对员工身心安全提供保护的意识。只有建立劳动安全的意识，才能重视安全措施，并注意按安全操作规程组织生产。

（2）设立劳动保护的组织机构。这是为了在组织上保证劳动保护工作的落实。劳动保护组织应采取专业管理与群众自我管理相结合的方法。

（3）制定劳动保护的规章。保证劳动安全措施的稳定性和公平性，并使劳动保护纳入企业管理的法制轨道。有关规章的制定也有利于进行劳动保护的宣传和教育，使员工树立起自我保护的意识。

（4）制订和总结劳动保护措施的计划。定期进行有关劳动保护措施计划的制订有利于不断改进劳动保护，而总结和交流劳动保护工作的经验，则能提高全体员工的劳动保护意识、改进劳动保护的效果。

（三）库区的安全制度

库区的安全管理可以划分成仓储技术区、库房、货物保管、货物收发、货物装卸与搬运、货物运输、技术检查、修理和废弃货物的处理等环节，其中有些环节的安全管理会在其他章节进行讲解，本小节将重点讨论以下三个环节的安全管理。

（1）仓储技术区的安全管理。仓储技术区是库区重地，应严格实施安全管理。技术区周围设置高度大于 2m 的围墙，上置钢丝网，高 1.7m 以上，并设置电网或其他屏障。技术区内道路、桥梁、隧道等通道应畅通、平整。技术区出入口设置日夜值班的门卫，对进出人员和车辆进行检查与登记，严禁易燃易爆物品和火源带入。技术区内严禁危及货物安全的活动（如吸烟、鸣枪、烧荒、爆破等），未经上级部门的批准，不准在技术区内进行参观、摄影、录像或测绘。

（2）库房的安全管理。经常检查库房结构情况，对于地面裂缝、地基沉降、结构损坏，以及周围山体滑坡、塌方，或防水防潮层和排水沟堵塞等情况应及时维修与排除。库房钥匙应集中存放在技术区门卫值班室，实行业务处、门卫值班室和保管员三方控制。保管员领取钥匙要办理手续，下班后即交回注销。对于存放易燃易爆、贵重货物的库房要严格执行两人分别掌管钥匙和两人同时进库的规定。有条件的库房，应安装安全监控装置，并认真使用和管理。

（3）货物装卸与搬运的安全管理。仓库机械应实行专人专机，建立岗位责任制，防止丢失和损坏，操作手应做到：会操作、会保养、会检查、会排除一般故障。根据货物尺寸、重量、形状来选用合理的装卸、搬运设备，严禁超高、超宽、超重、超速以及其他不规范操作。不能在库房内检修机械设备。在狭小通道、出入库房或接近货物时应减速鸣号。

（四）仓库技术的安全制度

仓库技术的安全制度主要是针对下列环节所采取的有关措施。

1. 防雷

仓储企业应在每年雷雨季节来临之前对防雷措施进行全面检查。主要应检查的方面有：①建筑物维修或改造后是否改变了防雷装置的保护情况；②有无因挖土方、铺设管线或种植树木而挖断接地装置；③各处明装导体有无开焊、锈蚀后截面过小而导致损坏、折断等情况；④接闪器有无因接受雷击而熔化或折断；⑤避雷器瓷套有无裂缝、碰伤、污染、烧伤等；⑥引下线距地 2m 一段的绝缘保护处理有无破坏；⑦支持物是否牢固，有无歪斜、松动；⑧引下线与支持物的固定是否可靠；⑨断接卡子有无接触不良；⑩木结构接闪器支柱或支架有无腐蚀；⑪接地装置周围土壤有无沉陷；⑫测量全部接地装置的流散电流。

2. 防静电

爆炸物和泊品应采取防静电措施。静电的安全应设置有关技术的专人管理，并配备必要的检测仪器，发现问题及时采取措施。所有防静电设施都应保持干净，防止化学腐蚀、油垢沾污和机械碰撞损坏。每年应对防静电设施进行 1～2 次全面检查，测试需在干燥气候条件下进行。

3. 电气

按火灾和爆炸危险场所分级确定对电气设备和线路的管理。库房及其他场所应在工作结束后切断电源。电气设备除经常性检查外，每年至少应当进行两次绝缘检查，发现问题及时修理。要防止配电线路短路、过载等情况的发生，禁止使用不合格的保险装置，禁止私接电器，凡有爆炸品的仓库禁止使用碘钨灯和日光灯。吸湿机在开机时，机身应离货物堆垛处 1m 以上，排风口不得朝向货物堆垛处，并应有专人看守，做到人走机停。

4. 防汛防台

洪水、雨水虽然是自然现象，但时常会给货物的仓储安全带来不利影响。所以应认真做好仓库防汛工作。在仓储企业的防汛工作中应注意抓好以下几点：①建立企业内的防汛组织。特别是在汛期来临之前，组成临时性的防汛组织，并由经理直接领导。②积极防范。日常应经常性地进行防汛教育，汛期则应加强值班、留守库房，领导坐镇一线，统一指挥，组织抢救。③掌握信息。要有员工轮岗，及时了解汛情的变化，以减少防汛措施的盲目性。④改善存储条件。对陈旧的仓库应注意改造排水设施，提高货位，新建仓库应考虑历年汛情的影响，使仓库设施能抵御雨汛的影响。⑤做到有备无患。汛期前应注意储备防汛物资，如水泵、草（麻）袋、土石等，避免临时措手不及。

复习思考题

1. 什么是货品？储位按业务流程可分为哪几类？

2. 简述进行货品分类的意义和货品管理的目标。

3. 什么是 ABC 分类法？并简单介绍 80/20 法则在生活中的应用。

4. 简述货品护养的任务。

5. 货品质量变化的形式有哪几种？并作简要说明。

6. 什么是储位管理？简述储位管理的基本原则及构成要素。

7. 什么是编码？编码的主要功能是什么？

8. 隐义法与显义法定义是什么？二者的区别是什么？

9. 请简述储位编码的原则和储位编码的主要方式。

10. 编码是信息化管理的基础，但很多抽象的事物很难量化编码，那么未来编码领域如何更好地解决这个问题？

11. 库场安全管理的工作内容一般包括哪些？请结合实际，谈谈如何树立库场的安全意识。

12. 库区的安全管理主要涉及哪些环节？

13. 简述 5S 的基本思想与实施要点。

14. 说明 5S 的五个阶段的主要工作与目的，并简述 5S 现场管理的推行步骤。

15. "整顿的三要素"与"三定原则"分别指的是什么？

16. 试为你所熟悉一个仓库设计一个推行 5S 现场管理的实施方案。

17. 仓库保卫工作的主要任务是什么？

18. 仓库警卫人员的岗位职责是什么？

主要参考文献

[1] 周文泳. 现代仓储管理[M]. 北京：化学工业出版社，2010.

[2] 真虹，张婕姝. 物流企业仓储管理与实务 [M]. 2 版. 北京：中国物资出版社，2007.

[3] 郭元萍. 仓储管理与实务[M]. 北京：中国轻工业出版社，2005.

[4] 王勇. 5S 管理与仓储管理精细化[J]. 中国储运，2009（2）：58-59.

[5] 陈晓涛. 企业 5S 管理存在问题及其对策[J]. 内蒙古科技与经济，2009（3）：97-98.

[6] 张挺. 企业 5S 管理实施要点分析[J]. 科技资讯，2008（15）：158.

[7] 高晓亮，尹俊敏，甘卫华. 仓储与配送管理[M]. 北京：清华大学出版社，北京交通大学出版社，2006.

[8] 张忠新. 中国式 5S 管理 制造业 6S 成功之路[M]. 南京：东南大学出版社，2009.

第六章

仓储作业管理

本章导读

从仓库接收商品入库开始，到按需要把商品全部完好地发送出去的全部过程就是仓储作业过程。在这一过程中既涉及各个组织之间的横向的密切的经济联系，也涉及仓储组织内部经济与技术部门相互之间复杂的经济和技术活动关系。通过本章的学习，要求理解仓储作业管理的内涵、目标、工作内容，仓储作业的特征、工作、熟悉订货、补货、拣货、入库、储存、盘点、流通加工、出库、装卸搬运等仓储作业管理的基本知识。

第一节　仓储作业管理概述

仓储作业过程由一系列既相互联系、又相互独立的作业活动所构成。概括来说，仓储作业过程主要由入库、保管、出库三个阶段组成。下文介绍了仓储作业过程，仓储作业管理的内涵与仓储作业的特征，仓储作业管理的目标与工作内容，仓储作业的工作过程。

一、仓储作业过程

美国学者爱德华·弗雷兹（Edward Frazelle）博士按仓储活动的功能和作用将仓储作业分为：收货、预包装、入库、储存、拣选、包装和/或定价、分类和/或收集、规格化和装运八类作业。我国国内一些学者按仓储作业全过程所包含的内容将其划分为商品验收入库作业、商品保管作业、商品盘点作业、呆废商品处理、退货处理、账务处理、安全维护、商品出库作业、资料保管等。本章重点分析订货、补货、入库、储存、盘点、流通加工、拣货、出库与装卸搬运等仓储作业。这些作业活动是指以保管为活动中心，从仓库接收商品入库开始，到按需要把商品全部完好地出库为止的全部过程，各个作业环节联系紧密、一环扣一环，其中，装卸搬运作业贯穿始终，需要谨慎对待。各个作业活动的关联可用图6-1体现，其具体内容将在后面的几个小节中作详细介绍。

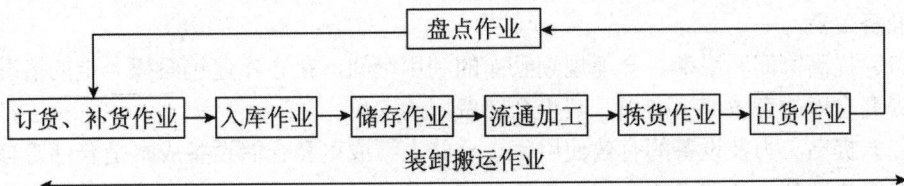

图 6-1　仓储作业活动之间的关联

二、仓储作业管理的内涵与仓储作业的特征

仓库作业管理是对从商品入库到商品发送出库的仓储作业全过程的管理和规划，主要管理对象涉及订货、补货、入库、储存、盘点、流通加工、拣货、出库与装卸搬运等仓储作业环节。

仓储活动本身具有特殊性，因而，仓储作业过程与物质生产部门的生产工艺过程相比，具有如下特征。

（1）仓储作业过程的非连续性。仓储技术作业的整个技术作业过程，从物资入库到出库不是连续进行的，而是间接进行的。这是因为各个作业环节往往是不能密切衔接的，各个作业环节有着间歇。例如，整车运输的物资，卸车后往往不能马上验收，而是要有一段待检时间；入库保管的物资有一段报关时间；物资分拣包装完毕，需要有一段待运时间；等等。这与一般工业企业的流水线作业是显然不同的。

（2）仓储作业量的不均衡性。仓储作业每天发生的作业量是有很大差别的，各月之间的作业量也有很大的不同。这种日、月作业量的不均衡，是由于仓库入库和发货时间上的不均衡与批量大小不同等所造成的。有时，整车装车和卸车数量很大，装卸车任务很重，作业量大；而有时无整车装卸，任务较轻。因此，仓储作业时紧时松、忙闲不均。

（3）仓储作业对象的复杂性。一般生产企业产品生产的劳动对象较为单一，如生产制造机床的主要劳动对象是各种不同的钢材。而物资仓储的对象，是功能、性质和使用价值各不相同的千万种物资。不同的物资要求不同的作业手段、方法和技术，情况比较复杂。

（4）仓储作业范围的广泛性。仓储技术的各个作业环节，大部分是在仓库范围内进行的，但也有一部分作业是在仓库外进行的，如物资的装卸、运输等，其作业范围相当广泛。

仓储作业的以上特征，对仓储设施的规划、配备与运用，对生产作业人员定编、劳动组织与考核，对作业计划、作业方式的选择等均产生重要影响，给合理组织仓库作业带来很大的困难和不便。因此，在具体进行仓储设施的规划、配备与运用时，应综合各方面的相关因素慎重考虑。

三、仓储作业管理的目标与工作内容

（一）仓储作业管理的目标

仓储作业管理目标在于提高空间利用率；提高劳力及设备的有效使用率；使货物存取方便；使货物有效移动；使货物得到良好保护；提高管理和沟通的效率；降低成本，提高经济效益。

（1）提高空间利用率。合理规划仓库的利用空间，在仓库建筑面积一定的情况下，尽量提高仓库的有效使用面积，减少仓储费用的支出。

（2）提高劳力及设备的有效使用率。仓储人工成本和仓储设备成本是仓储管理成本的重要组成部分，合理安排仓储人员的工作，确定工作岗位和工作职责，以岗定位、各负其责；合理安排仓储设备的使用，从整体来配置仓储设备，做到既不闲置仓储设备，

又不造成使用过于紧张。

（3）使货物存取方便。在仓库空间、劳力及设备有效可利用的情况下，保证所有货物的存取都能随时顺利进行。因为储存增加货物存留的时间，所以若能做到一旦有需求便能迅速找到货物，这才表明仓储系统处于一个良好运行的状态。

（4）使货物有效移动。在库区内进行的大部分活动是货物的搬运，这需要大量的人力及设备来进行货物的搬进与搬出，因此人力和机械设备操作应达到经济和安全的程度，并且在储存和搬运的过程中保证货物始终处于一个良好的条件下，直到货物被要求出库。

（5）使货物得到良好保护。货物在仓库井井有条地运输，不会出现混乱，使货物得到良好的保护。

（6）提高管理和沟通的效率。干净的地面、清楚的通道、适当且有秩序的储存及安全的运行，使得工作变得更有效率；当出现问题时，能够进行有效的沟通，使问题在最短时间内解决。

（7）降低成本，提高经济效益。通过对仓库各部、各作业阶段与环节工作的管理，保证和促进库存物的合理流动，在保证库存物质量和数量准确的前提下，加速运转，尽一切可能消除库存物的无意义的停滞，缩短作业时间，提高作业效率，减低仓库生产成本，以取得更好的经济效益。

（二）仓储作业管理的工作内容

仓储作业管理是以储存、保管活动为主，从仓库接收货物入库开始，完好储存货物，到按照需要发送出去的全过程。仓库的功能已从传统的货物储存保管，发展到具有承担货物的接受、分类、计量、包装、分拣、配送、存盘等多种功能。仓储作业管理的工作内容有以下几个方面。

（1）验收入库。货物的验收入库是仓库管理的重要内容。在这一环节上需要对货物的质量、数量严格把控，货物只有在验收过关后才能进入仓库。

（2）货物保管。货物保管需要保证货物在库期间不丢失、不损坏、不变质，仓库需要建立完善的保管制度及正确的保管方法。货物保管的好坏直接关系到货物使用寿命的长短及储存成本的高低。

（3）货物出库。仓库根据业务部门或存货单位开出的货物出库凭证，按其所列货物编号、名称、规格、型号、数量等项目，组织货物出库一系列工作的总称。货物出库的主要任务是所发放的货物必须准确、及时、保质保量地发给收货单位，包装必须完整、牢固，标记正确、清楚，核对必须仔细。

（4）货物盘点。货物盘点又分为存货盘点和财产盘点。货物盘点有助于确保货物资料的真实、准确，了解有关货物各项制度的执行情况等。

（5）残损货物的处理。对于这类货物的处理可以节约其储存费用，同时也可以节省储存空间，做到物尽其用，并且可以减少资金的占用。

（6）退货处理。对于不符合要求的货物要及时进行退货处理。

（7）安全维护。安全管理是进行仓储作业管理时首先需要考虑的问题。安全包括人员安全和货物安全。只有确保人员安全和货物安全的前提下，才能进行有效的仓储管理。

四、仓储作业的工作过程

仓储作业的工作过程实际上包含了实物流和信息流两个方面。从这两个方面出发都会涉及三个主要的仓储作业部分：入库作业、在库管理和出库作业。

（1）实物流。实物流是指库存物实体空间移动过程。在仓库里它是从库外流向库内，并经合理停留后再流向库外的过程。从仓储作业内容和作业顺序来看，主要包括接运、验收、入库、保管、保养、出库、发运等环节。实物流是仓储作业的最基本的运动过程。仓库各部、各作业阶段与环节的工作，都要保证和促进库存物的合理流动，在保证库存物质量和数量准确的前提下，加速运转，尽一切可能消除库存物的无意义的停滞，缩短作业时间，提高作业效率，减低仓库生产成本，以取得更好的经济效益。如图 6-2 所示。

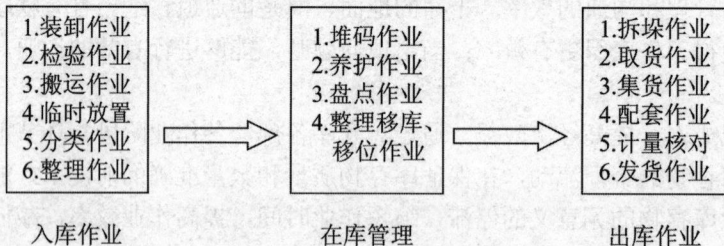

入库作业	在库管理	出库作业
1.装卸作业 2.检验作业 3.搬运作业 4.临时放置 5.分类作业 6.整理作业	1.堆码作业 2.养护作业 3.盘点作业 4.整理移库、移位作业	1.拆垛作业 2.取货作业 3.集货作业 4.配套作业 5.计量核对 6.发货作业

图 6-2　仓储作业实物流过程

（2）信息流。信息流是指仓库库存物信息的流动，是物流组织借助一定的信息来实现的。这些信息包括与实物流有关的单据、凭证、台账、报表、技术资料等，它们在仓库各作业阶段、环节的天职、核对、传递和保存形成信息流。信息流是实物流的前提，控制着物流的数量、方向、速度和目标。如图 6-3 所示。

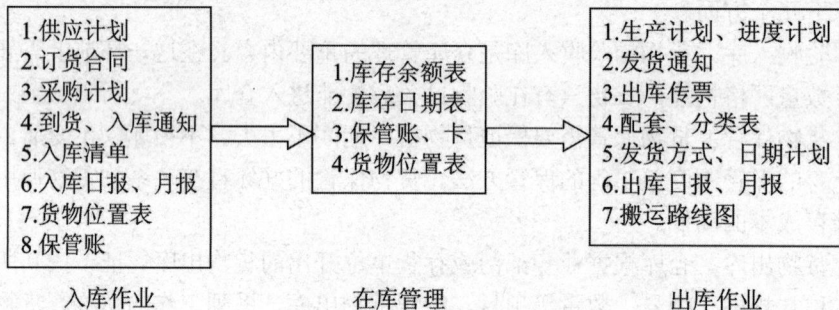

入库作业	在库管理	出库作业
1.供应计划 2.订货合同 3.采购计划 4.到货、入库通知 5.入库清单 6.入库日报、月报 7.货物位置表 8.保管账	1.库存余额表 2.库存日期表 3.保管账、卡 4.货物位置表	1.生产计划、进度计划 2.发货通知 3.出库传票 4.配套、分类表 5.发货方式、日期计划 6.出库日报、月报 7.搬运路线图

图 6-3　仓储作业信息流过程

第二节　订货、补货与拣货作业管理

本节主要概括介绍了三个方面的内容：一是两种常用的订货作业方法；二是补货作业的常用方式及补货时机；三是拣货作业的内涵工作程序和常用方法。

一、订货作业管理

由接到顾客订货开始至准备拣货之间的作业阶段，称为订单处理，包括有关顾客、订单的资料确认，存货查询，单据处理以及装运配送等。订单处理可以通过人工或电子信息设备来完成。人工处理具有弹性，但只适合少量的订单，一旦订单数量较多，人工操作就变得缓慢且容易出错。此时，电子化处理能提供较大的速率和较低的成本，适合大量的订单处理。

（一）传统订货作业管理

传统订货作业有以下七种方式。

（1）厂商铺货。厂商直接将商品放在车上，一家家去送货，缺多少补多少。此种方式对于周转率较快的商品或新上市的商品较为适用。

（2）厂商巡货、隔日送达。厂商巡货人员前一天先到各顾客那边巡查需要补充的商品，隔天再予以补货的方式。这一方式的优点是厂商可利用巡货人员为顾客整理货架、贴标或提供经营管理意见和市场信息等，也可以促销新产品或将自己的商品放在最有利的货架上。其缺点是厂商可能会将巡货人员的成本加入商品的入库成本中，而且厂商乱塞货将造成零售商难以管理自己的商品。

（3）电话订货。订货人员将商品名称和数量，以电话口述的方式向厂商订货。由于顾客每天需要订货的品种较多，而不同品种的商品可能来自不同的供应商，因此，在利用电话订货时错误率较高，另外，花费的时间较长。

（4）传真订货。顾客将缺货的相关资料整理成书面形式，利用传真传给厂商。这种方式可以快速地传送订货信息，但是如果传送资料品质不良常常会增加事后确认的工作环节。

（5）邮寄订货。顾客将订货表单或订货磁盘等邮寄给厂商的方式。近年来，邮寄的效率和品质达不到预期的目的。

（6）顾客自行取货。顾客自行到厂商处看货、补货，以往地缘较近的传统杂货店多采用这种方式订货。顾客自行取货虽然节省物流中心的配送作业，但个别取货可能影响物流作业的连贯性和规模性。

（7）业务员跑单接单。业务员到各个顾客处推销产品，而后将订单携回或以其他方式通知厂商顾客订单。

不管采用何种方式，上述订货方式都需要人工输入资料而且经常重复输入，传票重复誊写，而且在输入输出时，常常造成时间的耽误及产生错误。先进顾客更趋向于高频率订货，并且要求快速配送等，传统的订货方式已经无法应付这些需求，从而新的订货方式——电子订货便应运而生了。

（二）电子订货作业管理

电子订货，顾名思义就是用电子传递方式，取代传统人工书写、输入、传送的订货方式，也就是将订货资料转为电子资料的形式，通过通信网络传送，此系统称为电子订货系统（electronic order system，EOS），即采用电子资料交换方式取代传统商业下单、接单动作的自动化订货系统。其做法可分为以下三种。

（1）订货簿或货架标签配合手持终端机（handy terminal，H.T）及扫描机。订货人员携带订货簿及 H.T 巡视货架，发现商品缺货则用扫描机扫描订货簿或货架上的商品标签，再输入订货数量，当所有订货资料都输入完毕后，利用数据将订货资料传送给厂商或总公司。

（2）POS（销售终端）销售时点管理系统。顾客若有POS收款机则可在商品库存档里设定安全存货量，每当销售一笔商品资料时，电脑自动扣除该商品库存，当库存低于安全库存量时，即自动产生订货资料，将此订货资料确认后即可通过网络传给总公司或厂商。也有顾客将每日的POS资料传给总公司，总公司将POS销售资料与库存资料对比后，根据采购计划向厂商下单。

（3）订货应用系统。顾客信息系统里若有订单处理系统，可将应用系统产生的订货资料，通过转换软件功能转成与厂商约定的共通格式，在约定时间里将资料传送出去。

一般而言，通过电脑直接连线的方式最快也最准确，而通过邮寄、电话或销售员携回的方式较慢。由于订单传递时间是订货前置期的一个因素，可通过存货水平的调整来影响顾客服务及存货成本，因而传递速度快，可靠性及正确性高，缩减了存货成本费用，提升了顾客服务水平。但是另一方面，通过电脑直接传递往往成本较高，如需要开发信息系统，添置各种设备等。因而，究竟要选择何种订货方式，应权衡好成本和效益之间的关系再作出决定。

二、补货作业管理

补货作业包括从保管区域（reserve area）将货品移到另一个为了做订单拣选（order picking）的动管拣货区域（home area），然后将这一作业过程作书面上的处理。

（一）补货方式

与拣货作业息息相关的就是补货作业。为了确保存量，也为了将货品安置在方便存取的地方，补货作业必须小心地计划。下面介绍几种常见的补货方式。

（1）整箱补货。这是一种由货架保管区至流动棚动管区的补货方式。这种补货方式保管区为货架储放，动管拣货区为两面开放式的流动棚。拣货时，拣货员在流动棚拣取单件商品放入箱中，而后放在输送机上运送到出货区。当拣选后发现动管区的存货低于水准时，要进行补货作业。具体补货方式是作业员到货架保管区取货箱，用手推车送至拣货区，由流动棚的后方（非拣选面）补货。此保管、动管区储放形态的补货方式较适合体积小且少量多样出货的货品。

（2）整栈补货。这是一种由地板堆叠保管区至地板堆叠动管区或托盘货架动管区的补货方式，可以分为如下两种形式：①由地板堆叠保管区补货至地板堆叠动管区。这种补货方式保管区是以托盘为单位的地板平置堆叠储放，动管区也是以托盘为单位的地板堆叠储放，不同之处在于保管区的面积较大，储放货品量较多，而动管区的面积较小，储放的货品量较少。拣选时，拣货员在拣选区拣取托盘上的货箱，放在中央输送机出货；或者，可使用堆高机将托盘整个送至出货区。当拣选时发现动管区的存货低于水准时，要进行补货作业，其作业方式是作业员以堆高机由托盘平置堆叠的保管区搬运托盘至同样是托盘平置堆叠的拣货动管区。这种保管、动管区储放形态的补货方式较适合体积大或出货量较多的货品。②由地板堆叠保管区补货至托盘货架动管区。这种补货方式保管区为以托盘为单位地板平置堆叠储放，动管区则为托盘货架储放。拣取时，拣货员在拣取区搭乘牵引车（walkie tractors）拉着推车移动拣货，拣取后再将推车送至输送机轨道出货。而一旦发觉拣取后动管区的库存太低，则要进行补货。其补货方式为作业员使用堆高机很快地至地板平置堆叠的保管区搬回托盘，送到动管区托盘货架上储放。这种保管、动管区储放形态的补货方式较适合中等或中量（以箱为单位）出货的货品。

（3）从货架上层到货架下层的补货。这种补货方式为保管区与动管区属于同一货架，也就是将一货架上的两手方便拿取之处（中下层）作为动管区，不容易拿取的地方（上层）作为保管区。而入库时便将动管区放不下的多余货箱放至上层保管区。对动管拣取区的货品进行拣货，而当动管区的存货水平低于水准则可利用堆高机将上层保管区的货品搬至下层动管区补货。这种保管、动管区储放形态的补货方式较适合体积不大、每品种存货量不高，且出货多属中小量（以箱为单位）的货品。

（二）补货时机

补货作业的发生与否需要看动管拣货区的货存量是否符合要求，因而就要解决何时需要检查动管区存量、何时需要将保管区的货补至动管区等问题，以避免拣货中才发现动管区的货量不够，要临时补货并影响到整个出货时间的情形发生。对于补货时机的把握有以下三种方式。

（1）批次补货。在每天或每一批次拣取前，通过电脑计算所需货品的总拣取量，再相对查看动管区的货品量，在拣取前一特定时点补足货品。这是"一次补足"的补货原则，较适合一日内作业量变化不大、紧急插单不多或每批次拣取量需要事前掌握的情况。

（2）定时补货。将每天划分为数个时点，补货人员在时段内检查动管拣货区货架上货品存量，如不足即马上将货架补满。这是"定时补足"的补货原则，较适合分批拣货时间固定、处理紧急插单时间也固定的情况。

（3）随机补货。指定专门的补货人员，随时巡视动管拣货区的货品存量，有不足的随时补货的方式。这是"不定式补货"的补货原则，较适合每批次拣取量不大、紧急插单多、一日内作业量不易事前掌握的情况。

三、拣货作业管理

（一）拣货作业的内涵

不同的仓库，其定位、规模和经营方式各有不同。从入库、储存到装运配送，对于外界的作业包括向厂商采购和顾客订单处理。其中，每个顾客的订单都至少包含一项以上的商品，而将这些不同种类的商品由仓库取出并集中到一起的活动，即称为拣货作业。

在仓储作业中，拣货作业是其中十分重要的一环，拣货作业的目的在于正确且迅速地集合客户所订购的商品。

从成本分析的角度来看，物流成本约占商品最终售价的30%，其中包括储存、装卸、搬运、运输等成本项目。一般而言，拣货成本约是其他堆叠、装卸、搬运等成本总和的9倍，占物流搬运成本的绝大部分（图6-4）。因此，若要降低物流搬运成本，从拣货作业上着手改进可达到事半功倍的效果。

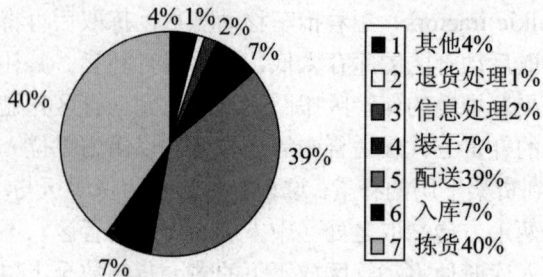

图 6-4　物流成本比例分析图

从人力需求角度来看，目前大多数的拣货作业劳动力密集，与拣货作业直接相关的人力约占仓库的 50%，且拣货作业的"时间投入"也占仓储中心的 30%～40%。由此可见，规划合理的拣货作业方法，可以有效地提高仓储作业的效率。

（二）拣货作业的工作程序

一般而言，每张顾客订单中最少有一种以上的商品，把这些不同种类、数量的商品由物流仓储中心集中到一起，就是拣货作业。拣货作业的工作程序如图 6-5 所示。

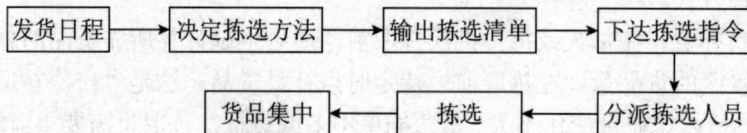

图 6-5　拣货作业的工作程序

（三）拣货作业的常用方法

拣货作业一般有两种方法：①摘果法：巡回于存储场所，按订货单位的订单挑选出每一种商品，巡回完毕也就完成了一次配送作业。将配齐的商品放置到发货场所指定的货位，然后进行下一个订货单位的配货。②播种法：将每批订货单上的相同商品各自累加起来，从存储仓位上取出，集中搬运到理货场所，然后将每一个订货单位所需的数量取出，分放到该订货单位处，直至配货完毕。

第三节　入库作业管理

仓储活动中由货品验收入库而产生的一系列工作过程形成了入库作业。对入库作业流程进行有效规范的管理能够及时发现问题、避免问题。本节将详细介绍入库作业的具体工作内容及如何进行管理。

一、入库作业管理概述

入库作业是以商品接运和验收为中心开展的业务活动，一般是指仓库根据商品入库凭证接收商品入库储存而进行卸货、搬运、清点数量、检查质量、办理入库手续等一系列作业环节构成的工作过程。合理组织商品入库工作，与商品在库保管以及出库作业的改善等都有密切的关系。

（一）入货作业及其基本流程

入库作业包括对货品做实体上的接收，从货车上将其货物卸下，并核对该货品的数量及状态（如数量检查、质量检查、开箱等），然后将必要信息给予书面化等等。入库作业的基本流程如图6-6所示。

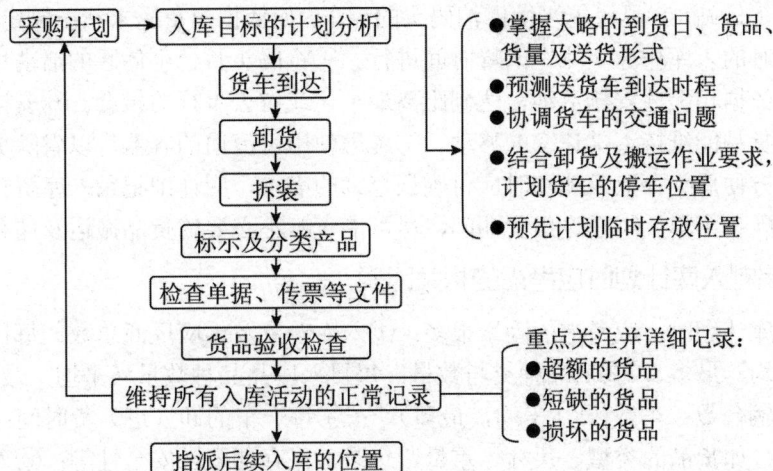

图6-6　入库作业的基本流程

（二）入库作业管理的工作内容

入库作业管理的工作内容包含很多方面，如卸货搬运、货品数量的清点，货品质量的检验、货品入库前的分类编号等，总结归纳起来如图6-7所示。

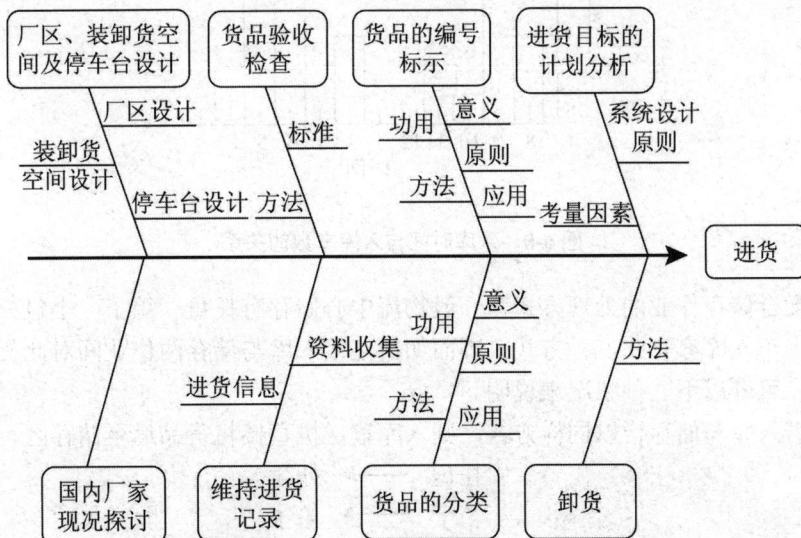

图6-7　入库作业管理的工作内容

二、编制入库计划

（一）系统设计的原则

编制入库计划与设计仓储信息系统时，为了提高卸货作业的安全性与效率，保证库房能迅速正确收货，应遵循如下原则：①尽量利用配送车司机协助卸货作业，以减轻库房作业人员的工作负担，避免卸货作业的拖延。②为节省必要空间，尽可能将多样活动集中在一个工作站。③尽可能平衡停泊码头的配车，如依据出货需求状况制定配车日程，或将部分耗时的入库作业安排在离峰时间进行。④将码头月台至储区的活动尽量保持直线流动。⑤依据相关性安排活动，达到距离最小化或省去步行的机会。⑥安排人力在高峰时间，使货品能维持正常速率的移动。⑦考虑使用可流通的容器，以省除更换容器的动作。⑧为方便后续存取及能随时应付确认查询的需求，应详细记录入库资料。⑨为小量入库计划配备小车。⑩在进出货期间，尽可能省略不必要的货品搬运及储存。

（二）编制入库计划时应考虑的相关因素

编制入库计划时，应考虑的因素很多：①入库对象及供应厂商总数：每日供应厂商的数量（平均，最多）；②商品种类与数量：每日入库品品种数量（平均，最多）；③入库车种与车辆台数：车数/日（平均，最多）；④每一车的卸（进）货时间；⑤商品的形状、特性：如货品的类型、尺寸、重量、包装、保存期限、安全性等；⑥入库人员数量（平均，最多）；⑦配合储存作业的处理方式；⑧调查每一时刻的入库车数：入库时间与入库车数的关系，如图 6-8 所示。

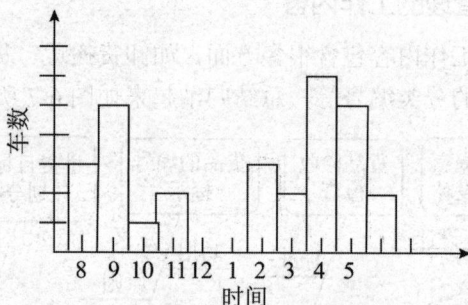

图 6-8 入库时间与入库车数的关系

针对配合储存作业的处理方式，一般物流中心储存有托盘、箱子、小包三种方式，同样地，卡车入库亦有此三种方式。因而如何连接入库与储存两作业间对此货品三种方式的转换，可分以下三种状况来说明。

（1）若入库与储存皆以同样方式，则入库输送机直接将货品运至储存区。

入库 　托盘 ⟶ 托盘　 储存
　　　 箱子 ⟶ 箱子
　　　 小包 ⟶ 小包

（2）若储存以小包为单位，但入库是以托盘、箱子为单位；或储存以箱子为单位，但入库是以托盘为单位，则必须于入库点即做卸栈或拆装的工作，像是以自动托盘卸货机拆卸托盘上之载荷物，再拆箱将小包放于输送机上。

$$
\begin{matrix}
入 & 托盘 & \longrightarrow & 小包 & 储 \\
库 & 箱子 & \longrightarrow & 小包 & 存 \\
& 托盘 & \longrightarrow & 箱子 &
\end{matrix}
$$

（3）若储存以托盘为单位，但入库是以小包或箱子为单位；或储存以箱子为单位，但入库以小包为单位，则小包或箱子必先堆叠于托盘上或小包必先装入箱子后再储存。

$$
\begin{matrix}
入 & 小包 & \longrightarrow & 托盘 & 储 \\
库 & 箱子 & \longrightarrow & 托盘 & 存 \\
& 小包 & \longrightarrow & 箱子 &
\end{matrix}
$$

此外，要确实做好入库管理，亦要事先制定可依循的入库管理标准，作为员工即时因应的参考。而主要的入库管理标准应包含以下几条。

（1）订购量计算标准书。

（2）有关订购手续的标准。

（3）入库日期管理——入库日期跟催、入库日期变更之手续。

（4）有关订购取消及补偿手续。

（5）对入库源的支付货款标准、手续及购入契约书。

三、货品验收要点

货品入库验收是指仓库在货品正式入库前，按照一定的程序和手续，对到库货品进行数量和外观质量的检查，以验证它是否符合订货合同规定的一项工作。货品验收主要包括验收准备、核对凭证、实物检验、作出验收报告及货品验收中发现问题的处理。

（一）验收准备

仓库接到到货通知后，应根据货品的性质和批量提前做好验收前的准备工作，大致包括以下内容：①人员准备。安排好负责质量验收的技术人员或用料单位的专业技术人员，以及配合数量验收的装卸与搬运人员。②资料准备。收集并熟悉待验货品的有关文件，如技术标准、订货合同等。③器具准备。准备好验收用的检验工具，如衡器、量具等，并校验准确。④货位准备。针对到库货品的性质、特点和数量，确定货品的存放地点和保管方法，其中要为可能出现的不合格货品预留存放地点。⑤设备准备。大批量货品的数量验收，必须要有装卸与搬运机械的配合，应做好设备的申请调用。此外，对于有些特殊货品的验收，如毒害品、腐蚀品、放射品等，还要准备相应的防护用品、计算和准备堆码、苫垫材料，对进口货品或存货单位指定需要进行质量检验的，应通知有关检验部门会同验收。

（二）核对凭证

入库货品必须具备下列凭证：①业务主管部门或货主提供的入库通知单和订货合同副本，是仓库接收货品的凭证。②供货单位提供的材质证明书、装箱单、磅码单、发货明细表等。③货品承运单位提供的运单；若货品在入库前发现残损情况的，还要有承运部门提供的货运记录或普通记录，作为向责任方交涉的依据。

（三）实物检验

实物检验就是根据入库单和有关技术资料对实物进行数量和质量检验。一般情况下，或者合同没有约定检验事项时，仓库仅对货品的品种、规格、数量、外包装状况，以及无须开箱、拆捆而直观可辨的外观质量情况进行检验。但是在进行分拣、配装作业的仓库里，通常需要检验货品的品质和状态。

数量检验是保证货品数量准确的重要步骤。按货品性质和包装情况，数量检验主要有计件、检斤、检尺求积等形式。在进行数量验收时，必须与供货方采用相同的计量方法。采取何种方法计量要在验收记录中作记载，出库时也按同样的方法计量，避免出现误差。

按件数供货或以件数为计量单位的货品，做数量验收时要清点件数。一般情况下，计件货品应全部逐一点清。对于固定件数包装的小件货品，如果包装完好，打开包装则不利于以后进行保管，所以通常情况下，国内货品只检查外包装，不拆包检查，而进口货品则按合同或惯例办理。

按重量供货或以重量为计量单位的货品，做数量验收时有的采用检斤称量的方法，有的则采用理论换算的方法。按理论换算重量的货品，先要通过检尺，如金属材料中的板材、型材等，然后，按规定的换算方法换算成重量验收。对于进口货品，原则上应全部检斤，但如果订货合同规定按理论换算重量交货的，则按合同规定办理。

按体积供货或以体积为计量单位的货品，做数量验收时要先检尺、后求积。例如，木材、竹材、砂石等。

在做数量验收之前，还应根据货品来源、包装好坏或有关部门规定，确定对到库货品是采取抽验方式还是全验方式。

在一般情况下，数量检验应全验，即按件数全部进行点数；按重量供货的应全部检斤，按理论重量供货的应全部检尺，然后换算为重量，以实际检验结果的数量为实收数。对于大批量、同包装、同规格、较难损坏的货品，质量较高、可信赖的，可以采用抽验的方式检验。

（四）货品验收中发现问题的处理

在货品验收过程中，如果发现货品数量或质量有问题，应该严格按照有关制度进行处理。验收过程中发现的数量和质量问题有可能发生在各个流通环节，按照有关规章制度对问题进行处理，有利于分清各方的责任，并促使有关责任部门吸取教训，改进今后的工作。

（1）凡属承运部门造成的货物数量短缺、外观破损等，应凭接运时索取的货运记录，向承运部门索赔。

（2）如发生到货与订单、入库通知单或采购合同不相符的，尽管运输单据上已标明本库为收货人的货物，仓库原则上也应拒收，或者同有关业务部门沟通后，将货物置于待处理区域，并做相应的标记。

（3）凡必要的证件不齐全的，应将货物置于待处理区域，并做相应的标记，待证件到齐后再进行验收。

（4）凡有关证件已到库，但在规定时间内货物尚未到库的，应及时向存货单位反映，以便查询处理。

（5）供货单位提供的质保书与存货单位的进库单、合同不符的，做待处理货物等待处理，不得随意动用，并要通知存货单位，按存货单位提出的办法处理。

（6）凡数量差异在允许的磅差以内，仓库可按应收数入账；若超过磅差范围，应查对核实，做好验收记录，并提出意见，送存货单位再行处理。该批货物在作出结案前，不准随意动用，待结案后，才能办理入库手续。

（7）当规格、品质、包装不符合要求或发生错发时，应先将合格品验收，再将不合格品或错发部分分开并进行查对，核实后将不合格情况向收货人说明，并将货物置于不合格品隔离区域，做相应的标记。对于错发货物，应将货物置于待处理区域，并做相应的标记。并应及时通知相关业务部门或货主，以便尽快处理。

（8）进口货物在订货合同上均规定索赔期限。有问题必须在索赔期限内申报商检局检验出证，并提供验收报告及对外贸易合同和国外发货单、运输单据或提单、装箱单、磅码单、检验标准等单证资料，以供商检局审核复验。若缺少必要的单证技术资料，应分别向有关外贸公司和外运公司索取，以便商检局复验出证和向外办理索赔手续。

（9）对于需要对外索赔的货物，未经商检局检验出证的，或经检验提出退货或换货的，出证应妥善保管，并保留好货物原包装，以供商检局复验。

四、入库交接事项

送货人员或运输单位送货到仓库与理货人员办理货品入库交接时，理货人员根据到货凭证，与送货人员或运输单位办理入库交接事项如下所述。

（一）核对凭证

货品抵达仓库后，理货人员首先要检验货品的入库凭证，然后按货品入库凭证所列的收货单位、货品名称、规格及数量等具体内容，与商品各项标志核对。经复核复查无误后，即可进行下一道程序。通常入库货品应具备下列证件：存货单位提供的入库通知书、订货合同等；如入库前在运输途中发生残损，则应有笔录内容。验收时若发现问题，则应根据具体情况作具体分析，并采取相应措施。

（二）大数点收

大数点收是按照货品的大件包装（运输包装）进行数量清点。点收的方法有两种：一是逐件点数计总；二是集中堆码点数。

对于花色品种单一，包装大小一致，数量大或体积小的商品，适于用集中堆码点数法，即将入库的商品堆成固定的垛形（或置于固定容量的货架），排列整齐，每层、每行件数一致，一批商品进库完毕，货位每层的件数乘层数可得出每垛总数。再乘总垛数得到货品总数。

（三）检查货物的表面状态

在大数点收的同时，对每件货物的外表状态要进行认真检查，若发现包装破损、内容外泄、油污、散落、标志不当等不良质量状况，必须单独存放，并详细检查内部有无短缺、破损和变质。逐一查看包装标志，目的在于防止不同商品混入、避免差错，并根据标志指示操作，确保入库储存安全。

（四）办理交接手续

入库货品经过上述交接事项，在检查完毕后，理货人员就可以与送货人员办理货物交接手续。交接手续是指仓库对收到的物品向送货人员进行确认，表示已接收物品。办理完交接手续，意味着划清运输、送货部门和仓库的责任。完整的交接手续包括以下几步。

（1）接收物品。仓库通过理货、查验物品，将不良的物品剔出、退回或者编制残损单证等明确责任，确定收到物品的确切数量、物品表面状态良好。

（2）接收文件。接收送货人送交的物品资料、运输的货运记录、普通记录等，以及随货在运输单证上注明的相应文件，如图纸、准运证等。

（3）签署单证。仓库与送货人或承运人共同在送货人交来的送货单、交接清单上签署，并留存相应单证。

交接手续通常是理货人员在送货回单上签名盖章表示货品收讫。如果上述程序中发现差错、破损等情形，必须在送货单上详细说明或由送货人员出具差错、异常记录，详细写明差错数量、破损情况等，以便于运输部门分清责任，作为查询处理的依据。

货品入库交接除了要履行规范的手续外，还要进行卸车作业。如果把入库卸车、验收和堆码作业连续一次性完成，即一次性作业，对于减少入库环节、提高作业效率、降低成本有着十分重要的意义。

五、入库单证管理

在贸易中，单证就是指在结算中应用的单据、文件、证书。入库单证管理指的是对货品交接过程中签署的货品入库单证的管理。货品入库单证的管理流程如下所述。

（1）业务受理员接受存货人的验收通知（也可由存货人委托仓库开具）、货物资料（如质保书、码单、装箱单、说明书和合格证等），登记货品档案，并将存货人验收通知单作为《货物储存保管合同》附件进行管理，其信息录入计算机中生成验收通知单。然后将存货人验收资料和收货单及其他验收资料一并交给理货人员。

（2）理货人员根据业务受理员提供的收货单、验收资料、计量方式等确定验收方案、储存货位、堆码方式所需人力、设备等，做好验收准备工作。

（3）由理货人员开具作业通知单，进行验收入库作业，做好有关记录和标识。

（4）货品验收完毕后，理货人员手工出具验收码单，一式一联，并交给复核员，同时负责作业现场与货位的清理和货牌的制作、悬挂。

（5）复核员依据收货单、验收码单对实物的品名、规格、件数、数量、存放货位等逐项核对，签字确认后返回给理货人员。

（6）理货人员在经复核员签字的收货单、验收码单加盖"货物验收专用章"后，将验收码单录入计算机中，据此生成仓单附属码单，根据验收结果填写存货人验收通知和收货单，并与其他验收资料一并转回业务受理员处。

（7）业务受理员对理货人员返回的单据和验收资料审核无误后，由计算机打印仓单附属码单，一式两联，依据收货单、验收码单、计算机打印的仓单附属码单一式两联、存货人验收通知，以及有关验收资料、记录，报经主管领导或授权人签字后，将存货人验收通知、收货单、仓单附属码单一式两联转给收费员。

（8）收费员依据仓单、《货物储存保管合同》约定的收费标准，结算有关入库费用并出具收费发票。

（9）业务受理员将仓单正联、存货人验收通知、仓单附属码单一联及收费单据等一并转交给存货人；其余单证资料留存并归档管理。

第四节　储存作业管理

商品经检验合格后就进入了仓库储存阶段，在这一阶段，仓库的主要任务就是对存储的商品进行合理的保存和经济的管理。这就需要对商品储存的位置进行规范化的管理，为商品提供良好的保管环境和条件。因此，我们有必要对商品储存的策略和形式，储存合理化等方面的内容作详细的探讨。

一、储存、储存作业与储存作业管理

（一）储存及储存作业的任务

储存是指保护、管理、储藏货品，储存的价值是能使货品在效用最高的时间发挥作用，而储存的要求则是在一定的时期内维持货品的使用价值。

储存作业主要任务在于保存将来要使用或者要出货的货品，且经常要做库存品的检核控制，不仅要善用空间，亦要注意存货的管理。

（二）储存作业管理的意义

储存作业管理是仓储管理中"储"的重要组成部分，做好这项工作的意义在于以下几点：①有利于准确及时地为生产和销售提供商品供给，确保生产和销售的正常进行；②有利于保证商品质量，减少损耗，降低产品成本；③有利于合理储备，加速资金周转，提高企业经济效益；④有利于确保商品储存安全，确保企业生产经营成果。

二、储存作业管理的目标

储存作业管理的目标主要包含以下几个方面。

（1）储存空间最大化使用。对仓储组织而言，储存空间是非常宝贵的资源，为此，需要合理分配货品储位，实现储存空间的最大化使用。

（2）劳力及设备的有效使用。有效使用劳力和设备有利于节约储存作业的运行成本。

（3）储存货物特性的全盘考虑。应对储存货物的体积、重量、包装单位等品类规格及腐蚀性、温湿度条件、气味影响等物理特性需求彻底了解，达到对货物能按特性适当储放。

（4）做到所有品类都能随时准备存取。因为储存创造商品的时间价值，因此若能做到一旦有需求，商品马上就能投入使用，则此系统才算是一个有计划的储位系统及良好的厂房布置。

（5）有效移动货物。在储区内进行的大部分活动是货物的搬运，需要投入人力及设备来进行物品的搬进与搬出，因此人力与机械设备操作应达到经济和安全的程度。

（6）确保货物品质。因为储存的目的是保存货物直到被要求出货的时刻，所以在储存时必须保持在良好的条件下，以确保货物品质。

（7）良好的管理。标识清楚的通道、干净的地板、适当且有次序的储存及安全的运行都是良好管理所应关心的问题，这些将使得工作条件变得有效率及促使工作士气的提高。

三、储存作业管理的过程

储存作业管理的过程包括以下几个方面内容：验收入库、商品保养、商品发放、商品盘点、呆废品处理、退货处理、账务处理、安全维护和资料保管等具体事宜。商品储存作业流程如图 6-9 所示：

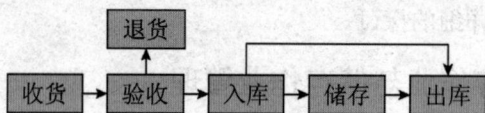

图 6-9　商品储存作业流程

四、储存管理合理化

储存管理合理化是指用最经济的办法实现储存的功能。仓储管理的核心在于合理存储，即保证配送的前提下使库存数量或库存的成本最小。储存管理合理化的基本要求是储存量合理、储存结构合理、储存时间合理、储存条件合理。

储存管理合理化的实施要点主要包含以下几个方面：①对储存物和设施进行 ABC 管理；②追求规模经济、适度集中库存；③加速周转率、提高单位产出；④采用有效的"先进先出"方式；⑤提高储存密度、减少劳动消耗；⑥采用有效的储存定位系统；⑦采用有效的监测清点方式；⑧采用现代储存保养技术。

第五节　盘点作业管理

所谓盘点，就是指为确定仓库内或在企业内其他场所现存物料或商品的实际数量、品质状况、存储状态的清点，是物料管理工作的控制反馈过程。本节主要讲述了盘点作业的含义、常用方法及盘点作业的一般流程。

一、盘点的内涵与分类

（一）盘点的内涵

货品因不断地入库，在长期的累积下，库存资料容易与实际存货量产生不符的现象。或者有些产品因存放时间过久、不恰当，致使其品质机能受到影响，难以满足顾客的需求。为了有效地控制货品数量，企业定期或不定期地对所储存的货品的实际状况进行具体的清点，称为盘点。

（二）盘点的分类

一般将盘点分为两类：账面盘点和实地盘点。所谓账面盘点，又称永续盘点，就是把每天入库及出库货品的数量及单价，记录在电脑或账簿上，而后不断地累计加总，算出货品账面上的库存量及库存金额；而实地盘点，又称实盘，就是实地去点数检查仓库内货品的实际库存数，再根据货品单价计算出实际库存金额的方法。

二、盘点作业的基本思路

盘点作业是企业清点所储存的货品，并依据清点结果对货品的库存数与实存数之间差异作出详细的分析，以便有效控制和掌握货品数量与质量的作业过程。

商品盘点要对储存商品进行账（商品保管账）、卡（货卡）、货（存储商品）三方面的数量核对工作。通过核对可以及时发现库存商品数量上的溢余、短缺、品种互串等问题，以便分析原因，采取措施，挽回和减少保管损失。同时，还可以检查库存商品有无残缺、呆滞、质量变化等情况。

（一）盘点作业的目的

盘点目的主要有三个：①查清实际库存数量，并通过盈亏分析使账面数与实际库存量保持一致。②掌握损益，以便真实地把握经营绩效，并尽早采取防漏措施。③发现库存中存在的问题，稽核货品管理绩效。

（二）盘点作业的作用

盘点作业的作用主要体现在如下四个方面：①确保货品资料的真实性。货品资料应该能够真实反映各项货品的实在数量、种类、规格等，通过盘点，核查货品账实差异及其原因，明确责任，保证货品资料的准确性。②确保各项货品的安全与完整。掌握各项货品的保管情况，建立健全各项责任制，切实保证货品的安全与完整。③提高货品的使用效率。通过盘点查明各项货品的储备和利用情况，明确货品的积压或不足状况，提高货品的使用效率。④有利于了解有关货品的各项制度的执行情况。盘点有利于了解验收、保管、发放、调拨、报废等各项工作是否按规定办理，这样有利于监督各项制度的贯彻执行，提高管理质量。

（三）盘点作业的思路

（1）检查货品的账面数量与实存数量是否相符。

（2）检查货物的收发情况，以及是否按"先进先出"的原则发放货品。

（3）检查货品的堆放及维护情况。

（4）检查各种货品有无超储积压、损坏变质。

（5）检查对不合格品及呆废货品的处理情况。

（6）检查安全设施及安全情况。

三、盘点作业管理的工作流程

按时间顺序，盘点作业管理的工作流程可分为：盘点作业管理的基础工作、盘点作业管理的前期准备、盘点中的作业管理、盘点后处理。

（一）盘点作业管理的基础工作

盘点作业管理的基础工作包括如下几个方面：盘点方法的选择、账务处理规则的确定、盘点组织的确定、盘点物理环境（区域布置图）的动作、盘点作业制度（奖惩制度）的建设。

（1）盘点方法的选择。企业在开展盘点工作之前，需要根据企业货品库存管理的特点，选择与之相适应的盘点方法。以下介绍几类常见的盘点方法。

① 按账或物，可分为账面存货盘点和实际存货盘点。账面存货盘点是根据数据资料，计算出商品存货的方法；实际存货盘点是针对尚未使用或尚未销售的库存商品，进行实地的清点统计。

② 按盘点区域，可分为全面盘点和分区盘点。全面盘点是指在规定的时间内，对仓库内所有存货进行盘点；分区盘点是将仓库内商品以类别区分，每次依顺序盘点一定区域。

③ 按盘点时间可分为营业中盘点、营业前（后）盘点和停业盘点。营业中盘点就是"即时盘点"，营业与盘点同时进行；营业前（后）盘点是指开门营业之前或打烊之后进行盘点；停业盘点是指在正常的营业时间内停业一段时间来盘点。这一分类方式一般只适用于商业性企业。

④ 按盘点周期可分为定期和不定期盘点。定期盘点是指每次盘点间隔时间相同，包括年、季、月度盘点，每日盘点，交接班盘点；不定期盘点是指每次盘点间隔时间不一致，是在调整价格、改变销售方式、人员调动、意外事故、清理仓库等情况下临时进行的盘点。

（2）账务处理规则的确定。商业企业（如超市与便利商店）由于商品种类繁多，各类商品的实际成本计算有一定的困难，所以一般采用"零售价法"来进行账面盘点。其计算公式为：账面金额＝上期库存零售额＋本期入库零售额－本期销售金额＋本期调整变价金额。生产型企业出于结算成本的需要，且原材料或产品种类相对比较少，因此一般以成本进行计价。

（3）盘点组织的确定。盘点工作一般都由仓库管理部门自行负责，公司总部则予以指导和监督。随着企业仓库规模的扩大，盘点工作由专职的盘点小组来进行盘点。盘点小组的人数依仓库面积的大小来确定，如一家面积为 500 m² 的超市，盘点小组至少要有6 人，作业时可以分三组同时进行。随着盘点机（掌上型终端机）的使用，在盘点工作人员规模和盘点工作所耗费的时间两个方面都可以有较大的节省。在确立了盘点组织之后，还必须规划好当年度的盘点日程，以利事前准备。

（4）盘点物理环境（区域布置图）的运作。仓库存货配置图或商场开业前所涉及的商品卖场配置图可以作为盘点之用。另外，盘点配置图还应该包括仓库的设施（冷冻冷藏柜、货架、大陈列区等），凡货物储存或陈列之处均要标明位置，以便分区负责实施盘点作业。盘点区域布置图的运作办法有：确定存货摆放位置；根据存货位置编制盘点配置图；对每一个区位进行编号；将编号做成贴纸，粘贴于陈列架的右上角。做好了以上工作后，就可以详细地分配责任区域，以便使盘点人员确实了解工作范围，并控制盘点的进度。

（5）盘点作业制度（奖惩制度）的建设。仓库盘点的结果一般都是盘损，即实际值小于账面值，但只要盘损在合理范围内应视为正常。货物盘损的多少，可表现出仓库管理人员的管理水平及责任感，因此有必要对表现优异者予以奖励，对表现较差者予以处罚。一般的做法是事先制定一个盘损率：盘损率＝盘损金额÷（期初库存＋本期入库）。当实际盘损率低于标准盘损率时，对相应人员进行奖励；反之，要对相关负责人问责处罚。

（二）盘点作业管理的前期准备

盘点作业管理的前期准备包括以下几项。

（1）构建盘点团队，明确盘点责任。由于盘点作业必须动用大批人力，通常盘点当日应停止任何休假，并提前安排好出勤计划。经过训练的人员必须熟悉盘点用的表单。

（2）准备盘点环境。准备盘点环境即环境整理，一般应在盘点前做好，主要有：检查商场各个区位的商品陈列及仓库存货的位置和编号是否与盘点配置图一致；整理货架上的商品；清除不良品，并装箱标示和做账面记录；清除仓库及作业场死角；将各项设备、备品及工具存放整齐。

（3）配备盘点工具。若使用盘点机盘点，须先检查盘点机是否可正常操作；如采用人员填写方式，则须准备相应的工作表单及至少两种颜色的记录笔（至少需要保证抽盘与初盘、复盘使用不同颜色）。盘点用的表格必须事先印制完成。

（4）整理盘点单据。盘点前应将入库单据、入库退回单据、变价单据、销货单据、报废品单据、赠品单据、移库货品单据以及前期盘点单据等进行整理。

（5）盘点公告。商业企业盘点工作若在营业时间中进行，可通过广播来告知顾客；若采用停业盘点，则需提前以广播及公告方式通知顾客。

（6）盘点知识培训与指导。盘点前对盘点人员要进行必要的指导，如盘点要求、盘点常犯错误及异常情况的处理办法等。盘点、复盘、监盘人员必须经过训练。

（三）盘点中的作业管理

盘点中的作业管理主要涉及如下几个方面。

（1）盘点工作分派。初盘时，由于品项繁多、差异性大，不熟识货物的人员进行盘点难免会出现差错，一般由相应货位的货物管理人员对各自所管理的货物实施盘点；复盘及抽盘时，由后勤人员及部门主管交叉开展盘点工作。

（2）盘点单据发放。为了尽快获得盘点结果（盘损或盘盈），盘点前应将入库单据、入库退回单据、变价单据、出库单据、报废品单据、赠品单据、移库商品单据及前期盘点单据等整理好。

（3）初盘作业。初盘作业的合理次序是先点仓库、冷冻库、冷藏库、后点卖场。若在营业中盘点，卖场内先盘点购买频率较低且售价较低的商品；盘点货架或冷冻、冷藏柜时，要按照一定顺序进行盘点；每一台货架或冷冻、冷藏柜都应视为一个独立的盘点单元，使用单独的盘点表，以利按盘点配置图进行统计整理。最好两人一组进行盘点，一人点，一人记；盘点单上的数据应填写清楚，以免混淆；不同特性商品的盘点应注意计量单位的不同；盘点时应顺便观察商品的有效期，过期商品应随即取下，并做记录。若在营业中盘点，应注意不可高声谈论或阻碍顾客通行；店长要掌握盘点进度；做好收银机处理工作。

（4）复盘作业。复盘可在初点进行一段时间后再进行，复盘人员应手持初盘的盘点表，依序检查，把差异填入差异栏；复盘人员须用红色圆珠笔填表；复盘时应再次核对盘点配置图是否与现场实际情况一致。

（5）抽盘作业。抽盘办法可参照复盘办法。抽盘的商品可选择卖场内死角，或不易清点的商品，或单价高、金额大的商品；对初盘与复盘差异较大的商品要加以实地确认。

（四）盘点后处理

盘点后处理过程包括编制盘点报告、盘点结果处理与呆废物资处理三个环节。

（1）编制盘点报告。盘点报告主要包括以下三方面内容：①编制盘点报告，盘点数量和账存数量；②确定盘盈、盘亏量；③追查盘盈、盘亏的原因。

（2）盘点结果处理。其主要涉及如下工作内容：①查明差异，分析原因；②认真总结，加强管理；③上报批准，调整差异。

（3）呆废物资处理。呆废物资可以分为呆料、废料与残料三类。其中，呆料是指库存时间过长而又使用极少或有可能根本不用的物料；废料是指因某些原因而丧失使用价值，同时也无法改作他用的物料；残料是指在加工过程中所产生的已无法再利用的边角或零头。呆废物资处理要实现如下三个目标：一是物尽其用，呆废物资闲置在仓库内而不加以利用，时间太长，会使物料生锈、受潮、变质等，使其丧失使用功能；二是减少资金占用，呆废物资闲置在仓库内而不及时处理和利用，会占用一部分资金；三是节省储存费用，呆废物资若能够及时处理，可以省去因保管这些货品而发生的各项管理费用。呆废物资的处理方式有如下七种：①转用：专用于其他产品的生产。②修正再用：在规格等方面稍加修正加以利用。③拆零利用：将有用的零件回收利用。④调换：与加工商或供应商协调，等价调换其他物资。⑤转赠：转送其他单位使用。⑥降价出售：将呆废物资降价出售，回收部分资金。⑦报废：呆废物资无法进行上述处理时，只能进行销毁，以免占用仓库空间。

四、盘点作业管理的注意事项

（1）盘点采用实盘实点方式，禁止目测数量、估计数量，跳跃式盘点。

（2）盘点时注意物料的摆放，盘点后需要对物料进行整理，保持原来的或合理的摆放顺序。

（3）所负责的区域内物料需要全部盘点完毕并按要求做相应记录。

（4）盘点过程中严格按照要求填写盘点表，保管好盘点表，避免遗失、造成严重后果。

第六节 流通加工管理

流通加工主要是在商品流通过程中对流通商品所做的辅助性加工活动，是当今物流系统构成的要素之一，是生产本身和生产工艺在流通领域的延伸。流通加工扩大了流通领域的职能，可以更好地为用户提供满意的服务。本小节主要介绍了流通加工的概念、特点、类型、在物流系统中的作用及实现流通加工合理化的途径。

一、流通加工的内涵与特征

（一）流通加工的内涵

《物流术语》中流通加工是物品在从生产地到使用地的过程中，根据需要施加包装、分割、计量、分拣、刷标志、拴标签、组装等简单作业的总称。

流通加工是为了提高物流速度和物品的利用率，在物品进入流通领域后，按顾客的要求进行的加工活动，即在物品从生产者向消费者流动的过程中，为了促进销售、维护商品质量和提高物流效率，对物品进行一定程度的加工。流通加工通过改变或完善流通对象的形态来实现"桥梁和纽带"的作用，因此流通加工是流通中的一种特殊形式。随着经济增长，国民收入增多，消费者的需求出现多样化，促使在流通领域开展流通加工。目前，在世界许多国家和地区的物流中心或仓库经营中都大量存在流通加工业务，在日本、美国等物流发达国家则更为普遍。

（二）流通加工的特征

与生产加工相比较，流通加工具有以下特征。

（1）从加工对象来看，流通加工的对象是进入流通过程的商品，具有商品的属性，以此来区别生产加工。流通加工的对象是商品，而生产加工的对象不是最终产品，而是原材料、零配件或半成品。

（2）从加工程度来看，流通加工大多是简单加工，而不是复杂加工。一般来讲，如果必须进行复杂加工才能形成人们所需的商品，那么，这种复杂加工应该专设生产加工过程。生产过程理应完成大部分加工活动，流通加工则是对生产加工的一种辅助及补充。特别需要指出的是，流通加工绝不是对生产加工的取消或代替。

（3）从价值观点来看，生产加工的目的在于创造价值及使用价值，而流通加工的目的则在于完善其使用价值，并在不做大改变的情况下提高价值。

（4）从加工责任人来看，流通加工的组织者是从事流通工作的人员，能密切结合流通的需要进行加工活动。从加工单位来看，流通加工由商业或物资流通企业完成，而生产加工则由生产企业完成。

（5）从加工目的来看，商品生产是为交换、消费进行的生产，而流通加工的一个重要目的是消费（或再生产），这一点与商品生产有共同之处。但是流通加工有时候也是以自身流通为目的，纯粹是为流通创造条件，这种为流通进行的加工与直接为消费进行的加工在目的上是有所区别的，这也是流通加工不同于一般生产加工的特殊之处。

二、流通加工的分类与作用

（一）流通加工的分类

为适应消费的多元化和因激烈的市场竞争而引起的特色化战略的开展，流通加工的意义日益重要。从简单的粘贴标牌，到需要高科技才能完成的加工形式，流通加工的形式越来越多样化。按加工目的分类，流通加工具有以下几种不同的形式。

（1）为适应多样化需要的流通加工。生产部门为了实现高效率、大批量的生产，其产品往往不能完全满足用户的要求。为了满足用户对产品多样化的需要，同时又要保证高效率的大生产，可对生产出来的单一化、标准化的产品进行多样化的改制加工。例如，对钢材卷板的舒展、剪切加工；平板玻璃按需要规格的开片加工；木材改制成枕木、板材、方材等加工。

（2）为方便消费、省力的流通加工。根据下游生产的需要将商品加工成生产直接可用的状态。例如，根据需要将钢材定尺、定型，按要求下料；将木材制成可直接投入使用的各种型材；将水泥制成混凝土拌和料，只需稍加搅拌即可使用；等等。

（3）为保护产品进行的流通加工。在物流过程中，为了维护商品的使用价值，延长商品在生产和使用期间的寿命，防止商品在运输、储存、装卸搬运、包装等过程中遭受损失，可以采取稳固、改装、保鲜、冷冻、涂油等方式。例如，水产品、肉类、蛋类的保鲜、保质的冷冻加工、防腐加工等；丝、麻、棉织品的防虫、防霉加工等。还有，如为防止金属材料的锈蚀而进行的喷漆、涂防锈油等措施，运用手工、机械或化学方法除锈；木材的防腐朽、防干裂加工；煤炭的防高温自燃加工；水泥的防潮、防湿加工等。

（4）为弥补生产领域加工不足的流通加工。由于受到各种因素的限制，许多产品在生产领域的加工只能到一定程度，而不能完全实现终极加工。例如，木材如果在产地完成成材加工或制成木制品，就会给运输带来极大的困难，所以，在生产领域只能加工到圆木、板、方材这个程度，进一步的下料、切裁、处理等加工则由流通加工完成；钢铁厂大规模的生产只能按规格生产，以使产品有较强的通用性，从而使生产有较高的效率，取得较好的效益。

（5）为促进销售的流通加工。流通加工也可以起到促进销售的作用。例如，将过大包装或散装物分装成适合依次销售的小包装的分装加工；将以保护商品为主的运输包装改换成以促进销售为主的销售包装，以起到吸引消费者、促进销售的作用；将蔬菜、肉类洗净切块以满足消费者要求；等等。

（6）为提高加工效率的流通加工。许多生产企业的初级加工由于设施数量有限，加工效率不高。而流通加工以集中加工的形式，代替若干家生产企业进行初级加工，促使生产水平有一定的提高。

（7）为提高物流效率、降低物流损失的流通加工。有些商品本身的形态使之难以进行物流操作，而且商品在运输、装卸搬运过程中极易受损，因此需要进行适当的流通加工加以弥补，从而使物流各环节易于操作，提高物流效率、降低物流损失。例如，造纸用的木材磨成木屑的流通加工，可以极大提高运输工具的装载效率；自行车在消费地区的装配加工可以提高运输效率、降低损失；石油气的液化加工，使很难输送的气态物转变为容易输送的液态物，也可以提高物流效率。

（8）为衔接不同运输方式、使物流更加合理的流通加工。在干线运输和支线运输的节点设置流通加工环节，可以有效解决大批量、低成本、长距离的干线运输与多品种、少批量、多批次的末端运输和集货运输之间的衔接问题。在流通加工点与大生产企业间形成大批量、定点运输的渠道，以流通加工中心为核心，组织对多个顾客的配送，也可以在流通加工点将运输包装转换为销售包装，从而有效衔接不同目的的运输方式。例如，散装水泥中转仓库把散装水泥装袋，将大规模散装水泥转化为小规模散装水泥的流通加工，就衔接了水泥厂大批量运输和工地小批量装运的需要。

（9）生产—流通一体化的流通加工。依靠生产企业和流通企业的联合，或者生产企业涉足流通，或者流通企业涉足生产，形成的对生产与流通加工进行合理分工、合理规划、合理组织，统筹进行生产与流通加工的安排，这就是生产—流通一体化的流通加工形式。这种形式可以促成产品结构及产业结构的调整，充分发挥企业集团的经济技术优势，是目前流通加工领域的新形式。

（10）为实施配送进行的流通加工。这种流通加工形式是配送中心为了实现配送活动，满足顾客的需要而对物资进行的加工。例如，混凝土搅拌车可以根据顾客的要求，把沙子、水泥、石子、水等各种不同材料按比例要求装入可旋转的罐中。在配送路途中，汽车边行驶边搅拌，到达施工现场后，混凝土已经搅拌均匀，可以直接投入使用。

（二）流通加工的作用

流通加工作为现代物流企业的一项具有广阔发展前景的经营业务，已成为社会再生产的重要环节。流通加工在现代物流中的地位尽管不能与运输、仓储等主要功能要素相提并论，但它具有运输、仓储等主要要素无法起到的作用。流通加工是一种低投入高产出的加工方式，企业往往通过改变包装就使商品的档次跃升而充分实现其价值，有的甚至可使产品的利用率提升 20%～50%。所以，流通加工是物流企业的重要利润源，它在物流中居于非常重要的地位，属于增值服务范围。如现代物流能增加钢材交易的附加值，流通加工作为钢厂生产的延伸服务，通过对钢材产品进行切割、弯曲、焊接、包装等工序，最大限度地满足用户需求，同时形成钢材营销的利润增长源。

（1）提高原材料利用率。通过流通加工进行集中下料，将生产厂商直接运来的简单规格产品，按用户的要求进行下料。例如，将钢板进行剪板、切裁；将木材加工成各种长度及大小的板、方材等。集中下料可以优材优用、小材大用、合理套裁，明显地提高原材料的利用率，有很好的技术经济效果。

（2）进行初级加工，方便用户。用量小或临时有需的顾客不具备进行高效率初级加工的能力，通过流通加工可以使顾客省去进行初级加工的投资、设备、人力，方便了顾客。目前发展较快的初级加工有将水泥加工成生混凝土，将原木或板、方材加工成门窗，钢板预处理、整形等加工。

（3）提高加工效率及设备利用率。在分散加工的情况下，加工设备由于生产周期和生产节奏的限制，设备利用时松时紧，使得加工过程不均衡，设备加工能力不能得到充分发挥。而流通加工面向全社会，加工数量大、加工范围广、加工任务多。这样可以通过建立集中加工点，采用一些效率高、技术先进、加工量大的专门机具和设备，一方面提高了加工效率和加工质量，另一方面还提高了设备利用率。

（4）方便运输，提高物流系统效率。流通加工对于生产的标准化和计划化，提高销售效率，提高商品价值，促进销售将越来越重要。如铝质门窗架、自行车等若在制造厂装配成完整的产品，再运输时将耗费很高的运输费用。一般都是把它们的零部件，如铝质门窗架的杆材、自行车车架和车轮分别集中捆扎或装箱，到达销售地点或使用地点后，在分别组装成成品，这样不仅使运输方便而且经济。而作为加工活动的组装环节是在流通过程中完成的。

总之，流通加工是一项具有广阔前景的物流活动，它不仅使流通总体过程更加合理化，同时为仓储流通企业社会经济效益的提高开辟了一条途径。

三、流通加工管理的工作内容

针对不同产品有不同的流通加工内容，以下选取部分典型产品的流通加工进行介绍。

（1）水泥熟料的流通加工。在需要长途运入水泥的地区，变运入成品水泥为运进水泥熟料，在该地区的流通加工点（磨细工厂）磨细，并根据当地资源和需要掺入混合材料及外加的剂量，制成不同品种及标号的水泥供应给当地用户，这是水泥流通加工的重要形式之一。在国外，采用这种物流形式已占有一定的比重。

（2）集中搅拌供应商品混凝土。水泥的运输与使用，以往习惯上以粉状水泥供给用户，由用户在建筑工地现制现拌混凝土使用。而现在将粉状水泥输送到使用地区的流通加工据点（集中搅拌混凝土工厂或称生混凝土工厂），在那里搅拌成生混凝土，然后供给各个工地或小型构件厂使用。这是水泥流通加工的另一种重要方式。它具有很好的技术经济效果，因此，受到许多工业发达国家的重视。

（3）钢板剪板及下料加工。热连轧钢板和钢带、热轧厚钢板等板材最大交货长度常可达 7～12m，有的是成卷交货，对于使用钢板的用户来说，大、中型企业由于消耗量大，可设专门的剪板及下料加工设备，按生产需要剪板、下料。但对于使用量不大的企业和多数中、小型企业来讲，单独设置剪板、下料的设备，设备闲置时间长、人员浪费大、不容易采用先进方法。钢板的剪板及下料加工可以有效地解决上述弊端。剪板加工是在固定地点设置剪板机，下料加工是设置各种切割设备，将大规格钢板裁小，或切裁成毛坯，便利用户。

（4）木材的流通加工。以下介绍两种情形：一是磨制木屑压缩输送：这是一种可提高流通（运输）效益的加工方法。木材容量小，往往使车船满装不能满载，同时，装车、捆扎也比较困难。从林区外送的原木中，有相当一部分是造纸材料，美国采取在林木生产地就地将原木磨成木屑，然后采取压缩方法，使之成为容重较大、容易装运的形状，然后运至靠近消费地的造纸厂，取得了较好的效果。采取这种办法比直接运送原木节约一半的运费。二是集中开木下料:在流通加工点将原木锯裁成各种规格的锯材,同时将碎木、碎屑集中加工成各种规格板,甚至还可进行打眼、凿孔等初级加工。用户直接使用原木,不但加工复杂、加工场地大、设备多,更严重的是资源浪费大,木材平均利用率不到50%,平均出材率不到40%。实行集中下料,按用户要求供应规格下料,可以使原木利用率提高到95%,出材率提高到72%左右,具有相当大的经济效果。

(5) 煤炭及其他燃料的流通加工。以下介绍五种情形:①除矸加工: 除矸加工是以提高煤炭纯度为目的的加工形式。矸石有一定发热量,煤炭混入一些矸石是允许的,也是较经济的。但在运力十分紧张的地区,要求充分利用运力,多运"纯物质",少运矸石,在这种情况下,可以采用除矸的流通加工排除矸石。②为管道输送煤浆进行的加工:煤炭的运输方法主要采用容器载运方法,运输中损失浪费较大,又容易发生火灾。采用管道运输,是近代兴起的一种先进技术,目前,某些发达国家已开始投入运行。有些企业内部也采用这一方法进行燃料输送。③在流通的起始环节将煤炭磨成细粉,再用水调和成浆状,使之具备流动性。可以像其他液体一样进行管道输送。这种方式输送连续、稳定而且快速,是一种经济的运输方法。④配煤加工:在使用地区设置集中加工点,将各种煤及一些其他发热物质,按不同配方进行掺配加工,生产出各种不同发热量的燃料,称作配煤加工。这种加工方式可以按需要发热量生产和供应燃料,防止热能浪费或者发热量过小的情况出现。工业用煤经过配煤加工,还可以起到便于计量控制、稳定生产过程的作用,在经济及技术上都有价值。⑤天然气、石油气的液化加工:由于气体输送、保存都比较困难,天然气及石油气往往只好就地使用,如果有过剩往往就地燃烧掉,造成浪费和污染。天然气、石油气的输送可以采用管道,但因投资大、输送距离有限,也受到各种条件的制约。在产出地将天然气或石油气压缩到临界压力之上,使之由气体变成液体,可以用容器装运,使用时机动性也较强。这是目前采用较多的形式。

(6) 平板玻璃的流通加工。平板玻璃的"集中套裁,开片供应"是重要的流通加工方式。这种方式是在城镇中设立若干个玻璃套裁中心,按用户提供的图纸,统一开片,供应用户成品。在此基础上,可以逐渐形成从工厂到套裁中心的稳定的、高效率、大规模的平板玻璃"干线输送",以及从套裁中心到用户的小批量、多户头的"二次输送"的现代物流模式。

(7) 生鲜食品的流通加工。以下介绍四种情形:①冷冻加工:为解决鲜肉、鲜鱼在流通中保鲜及搬运装卸的问题,采取低温冻结方式的加工。这种方式也用于某些液体商品、药品等。②分选加工:农副产品离散情况较大,为获得一定规格的产品,采取人工或机械分选的方式加工。广泛用于果类、瓜类、谷物、棉毛原料等。③精制加工:农、牧、副、渔等产品,精制加工是在产地或销售地设置加工点,去除无用部分,甚至可以进行切分、洗净、分装等加工。这种加工不但大大方便了购买者,而且,可对加工的淘汰物进行综合利用。例如,鱼类的精制加工所剔除的内脏可以制某些药物或饲料,鱼鳞可以制高级黏合剂,头尾可以制鱼粉等;蔬菜的加工剩余物可以制饲料、肥料等。④分装加工:许多生鲜食品零售起点量较小,而为保证高效输送,出厂包装可较大,也有一些是采用集装运输方式运达销售地区;为了便于销售,在销售地区按所要求的零售起点量进行新的包装,即大包装改小包装、散装改小包装、运输包装改销售包装,这种方式称为分装加工。

四、流通加工管理的注意事项

在企业流通加工作业中，需要注意以下不合理现象。

（1）流通加工场所选址不当。流通加工场所选址即布局状况直接关系到整个流通加工是否有效。一般来说，选址不当主要表现为以下两种情况：①流通加工场所设置在生产地区。流通加工往往是根据顾客的多样化需求进行加工，加工完成后配送给顾客，所以加工中心应离销售商更近些。②流通加工场所设置在进入社会物流之后。若将其设在物流之后，也就是消费地，在流通中就往往会增加中转加工环节，不但解决不了物流问题，还会带来物流成本的提高。总之，为解决单品种大批量生产与顾客多样化需求之间的矛盾，流通加工环节应安置在产出地，设置在进入社会物流之前，这样才能实现大批量干线运输与多种末端配送相结合的物流优势。

（2）流通加工环节成本高、效益小。流通加工之所以成为很多企业青睐的业务策略，往往是因为在流通加工环节较低的投入会带给企业最终效益的提高。如果流通加工成本过高，就不能实现以较低投入带来较高收益的优势，也不利于物流总成本的降低。因此衡量流通加工合理化的一个关键要点就是成本适中并且能够为企业带来可观的收益。

（3）流通加工与企业生产加工混淆，流通加工方式选择不合理。流通加工方式主要有流通加工程度、流通加工对象、流通加工工艺及流通加工技术四项内容，加工程度过深，加工对象不是进入流通领域的产品，而是零部件或半成品，加工工艺或加工技术过于复杂等，都属于不合理的流通加工现象。因此应选择合理的流通加工方式，使其与生产加工各司其职、完美衔接。

（4）在企业物流管理中流通加工成为冗余环节。有的企业流通加工过于简单，如简单包装等，完全可以放在生产地或消费地进行，因此对生产企业及消费者都意义不大。甚至在未分析研究的情况下盲目地进行流通加工业务，非但不能满足顾客的多样化需求，还会带来物流成本的提高，发挥不了流通加工的优势，这样的流通加工显然是不合理的。

第七节　出库作业管理

商品出库作业，是仓库根据业务部门或货主单位开出的商品出库凭证（提货单、调拨单），按其所列商品编号、名称、规格、型号、数量等项目，组织商品出库一系列工作的总称。做好出库工作，对于改善经营管理、降低作业费用、提高服务质量有一定的作用。本节主要讲述了出库的方式与要求，出库作业流程以及出库单证管理等内容。

一、出库的方式与要求

货品的出库作业，也称发货作业，是仓库根据业务部门或存货单位开具的出库凭证，经过审核出库凭证、备料、拣货、分货等业务直到把商品点交给要货单位或发运部门的一系列作业过程。货品出库的主要方式有自提、送货、托运、取样、过户、移仓等。出库发放的主要任务是所发放的商品必须准确、及时、保质保量地发给收货单位，包装必须完整、牢固、标记正确清楚，核对必须仔细。

出库是商品仓储作业过程的最后一个环节，也是仓储部门对外的窗口。其业务水平、工作质量在一定程度上反映仓储企业形象，直接影响到企业的经济效益和社会效益。因此，及时准确地做好出库业务工作，是仓储管理的一项重要工作。

（一）货品出库的主要方式

货品出库可以分为自提、送货、托运、取样、过户和移仓六种方式。

（1）自提。自提是由收货人或其代理持"商品调拨通知单"直接到库提取、仓库凭单发货的形式，通常被称作提货制。它具有"持单到库，随到随发，自提自运"的特点。为划清交接责任，仓库发货人与提货人在仓库现场，对出库商品当面交接清楚并办理签收手续。

（2）送货。送货即仓库根据货主单位预先送来的"商品调拨通知单"，通过发货作业，把应发商品交由运输部门送达收货单位的形式，通常被称为送货制。仓库实行送货，要划清责任。仓储部门与运输部门的交接手续，是在仓库现场办理完毕的。运输部门与售货单位的交接手续，是根据货主单位与收货单位签订的协议办理的，一般在收货单位指定的到货地办理。送货具有"预先支付，按车排货，发货等车"的特点。仓库实行送货具有多方面的好处；仓库可预先安排作业，缩短发货时间；收货单位可避免因人力、车辆等不便而发生的取货困难；在运输上，可合理使用运输工具、减少运费。仓储部门实行送货业务，应该考虑到货主单位不同经营方式和供应地区的远近，做到既可以向本地送货，也可以向外地送货。

（3）托运。托运是由仓库通过运输单位托运，发到收货单位的一种出库方式。它的特点是仓库通过承运单位将货品送达收货单位。在办理托运的过程中，应该注意两点：一是在托运货物期间，保管工作仍然未结束，应做好复核工作；二是待运货物可按公路、水路、铁路等不同运输方式与线路以及不同的收货地点，进行运单集中并进行复核，然后填制货物运单，并通知运输部门提货。

（4）取样。货主单位出于对商品质量检验、样品陈列等需要，到仓库提取货样（一般都要开箱拆包、分割、发给若干细数）。仓库也必须根据损失取样凭证才给予发样品，并做好账务记载。

（5）过户。过户是一种就地划拨的方式，商品虽未出库，但是所有权已从原存货户转移到新存货户。它的特点是商品不动、变动户头，改变了商品所有权。仓库必须根据原存货单位开出的正式过户凭证，才予以办理过户手续。

（6）移仓。移仓即货主单位为了业务方便或改变储存条件，需要将某批库存商品自甲库转移到乙库的发货作业方式。它的特点是商品所有权未变，但是商品存放地点发生变动（由甲库转移到乙库）。需要注意的是，在移仓过程中，仓库必须根据货主单位开出的正式转仓单，才予以办理转仓。

（二）出库作业的基本要求

商品出库要求应该做到"三不、三核、五检查"。"三不"，即未接单据不翻账，未经审查不备货,未经复核不出库;"三核",即在发货时,要核实凭证、核对账卡、核对实物;"五检查",即对单据和实物都要进行品名检查、规格检查、包装检查、件数检查、重量检查。具体来说,应做到以下几点:①出库凭证、手续必须符合要求;②商品出库要求严格执行各项规章制度;③发货商品必须与领料凭证上所列的名称、规格、型号、单价、数量相符合;④任何人都不能强令保管员将库存商品借用、试用;⑤出库与入库检验的方法应保持一致;⑥贯彻先进先出、推陈出新的原则,组织好商品发放工作;⑦ 提高服务质量、满足用户要求、保证货品安全出库。

二、出库作业流程

出库作业流程如图 6-10 所示,总的来说包括核对凭证、备货加工及出库验收三个主要环节。

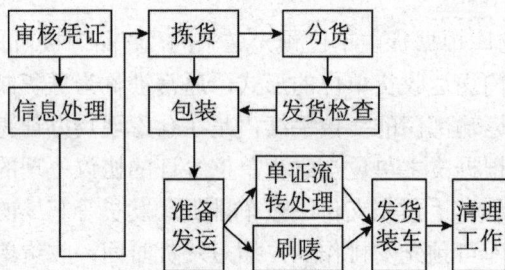

图 6-10　商品出库作业流程

(1)核对凭证。发放商品必须要有正式的出库凭证,这些凭证也是商品出库的依据,必须严谨按照信誉或有关正式手续发货出库。报关员接到出库凭证后仔细核对,这是出库业务的核单工作。首先要审核出库凭证的合理性和真实性;其次核对商品品种、型号、规格、单价、数量、收货单位、到站、银行账号等;最后审核出库凭证的有效期。如果是部门内部自提商品则还需要检查有无财务部门准许发货的签章。

(2)备货加工。出库核对无误后进行出货准备,此时有两种不同的处理方式:照单拣货并准备出货验收;视情况拣货并准备改变包装或简易加工。拣货是出库操作员根据出库单指定的库位、批次所进行的作业。其方式主要有两种,即摘果法和播种法(详见本章第二节)。库内加工是指在仓库内对出库货物进行改包、简易加工。加工的内容一般包括袋装、定量化小包装、配货、分类、混装、拴牌子、贴标签等。更大范围的外延库内加工甚至还包括剪断、打孔、折弯、拉拔、挑扣、组装、改装、配套以及混凝土搅拌等。

(3)出库验收。出库验放的方法和拣选方式有很大关联。播种法拣选时,出库验放的工作就显得十分轻松,在"播种"完毕时,只要所有的品类数量无误,出验的工作就可以说已经结束了。相反,采用摘果法拣选的订单验收时,得加倍仔细检查数量和品类,而且必须有专人负责。出货验放通常以订单为准,结束出库流程时必须保留一份有验收员签章的订单留底在货物上易于看到的位置,以便装车人员将配送单和此订单一并保留,并交由司机随货送交给顾客。

三、出库单证管理

出库单证主要包括提货单、送货单、移库单、过户单等，其中，提货单为主要的出库单证，它是向仓库提取商品的正式凭证。不同单位，会采用自提和送货这两种不同的出库方式，而不同的单位在不同出库方式条件下，单证流转与账务处理的程序都有所不同。

（1）自提方式的出库单证流转。自提是提货人持提货单来仓库提货的出库形式，单证的流转一般有两种方式，即先记账后发货的处理方式和先发货后记账的处理方式，以下只介绍第一种处理方式。商品明细账账务人员在收到提货单后，经审核无误，向提货人开具商品出门证，出门证上应列明每张提货单的编号。出门证中的一联交给提货人，账务人员将根据出门证的另一联和提货单在商品明细账出库记录栏内登账，并在提货单上签名，批注出仓吨数和结存吨数，交给保管员发货。提货人凭出门证向发货员领取商品，待货付讫，保管员应盖付讫章和签名，并将提货单返回账务人员。提货人凭出门证提货出门，并将出门证交给守护员（门卫）。守护员在每天下班前应将出门证交回账务人员，账务人员凭此与已经回笼的提货单号码和所编代号逐一核对。如果发现提货单或出门证短少，应该立即追查，不得拖延。

（2）送货方式的出库单证流转。在送货方式下，一般是采用先发货后记账的形式。提货单随同送货单经内部流转送达仓库后，一般是直接送给理货员，而不先经过账务人员。理货员接单后，经过理单、编写地址代号，交送给保管员发货，待货发讫后再交给账务人员记账。

第八节　装卸搬运作业管理

商品在生产到消费的流通过程中，装卸搬运作业是不可缺少的重要环节。装卸搬运作业是物流系统的构成要素之一，是为采购、配送、运输和保管的需要而进行的作业。装卸搬运作业虽不直接创造价值，但其作业效率和作业质量的高低直接影响到物流成本。因此，合理的装卸搬运作业是提高物流效率和服务水平的重要环节。

从技术发展的角度来看，企业物料装卸搬运的发展过程，主要经历了手工物料搬运、机械化物料搬运、自动化物料搬运系统、集成化物料搬运系统、智能型物流搬运系统五个阶段。其中，自动化物料搬运系统，如自动化仓库或自动存取系统、自动引导小车、电眼以及条形码、机器人等的使用。集成化物料搬运系统，即通过计算机使若干自动化搬运设备协调动作组成一个集成系统，并能与生产系统相协调，取得更好的效益。智能型物料搬运系统将计划自动分解成人员、物料需求计划，并对物料搬运进行规划和实施。以智能、集成、信息为基础的物料搬运系统将是今后的发展趋势。

下文重点讨论装卸搬运的作业方式，装卸搬运的路线、设备选择准则、设备系统和单元化，以及装卸搬运作业的合理化等内容。

一、装卸搬运的作业方式

（一）单件作业法

单件作业法，顾名思义是单件、逐件地进行装卸搬运的方法，通常由人力作业完成。目前，对于一些零散货物，诸如搬家货物等也常采用这种作业方法；长大笨重货物、形状特殊的货物、不宜集装的危险货物以及行包等仍然采用单件作业法。单件作业依作业环境和工作条件可以采用：人工作业法、机械化作业法、半机械化作业法、半自动化作业法。

（二）集装作业法

集装作业是指先将货物集零为整，再进行装卸搬运作业的方法，包括托盘作业法、集装箱作业法、框架作业法、货捆作业法、滑板作业法、网袋作业法以及挂车作业法等（表 6-1）。具体各类装卸设备介绍详情见本书第三章第三、四节内容。

表 6-1　六种不同类型的集装作业法

作业法	介绍	补充
托盘作业法	用托盘系列集装工具将货物形成成组货物单元，以便于采用叉车等设备实现装卸作业机械化的装卸作业方法	
集装箱作业法	把一定数量的货物汇集于一个集装箱内来进行货物的装卸搬运作业	分为垂直装卸法和水平装卸法
框架作业法	框架通常采用木制或金属材料制作，要求有一定的刚度、韧性，质量较轻，以保护商品、方便装卸、有利于运输作业	管件以及各种易碎建材，如玻璃产品等，一般适合采用各种不同集装框架实现装卸机械化
货捆作业法	用捆装工具将散件货物组成一个货物单元，使其在物流过程中保持不变，从而能与其他机械设备配合，实现装卸作业机械化。木材、建材、金属之类货物最适于采用货捆作业法	使用与货捆配套的专用吊具的门式起重机和悬臂式起重机，而叉车、侧叉车、跨车等是配套的搬运机械
滑板作业法	使用滑板托盘，以及与其匹配的装卸作业机械是带推拉器的叉车。叉货时推拉器的钳口夹住滑板的翼板（又称勾百或卷边），将货物支上货叉，卸货时先对好位，然后叉车后退、推拉器前推，将货物放置就位	具有托盘作业法的优点且占用作业场地少，但带推拉器的叉车较重、机动性较差，对货物包装与规格化的要求很高
网袋作业法	将粉粒状货物装入多种合成纤维和人造纤维编织成的集装袋，将各种袋装货物装入多种合成纤维或人造纤维编织成的网、将各种块状货物装入用钢丝绳编成的网，这种先集装再进行装卸作业的方法称为网袋作业法	此法主要适宜于粉粒状货物、各种袋装货物、块状货物、粗杂物品的装卸作业。网袋集装工具体积小、自重轻，回送方便，可重复使用

（三）散装作业法

散装作业是相对于煤炭、矿石、粮食、化肥等块粒、粉粒物资，采用重力法（通过筒仓、溜槽、隧洞等设备）、倾翻法（铁路的翻车机）、机械法（抓、舀等）、气力输送法

（用风机在管道内形成气流，应用动力、压差来输送）等方法进行装卸搬运的方法。

1. 重力法

重力法是利用货物的势能来完成装卸作业的方法。它主要适用于铁路运输，汽车也可利用这种装卸作业法。使用的设备有筒仓、溜槽、隧洞等。

2. 倾翻法

倾翻法是将运载工具的载货部分倾翻因而将货物卸出的方法，主要用于铁路敞车和自卸汽车的卸载方法，汽车一般是依靠液压机械装置顶起货厢实现卸载的。

3. 机械法

机械法是采用各种机械，使其工作机构直接作用于货物，如通过舀、抓、铲等作业方式达到装卸目的的方法。常用的机械有带式输送机、堆取料机、装船机、链斗装车机、单斗和多斗装载机、挖掘机及各种抓斗等。

4. 气力输送法

气力输送法是指用风机在输送管道内形成气流，应用动力、压差来完成输送作业的方法。

二、装卸搬运的路线、设备选择准则、设备系统和单元化

物料装卸搬运方法就是搬运路线、搬运设备和搬运单元的综合。其中，设备决定了路线是固定的还是变动的，如输送机就是固定路线式设备；叉车是可变路线的设备，只要有通道，就可以从一处移动到另一处。路线结构分为直达型和间接型两种，其中间接型又分为渠道型和中心型。搬运单元用来集纳产品，大的搬运单元可以满足生产能力的需要，通常需要直达型路线，如叉车叉起一托盘货物；小的搬运单元不能满足生产能力的需要，就要采用渠道型或中心型的间接路线。物料装卸搬运中的设备和搬运容器都取决于物料的特性与流动量等因素。

（一）装卸搬运的路线

装卸搬运的路线（图6-11）一般分为两种类型：直达型和间接型。直达型是各种物料能各自从起点直接移动到终点的搬运方式。间接型是把几个搬运活动组合在一起，在相同的路线上用同样的设备，把物料从一个区域移动到其他区域，包括渠道型和中心型两种方式。

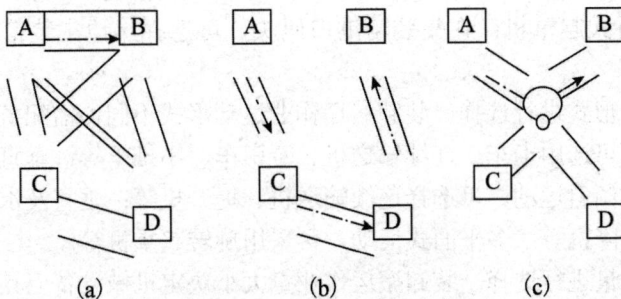

图 6-11 装卸搬运的路线

（a）D—直达型；（b）K—渠道型；（c）C—中心型

（1）直达型 D。直达型路线上各种物料从起点到终点经过的路线最短。当物流量大、距离短或距离中等时，一般采用这种方式最经济，尤其当物料有一定的特殊性而时日又较为紧迫时更为有利。

（2）渠道型 K。渠道型路线是指一些物料在预定路线上移动，与来自不同地点的其他的物料一起运到同一个终点。当物流量为中等或少量而距离为中等或较长时，采用这种方式较为经济，尤其是当布置是不规则的分散布置时更为有利。

（3）中心型 C。中心型路线是指各种物料从起点移动到一个中心分拣处或分发地区，然后再运往终点。当物流量较小而距离中等或较远时，采用这种方式较为经济，尤其是当厂区外形基本上是方整的且管理水平较高时更为有利。

依据物料搬运的规则，要根据各种搬运路线结构的特点、距离与物流量的大小来选择物料装卸搬运的路线。直达型适用于距离短而物流量大的情况，间接型适用于距离长而物流量小的情况。如果物流量大而距离又长，则说明这种搬运不合理。如图 6-12 所示。

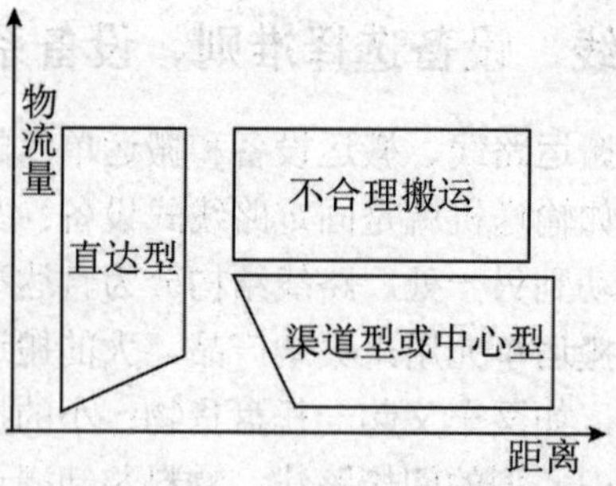

图 6-12　搬运路线的选择

（二）装卸搬运的设备选择准则

装卸搬运设备选择时，需要遵循如下准则。

（1）根据作业性质和作业场合进行选择。明确作业是单纯的装卸或单纯的搬运，还是装卸搬运兼顾，从而可选择更合适的装卸搬运设备。作业场合不同，需要配置不同的装卸搬运机械。例如，在铁路专用线、仓库等场合，可选择龙门起重机；在库房、车间内，可选择桥式起重机；在集装箱港口码头，可选择岸边集装箱装卸桥、集装箱跨运车。

（2）根据作业形式进行选择。装卸搬运作业运动形式不同，需配备不同的装卸搬运机械。水平运动，可选用卡车、连续输送机、牵引车、小推车等；垂直运动，可选择提升机、起重机等；倾斜运动，可选择连续输送机、提升机等；垂直及水平运动，可选用叉车、起重机、升降机等；多平面式运动，可采用旋转起重机等。

（3）根据作业量进行选择。装卸搬运作业量大小决定机械设备应具有的作业能力，从而决定所需配备的机械设备的类型和数量。作业量大时，应选择作业能力较高的大型专用机械设备；作业量小时，最好采用构造简单、造价低廉而又能保持相当作业能力的中小型通用机械设备。

（4）根据货物种类和性质进行选择。货物的物理性质、化学性质以及外部形状和包装千差万别，有大、小之分，有轻、重之分，有固体、液体、气体之分，又有成件、组装之分，因而对装卸搬运设备的要求就不尽相同。选择装卸搬运设备时，应尽可能符合货物特性的要求，以保证作业安全和货物的完好。

（5）根据搬运距离进行选择。长距离搬运一般选用牵引车和挂车等运输设备，较短距离搬运可选用叉车、跨运车、连续运输机等机械设备。为了提高设备的利用率，应当结合设备种类和特点，使行车、货运、装卸、搬运等工作密切配合。

除了考虑上述原则外，对选用的装卸搬运设备本身，在技术上还应符合以下基本要求：①设备应符合其本身的基本用途，使用时可靠、耐用、效率高、操作方便，便于装配和拆卸，自重轻、动力消耗小。②设备能够适应不同的工作条件，设备生产率应满足现场作业的要求。③对于同类货物应尽量选择同一类型的标准设备，便于维护保养，对于整个货场或仓库内的装卸搬运设备也应该尽量避免其多样化，以减少这些设备所需的附属设备并简化技术管理工作。④在作业量不大而货物种类繁杂的情况下，应发展一机多用，扩大设备的适用范围，以适应多种货物的装卸作业，提高设备的利用率。

（三）装卸搬运的设备系统

装卸搬运的设备系统可以分为半自动化系统、自动化系统、自动化分拣系统、自动化立体仓库四类。

（1）半自动化系统。物料处理的半自动化系统是指在机械化的基础上，在局部关键的作业面上采用自动化设备，以提高作业效率，一般在分拣、运输环节实现自动化。比较常用的自动化设备有：自动引导搬运车、自动分拣设备、机器人、活动货架。

（2）自动化系统。当库区的物料处理的全部功能都实现自动作业，并且各作业环节相互连成一体，从入库到出库在整体上实现自动控制时，这样的物料处理系统称为自动化系统。自动化的优势来自大量自动化设备的应用。它的缺点也是十分明显的，主要是投资额大，开发和应用技术比较复杂，维护工作难度高。

（3）自动化分拣系统。现代自动化分拣系统与半自动化系统不同的是，它需要把分拣作业前后的作业连接起来，并实现自动作业，从收到货物、进行处理到出库装车，整个过程实现自动化。

（4）自动化立体仓库。自动化立体仓库的货架很高，可以高达 20 多 m，所以在高架库中，从收货入库到出库装运全部实现自动化。自动化立体仓库的基本构成包括货架、存取设备、输入输出系统、控制系统。

（四）装卸搬运的单元化

单元化是将状态和大小不同的物品，集装成一个实体单元，以便于一次性的拣起和移动，也称集装单元化或单元载荷（unit load），它是物料在装卸搬运作业中的一个重要概念。装卸搬运单元是指物料运载时的状态，就是装卸搬运物料的单位。基本上有三种可供选择的情况：散装、单件或集纳于容器中。

一般来说，散装搬运是最简单和最便宜的移动物料的方法。当然，物料在散装搬运中必须不被破坏、不受损失或不对周围环境造成威胁。散装搬运通常要求物料数量很大。

单件搬运常用于尺寸大、外形复杂、容易损坏和易于抓取或用架子支起的物品。相当多的物料搬运设备是为这种情况设计的。使用各种容器要增加装、捆、扎、垛等作业环节，会增加投资；把用过的容器回收到发运地点，也要增加额外的搬运工作，而单件的搬运就比较容易。当"接近散装搬运"的物料流或采用流水线生产时，大量的小件搬运常常采用单件移动的方式。

除以上两种情况之外，大部分的装卸搬运作业要使用容器或托盘。单件物品可以合并、聚集或分批地用桶、纸盒、箱子等组成搬运单元。用容器或搬运单元的最大好处就是既可以保护物品，又可以减少装卸费用。用托盘和托架、袋、包裹、箱子或板条箱、堆垛和捆扎的物品，叠装和用带捆扎的物品，盘、篮、网兜等都是搬运单元化的形式。

单元化是将规模思想应用到物料装卸搬运作业中，其效果已在物流环节中得到了很好的印证，它的优越性主要体现在：①集包装、装卸、搬运、运输、储存为一个系统，统筹规划、综合考虑，可以简化作业环节、节省费用、实现总体优化。②便于实现装卸搬运作业的机械化，减轻工人劳动强度，提高工作效率。③减少货物变换环节，从而减少因变换而造成的货损、货差，提高物流质量，节约人力、物力和费用。可以采用联运，减少交接装卸搬运手续，方便清点。④减小了受气候影响的程度，保证正常作业，加速货物流转，提高效率。

三、装卸搬运作业的合理化

（一）装卸搬运作业要考虑的要素

在装卸搬运作业要考虑很多要素，如果不对这些影响要素加以分析研究，往往无法达到预期的效果。因此，必须针对这些具体要素加以整理、分析，再决定采用何种设备及方法。装卸搬运作业要考虑的要素具体如下：

（1）搬运对象。 搬运对象的种类、尺寸、形态、特性以及搬运量各不相同，在进行装卸搬运作业时要综合考虑到这些因素对装卸搬运作业效果产生的影响。例如，货物的种类有固体、气体、液体之分；货物的尺寸有大有小，有规则的，也有不规则的；货物的形态有的是散装，有的是整箱，有的则是集装成托盘等；货物的特性有软有硬，有轻有重，有的被污染，也有的已经破损；搬运量更是不尽相同，有多有少，也有频繁与否之分等。

（2）移动。装卸搬运作业就是实现货物在垂直和水平两个方向的移动，而移动的起点、终点、路径、距离、速度以及频率都要考虑周全。例如，根据移动的起、终点决定移动的路径是采用直接型还是间接型的；移动的距离对装卸搬运设备的选择有很大的影响，长距离搬运一般选用牵引车和挂车等运输设备，而较短距离的搬运可选用叉车、跨运车以及连续输送的机械设备；移动速度高低和移动频率的连续或间断决定了物流作业效率的高低。

（3）方法。根据货物的形态（单件、整箱或是集装托盘），使用的设备（手推车、叉车、输送机、牵引车或挂车）和人员（一人、多人或无人）来确定搬运的方法。

（4）建筑物。需要考虑建筑物的高度，通道的设计，地板表面的特性荷载以及建筑物内的面积大小和环境条件（温度、湿度）等。例如，当建筑物内部作业面积受到限制，作业任务紧、时间短时，可采取分班轮流作业，以保持高效的作业连续性；地板的表面特性与地形条件也会影响装卸搬运设备的运行效率，只有充分考虑作业条件时，才能保证设备作业能力的实现并达到既安全又经济的目的。

（二）装卸搬运作业合理化要遵循的原则

要实现装卸搬运作业的合理化，需要遵循如下原则。

1. 防止或消除无效作业

无效作业是指在装卸搬运作业活动中超出必要的装卸、搬运的作业过程。显然，防止或消除无效作业对装卸搬运作业的经济效益有重要作用。为了有效地防止和消除无效作业，可以从以下几个方面入手。

（1）尽量减少装卸次数。物流活动中，货损主要发生在装卸环节，而在整个物流活动中，装卸作业又是反复进行的。从发生的频率来讲，超过了任何其他活动，过多的装卸次数必然增加货损的可能性。从费用成本上来看，一次的装卸费用相当于几十公里的运输费用，因此，每增加一次装卸，物流费用就会大比例地增加。此外，减少装卸次数是提高物流速度的重要方法。

（2）提高被装卸物料的纯度。物料的纯度是指物料中含有的水分、杂质等与物料本身使用无关的物质的多少。在反复装卸时，实际上对这些无效物质反复消耗劳动，因而形成无效装卸。物料的纯度越高，则装卸作业的有效程度越高。反之，则无效作业就会增多。

（3）包装要适宜。包装是物流过程中不可缺少的辅助作业手段。包装过大、过重或是不规则，在装卸时实际上是反复在包装上消耗较大劳动，包装的轻薄化、简单化、实用化、标准化会不同程度上减少作用于包装上的无效劳动。

（4）缩短搬运距离。物料在装卸搬运中，要实现垂直和水平两个方向的移动，选择最短的路线完成这一活动，就可以避免超越这一最短路线以上的无效劳动。

2. 充分利用重力

装卸搬运作业是通过对物料做功来实现其垂直和水平方向上的移动，在这一过程中，要尽可能实现作业的省力化。一方面要尽量消除重力的不利影响，而另一方面也要利用重力的有利影响来减轻劳动强度和减少能量的消耗。

利用货物本身的重量，进行有一定落差的装卸，以减少或根本不必消耗的动力，这是合理化装卸的重要方式。例如，将设有动力的小型运输带（板）斜放在货车、卡车或站台上进行装卸，使物料在倾斜的输送带（板）上依靠自身重力移动。在搬运作业中，将物料放在台车上，由器具承担物料的重量，人们不用亲自用手去搬，只要克服器具的滚动阻力，使物料水平移动即可。

利用重力式移动货架也是一种利用重力进行省力化的装卸方式。重力式移动货架的每层格均有一定的斜度，货箱或托盘可利用重力自己沿着倾斜的货架层滑到输送机械上。

由于物料滑动的阻力越小越好，通常货架表面处理得十分光滑，或者在货架层上装有滚轮，也有在承重商品的货箱或托盘上装有滚轮，这样将滑动摩擦转化为滚动摩擦，物料移动时所受到的阻力会更小。

3. 提高装卸搬运活性

搬运处于静止状态的物料时，需要考虑搬运作业所必需的人工作业。物料搬运的难易程度称为活性，我们用活性系数 a 来衡量。所需的人工越多，活性就越低；反之，所需的人工越少，活性越高，但相应的投资费用也就越高。为了对活性有所区分，对于不同放置状态下的货物作了不同的活性规定，这就是装卸搬运活性系数，分为 0～4 五个等级，具体划分如表 6-2 所示。

表 6-2　活性的区分和活性系数

物品状态	作业说明	作业种类				活性系数
		集中	搬起	升起	运走	
散放在地面	集中、搬起、升起、运走	√	√	√	√	0
集装箱中	搬起、升起、运走（已集中）	×	√	√	√	1
托盘上	升起、运走（已搬起）	×	×	√	√	2
车中	运走（不用升起）	×	×	×	√	3
运输着的输送机上	不需要（保持运动）	×	×	×	×	4
运动着的物体	不需要（保持运动）	×	×	×	×	4

0 级：货物处于散乱堆放在地面的状态。进行下一步装卸必须进行包装或捆扎，或者只能一件件操作处置，因而不能立即实现装卸或者说装卸速度很慢。

1 级：货物包装好或捆扎好后放置在地面的状态。在下一步装卸时可直接对整体货载进行操作。但操作时需要支起、穿绳、挂索或支垫入叉，要进行装卸搬运前的预操作，不能取得很快的装卸搬运速度。

2 级：货物形成集装箱或托盘集装状态，或对已组合成捆的、堆好或捆扎好的货物，进行预垫或预挂，装卸机具能立刻起吊或入叉的状态。

3 级：货物被放于搬运车、台车上，或用起重机吊钩住，动力车辆能随时将车、货拖走的状态。

4 级：货物预置在动力车辆或传送带上，即刻进入运动状态，而不需要做任何预先准备，直接作业的状态。

通过以上分析，考虑提高某些作业活性系数，如活性系数为 0 的散放货物，可以通过放入容器中（活性系数变为 1），或码放在托盘上（活性系数为 2），来提升搬运活性，提高工作效率。还可以计算平均活性系数，从而采用不同的改进方法。

平均活性系数＝活性系数总和/作业工序数

低于 0.5——有效利用集装器具、手推车。

0.5～1.3——有效利用动力搬运车、叉车、卡车。

1.3～2.3——有效利用输送机、自动导引车。

2.3 以上——从设备、方法方面进一步减少搬运工序数。

总之，活性系数越高，所需人工越少，但设备的投入越多。在进行装卸搬运时，要综合考虑实施效益以及实施的可能性。

4. 实现装卸搬运的机械化

机械化是指在装卸搬运作业中，合理适当地使用一些装卸搬运机械来替代人工作业，实现装卸搬运作业的省力化和效率化的作业方式。通过机械化改善物流作业环境，将人力从繁重的体力劳动中解放出来。当然，机械化的程度除了技术因素外，还与物流费用的承担能力等经济因素有关。机械化的实施原则是将人和机械合理地组合在一起，发挥各自特长，实现经济效益最优。

5. 合理安排装卸搬运作业过程

装卸搬运作业过程是指对整个装卸搬运作业的连续性进行合理的安排，以减少运输距离和装卸次数的活动。装卸搬运作业现场的平面布置是直接关系到装卸、搬运距离的关键因素，装卸搬运机械要与货场高度、货位面积等相互协调。要有足够的场地集结货场，并满足装卸搬运机械化的要求，场内的道路布置要为装卸搬运创造良好的条件，有利于加速货位的周转，使装卸搬运的距离达到最短。

提高装卸搬运作业的连续性应该做到：作业现场装卸搬运机械合理衔接；不同的装卸搬运作业在相互联结使用时，力求使它们的装卸搬运速度相等或接近；充分发挥装卸搬运调度人员的作用等。

复习思考题

1. 仓储作业过程包含哪些环节？各环节之间存在哪些内在联系？
2. 简述仓储作业管理的内涵、特征、目标与内容。
3. 传统订货作业和电子订货作业分别有哪些方式？电子订货有哪些优势？
4. 常见的补货方式有哪几类？举例说明补货时机。
5. 简述拣货作业的工作程序与常用方法。
6. 办理货品的入库交接包含哪几个方面的内容？
7. 简述储存作业管理的目标与主要过程。
8. 简述储存管理合理化的内涵、基本要求与实施要点。
9. 什么是流通加工？它具有哪些基本特征？
10. 简述流通加工的分类、作用与工作内容。
11. 呆废物资是什么？为什么要进行处理？
12. 与生产加工相比，流通加工有哪些特点？如何实现流通加工合理化？
13. 简述六种货品出库方式的基本特点。
14. 货品出库在自提方式和送货方式下的单证流转有哪些不同？
15. 装卸搬运路线有哪几种类型？在选择装卸搬运设备时应遵循哪些原则？
16. 货品装卸搬运作业时应考虑哪些要素？如何实现装卸搬运作业的合理化？

主要参考文献

[1] 周文泳. 现代仓储管理[M]. 北京：化学工业出版社，2010.

[2] 丁立言，张铎. 仓储规划与技术[M]. 北京：清华大学出版社，2003.

[3] 刘军，左声龙. 现代仓储作业管理[M]. 北京：中国物资出版社，2006.

[4] 王伟，全新顺. 物流管理概论[M]. 北京：中国铁道出版社，2012.

[5] 田肇云. 现代物流管理[M]. 北京：机械工业出版社，2015.

[6] 田源，张文杰. 仓储规划与管理[M]. 北京：清华大学出版社，2009.

[7] 刘彦平. 仓储和配送管理[M]. 北京：电子工业出版社，2011.

[8] 朱国俊，陈雅萍，李芊蕾. 仓储和配送管理[M]. 北京：清华大学出版社，2011.

[9] 常佩佩. 浅谈企业物流管理中流通加工合理化问题[J]. 经贸实践，2016（17）：136.

库存需求预测

本章导读

库存需求预测是进行库存计划与控制的基础，做好需求的预测工作能够为下一步制订库存计划、采购计划等提供重要依据，同时预测活动是实现事前控制的必要条件。如何进行库存需求的预测将是本章重点论述的内容。通过本章的学习，要理解库存需求的分类，库存需求预测的主要变量、工作重点与注意事项，掌握库存需求预测的定性及定量方法。

第一节　库存需求预测概述

库存需求预测为企业提供了未来一段时间内市场需求期望，为企业库存控制各项活动开展提供依据。如果需求预测准确，能为企业的库存控制决策提供充分的分析依据，降低安全库存水平，降低库存成本，增加企业的资金周转率。

一、库存需求的内涵和分类

企业需要能够根据库存的历史需求情况及影响库存水平的相关因素，通过预测和逻辑推理对未来库存需求的变化及发展趋势作出科学的推测和判断，用以辅助库存决策。

库存需求预测是进行库存控制的前提条件，而进行需求预测前，要了解基本的需求特性，通常可以按以下两种方式对库存需求进行分类。

（一）按需求的特性分类

库存需求按需求的特性可划分为独立需求与相关需求。

独立需求是指用户对某种库存货品的需求与其他种类的库存无直接联系，表现出这种库存需求的独立性。从库存管理的角度来说，独立需求是指那些随机的、企业自身不能控制而是由市场所决定的需求。独立需求无论是在数量上还是在时间上都有很大的不确定性，但可以通过预测方法粗略地估算。

相关需求是指与其他需求存在相关性的需求。根据这种相关性，企业可以精确地计算出它的需求量和需求时间，是一种确定型需求。如顾客对某一商品需求（如汽车），对于生产该产品的企业来说，就是独立需求，因为这种需求与其他种类货品需求无关，而且是随机的、企业不能控制的。而对于构成该产品的零部件及原材料（如轮胎、车窗等）的需求，则是相关需求，因为一旦这种产品需求确定了，生产该产品所需的零部件及原材料的数量即可随之确定，因此是可以精确计算的。相关需求可以分为垂直相关和水平相关，如汽车的需求带动轮胎等零部件的需求是垂直相关；出售 DVD（数字激光视盘）附送影碟属于水平相关。

（二）按货品需求的重复程度分类

按货品需求的重复程度，库存需求可划分为单周期需求和多周期需求。

单周期需求也称一次性订货，这种需求的特征是偶发性或货品生命周期短，因而很少重复订货。通常有两种单周期情况：一种是偶尔发生的对某种货品的需求，如某些大型活动的纪念章或节日贺卡等；另一种是易腐物品或时效性很强物品的需求，如鲜鱼、鲜肉、杂志、报纸等。对单周期需求物品的库存控制称为单周期库存问题，又称报童问题。

多周期需求是在长时间内需求反复发生，库存需要不断补充。对多周期需求物品的库存控制称为多周期库存问题。与单周期库存问题相比，多周期库存问题更为普遍。

二、库存需求预测的主要变量

库存需求预测就是对未来经营活动中库存物资需求的预测，也是对市场需求变化的预测，包括需求品种、需求数量、需求地点以及需求时间等内容。

库存需求预测是对未来某时间段的需求预测，是根据顾客的需求和历史销售数据制定的，是销售决策和生产运营的主要依据。由于企业未来的不可预知性，预测和实际会产生偏差，但就其目的尽量使预测结果接近实际生产的需要。企业运营管理在建立预测时，要多方面考虑各种因素关系、冲突和是否对未来实际生产需求有持续性的影响。企业和顾客在制定预测需求时，双方协同一致、信息共享，不断改进和完善预测方法，使预测更加准确，从而制订出高效合理的生产需求计划，降低仓储风险和库存成本，才能提高资金周转率和顾客服务水平。

一般来说，影响库存需求预测的主要变量可以总结为以下三个方面。

（1）历史数据。历史数据包括历史订单数据、实际销售数据与库存数据等。库存需求预测方法大都是根据历史需求数据作为输入值预测将来库存需求量。

（2）随机因素。随机因素包括季节、节假日与促销等。随机因素是库存需求不确定性的重要影响因素，因此在进行库存需求预测时，需要设定随机因素参数值，如季节性产品需要考虑淡旺季，旺季库存就要相应增加，而淡季则需要减少库存。

（3）消费者因素。消费者因素包括支付能力、购买意愿以及行为偏好等。消费者因素会影响产品的销售情况，因此也是库存需求预测的一个重要变量。

三、库存需求预测的工作重点

库存需求预测一般分为以下三个阶段。

（1）信息输入阶段。收集企业库存信息的历史数据，识别市场上可能存在的随机因素，并考虑消费者因素的影响。

（2）中间运算阶段。根据历史数据特征和存在的影响因素，选择合适的需求预测方法，构建库存需求预测模型。

（3）结果输出阶段。分析预测结果，提出预测分析报告，对比预测结果与实际结果，不断修改库存需求预测模型。

在进行库存需求预测之前，要仔细分析历史库存需求数据变化特点和影响因素，然后再进行库存需求工作。在选择需求预测方法时，应设定合适的预测精度，另外预测方法在保证准确性的基础上应简单易操作，避免造成不必要的人力和物力的浪费。

库存需求预测是库存控制的重要环节，明确库存需求影响因素及其结果有利于提高预测的准确性，降低库存成本，以便企业更有效地安排生产活动，提高顾客满意度和企业竞争力；采用适当的需求预测方法把握需求信息并将其作为决策手段是企业获取竞争优势的有效手段之一。

四、库存需求预测的注意事项

库存需求预测为库存控制提供依据，是其重要环节，但不是最终目的，库存需求预测的作用在于更好地进行库存控制活动。因此，在进行库存需求预测时，切忌盲目追求准确性而耗费大量人力物力资源。

库存需求预测存在一定的误差，而且误差是不可避免的，一般预测误差＝预测值－实际观测值。为了更好地利用预测作出决策，通常在预测的同时会对误差有所估计，即精度设置。当误差过大时，应分析误差产生的原因，还要对预测结果重新分析，避免对预测数据的盲目迷信。

一般来说，对一族或一组产品的库存需求预测比对单一产品的需求预测更准确。仓库里存放的物品往往不止一种，因此采用成组预测，个别产品预测中出现的预测误差部分地相互抵消，增加了预测的精度。而且，近期预测往往比远期预测效果要好，因此，应该尽可能选择时间相对较近的历史数据作为输入值。

第二节 库存需求预测的定性方法

定性预测技术，又称经验判断预测技术，是指借助于专家的主观判断和对相关情况较为熟悉的人员进行调查的方法来进行库存需求预测的一种方法。这种方法建立在过去的经验和对现实市场的感觉之上，在缺乏具体的数据和信息支撑下可以采用这种方法，也可以与定量预测方法结合使用。但是这种方法费时又费钱，一般在战略层面上的预测采用此种方法。常用的定性预测方法有德尔菲法、专家会议法、各部门主管集体讨论法、销售人员意见汇集法和交叉影响法。

一、德尔菲法

德尔菲法于 20 世纪 40 年代由赫尔姆和达尔克首创。1946 年美国兰德公司为避免集体讨论存在的屈从于权威或盲目服从多数的缺陷，首次使用这种方法进行定性预测，后来被迅速广泛采用。它以预先选定的专家作为征询意见的对象，预测小组以匿名的方式给各位专家发放调查问卷、咨询征求专家的意见，然后将收集到的专家意见汇总整理，在参考反馈意见的基础上，预测小组重新设计出新的调查问卷，再对每个专家进行调查，专家可以根据多次反馈的信息作出判断。如此多次反复，专家的意见逐步趋于一致，即得出预测结果。

德尔菲法是一种专家调查法，本质上是一种利用函询形式的集体匿名思想交流过程。该方法具有广泛的代表性，较为可靠。

德尔菲法预测的步骤如图 7-1 所示。

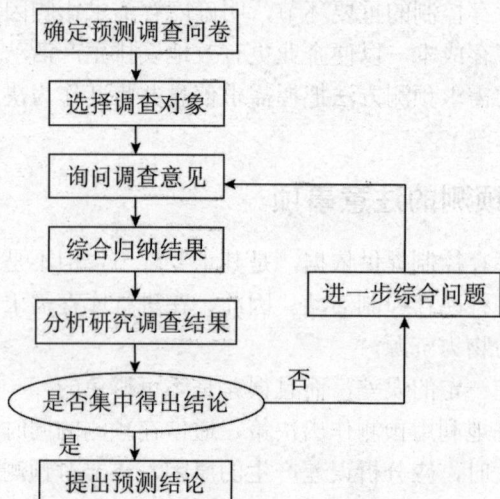

图 7-1　德尔菲法预测的步骤

德尔菲法的特点包括以下几方面。

（1）匿名性。由于专家是背对背提出各自的意见，因而可以避免专家之间的相互影响。

（2）反馈性。预测结果一般是在多次调查、不断反馈、反复综合整理、归纳和修正基础上形成，给专家提供了充分反馈意见的机会。

（3）统计性。对各位专家的估计或预测数值进行统计，进而处理得到预测结果。

（4）权威性。吸收专家参与预测，充分利用专家的经验和学识。

德尔菲法应用的原则包括以下几条。

（1）问题要集中。如预测某产品需求，不能一次给出好几种产品的情况要求专家预测。

（2）不能将调查小组的意见强加于专家。

（3）避免组合事件。如果一个事件包括两个方面：一方面专家同意，另一方面专家不同意，则视为组合事件。

（4）考虑可能的偏差。在预测中，应考虑各个专家所具有的经验及对问题的熟悉程度和判断能力对调查结果造成的偏差，可采用对不同水平专家给予不同的权数的方法，对他们的回答结果进行加权处理，这样可使预测结果更趋准确。

德尔菲法通常用于采集数据成本太高或不便于进行技术分析时采用，适用于长期趋势和对新产品的预测。其主要优点是预测速度较快、预测成本较低；不存在如群体压力或出现某些主导性个体对预测结果产生影响；同时在预测过程中，不断反复调查，使专家意见逐渐趋于一致，这对于专家而言也是一个学习过程。其缺点是专家的选择没有明确的标准，预测责任分散，对于分地区的顾客群或产品的预测不可靠。库存需求为短期需求时，较少采用该种方法，除非采集数据成本太高或数据缺乏时。

二、专家会议法

专家会议法是通过聘请专业领域的专家，以座谈会的形式进行预测讨论。对于所聘请的专家，一般要求其具备相关研究领域丰富的专业知识以及实践经验。

专家会议法的流程是首先向聘请的专家提出问题，把相关信息提供给专家，依靠专家专业知识背景和经验进行综合分析，作出具体判断；再对专家所提供的意见进行统一的整理和归纳，总结形成最终的预测结论。

该方法的优点是参考信息量大、考虑的影响因素全面；不足之处是参会人员易受专家的权威性影响而不能客观发表自己的观点。

三、各部门主管集体讨论法

各部门主管集体讨论法是通过各高级部门主管分析市场环境、竞争对手和结合自身丰富经验总结出来的预测，对库存需求作出分析和预测。

各部门主管集体讨论法的优点有：①预测简单、经济；②不需要准备和统计历史资料；③汇集了各主管的丰富经验与聪明才智；④如果市场情况发生变化，可以立即进行修正。

此方法不足之处是①个别人（权威）的观点可能左右其他人发表意见；②预测的责任分散，易导致管理者发表的意见过于草率。

这种方法应用的前提是参与预测的部门主管具有较高的知识水平、较丰富的经验以及对市场的洞察能力和分析能力。这种方法常用于制定长期规划以及开发新产品预测。

四、销售人员意见汇集法

销售人员意见汇集法是把每个销售人员对需求预测的情况进行综合得出预测结果。预测时，先让每个销售人员对自己负责的销售区域的产品销售额和总的市场需求作出估计，然后把各销售区域人员的估计销售额汇总，就可得出企业产品的销售额和市场需求的预测结果。

这种方法的主要优点是企业的市场销售人员直接接触经销商和顾客，一般知道消费者的购买计划，在进行产品销售预测时，用此方法往往能得出比较符合实际的预测结果。

这种方法的主要缺点是容易受个人偏见的影响。例如，有些销售人员对市场形势比较乐观，他们估计的预测值可能偏高；反之，就可能偏低。另外，销售人员为了制订低的、易于实现的销售计划，可能瞒报需求。因此要对结果进行校正，可以通过计算推定平均值来得到较可信的结果。计算公式为

$$库存需求推定平均值 = \frac{最乐观估计值 + 4 \times 最可能估计值 + 最悲观估计值}{6}$$

为了更好地应用销售人员意见汇集法，在应用这种方法时可以给销售人员提供一些帮助或鼓励。

五、交叉影响法

交叉影响法，也称交叉概率法，1968 年海沃德（Hayward）和戈登（Gordon）首次提出这一概念。目前，它已被推广和应用到许多预测领域，成为一种比较重要的预测技术。

这种方法是从主观上估计每种新事物在未来出现的概率，以及新事物之间相互影响的概率，从而对事物发展前景进行预测。

假设需要研究一组事件未来的变化趋势及发生的概率，即事件发生的可能性。已知一系列目标事件 D_j（D_1，D_2，…，D_n）及其概率 P_j（P_1，P_2，…，P_n），各事件之间存在相互影响，当其中某一事件 D_j 的发生概率为 P_j 时，对其他事件发生的概率会产生影响。若事件 D_j 发生使另一事件发生的概率增加则为正影响，反之，当事件 D_j 发生使另一事件发生的概率减少则为负影响。当然，也有可能事件 D_j 的发生对另一事件发生的概率不产生影响。交叉影响法是充分考虑各目标事件间相互关系的一种方法，具体步骤如下：

（1）确定目标事件之间的影响关系，如表 7-1 所示。

表 7-1　目标事件的影响关系

事件	对其他事件的影响		
	D_1	D_2	D_3
D_1		+	−
D_2	−		+
D_3	+	+	

（2）评定各目标事件的初始概率，如表 7-2 所示。

表 7-2　各目标事件的初始概率

事件	初始概率 P_j	对其他事件的影响		
		D_1	D_2	D_3
D_1	0.75		+	−
D_2	0.50	−		+
D_3	0.25	+	+	

（3）专家调查，评定各目标事件的相互影响程度。例如将影响程度分成五个等级，分别赋值（0~1），如表 7-3 所示。

表 7-3 影 响 程 度

影响程度分类	赋值
无影响	0.00
弱影响	0.25
中影响	0.50
强影响	0.75
极强影响	1.00

结合各事件之间相互影响关系表以及专家评定，可以得出相互影响概率，如表 7-4 所示。

表 7-4　各目标事件的相互影响概率

事件	初始概率 P_j	对其他事件的影响		
		D_1	D_2	D_3
D_1	0.75	0.00	0.50	−0.50
D_2	0.50	−0.25	0.00	0.75
D_3	0.25	0.50	0.25	0.00

（4）根据相应公式计算变化概率 P_j' 并得出分析结果。

交叉影响法的优势在于能考虑目标事件之间的相互影响程度及方向，把大量可能结果的数据整理成易于分析的形式。不足之处是该方法是根据主观判断的数据，利用公式将初始概率转变成校正概率，不可避免地带有主观任意性；且各目标事件之间的交叉影响因素的定义仍待更加明确、具体和严格。

第三节　库存需求预测的定量方法

在有关库存需求预测的研究中，选择恰当的需求预测方法是进行有效的库存决策的基础。定量预测法是根据历史数据和因素变量关系，利用数学模型来计算未来需求的方法。本节主要将常用的库存需求预测的定量方法分为两类：基于统计学的传统预测方法和基于机器学习的预测方法，具体见图 7-2。

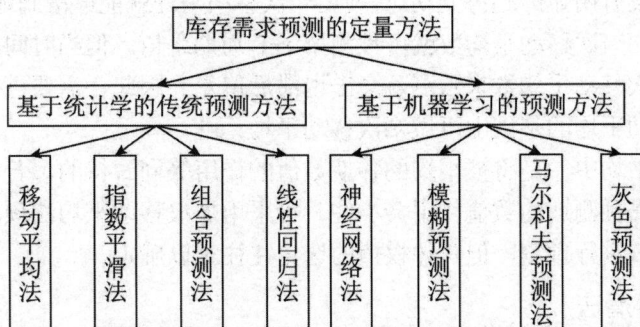

图 7-2　库存需求预测的定量方法

一、基于统计学的传统预测方法

基于统计学的传统预测方法主要包括移动平均法、指数平滑法、组合预测法、线性回归法等。其中移动平均法、指数平滑法和组合预测法属于时间序列预测法，而线性回归法则是因果关系预测法。

时间序列就是按一定的时间间隔（周、月或季度），将某一变量的历史数据按时间先后顺序排列起来的数列。如每周的销售量在一年时间内按时间的先后所构成的序列。库存需求是一个时间序列。时间序列预测就是基于事件随时间发生的历史数据来预测未来，以时间为独立变量，根据过去需求随时间变化的情况来估计未来的需求。它假定过去的数据和未来是相关的。该方法常用于季节性变动、周期模式、趋势值的识别。

因果模型是利用变量之间的相互关系，通过一种变量的变化来预测另一种变量的未来变化。另外，回归预测中的因变量和自变量在时间上是并进关系，即因变量是预测值，利用并进的自变量来预测。常用的具体方法有一元线性回归法和多元线性回归法。

（一）移动平均法

移动平均法是在对时间序列数据进行分段的基础上，按数据点的顺序逐步推移计算其平均数，并据此作出预测。当产品需求既不快速增长也不快速下降，且不存在季节变动影响时，移动平均法通过"吐故纳新"可以有效地消除预测中的随机变动。计算移动平均数的公式如下：

$$\bar{A}_t = \sum_{i=t-N+i}^{t} A_i / N \tag{7-1}$$

式中：$\bar{A}_t$——第 t 期的时序数列的移动平均数；

N——移动平均的项数。

第 t 期的预测值 $F_{t+1}=A_t$，即以第 t 期的移动平均数作为第 $t+1$ 期的预测值。例如，某加工企业前六个月的产品需求量分别为 100、120、130、110、128、140，假定移动平均项数为 3，则第七个月的需求预测量 $F_7=A_7=$（110+128+140）/3＝126 。

在实际应用移动平均法时，移动平均项数 N 的选择十分关键，它取决于预测目标和实际数据的变化规律。

当时间序列没有明显的趋势变动时，使用一次移动平均就能够准确地反映实际情况，直接用第 t 周期的一次移动平均数就可预测第 $t+1$ 周期之值。但当时间序列出现线性变动趋势时，用一次移动平均数来预测就会出现滞后偏差。因此，需要进行修正，修正的方法是在一次移动平均的基础上再做二次移动平均。

在一次移动平均中，是将被平均的各期数值的作用等同看待的，若考虑近期的数值往往影响大、远离预测期的数值作用会小些，可采用加权移动平均法预测，即对不同时期给予不同的权值进行预测，但具体权值的选定往往难以确定。

（二）指数平滑法

指数平滑法通过对加权移动平均的权数加以改进，能提供良好的短期预测精度。根据平滑次数不同，指数平滑法分为一次指数平滑法、二次指数平滑法和三次指数平滑法等，它们的基本思想都是：预测值是以前观测值的加权和，且对不同的数据给予不同的权值，一般新数据给予较大的权值，旧数据给予较小的权值。该模型的一次指数平滑公式为

$$F_t = F_{t-1} + \alpha \ (A_{t-1} - F_{t-1}) \tag{7-2}$$

式中：F_t——第 t 期的预测值

F_{t-1}——第 $t-1$ 期的预测值

α——平滑系数

A_{t-1}——第 $t-1$ 期实际的库存量

例如，$t-1$ 期的库存需求预测为 100 单位，而实际的库存量为 120 单位，假定平滑系数为 0.1，则第 t 期库存需求预测为

$$F_t = 100 + 0.1 \times \ (120 - 100) = 102 \ 单位$$

公式中平滑系数介于 1 与 0 之间。当其取得较大时，适用于变化较大或趋势性较强的时间序列；当其取得较小时，适宜于变化较小或接近平稳的时间序列。实际运用该模型进行预测时，可以确定多个 α 值进行计算，然后分别计算其平均绝对误差或均方差，最后以计算结果最小的 α 值作为最佳 α 值。

时间序列的变动出现直线趋势时，用一次指数平滑法来预测仍存在明显的滞后偏差，需要进行二次指数平滑，利用滞后偏差的规律找出曲线的发展方向和发展趋势，然后建立直线趋势预测模型，称为二次指数平滑法。同样，根据需要也可以采取三次指数平滑进行预测。

（三）组合预测法

为了有效地利用各种模型的优点，1969 年，贝茨和兰杰首次提出了组合预测的理论与方法，将不同的预测方法进行组合，以求产生较好的预测效果。组合定理指出，即使一个很差的预测方法，如果它含有系统的独立信息，当它与一个较好的预测方法进行组合后，同样可以提高预测性能。组合预测是对同一预测对象采用多种预测方法，并对预测结果分别赋予一定的权重 W，计算综合预测值的预测方法。预测公式如下：

$$Y = \sum W_i \times Y_i \tag{7-3}$$

式中：Y——处理后的最终预测值；

Y_i——第 i 种预测方法获得的预测值；

W_i——第 i 种预测方法赋予的权重系数，其中 $\sum W_i = 1$。

组合预测模型综合利用了多种可行预测模型的结果，并可通过权重系数的不同选择方式，充分利用其中预测结果好的模型优点权重。权重选择的方式有算术平均、调和平均以及运用模糊数学的方法确定等。

（四）线性回归法

1. 一元线性回归法

一元线性回归法也称最小二乘法，是用来处理两个变量之间具有线性关系的一种方法。这种方法的应用步骤包括以下几步。

（1）根据 X、Y 现有的实际数据和统计资料，把 X、Y 作为已知数，寻找合适的 a、b 回归系数。

（2）根据回归系数来确定回归方程。

（3）利用已求出的回归方程得出一条趋势变动直线，并使此直线上的各点到实际资料的对应点距离最小。从而使这条直线最能代表实际数据的变动，作为预测的依据。

设 X、Y 两变量满足趋势变动直线方程：$Y=a+bX$，其中 X 为自变量，Y 为因变量或预测量；a、b 为回归系数。从原始数据 (x_i, y_i) $(i=1, 2, \cdots, n)$ 估计参数 a、b，就可以确定方程，在几何上这等价于寻求拟合散点的曲线。而这种拟合过程通常是遵照使拟合误差的平方和为最小的最小二乘法来进行。

如对于自变量 X、因变量 Y 的 n 组原始数据 (x_i, y_i) $(i=1, 2, \cdots, n)$，其回归预测方程式为 $\tilde{y}=a+bx$；设用回归方程计算出的因变量 y 的预测值 y_i 与实际值 y_i 的误差为 e_i，则 $e_i = |y_i - \tilde{y}_i|$ $(i=1, 2, \cdots, n)$。

根据最小二乘法原理，需求出使总方差 $\sum\limits_{i=1}^{n} e_i^2$ 为最小的 a、b 值。令

$$Q(a, b) = \sum_{i=1}^{n} e_i^2 = \sum_{i=1}^{n}(y_i - \tilde{y}_i)^2 \tag{7-4}$$

将 $\tilde{y}_i = a+bx_i$ 代入上式后，根据微分学中求最值的方法，分别求二元函数 $Q(a, b)$ 对 a、b 的偏导数并令其为零，从而解出要求的 a、b 值。

在这一过程中，实际上，我们假设了：①变量 x, y 之间为线性关系。②回归余项线性独立。③回归余项服从正态分布。要知道预测模型与实际情况吻合程度多大，至少还要进行相关性检验。相关系数 r 的求解公式如下：

$$r = \frac{n\sum xy - \sum x \sum y}{\sqrt{[n\sum x^2 - (\sum x)^2][n\sum y^2 - (\sum y)^2]}} \tag{7-5}$$

r 的变化范围为 $-1 \sim +1$，r 值为负说明 x 和 y 负相关，为正则说明 x、y 正相关，同时 r 的绝对值越大说明变量之间的相关程度越高。此外，也可以用 r^2 说明一个回归直线在多大程度上与已知的数据相吻合。

一元线性回归法适用于自变量与因变量两个变量之间存在线性关系，且需求为短期、中期的预测。在回归预测中要注意外推的范围，因为因变量与自变量之间存在相关关系是有一定范围的。为了准确预测需求，在应用回归预测时需要准确收集两个变量的历史数据。

2. 多元线性回归法

在库存管理系统中，对库存需求进行预测时，不仅存在库存需求与一个因素或变量相关的情况，而且存在多个因素变量同时影响库存需求的情况，这种状况更为常见。如果对前一种情况可以用一元线性回归法进行有关的预测，那么后一种情况就可以用多元线性回归法进行有关的预测。多元线性回归法是一元线性回归理论与技术在多变量线性关系系统中的重要延伸，也是预测中常使用的方法。

多元线性回归法是对因变量 Y 和 n 组自变量（X_1, X_2, $\cdots$, X_n）的统计数据，在明确因变量 Y 与各个变量间存在线性关系的基础上，解出适宜的回归方程，并据此作出关于因变量 Y 的发展变化趋势的预测。

类似于一元线性回归法，可以用线性方程来近似描述 Y 与 X_1, X_2, $\cdots$, X_i $\cdots$, X_n 之间的线性关系。即

$$Y=b_0+b_1X_1+b_2X_2+\cdots+b_iX_i+\cdots+b_nX_n, \quad i=1, 2, \cdots, n \quad (7\text{-}6)$$

式中：b_0——常数；

b_i——Y 对 X_i 的偏回归系数。

建立一个多元回归模型需要复杂的统计方法，但现在在计算机上可以使用软件根据统计数据建立合适的多元回归方程，这样就方便多了。

二、基于机器学习的预测方法

基于机器学习的预测方法主要是将人工智能算法和时间序列结合，主要方法有：神经网络法、模糊预测法、马尔科夫预测法和灰色预测法。

与基于统计学的传统需求预测方法相比，基于机器学习的预测方法不仅在预测的精度和速度上有了很大提升，而且可以在季节变动、促销等传统的需求影响因素的基础上考虑消费者因素对库存需求的影响，以便决策者得到科学决策结果。

（一）神经网络法

人工神经网络理论（artificial neural network theory）是在 20 世纪 40 年代被提出，并在研究和应用上不断发展的一个前沿科学领域。神经网络应用于库存需求预测在最近这些年才被发掘，如班萨尔等人（1998）使用基于神经网络的 DM（数据挖掘）和 KDD（知识发现）技术解决一个大医药分销公司的库存需求预测与控制问题，王东旭等人（2001）用 BP（Back-Propagation，反向传播）神经网络模型预测 ERP（企业资源计划）的安全库存。

人工神经网络模型可以利用一些经验性的知识，建立能够"学习"的模型。其工作原理是大致模拟人脑的工作原理，即首先要以一定的学习准则进行学习，然后才能进行推断、评价等工作。相比统计学方法，神经网络法有如下几个优点：①模拟人类思维对事物进行分析与推理，而且样本的数据量越大，模拟预测效果越好；②良好的自组织与自适应性，自动发现模型规律，且没有模型复杂性的限制，即使不知道内部数学模型也可以使用；③高速的寻优过程，可以按神经元将计算量分散到各个计算机上，极大提高

计算速度和解决复杂的现实问题。

不足之处为：①神经网络的层数和神经元的个数确定缺乏理论指导，存在一定的主观性；②对突发事情的适应性较差；③可能存在局部解的情况。

接下来简单介绍两种神经网络模型：多层前向神经网络的误差反向传播算法（以下简称 BP 算法）以及过程神经元网络预测法。

1. 多层前向神经网络的误差反向传播算法

BP 模型由鲁梅尔汉等人在 20 世纪 80 年代中期提出，具有较强的学习能力，被广泛应用于预测、模式识别等方面。

BP 模型的网络拓扑结构由输入层、隐含层（可多层）和输出层构成，各层神经元之间的连接由权重反映。学习过程由正向计算和反向传播组成，学习样本先进入正向计算过程，从输入层经隐含层的逐层处理到输出层输出学习结果；如果输出达不到要求则转入反向传播过程，将输出信号和教师信号的误差（有教师学习）沿网络的连接通路返回，从输出层到输入层逐层修改各层神经元的连接权重。通过正向计算和反向传播反复训练学习样本直到误差信号最小或学习结果达到满意为止，故又可称为反向传播模型，如图 7-3 所示。

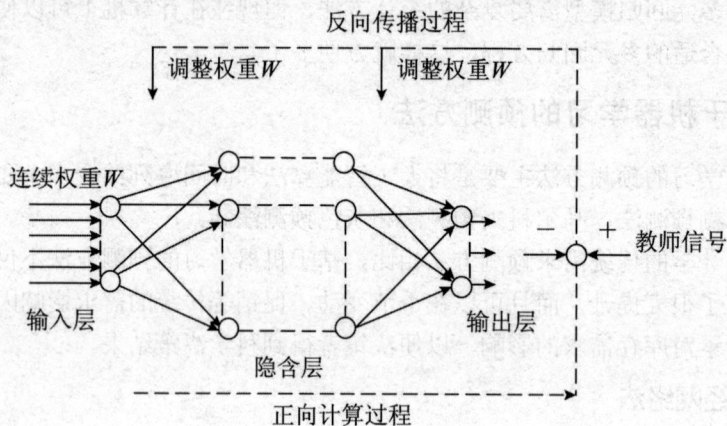

图 7-3　BP 模型工作原理

一般地，设 BP 网络的样本集为 $\{(X, Y)\}$，X 为输入向量，Y 为 X 对应的理想输出向量。输入为影响预测的几个主要因素，输出为预测目标。加入权值 W 和阈值 θ 的 BP 神经网络的数学表达式为

$$Y = f\left(\sum W_j X_j + \theta_j\right) \tag{7-7}$$

误差函数（传递误差）E 的减小采用最速下降法。当 E 是平方和的形式时，E 中的赫西安矩阵近似为

$$H = J^{\mathrm{T}}J$$

同时梯度为

$$\mathrm{VE} = J^{\mathrm{T}}e$$

式中：e——误差向量；

　　　　J——误差对权值微分的雅各比安矩阵（比使用赫西安矩阵简单）。

权值调整率选为

$$VW = (J^{\mathrm{T}}J + \mu J)^{-1} f^{\mathrm{T}} e \tag{7-8}$$

式中：μ——标量，当 μ 很大时，接近于梯度法，当 μ 很小时，变成了高斯—牛顿法，在这种预测方法中 μ 是自适应调整的，依赖于 μ 的幅值。

BP 模型实际上完成的是输入样本空间与输出期望值空间的映射：$X^n \rightarrow Y^m$，输入样本为 n 维，输出期望值为 m 维，维数对应着神经元的个数，输入输出空间的各维反映了预测问题的向量特征。所以有些人用它来预测安全库存，确定最大库存量。在这方面，国内有的学者曾应用神经网络技术来预测大规模的零售公司，尤其是研究按地理分散分布的零售公司如何满足消费者不确定的商品库存需求。另外，有人使用 BP 神经网络技术预测 ERP 的安全供货库存，均取得了较好的效果。

在 BP 模型实际应用的过程中，同样面临着预测人员主观因素的问题。BP 网络隐含层节点数量的确定目前尚无理论指导，只能凭经验根据建模数据的具体情况来选取；BP 算法需要足够丰富的历史数据，期望具有给定的连续函数，由期望输出与网络输出偏差的大小决定隐含层—输出层权值的大小，由此计算出隐含层的偏差，再进一步计算输入层—隐含层权值增量的大小，而实际建模时，历史数据可能是不完整的，函数更是未知的；BP 算法收敛慢，神经网络模型各参数复杂，得到一个最佳模型十分困难。

2. 过程神经元网络预测法

在上述人工神经网络模型中，输入是与时间无关的常量，即输入是几何点式的瞬时输入。而过程神经元网络模型是人工神经网络在时间域上的扩展，更与实际情况相符，更具一般性。

过程神经元由加权、聚合和激励三部分组成。其与传统神经元不同之处在于过程神经元的输入和权值都是可以依赖于时间的函数，即具有时变性。其聚合运算既有对空间的多输入的聚合，也有对时间过程的积累。因此它是传统神经元在时域上的扩展，传统神经元可以看作过程神经元的特例。单个过程神经元的结构如图 7-4 所示。

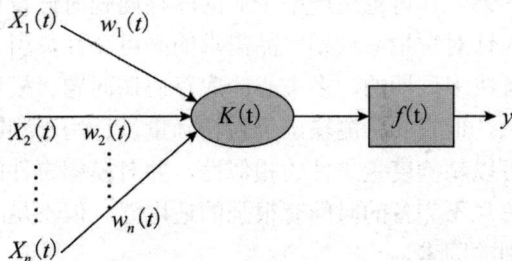

图 7-4　单个过程神经元的结构

图中 $X_1(t)$, $X_2(t)$, $\ldots$, $X_n(t)$ 为过程神经元输入函数向量；$w_1(t)$, $w_2(t)$, $\cdots$, $w_n(t)$ 为相应的权函数；$K(t)$ 为过程神经元的时间聚合基函数；$f(t)$ 为激励函数，可取线性函数、

西格莫伊德函数、高斯型函数等。

输入输出关系如下：

$$Y = \int_0^T \sum_{i=1}^n W_i(t) X_i(t) \mathrm{d}t \tag{7-9}$$

过程神经元网络是由若干个过程神经元按一定的拓扑结构组成的网络。含一个隐含层的基展开过程神经元网络，如图 7-5 所示。

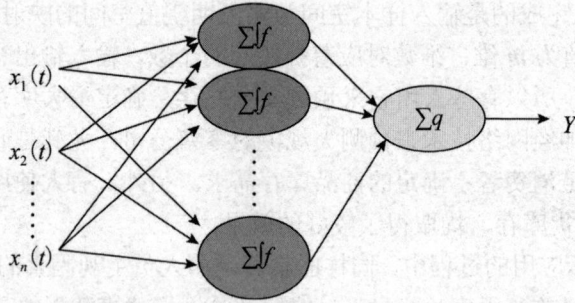

图 7-5　含一个隐含层的基展开过程神经元网络

其中，中间层（隐含层）各单元分别由图 7-4 所示的神经元组成，并设有多个单元。输出层为一非时变神经元。过程神经元网络的学习可借鉴传统梯度下降法，或 BP 算法，这里就不作过多的介绍了。

（二）模糊预测法

1965 年，美国控制专家 L.A.Zadeh 首次提出了一种完全不同于传统数学与控制理论的模糊集合理论，其核心是对复杂的系统或过程建立一种能够语言分析的数学模型，使人类日常生活中的自然语言能直接转化为计算机所能接受的算法语言，为描述、研究和处理模糊性现象提供了新的数学工具。

模糊理论在处理复杂系统特别是不确定系统方面简捷有力，某种程度上弥补了经典分析工具的不足。目前，模糊理论工具在库存需求预测方面的应用越来越受到广泛的关注，如 Lee 和 Yao（1998）在讨论生产型企业的库存问题时假设单位需求量和单位生产量为模糊数，刘星等人针对短生命周期产品需求的高可变性，引入模糊集，建立一个模糊多目标规划模型，解决多周期的、多中心的库存协调问题。模糊预测法虽然是建立在模糊集合论的基础之上，但它的预测输出仍为精确量，适用于判断模糊时间的隶属性，优势主要体现在：①可以精确度量事件的相似性，并对模糊事件的未来趋势作出准确描述；②对不确定的、信息不完备的时间有很强的适用性。但不足之处在于系统完备性不高，可能存在无法识别的因素。

模糊预测法一般过程是先进行因素筛选，对模糊变量进行处理，采用线性隶属度函数来表示模糊目标，使模糊模型具有更好的计算效率和灵活度；给定隶属度水平 α，对模糊模型进行求解分析得出初始折中解；最后改进模糊预测过程，当决策者对初始解不满意时，改进模型直至得到满意解。下面介绍一种典型的 T-S 模糊模型。

T-S 模糊模型于 1985 年由 Takagi 和 Sugeno 提出，主要思想是把输入集合分成若干个模糊子集合，在每个子集合里建立关于输入/输出的简单的线性关系模型。T-S 模型本质上是一种非线性模型，它易于表达复杂系统的动态特性。其结论部分采用线性方程式描述，因而便于采用传统的预测方法进行分析。

若

$$R^i: x_1 \in A_1^i, \ x_2 \in A_2^i, \ \cdots, \ x_m \in A_m^i \tag{7-10}$$

$$y^i = f_i(x_1, \ x_2, \ \cdots, \ x_m), \ i=1, \ 2, \ \cdots, \ n \tag{7-11}$$

其中，R^i 表示第 i 条模糊规则；A_j^i 是模糊子集，隶属函数可以取三角形、梯形或高斯型，其隶属函数中的参数称为前提函数；x_i 是第 i 个输入变量，是构成规则前提的变量；m 是输入变量的数目；y^i 是第 i 条模糊规则的输出；$f_i(x)$ 为线性或非线性函数；n 为模糊规则总数。$f_i(x)$ 通常取为输入变量的线性函数，即

$$R^i: x_1 \in A_1^i, \ x_2 \in A_2^i, \ \cdots, \ x_m \in A_m^i \tag{7-12}$$

$$y^i = p_0^i + p_1^i x_1 + p_2^i x_2 + \cdots + p_m^i x_m = p_0^i + \sum_{i=1}^{m} p_j^i x_j \tag{7-13}$$

$$i=1, \ 2, \ \cdots, \ n, \ j=1, \ 2, \ \cdots, \ m$$

为了不失一般性，设 $0 \leqslant x_i < 1$。对每个输入变量 $x_j (j=1, \ 2, \ \cdots, \ m)$ 定义 n_j 个模糊子集，从而规则总数为 $n = \prod_{j=0}^{m} n_j$。上式给出的第 i 条模糊规则的激活度为 $u^i(x) = \prod_{j=0}^{m} u^{A_j}(x_j)$，定义 $\beta_i = u^i / \sum_{i=1}^{n} u^i$，则模型输出为

$$y = f_{TS}(x) = \frac{\prod_{i=1}^{n} \{u^i(x)(\sum_{j=0}^{m} p_j^i x_j)\}}{\prod_{i=1}^{n} u^i(x)} = \sum_{i=0}^{n} \beta_i y^i = \sum_{i=1}^{n} \beta_i (p_0^i + p_1^i x_1 + p_2^i x_2 + \cdots + p_m^i x_m)$$

$$\tag{7-14}$$

其中 $x=(x_1, \ x_2, \ \cdots, \ x_m)^T$，并且令 $x_0=1$。

（三）马尔科夫预测法

马尔科夫预测法是用来研究随机事件变化并借此分析预测未来变化趋势的一种方法。马尔科夫预测的对象是一个动态变化的过程，事物将来的状态与事物过去的状态无关，与当前的状态有关。马尔科夫预测法适用于波动性较大的数据预测，优点是模型预测精度高、运算速度快，对波动加大的数据有着较好的处理能力，但要求数据具有无后效性，不适用于长期预测。

马尔科夫预测是指系统有 N 种状态，每次只能是一种状态，但每一种状态都可能处于另一种状态或维持原状态，即 $E_i \to E_2$，$E_i \to E_3$，$\cdots$，$E_i \to E_N$。由于状态转移是随机的，必须用状态来表示概率转移的大小，通过用概率来表示转移状态的可能性，就叫作转移概率。对于系统在时间 T 时处于状态 E_i，在时间 $T+1$ 时处于状态 E_j，则称 P_{ij} 为一次转

移，令 $P_{ij}=P(E_j|E_i)=P(E_i \to E_j)=P(x_{n+1}=j|x_n=i)$，显然有

$$P = \begin{pmatrix} P_{11} & P_{12} & \cdots & P_{1N} \\ P_{21} & P_{22} & \cdots & P_{2N} \\ \cdots & \cdots & \cdots & \cdots \\ P_{N1} & P_{N2} & \cdots & P_{NN} \end{pmatrix} \tag{7-15}$$

若系统在时刻 t_0 处于状态 I，经过 M 步转移，在时刻 t_n 处于状态 J。那么，对这种转移的可能性的数量描述成为 n 步转移概率，记为 n 步转移概率，记为

$$P(x_n = j \mid x_0 = i) = P_{IJ}^{(n)} \tag{7-16}$$

$$P^{(n)} = \begin{pmatrix} P_{11}^n & P_{12}^n & \cdots & P_{1N}^n \\ P_{21}^n & P_{22}^n & \cdots & P_{2N}^n \\ \cdots & \cdots & \cdots & \cdots \\ P_{N1}^n & P_{N2}^n & \cdots & P_{NN}^n \end{pmatrix} \tag{7-17}$$

则 $P^{(n)}=P^{(n)}$ 称为 $\acute{N}$ 步转移概率矩阵。其中 P，$P^{(n)}$ 是马尔科夫概率预测的基础。

（四）灰色预测法

灰色预测法是通过少量的、不完整的信息所建立的数学模型进行预测的一种方法，从而对未来状态进行科学的预测。灰色预测法适用于变化较为平稳，且为指数型趋势序列的预测。其优点有模型稳定性高，不受外界因素的干扰；模型简单、运算方便；对实验数据没有特殊要求和限制，且准确度高。但该方法不适用于非指数趋势数据的预测，数据离散程度越大，其预测精度则越低，无法保证其精确性。

GM(1,1)，即 1 阶 1 个变量的微分方程型的灰色模型，是灰色理论预测的基础。建立原始数据为 $X^{(0)}$，$X^{(0)}$ 为非负序列

$$X^{(0)}=\{ x^{(0)}(1),\ x^{(0)}(2),\ \cdots,\ x^{(0)}(n)\},\ x_i^{(0)} \geqslant 0 \tag{7-18}$$

对其做一次累加产生的数列为 $X^{(1)}=\{x(1)^1,\ x(1)^2,\ \cdots,\ x(1)^n\}$，归纳前面的式子可写为 $\{x^{(1)}(i)=\sum_{j=1}^{i} x^{(0)}(j)| i=1,2,\cdots,N\}$，称此式所代表的数据列为原始数据列的一次累加生成，简称为一次累加生成。利用一次累加生产数列拟合常微分方程。下式 a 为发展灰数，u 为内生控制灰数，由最小二乘法可得到 a，u 的值，

$$A = \begin{bmatrix} \hat{a} \\ \hat{u} \end{bmatrix},\ A = \begin{bmatrix} \hat{a} \\ \hat{u} \end{bmatrix} = (B^T B)^{-1} B^T y \tag{7-19}$$

$$B = \begin{bmatrix} -1/2(X_{(1)}^{(1)}+X_{(2)}^{(1)}) & 1 \\ -1/2(X_{(2)}^{(1)}+X_{(3)}^{(1)}) & 1 \\ \vdots & \vdots \\ -1/2(X_{(n-1)}^{(1)}+X_{(n)}^{(1)}) & 1 \end{bmatrix} \quad Y = \begin{bmatrix} X_2^0 \\ X_3^0 \\ \vdots \\ X_n^0 \end{bmatrix} \tag{7-20}$$

当 $K=1,2,3,4,5,\cdots$，$N-1$ 时，由 $\hat{x}^{(1)}(k+1)=[x^{(1)}(1)-\hat{u}/\hat{a}]e^{-\hat{a}k}+\hat{u}/\hat{a}$ 算得 $\hat{x}^{(1)}(k+1)$ 是拟合值，当 $K\geqslant N$，$\hat{x}^{(1)}(k+1)$ 为预报值。这是相对于一次累加序列 X^{1} 的拟合值，然后用减运算还原，即 $X^{(0)}(I)=X(I)-\hat{x}(i-1)$（$i=1,2,3,4,5,\cdots$，$N$）。

复习思考题

1. 简述库存需求的类别。库存需求预测分为哪几个阶段？

2. 库存需求预测定性方法有哪些？各有什么特点？

3. 比较德尔菲法和专家会议法的优缺点。

4. 定量预测方法可以分为哪几类？

5. 定性预测方法和定量预测方法有什么不同？

6. 某时装公司设计了一种新式女时装，聘请了 3 位经验丰富的时装销售人员来参加试销和时装表演活动，预测结果如下：

甲：最高销售量是 80 万件，概率为 0.3；

　　最可能销售量是 70 万件，概率为 0.5；

　　最低销售量是 60 万件，概率为 0.2。

乙：最高销售量是 75 万件，概率为 0.2；

　　最可能销售量是 64 万件，概率为 0.6；

　　最低销售量是 55 万件，概率为 0.2。

丙：最高销售量是 85 万件，概率为 0.1；

　　最可能销售量是 70 万件，概率为 0.7；

　　最低销售量是 60 万件，概率为 0.2。

试运用销售人员意见汇集法预测销量。

7. 李老板经营一家电脑备件店，近期生意日益兴隆，过去 10 个月的需求如表 7-5 所示，请分别用指数平滑法与线性回归法预测接下来 3 个月的需求量？

表 7-5　习题 7 数据表

月份	0	1	2	3	4	5	6	7	8	9
需求	3	4	8	10	15	18	20	22	27	28

8. 简述神经网络方法的工作原理。

9. 灰色预测法的优缺点是什么？

10. 某企业经过调查统计，得知机器在一周时间内，从正常状态转为故障状态的概率是 0.6，而从故障状态转为正常状态的概率为 1。如果机器本周末处于正常状态，试预测第 3 周机器的状态和机器长期运行的状态。

11. 请简述模糊分析法的基本思想、过程以及优势。

12. 基于统计学的传统预测方法与基于机器学习的预测方法的区别是什么？

主要参考文献

[1] 周文泳. 现代仓储管理[M]. 北京：化学工业出版社，2010.

[2] 张壹宁，李德庆. 基于灰色马尔科夫模型库存需求预测方法[J]. 江苏商论，2016（9）：31-33.

[3] 王济干，薛婷婷. 基于需求预测的库存决策研究综述与展望[J]. 管理现代化，2018（1）：33.

[4] 周化，丁度业，黎毅麟，等. 基于 BP 神经网络模型的库存需求预测应用研究[J]. 信息技术，2016，40（11）.

[5] 刘学毅. 德尔菲法在交叉学科研究评价中的运用[J]. 西南交通大学学报（社会科学版），2007，8（2）：21-25.

[6] Lee H M, Yao J S.Economic production quantity for fuzzy demand quantity，and fuzzy production quantity[J]. European journal of operational research, 1998, 109(1)：203-211.

第八章

库 存 控 制

本章导读

库存控制（inventory control）是以控制库存为目的的方法、手段、技术以及操作过程的集合。有效的库存控制可以降低企业库存成本，提高顾客服务水平。通过本章的学习，要求理解库存与库存控制的概念，理解库存的功能与分类，理解库存控制的主要变量和环节，掌握库存控制的常用方法以及供应链环境下的库存控制模式。

第一节　库存控制概述

现代库存控制具有更广泛的意义，通常我们说库存控制主要指对存货数量的控制活动。存货是个抽象名词，任何暂时不处于交易或使用状态的货品都可以说是存货，对于库存的基本概念、库存的基本分类、库存的基本功能等的了解显然是进行库存控制的必要条件。

一、库存与库存控制

（一）库存的概念

在所有的商业组织中，我们都会看到存货的存在，存货是指商业组织中所有存储的，以备将来使用的物料和货品。近年来，存货和库存往往通用，不加分辨。因此库存可以理解为企业或单位存储的一系列货品。如果将库存的概念放大，库存的内容还应该包括许多无形的东西，如银行的储备资金、信息仓库等。本书主要探讨的是实物仓储，因此库存指的都是有形的、商业流通中的各类存储货品。

库存的含义从不同的角度看会有不同的意义。从财务或会计的角度来看，库存是以货品形式存在的资产，库存是钱。库存具有价值，特别是当买进或卖出公司时，它们的价值总是表示在资产负债平衡表上资产的一方。然而哪位经理能够具体讲得出库存如何赚回一笔利润（任何资产都应赚回利润），或者至少同样重要的，他赚回了多少利润？实际上任何从财务角度看库存的人都深信库存越少越好。

把库存看作生产用料的人也有类似的问题。一般说来他们相信库存多些更好。它可以抵挡变幻莫测的顾客、蹩脚的供应商，还可以作为供需链接的缓冲软垫。库存多一点为好，以防万一。这种看法往往忽略了投资的回报以及库存成本问题。

（二）库存控制

库存控制是对制造业或服务业生产、经营全过程的各种物品、产成品以及其他资源进行管理和控制，使其储备保持在经济合理的水平上。

库存控制的范围包括原材料库、中间仓库、零库存和成品库。原材料库控制各种原材料的储备量；中间仓库控制半成品的储备量；零库存控制为制造、装配成品所需储存的外购零件的储备量；成品库控制已制造装配完毕的成品储备量。通过库存控制，可使各种库存物品保持合理的储备量。

库存控制的任务是在满足生产经营需要的基础上，合理确定库存水平，减少库存占用，并持续不断地降低各项库存成本，其作用主要体现在降低库存储备，减少库存积压；降低库存成本，加快流动资金周转；满足生产运作需求，提高服务水平等方面。

库存控制的目标是用最少的投资和库存管理费用，通过有效的控制来维持合理的库存储备量，使库存系统的运行成本达到最小，并确保最大限度地满足生产运营的需要，尽量减少因缺货所造成的损失，提高企业物流管理水平，增强企业的核心竞争力。

二、库存的功能与分类

（一）库存的功能

库存占用资金，且成本高昂，近些年很多企业企图在缩减库存上有所建树，但是不管怎样大部分企业都必须保有一定的库存，以应对供需缓冲和取得折扣等。库存的一般功能有以下几个方面。

1. 库存可以使企业降低采购成本

众所周知，企业在采购过程中，采购的价格因采购数量的多少而有所不同。大批量的采购可以获得更多的价格折扣，使企业降低采购成本，实现规模经济效益。同时，大批量的采购，有时还可以避免由于市场价格上涨带来的资金支出增加。

2. 库存可以调节和缓解供需矛盾

任何产品的生产都不可能与消费达到完全吻合。有些产品的生产时间相对集中，而消费则是相对均衡的，一些季节性产品、批量产品在生产出来以后，需要储存，形成存货，再持续地向消费者提供，从而缓解供给和消费需求之间存在的矛盾。另外，集中生产的产品如果一次性推向市场销售，必然造成市场短时间内产品供大于求，造成产品价格下跌、产品无法消费而被废弃的现象，也需要库存来进行调节，均衡地向市场供应，稳定市场。因此，库存可以起到维护正常的生产秩序和消费秩序的作用，可以缓解、调节和消除供求之间的这种不协调。

3. 库存可以缩短或消除消费者的等待时间

任何生产过程都需要一定的时间，即产品在到达最终消费者之前，都有必要的生产与流通过程。而每一位消费者选择的只是最终可以即时使用的成品，不会愿意花时间去等待产品生产，如果企业保持有一定量的库存，就可以缩短或者消除消费者的等待时间，满足消费者需求，提高产品的竞争力。

4. 库存具有防止和化解不确定因素的作用

库存具有一定的安全功能，就是用来防止和化解不确定因素的发生对企业正常运营的影响。这些不确定因素可能是临时用量的增加，也可能是市场的供货紧缺等。一般来说，不确定因素主要有两种类型：一种是需求的变化；另一种是时间前置的变化。在生产中，如果实际需求量超过了计划的需求量，或者前置时间超过了计划的前置时间，这时如果企业没有一定量的安全库存，就会发生缺货，并影响企业的正常经营。

5. 经济性作用

库存是企业的一项资产，它也同其他资产一样，要追求资产运用的最优化。库存过多会造成积压，增加企业不必要的储存成本；库存不足又会造成脱销，影响企业的正常生产经营和造成消费者不满。因此，企业库存应当尽量保持一个最优值，即企业的库存既不应该投资过多，又不能投资过少，应当根据市场需求和变化特点找到最合理优化的平衡点，取得最大化的经济效益。

（二）库存的分类

按照以下标准和方法，可以将库存划分为不同类型。

1. 按经济用途分类

（1）商品库存。商品库存是指企业购进后供转售的货物，其特征是在转售之前保持其原有实物形态。

（2）制造业库存。制造业库存是指购进后直接用于生产制造的货物。其特点是在出售前需要经过生产加工过程，改变其原有的实物形态或使用功能。具体分类为材料、在制品、半成品、制成品等。

（3）其他库存。其他库存是指除了以上库存外，供企业一般耗用的用品和生产经营服务的辅助性物品。其主要特点是满足企业的各种消费性需要，而不是为了将其直接转售或加工制成产品后再出售。为生产经营服务的辅助性物品，是指企业进行生产经营必不可少、服务于企业生产经营的物品，如包装物和低值易耗品等。

2. 按功能分类

（1）波动库存。波动库存又称"后备存货"或"安全存货"，这是由于销售与生产的数量和时机不能被准确地预测而持有的库存。

（2）预期库存。预期库存就是为未来的需要也是为限制生产速率的变化而储备工时与机时而预先建立起来的库存。

（3）批量库存。由于企业无法按照物品的销售速率去制造或采购物品，因此，要以大于眼前所需的数量去获得物品而造成的库存。

（4）运输库存。运输库存是指因物料必须从一处移动到另一处而存在的库存。

（5）屏障（或投机性）库存。通过在价低时大量购进这些价格易于波动的物品而实现可观的节约，这种库存就称为屏障库存。

3. 按其在生产过程中的地位分类

（1）原料。原料是指用来制造成品中组件的钢铁、面粉、木料、布料或其他物料。

（2）组件。组件是指准备投入产品总装的零件或子装配件。

（3）在制品。在制品是指工厂中正被加工或等待于作业之间的物料与组件。

（4）成品。成品是指备货生产工厂里库存中所持有的已完工物品或订货生产工厂里准备按某一订单发货给顾客的完工货物。

4. 按库存的流动性分类

（1）流动库存。流动库存是指现在重复销售或使用的材料、零件、制品等库存。

（2）睡眠库存。睡眠库存是指需要长期保存的库存。

（3）滞销库存。滞销库存是指陈旧腐化、劣化的库存。滞销库存又可以分为：陈腐化制品的材料及其零件库存；设计变更前的旧材料及零件库存；不可能修整的不良库存；品质劣化的库存；今后不可能再使用的库存货品及零件。

5. 按 5S 整顿和整理的原理分类

按 5S 整顿和整理的原理分类，库存的划分如表 8-1 所示。

表 8-1　库存的划分

必要的库存	运转库存	流动库存
	安全库存	
	预估政策库存	
不必要的库存	过剩库存	睡眠库存
	挪用库存	
	长期保管库存	
	陈腐化库存	滞销库存
	劣化商品库存	

三、库存控制的主要变量

根据供需规律确定生产和流通过程中经济合理的物资存储量的管理工作，库存控制起着缓冲作用，使物流均衡流畅，既保证正常生产和供给，又能合理压缩库存资金。

在进行库存控制时涉及的主要变量有以下几个方面。

（一）库存需求

库存系统中，需求表现为库存量的减少。需求具有不确定性，如促销造成的需求增加、季节性产品的需求变动等都会影响库存决策。企业往往会利用历史数据或专业预测知识对库存需求作出预测，为库存控制提供依据。通常情况下，需求既可以表示为常数，也可以表示为随机性变量，进而可以把需求具体归纳成确定性需求以及不确定需求两大类。对于确定性需求，需求可以是常量或者时变需求；对于不确定性需求，其需求状态可以服从泊松分布、正态分布等。

（二）库存成本

从产品的采购、存储到出库，整个过程中产生的所有费用之和，期间还包括由于缺货产生的经济损失等都是库存成本。库存成本一般包括以下几方面。

（1）订货成本。订货成本是指与订购和进货有关的成本，一般包括产品成本和运输成本。

（2）采购成本。采购成本通常与采购数量有关。

（3）库存持有成本。库存持有成本即存储费用，包括各种税费、保险费，还有维修保养费、保管费用等。

（4）缺货成本。缺货成本是指当库存数量不能满足需求所产生的损失，一般分为有形成本和无形成本。

（三）补货提前期

当库存量减少时，企业需要对库存进行及时适量的补充以防缺货现象的产生。当企业发出补货订单时，往往需要经过一定的时间才能到货，这段时间就被称为补货提前期。提前期可能是已知的，也可能是不确定的，主要受到物流运输、信息传递、生产条件或其他自然因素的影响。

（四）库存服务水平

库存服务水平即对库存服务需求的满足程度。

在顾客需求不确定的情况下，要百分百地满足顾客订单一般是不可能的，因此企业一般会确定一个可接受的服务水平。

四、库存控制的主要环节

近年来，库存控制与管理逐渐受到企业经营者和库存管理者的重视，一般库存控制的主要环节有以下几个方面。

（一）需求分析

库存的直接目的是满足需求，对库存需求进行分析是展开库存控制活动的基础和前提。而库存的需求受到市场经济情况、企业自身政策等各种不确定因素的影响，呈现出不同的需求规律。对库存需求的预测是库存控制的难点和重点，许多学者运用多种不同理论和预测方法对库存需求进行研究。

（二）库存种类

存货的代价是昂贵的，因此，要在可坚守的服务水平的基础上，使存货水平最小化，即意味着把现有物品的存货控制在合理水平上，杜绝在库存中加入不必要的物品，将不再需要的物品移除。

（三）库存补货问题

库存一般处在一个不断消耗、补货的动态过程中，当库存减少到一定量时，必须及时补充库存。库存补充的过程具有时间性，即具有提前期，而提前期有长有短。因此，库存控制时需要确定补货的时间和数量。对于这个问题，一般采取的方式有：①进行阶段式回顾，在固定的时间间隔，发布批量规模不定的订单进行补货；②采取固定订单批量方法，即企业对库存量进行持续监控，当下降到一定程度时立即实施固定数量补货；

③直接将供给和需求相联系，进行较大量的订货，以满足一定时间段内的已知需求。

（四）库存费用分析

库存费用主要包括订货费用、采购费用、库存持有费用和缺货费用等，费用分析就是在某种策略下以总成本最小为目标，运用优化方法找到平衡点使得总成本最小。

第二节　库存控制的常用方法

有关库存控制的方法，可以追溯到商品经济的初期，那时人们就已经懂得了对货品进行分类，并加以区别对待，这是 ABC 分类法的最原始体现。随着现代科学的发展，利用数学建模的方式控制库存得到了很大的发展，定量与定期定货法是具有代表性的库存控制方法。从 20 世纪 60 年代起，市场经济逐渐走向成熟，企业为应对日益激烈的竞争格局，发展出一些新的库存控制技术，如 MRP（物资需求计划），ERP，JIT 等。

一、ABC 分类法

（一）ABC 分类法的原理

ABC 分类法是库存管理中常用的分析方法，也是经济工作中的一种基本工作和认识方法。ABC 分类法，在一定程度上可压缩企业库存总量、节约资金占用、优化库存结构、节省管理精力，因此在企业管理中广为应用。

一般来说，企业的存货品种较多，有些企业的存货甚至达到数万种，其需求量和单价各不相同，年占用金额也各不相同。有些存货在整个库存存货中的品种数量所占比重较大，但其价值在全部存货中所占比重较小，而有些存货则相反。在进行存货管理时，若都采用平均的控制力度，既不科学也不经济，对那些占用金额大的库存品，由于其占用企业的资金较多，对企业经营的影响也较大，因此需要特别的重视和管理；而对占用企业资金不多的存货，可作一般控制，ABC 分类法就是在此基础上产生的。

ABC 分类方法是将所有的库存货物根据其在一定时限内的价值重要性和保管的特殊性的不同，按大小顺序排列，根据各个品种的累计金额和累计数量统计，计算出相对于总金额和总数量的比率，并按序在图中标出对应的点，连成曲线图（图 8-1）。累计货品种类为 5%～15%，而价值占总价值量的 70%左右的确定为 A 类货物；货物种类累计为 20%～30%，而价值占总价值的 20%～30%的物品为 B 类；其余为 C 类。C 类情况正好与 A 类相反，其累计货物种类为 70%左右，而价值仅占总价值的 5%～15%。需要注意的是这种比例关系并不是固定的，实际中企业往往根据自身特点制定灵活的划分标准。

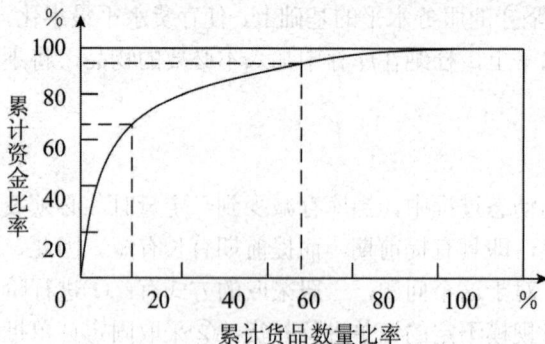

图 8-1　ABC 分类法统计图

简言之，ABC 管理法就是将库存货品根据消耗的品种和金额按一定的标准进行分类，对不同类别的货品采用不同的管理方法。

（二）ABC 分类法的实施方法与步骤

（1）收集数据。根据分析要求、分析内容，收集分析对象的有关数据。例如，要对库存商品占用资金的情况进行分析，则可以收集各类库存商品的进库单位、数量、在库平均时间等，以便了解哪几类商品占用的资金较多，以便分类重点管理。

（2）处理数据。将收集来的数据资料进行汇总、整理，计算出所需的数据。一般以平均库存量乘以单价，求出各类商品的平均资金占用额。

（3）绘制 ABC 分类管理表。ABC 分类管理表由 9 栏构成（表 8-2），制表的步骤如下：①将计算出的平均资金占用额的数据，从大到小进行排序。②将平均资金占用额按从高到低的顺序填入表中的第 6 栏。③以第 5 栏为准，依次在第 1 栏填入相对应的物品名称，在第 4 栏填入物品单价，第 5 栏填入平均库存量，第 2 栏填入商品累计编号（品目数累计）。④计算品目累计百分数，并填入第 3 栏。⑤计算平均资金占用额累计，填入第 7 栏。⑥计算平均资金占用额累计百分数，填入第 8 栏。

表 8-2　ABC 分类管理表

物品名称	品目数累计	品目累计百分数/%	物品单价	平均库存量	平均资金占用额	平均资金占用额累计	平均资金占用额累计百分数/%	分类结果
①	②	③	④	⑤	⑥=④×⑤	⑦	⑧	⑨
⋮	⋮	⋮	⋮	⋮	⋮	⋮	⋮	⋮

（4）分类。根据 ABC 分类管理表第 3 栏中品目累计百分数（%）和第 8 栏平均资金占用额累计百分数（%），进行 A、B、C 三类货品的分类。

（5）绘制 ABC 分类管理图。以品目累计百分数为横坐标，以平均资金占用额累计百分数为纵坐标，按 ABC 分类管理表第 3 栏和第 8 栏提供的数据，在直角坐标图上取对应点，连接各点的曲线即为 ABC 分类曲线。按 ABC 分类管理表上确定的 A、B、C 三个类别，在图上标明。ABC 分类管理图也可用直方图表示。

（三）A、B、C 三类存货的控制原则

ABC 分类明确了重点，可以对不同类别的存货按不同要求进行管理和控制，具体方法如下所述。

（1）A 类库存品。这类库存品品种虽然较少，但其占用的金额较大，是日常控制的重点，需要最严格的管理。必须对这类库存品保持完整的库存记录，建立完善的库存盘存制度，掌握该类存货的收、发、结存情况，严格按各种科学的方法计算确定每个品种的经济订货量、保险储备量，严格控制库存水平，防止缺货。

（2）B 类库存品。这类库存品属于一般的品种，对它的管理介于 A 类和 C 类之间。

原则上也要求计算经济批量和保险储备量，但不必像 A 类存货那样严格，通常的做法是将若干物品合并一起订购。

（3）C 类库存品。这类库存品的种类数虽多，但占用的金额较少，管理办法较简单，不必专门计算存货量，视企业情况规定存货量的上下限，也可适当增加每次订货量，实行简易控制。也可以适当加大安全库存量以保证企业需求，通常一次订购 6 个月或一年的需要量，采用双堆法进行库存管理。

ABC 分类法只是用于找出库存管理的重点，本身并不属于一种库存管理模式，因为它并不能解决存货管理的基本决策问题，但它可以与 EOQ（经济订货批量）模式结合使用。在应用时需要对 ABC 分析法作出一点修正，即在确定存货究竟属于 A、B、C 三类中的哪一类时，不能仅仅根据价值指标，而是通过复合指标的综合评判，辨别降低存货成本的关键存货类别，并将其确定为重点管理对象。

二、定量订货法

定量订货法指当库存量下降到预定的最低库存数量（订货点）时，按规定批量进行订货补充的一种库存控制方法。

定量订货法的基本原理是：预先确定一个订货点，在仓库管理中连续不断地监控库存水平，当库存水平降低至订货点时，发出订货通知，执行订货任务。采购的物品到达时，库存品的数量得到补充，如图 8-2 所示。

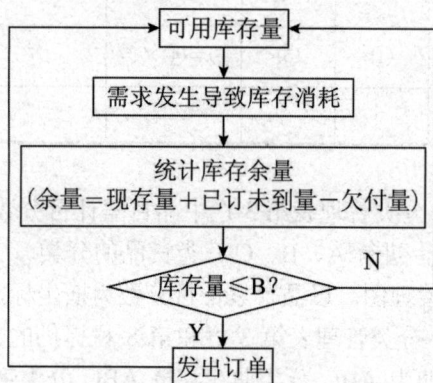

图 8-2 定量订货法原理

定量订货法库存运作过程如图 8-3 所示，Q_{max} 代表最大库存存量；Q_k 代表订货点库存量；Q_s 代表安全库存量；Q^* 代表经济订购批量。图中通过三次订货过程库存量的变化说明定量订货的基本运作过程。初始库存量下降到 Q_k 时，发出第一次订货请求，在 T_k（订货前置期是指从发出订单至货品到达的间隔）期间，库存量下降到 Q_s 的边界点，此时库存得到补充，并完成第一次订货；如是过程经历第二次、第三次订货，并延续下去。从图中可以看出每一期库存的消耗速度是不均等的，有时因为需求突然加大，会动用安全库存，如果需求持续增大，经常动用安全库存会导致库存水平的持续走低，此时需要重新调整订货点库存量或者缩短订货前置期。

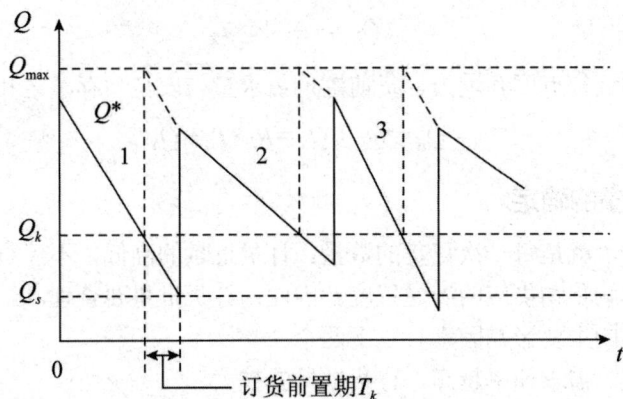

图 8-3　定量订货法库存运作过程

实施定量订货法需要确定以下两个控制参数：一个是订货批量；另一个是订货点（指企业发出订货单时的库存量），即订货点库存量。

（1）订货批量。通常以经济批量为标准制定订货批量。经济批量是使库存总成本达到最低的订货数量，它是通过分析每次订货成本和平均储存成本等因素而得到的。

（2）订货点。通过经济批量的制定，明确了每次订货的最经济合理的水平，但什么时候开始订货，也是影响库存控制效果的一个因素。因为订货过早，会增加存货的储存量，造成积压；订货过晚，又会使存货储备减少，甚至影响生产经营。因此，影响订货点的因素除了经济批量外，还有以下几个：订货前置期、平均每日正常消耗量以及安全库存。

（一）订货点的确定

在定量订货法中，订货点以库存水平作为参照点，当库存水平降到某个库存水平时就发出订货信息。因此，将发出订货信息时的库存水平称为订货点。

库存控制的目标有两点：一是降低库存成本，二是提高顾客服务的水平。这两个目标之间存在权衡关系。在库存控制理论中，订货点是一个决策变量，是控制库存水平的关键因素。在实际物流管理中又称为"额定库存量"。订货点不能取得太高，如果太高，库存量过大，占用资金就大，导致库存费用升高，成本增加；同样订货点也不能取得过低，如果过低，则可能导致缺货损失，一方面是增加快货成本，另一方面是服务率下降。影响确定合理的订货点主要有哪些因素呢？

一般情况下，影响选择订货点的因素有以下三个。

（1）需求速率。需求速率也就是货品需求的速率，用单位时间内的平均需求量 R_P 来描述。显然，需求速率越高，订货点也越高。

（2）订货前置期。订货前置期是指从发出订单到所订物资运送入库所需要的时间长度，以 T_k 表示，T_k 值的大小取决于路途的远近和运输工具速度的快慢。

（3）订货前置期需求量。订货前置期需求量是按照已有的需求速率在订货提前期内发生的需求量，用 Q_L 表示。关系式为

$$Q_L = R_P \times T_k \tag{8-1}$$

因此，合理的订货点库存量为订货前置期需求量与安全库存量之和

$$Q_K = Q_L + Q_S = R_P \times T_k + Q_S \tag{8-2}$$

（二）订货批量的确定

所谓订货批量，就是每一次订货的数量。订货批量的高低，不仅直接影响库存量的高低，而且直接影响货物供应的满足程度。因此，订货批量要合理。

订货批量大小的主要影响因素有以下两个。

（1）需求速度。需求速率越高，订货批量就越大。

（2）经营费用。费用的高低，对订货批量有影响，经营费用低订货量可能就大，反之，订货量就小。在定量订货中，对每一个具体的品种而言，每次订货批量都是相同的，所以对每个品种都要制定一个订货批量，通常以经济批量 EOQ 为标准制定订货批量。

（三）定量订货法的特点

（1）定量订货法的每次订购量是相同的，即 Q^* 是固定的。这样操作较简单并可降低订购成本。

（2）定量订货法的平均库存量较低，因此定量订货法有利于贵重物品的库存，并且可以对企业潜在的缺货作出更快的反应。

（3）由于要随时掌握库存量和控制存货，每次补充库存或货品出库都要进行记录，维持定量订货模型需要的投入很多。同时，订货时间又不能预先确定，因此定量订货法不灵活且要占用一定的人力和物力。

三、定期订货法

定期订货法是预先确定一个订货周期和一个最高库存水准，然后以规定的订货周期为周期，周期性地检查库存，发出订货，订货批量的大小每次都不一定相同。由于定期订货法是按固定的订货周期定期检查库存，以每次实际盘存的库存量与预定的最高库存量之差作为每次的订货量。因此，只有到达订货时间才检查库存，没有达到订货时间不检查库存。在检查库存时就是确定最高库存量与实际库存量的差，以此作为再次订货的数量。定期订货法原理，如图 8-4 所示。

定期订货法库存运作过程，如图 8-5 所示。在定期订货模型中，最高库存量是固定的，每次订货的批量 Q_{K1}、Q_{K2}、Q_{K3} 是不同的。图中简单记录了三次订货的库存变化过程，经过一段时间的消耗后，系统提示订货期已到，开始订货，订货批量为最高库存量与当前库存量之差，经过前置期后，库存得到补足。在前置期内库存继续消耗，库存水平下降到安全库存线处，此时因为存货得到补充，并未动用安全库存；第二次和第三次订货分别是存货下降较慢以及下降较快动用安全库存的情况。与定量订货过程不同，定期订货间隔是相同的，也就是 $T_1 = T_2 = T$。

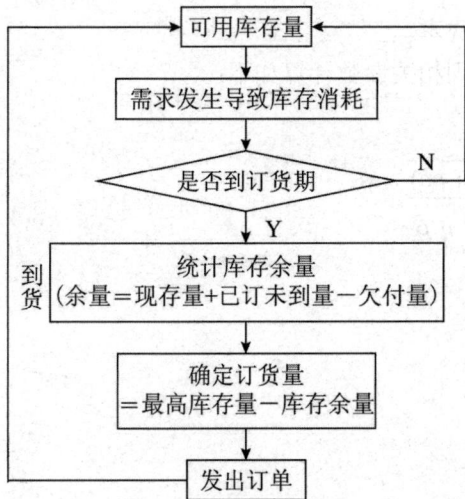

图 8-4　定期订货法原理

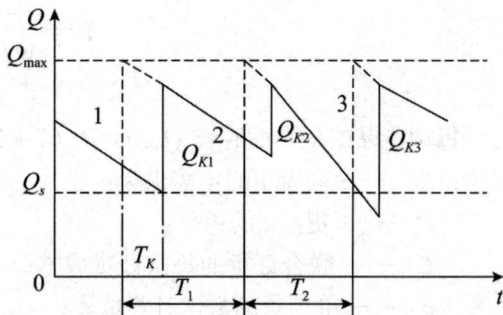

图 8-5　定期订货法库存运行过程

（一）确定性定期订货模型

因为定期订货法订货周期是固定的，在需求和前置期已知的情况下可以通过计算得到最佳的订货周期和最高库存标准。总之，要以经济合理为原则。综合库存保管成本和订购成本两方面因素可以得到经济订购周期。

经济订购周期 T^* 的计算公式为

$$T^* = \sqrt{\frac{2C_2}{C_1 R}} \tag{8-3}$$

式中：C_1——每单位货品年库存成本；

　　　C_2——每次订购成本；

　　　R——年需求量。

知道订购周期后，可以通过计算在订货周期和订货前置期内的货品需求量来得到最高库存标准 $Q_{\max}$，即 $Q_{\max} = R（T + T_K）+ Q_S$。

【例题】某仓库每年需要购进某商品 10 000 件，每次订购成本为 18 元，每单位商品的年储存成本为 4 元。如果此种货品的安全库存为 100 件，订货前置期为 9 天。求经济订购周期和最高库存量分别是多少。

解：$T^* = \sqrt{\dfrac{2C_2}{C_1 R}} = \sqrt{\dfrac{2 \times 18}{4 \times 10\,000}} = 0.03 \approx 11$（天）

$Q_{\max} = R（T + T_K）+ Q_S = 10\,000 \times （0.03 + 9/365）+ 100 \approx 647$（件）。

（二）多品种联合订货

在实际工作中，企业为了减少工作量，往往把多种商品的检查周期统一起来。如果这些商品是从一个供应商处订货，还可采取联合订货的方式。这样，既节约了订购费用，又可以使企业的运输规模提高，从而节约运输成本。

在确定型库存模型下，如果不允许缺货，则相关参数计算如下：

经济订购周期为

$$T^* = \sqrt{\frac{2(C+nc)}{F\sum_{i=1}^{n} R_i P_i}}$$

(8-4)

每项货品的最高库存额 $Q_{\max}i = R_i (T + T_K)$

式中：R_i —— 货品 i 的年需求量；

P_i —— 货品 i 的单价；

C —— 联合订货的每次订货成本；

c —— 单项货品每次订货成本；

F —— 年储存成本比率。

【例题】 企业从某供应商处订购 5 种商品，每种商品的单价和年需求量如表 8-3 所示，假如订购成本为每份订单 2 元，对于每一品种为 0.4 元，年储存成本率为 40%，如果订货前置期为 7 天，求经济订货周期和每种商品的最高库存量。

表 8-3 每种商品的单价和年需求量

品种	年需求量/件	单价/元
A	200	1.00
B	400	0.50
C	150	2.00
D	100	4.00
E	70	5.00
合计	920	

解：依题意

$$\sum_{i=1}^{n} R_i P_i = 1\,450 \text{（元）}$$

订购周期 $T^* = \sqrt{\dfrac{2(C+nc)}{F\sum_{i=1}^{n} R_i P_i}} = \sqrt{\dfrac{2(2+5\cdot 0.4)}{40\% \cdot 1\,450}} = 0.11$ 年 ≈ 43（天）

每种货品的最高库存量：$Q_{\max}i = R_i(T+T_K) = R_i \times \dfrac{43+7}{365} \approx 0.14\,R_i$

将各项数据代入上式，即可得到各货品的最高库存额，如表 8-4 所示。

表 8-4　各货品的最高库存额

品种	最高库存额　（Q_{max}）
A	28
B	56
C	21
D	14
E	10

（三）定期订货的特点

定期订货具有以下几个特点。

（1）定期订货法的订购量是变化的，每次订购量是不同的。不同时期的订购量不尽相同。订购量的大小主要取决于各个时期货品的需求量。由于每次订购量的不同，其运作成本相对较高。

（2）定期订货技术平均库存量较大以防止在盘点期发生缺货现象。

（3）定期订货技术一般只在盘点期进行库存盘点，工作量相对减少。同时可以做到有计划，提高效率。

（4）由于定期订货法的安全库存量比定量订货法高，因此需要较大的安全库存作保证。

（四）定期订货法与定量订货法的区别

定量订货法与定期订货法不同，它们的主要区别有以下几个方面。

1. 提出订购请求的控制点的不同

定量订货法是当库存量下降到预定的订货点时，提出订购请求；而定期订货法则是按预先规定的订货间隔周期，到了该订货的时间提出订购请求。

2. 请求订购的商品批量不同

定量订货法每次订购商品的批量相同，一般按照事先确定的经济批量订货；而定期订货法每次订购的商品批量不一定相同，可根据库存的实际情况计算后确定。

3. 库存商品管理控制的程度不同

定量订货法要求仓库作业人员对库存商品进行严格的控制、精心的管理，经常检校库存、认真盘点、详细记录；而定期订货法只对库存商品进行一般管理、简单的记录，只在达到订货时间时才检查库存，确定库存品的剩余量，不需要经常检查和盘点。

4. 适用的货品范围不同

定量订货法适用于品种数量少、平均占用资金多、需重点管理的 A 类货品；而定期订货法则适用于品种数量多、平均占用资金少、只需一般管理的 B 类和 C 类货品。

四、经济订购批量

订货法是最基本的控制库存的方法，基本经济订购批量是从理想的角度计算出的最优订购批量，尽管 EOQ 很难直接拿来利用，但 EOQ 为各种延伸的具体情况下的订购批量的制定提供了基本支撑。

（一）基本的 EOQ 模型

EOQ 模型是库存控制领域最重要的工具之一，自从哈里斯 1915 年首次根据对银行货币储备研究得出一个库存费用模型后，几十年来经济订购批量得到了企业广泛的认同与应用。可以说经济订购批量 EOQ 是现代库存控制理论的重要基石。

所谓经济定购批量，就是指通过库存成本分析求得在库存总成本最小时的每次订购批量。企业的合理存货量标准是既能满足生产经营活动的正常进行，又使存货耗费的总成本最低，这个合理的存货量通常以经济订购批量为标准。

此模型的建立基于以下假设。

（1）需求是已知的、固定不变的。

（2）一次订货量无最大最小限制。

（3）采购、运输均无价格折扣。

（4）订货前置期已知，且为常量。

（5）订货费与订货批量无关。

（6）维持库存费是库存量的线性函数。

（7）不允许缺货。

（8）全部订货一次交付。

这些假设条件中最为重要的一条是需求已知，并且固定不变。这些假设条件看上去并不完全符合实际情况，但是我们要认识以下两点：①一切模型都是实际情况的简化，设立这些模型的目的是向我们展示一些有用的结果，而不是准确地模仿实际情况。EOQ 在实际中得到如此广泛的应用从侧面就反映了其有用性；②这是一个基本的模型，可以变换条件对其进行修正和扩展，实际上对 EOQ 模型的后续发展大多数都是基于特定实际或条件下的修正和扩展活动。

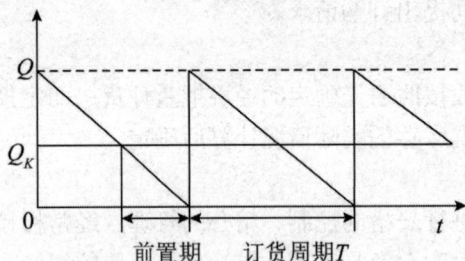

图 8-6　理想条件下的库存变化模型

在以上假设条件下，库存量的变化如图 8-6 所示。

从图中可以看出，系统的最大库存量为 Q，最少库存量为 0。库存按固定需求率减少。当库存量降到订货点 Q_K 时，就按固定订货量发出订货。经过一个固定的订货前置期，刚好在库存变为 0 时，新的一批订货到达，库存量立即达到最大。

库存总成本包括年库存维持成本、订购成本和购买成本。下面我们通过成本分析推导经济订购批量的公式。

年库存维持成本随订货批量 Q 的增加而增加，是 Q 的线性函数。因此，全年的平均库存为 $Q/2$，库存维持成本为平均库存量（$Q/2$）与单位库存维持费用（H）之积；

年订购成本与订购批量的变化成反比，订购批量越大，则订购次数越少，从而订购成本越少。若设一次订购成本为 C，年需求量为 D，则年订购成本为 C 与 D/Q 之积。

年购买成本为货品单位价格（P）与年需求量（D）之积。于是，年库存总成本为

$$TC = C_H + C_R + C_P = H \times (Q/2) + C \times (D/Q) + P \times D \qquad (8-5)$$

库存成本曲线如图 8-7 所示。

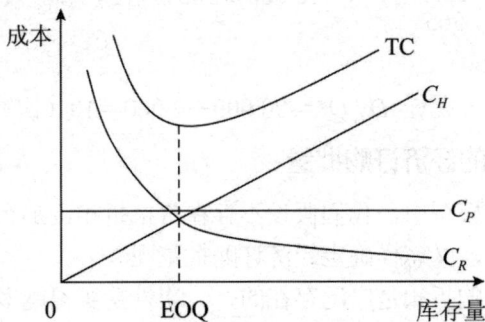

图 8-7 库存成本曲线

为了求出经济订货批量，由库存总成本公式对 Q 求导，得

$$D(TC)/dQ = -(C_R \times D)/Q^2 + C_H/2 = 0 \qquad (8-6)$$

解这个方程，得到

$$EOQ = Q^* = \sqrt{\frac{2RC}{H}} \qquad (8-7)$$

经济订货批量实际上是订货成本与库存维持成本相等的库存水平。不考虑物品本身价格，在经济订货批量下的总库存成本为

$$TC = H(Q^*/2) + R(D/Q^*) + P \times D \qquad (8-8)$$

假设前置期为 T_K，则订货点库存量 Q_K 为

$$Q_K = \frac{D}{365} \times T_K \qquad (8-9)$$

年订货次数为

$$N = D/Q^* \qquad (8-10)$$

【例题】某机床厂某种齿轮的年需求量为 20 000 件。每次订货费用为 150 元，单位库存维持费用为 1.5 元，齿轮单价为每件 100 元，已知订购期为两周，求经济订货批量、库存总成本、订货点库存量以及年订货次数分别是多少。

解：根据已知，可求经济订货批量为

$$EOQ = \sqrt{\frac{2RC}{H}} = \sqrt{\frac{2 \times 150 \times 20\,000}{1.5}} = 2\,000 \text{（件）}$$

库存总成本为

$TC = H \times (Q/2) + C \times (D/Q) + P \times D$

　　$= 1.5 \times (2\,000 \div 2) + 150 \times (20\,000 \div 2\,000) + 100 \times 20\,000$

　　$= 2\,003\,000$ 元

订货点库存量为

$$Q_K = \frac{D}{365} \times T_K = （20\,000 \div 365）\times 14 \approx 767（件）$$

年订货次数为

$$N = D / Q^* = 20\,000 \div 2\,000 = 10（次）$$

（二）有价格折扣的经济订购批量

基本经济订购批量模型中，我们假设不存在价格折扣，那么如果去掉这个假设，即如果存在订购批量折扣，又怎样确定经济订购批量呢？

在实际中，批量订购折扣是广泛存在的，一次性购买得越多，折扣就越多。倘若最大折扣的批量大于我们计算出的经济订购批量，此时，订购批量的加大，一方面节约了购买成本，另一方面增加了库存维持和资金占有成本。对于购买者来说，就需要对这两者的大小进行权衡，从而寻找到令总库存成本最小的订购批量。

假设库存维持成本不随物品的价格而变化，总成本线如图 8-8 所示。这时只有一个单一的经济订货批量，对所有成本曲线都相同。此种情况下，先计算出经济订购批量及此时的库存总成本，然后分别计算各折扣点的库存总成本，选择总成本最小时的订货量为最佳订购批量。

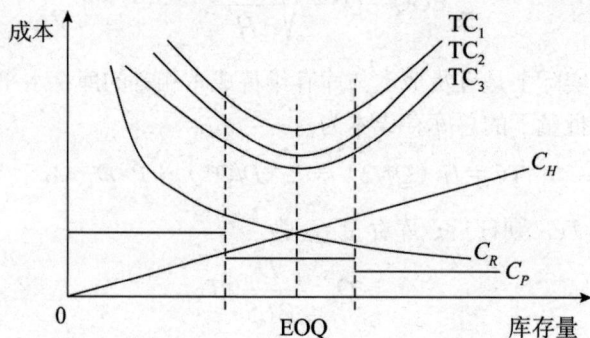

图 8-8　价格折扣下库存维持成本不变的成本曲线

若考虑库存维持成本也随物品价格而变化，此时总成本曲线如图 8-9 所示。

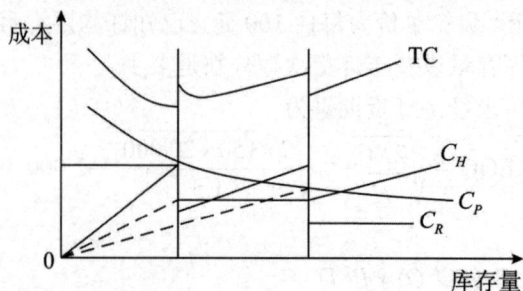

图 8-9　价格折扣下库存维持成本变化的成本曲线

总成本线是一条不连续的折线。在不同价格下都有一个最低成本的批量，确定最佳订货批量时需要按照下列方法处理。

（1）从最低的单位价格开始计算经济订货批量（EOQ），如果计算出来的 EOQ 在所给出的价格范围内，则即为最佳经济订货批量。否则进行（2）中计算。

（2）计算次低单位价格的经济订货批量（EOQ），如果计算出来的 EOQ 在所给的优惠价格范围内，则要比较可行 EOQ 下总成本与最低价格下最小订货数量的总成本，选择最低成本的订货量为最佳订货批量。如果计算出来的 EOQ 不在所给的优惠价格范围内，则需要进行（3）计算。

（3）计算第三个优惠范围的单位价格的经济订货批量（EOQ），如果计算出来的 EOQ 在所给的优惠价格范围内，则需要比较可行 EOQ 下总成本与各较低价格范围的最小订货数量的总成本，选择最低成本的订货量为最佳订货批量。如果计算出来的 EOQ 不在所给的优惠价格范围内，则需要重复（3）中计算。

在价格折扣的经济订货批量模型中，一般以物品价格的百分比，即库存维持费用率（h）来表示维持库存费用与物品占用的资金比率。经济订货批量模型表示为

$$\text{EOQ} = Q^* = \sqrt{\frac{2RC}{Ph}} \tag{8-11}$$

式中：P——物品单价；

h——物品的年库存维持费用率。

此时，库存总成本为

$$TC = P \times h \ (Q^* \div 2) + R \ (D/Q^*) + P \times D \tag{8-12}$$

【例题】 如某零售商采购某种饮料，其价格如表 8-5 所示，若已知产品单价为 2.5 元，单位订货成本为 100 元，单位产品的库存维持费用为单价的 10%，年需求量 10 000 箱，则确定最优订货批量步骤为

表 8-5 订货价格

订货数量/箱	每箱价格/元
1～899	30
900～1 199	25
1 200 以上	20

解：（1）利用经济订货批量公式求出最低价格的经济订货批量 EOQ

$$\text{EOQ (20)} = \sqrt{\frac{2RC}{Ph}} = \sqrt{\frac{2 \times 100 \times 10\,000}{20 \times 0.1}} = 1\,000 \ (\text{箱})$$

因 1 000<1 200，所以此时 EOQ 不在优惠区间内。

（2）计算次低价格的 EOQ

$$\text{EOQ (25)} = \sqrt{\frac{2RC}{Ph}} = \sqrt{\frac{2 \times 100 \times 10\,000}{25 \times 0.1}} = 894 \ (\text{箱})$$

与上同理需进行下一步计算。

（3）计算下一个优惠价格下的经济订购批量

$$\text{EOQ}（30）=\sqrt{\frac{2RC}{Ph}}=\sqrt{\frac{2\times100\times10\,000}{30\times0.1}}=816\quad（箱）$$

因此单箱 30 元时的经济订购批量是可行的，接下来就总库存成本与各折扣点的数值进行比较

$$TC=P\times h（Q\div2）+R（D/Q）+P\times D$$

分别把 $P=20$，$Q=1\,200$；$P=25$，$Q=900$；$P=30$，$Q=816$ 代入上式，得

TC（20）＝202 033（元）

TC（25）＝252 236（元）

TC（30）＝302 449（元）

因 TC（20）最小，因此选择 1 200 箱为最佳经济订购批量。

（三）允许缺货（延期交货）的经济订购批量

在基本经济订购批量模型中，我们假设所有需求必须得到立刻满足，不允许出现缺货。但在实际应用中，缺货是经常存在的，甚至是某些行业的主要库存战略。例如，汽车经销商不会把所有的汽车都安置在展厅中，消费者选好车种、型号后，商家再从厂家订货，通过延期交货的方式把产品交到消费者手中。延期交货适用于产品的单位成本比较高、产品种类比较多、从供应商处直接送货的周期较短、竞争并不激烈（或具垄断性质）并且顾客愿意等待的情况。

允许缺货情况下，一个单一库存周期的模型如图 8-10 所示。因为缺货的存在，一方面使库存量保持在一个比较低的水平，另一方面会带来缺货成本，我们依然可以通过对库存总成本的分析，得出此种情况下的最佳订货批量。

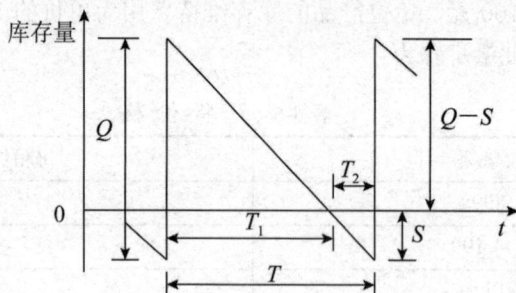

图 8-10　允许缺货的库存模型

允许缺货的库存总成本除了包括库存维持成本、订货成本、购买成本外，还有缺货成本，根据图 8-7 所示，以一个周期 T 为例说明这几块成本的构成。

购买成本：货品单价乘以订购批量，即 $P\times Q$

订购成本：一次订购成本为 C

库存维持成本：此成本发生在 T_1 内，等于 $(Q-S)C_H T_1/2$。其中 S 为最大缺货量；C_H 为单位时间的库存维持成本；$(Q-S)/2$ 为平均库存量。

缺货成本：T_2 内，缺货成本等于 $C_S T_2 S/2$。其中平均缺货量为 $S/2$；C_S 为单位时间的缺货成本。

于是周期 T 内的总库存成本为

单周期 $\mathrm{TC} = P \times Q + C + (Q-S) C_H T_1/2 + C_S T_2 S/2$ (8-13)

设平均单位时间的需求量为 D，我们可以得到 $T_1 = (Q-S)/D$；$T_2 = S/D$；$Q = D \times T$。

代入总库存成本公式，并除以 T，从而得到

$$\mathrm{TC} = P \times D + C \times D/Q + (Q-S)^2 C_H/(2 \times Q) + C_S \times S^2/(2 \times Q) \quad (8\text{-}14)$$

然后分别对 Q 和 S 求偏导数，并令其为零得到一个方程组，解得

最佳订购批量：

$$\mathrm{EOQ} = \sqrt{\frac{2CD(C_H + C_S)}{C_H \times C_S}} \quad (8\text{-}15)$$

最佳延期交货数量：

$$S^* = \sqrt{\frac{2CDC_H}{C_S \times (C_S + C_H)}} \quad (8\text{-}16)$$

（四）EOQ 在其他方面的调整

以上详细的介绍了几种 EOQ 模型的特点与推导过程，其实针对 EOQ 的延伸模型非常多，可以说经济订购批量具有的高度的适应性，针对不同的实际情况，我们可以开发出相应的解决库存决策的 EOQ 变种。例如，在批量生产、多品种订购、有限的资金预算、单位化特征、非瞬时供应等方面都可以进行相应的模型修正。

（1）批量生产。批量生产是指从制造角度来看最经济的生产批量。当最经济的批量生产量大于 EOQ 时，就要对 EOQ 进行调整，使库存资源计划服务于生产的合理要求。

（2）多品种订购。多品种订购，又称组合订购，我们通常研究的是单一品种的订购问题，但实际情况中，为取得批量运输的节约，或者组合订购的折扣等，商家通常会采用多品种同时订购的方法。此时就需要考虑折扣、时间等因素对最佳订购批量的影响。

（3）有限的资金预算。库存占有巨大的现金流，有时候企业会出现资金短缺问题，此时因为预算不足结果无法按照经济订购批量来进行订货。此时因为订货批量的减少，很可能会引起销售缺货或者生产受阻，因此在实际应用中应以满足需求为基本原则。

（4）单位化特征。单位化特征是指许多产品是按照一定标准进行储备和运输的，如货柜、托盘。既然这些标准化单位是被用来专门适应运输工具和搬运工具的，那么，当 EOQ 批量不是一种复式单位时，就有可能产生明显的不经济效果。例如，假定一个托盘能够装载 200 个单位的某种特定产品。如果使用 EOQ 批量为 300 个单位，这就意味着要用 1.5 个托盘。显然这两者间是冲突的。

（5）非瞬时供应。非瞬时供应，也称分次陆续到货。基本 EOQ 模型假定订货是一次到达的，但在现实中，往往存在存货陆续到达的情形。例如，在制造企业中，如果一

零部件的生产速度大于消耗速度，就可以进行分批供应。

非瞬时供应的巨大优点是减少了保管费用，拉长了订货周期。其极端情况是订货不经过仓库直接发到顾客手中，此时也就实现了零库存。

对于这些情况的具体讨论，这里就不做过多说明了，有兴趣的读者可以自己建模进行分析或者参考相关书籍一窥究竟。

五、物料需求计划

（一）物料需求计划的产生

20 世纪 60 年代以前，用于解决独立需求问题的订货点技术得到了很好的应用。在此期间美国 IBM 公司的管理专家约瑟夫·奥利佛首先提出了相关需求的概念，并在此基础上总结出了一种新理论：物料需求计划理论，也称作基本 MRP。

MRP 的基本特点是通过计算产量来推导出对物料的需求。在企业中，物质资料的生产是将原材料转化为产品的过程。如果确定了产品生产的数量和出产时间，就可以按产品的结构确定构成产品的所有零件和部件的数量，并可按各种零件和部件的生产周期反推它们的出产时间和投入时间，相应地确定各种制造资源的需要数量和需要时间，围绕物料的转化过程来组织资源、调节库存，从而在保证生产的前提下，有效地降低了库存。

MRP 起步于 20 世纪 60 年代，在获得人们肯定和企业实践的基础上，自身也在不断完善。我们今天熟悉的 ERP 系统最初就是起源于 MRP，其间又经历了闭环 MRP、制造资源计划等阶段。值得注意的是，MRP 更多的是从计划的角度去控制库存、调节生产，而后来的 ERP 则是一套集成了企业大部分活动的综合性管理信息系统。

MRP 与传统的库存理论有着明显的不同。其最主要的特点是引入了时间分段和反映产品结构的物料清单 BOM，从而较好地解决了库存管理和生产控制的难题，即按时按需得到所用到的原材料、零件和组件。

（二）物料需求计划的制订

MRP 系统的主要目标在于控制库存水平，确定产品的生产优先顺序，满足交货期的要求，使生产系统的负荷达到均衡，即采购恰当数量的零部件，选择恰当的时间订货，保证计划生产和向顾客提供所需的各种材料、部件和产品，以及计划交货的时间和生产负荷等。

实现 MRP 的基本元素包括主生产计划（main production schedule，MPS）、物料清单、库存信息。因此 MRP 的基本原理是：由主生产计划、物料清单、库存信息逐个求出主产品所有零部件的生产时间和生产数量。其中若零部件是企业内部生产的，需根据各自生产时间长短提前安排投产时间，形成零部件投产计划，若零部件需外购，则根据各自的订货提前期确定提前发出订货的时间、订货数量，形成采购计划。据此实现所有零部件的出产计划，保证产品的交货期，降低原材料的库存，减少资金占有量。MRP 的逻辑关系如图 8-11 所示。

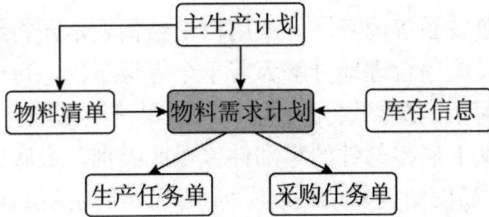

图 8-11　MRP 的逻辑关系

由上面的逻辑关系图可以看出，MRP 的基本内容是编制零件的生产计划和采购计划。但是，要正确编制零件计划，必须掌握顾客需求，然后落实产品生产的数量和生产的时间，再确定相应的所需材料的数量并采购。因此，MRP 的内容概括起来主要包括顾客需求管理、产品生产计划、原材料计划以及库存信息。通过顾客需求管理（包括顾客订单管理及销售预测）得出顾客需要什么以及需要多少；通过产品生产计划确定最终将要生产的产品的生产时间和数量，从而为决定需要多少人力和设备以及需要多少原材料和资金做依据；通过原材料计划制定生产产品需要准备的原材料的具体情况。而在确定购买原材料之前，需要检查现有库存信息，并通过比较得出实际的购买量。物料需求计划的制订，如图 8-12 所示。

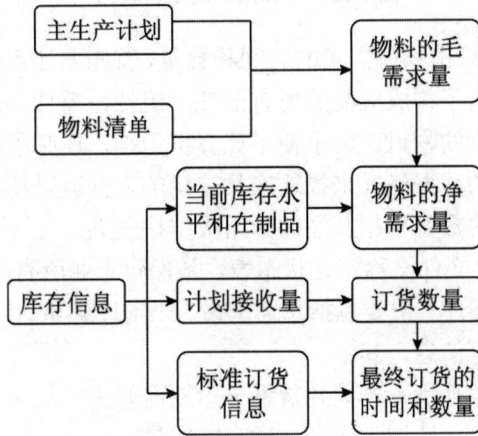

图 8-12　物料需求计划的制订

物料需求计划具体可分为输入和输出两部分。

1. MRP 的输入

MBP 系统的输入由主生产计划、物料清单和库存文件三个部分组成。

（1）主生产计划：主生产计划是 MRP 的主要输入，是关于最终产品生产数量的计划，即最终产品的出产时间和出产数量。在主生产计划中，产品出产进度一般以周为计划单位，根据顾客合同和市场预测，把经营计划或生产大纲中的产品系列具体化，使之成为展开物料需求计划的主要依据，起到了从综合计划向具体计划过渡的承上启下作用。

（2）物料清单：物料清单是生产某种最终产品所需要的零部件、辅助材料的目录。产品结构信息说明生产一件最终产品所需要的材料和零部件数量、使用这些零部件的时间以及各零部件间的数量关系等内容，一般用树形结构表示，将组成最终产品的组件、部件、零件，按组装成品顺序合理地分解为若干个等级层次，每一层次表示制造最终产品过程中的一个阶段。通常，最高层为 0 层，代表最终产品项，1 层代表组成最终产品项的零部件，2 层为组成 1 层零部件的零部件，以此类推，最底层为原材料（以桌子为例，见图 8-13）。各种产品的结构复杂程度不同，产品结构的层数也不同。

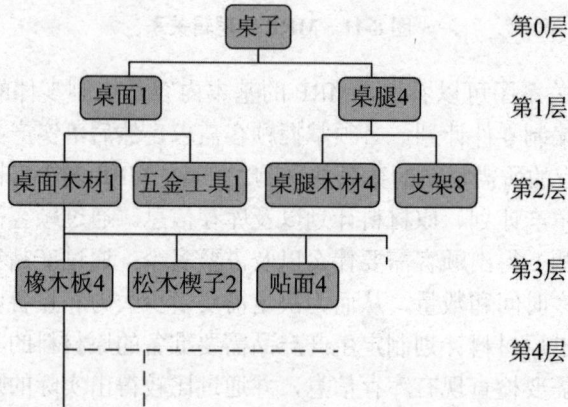

图 8-13　一张桌子的物料结构

MRP 系统要正确计算出物料需求的时间和数量，首先要让系统知道企业所制造的产品结构，该产品结构列出了构成成品的所有部件、组件、零件等的组成、装配关系和数量要求以及所有要使用到的物料。为了便于计算机识别，还必须把产品结构图转换成规范的数据格式。用规范的数据格式来描述产品结构的文件就是物料清单，用来说明组件或部件中各种物料需求的数量和相互之间的组成结构关系。

（3）库存文件：库存文件又称库存状态表，是保存企业所有产品、零部件、在制品、原材料等存在状态的数据库，主要包括总需求量、当前库存量、计划入库量、订购批量、安全库存量、净需求量等信息。其中：

库存量＝本期期初库存量＋本期到货量－本期需要量

净需求量＝总需求量－计划入库量－现有库存量

2. MRP 的输出

MRP 系统的输出成果是生产任务单和采购任务单，包括具体的订货数量与时间、是否需要改变所需产品的数量和时间、采购的数量及时间、MRP 系统自身的状态等。企业以最终的 MRP 输出成果为依据进行生产控制、订货控制以及库存控制。

（三）从 MRP 到 ERP 的发展过程

MRP 不是完美的，而且其自身要求不断优化的特点也注定了其理论不断向前发展的特点，自 MRP 产生以后先后经历了闭环 MRP、MRP Ⅱ、ERP 的发展历程。21 世纪以来，ERP 的创始人甚至提出了 ERP Ⅱ系统。可以预知，不久的将来 ERP 理论会得到更深入的发展。

1. 闭环 MRP

所谓闭环 MRP，就是指在原有 MRP 系统里加入产能计划和物料需求计划的反馈机制，从而能根据生产中的瓶颈对之前的生产计划和能力计划作出调整的系统。

在之前讨论 MRP 的形成、制订过程中，主要依据的是产品结构和库存的相关信息。但实际生产中的条件是变化的，如企业的制造工艺、生产设备及生产规模都是发展变化的；甚至要受社会环境的影响，如能源的供应、社会福利待遇等的影响。基本 MRP 制订的采购计划可能受供货能力或运输能力的限制而无法保障物料的及时供应。另外，如果制订的生产计划未考虑生产线的能力而在执行时经常偏离计划，计划的严肃性将受到挑战。因此，利用 MRP 原理制订的生产计划与采购计划往往容易造成不可行，因为信息是单向的，与管理思想不一致，管理信息必须是闭环的信息流，由输入到输出再循环影响输入端，从而形成信息回路。

闭环 MRP 理论认为主生产计划和物料需求计划应该是可行的，即考虑能力的约束，或者对能力提出需求计划，在满足能力需求的前提下，才能保证物料需求计划的执行和实现。在这种思想要求下，企业必须对投入与产出进行控制，也就是对企业的能力进行校检和执行控制。闭环 MRP 流程如图 8-14 所示。

现对整个闭环 MRP 的过程进行概述。企业根据发展的需要与市场需求来制订企业生产规划；根据生产规划制订主生产计划，同时进行生产能力与负荷的分析。该过程主要是针对关键资源的能力与负荷的分析过程。只有通过对该过程的分析，才能达到主生产计划基本可靠的要求。再根据主生产计划、企业的物料库存信息、产品结构清单等信息来制订物料需求计

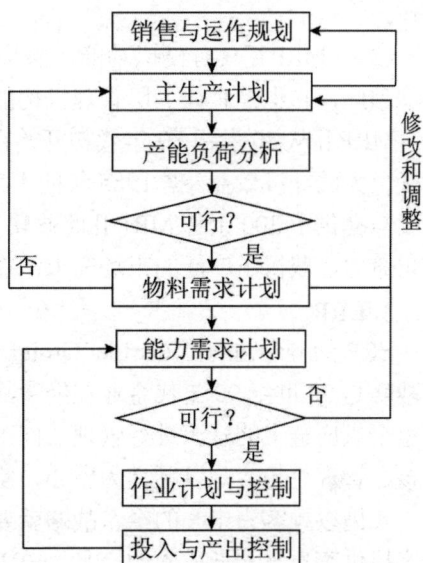

图 8-14 闭环 MRP 流程

划；由物料需求计划、产品生产工艺路线和车间各加工工序能力数据生成对能力的需求计划，通过对各加工工序的能力平衡，调整物料需求计划。如果这个阶段无法平衡能力，还有可能修改主生产计划；采购与车间作业按照平衡能力后的物料需求计划执行，并进行能力的控制，即输入输出控制，并根据作业执行结果反馈到计划层。

因此，闭环 MRP 能较好地解决计划与控制问题，是对基本 MRP 系统的调整与提高，但它仍未彻底地解决计划与控制问题。

2. 制造资源计划（MRPⅡ）

制造资源计划最早在 20 世纪 70 年代末由美国的生产专家提出，因为其简称也是 MRP，所以通常称其为 MRPⅡ。MRPⅡ对于制造企业资源的有效规划具有一整套方法。它是一个围绕企业的基本经营目标，以生产计划为主线，对企业制造的各种资源进行统一计划和控制的有效系统，也是使企业的物流、信息流和资金流整合畅通的动态反馈系统。

MRPⅡ的思想集中体现了制造企业生产经营过程中的客观规律和需求,其功能全面覆盖了市场预测、订单接收、生产计划、物料需求、能力需求、库存控制、车间管理直到产品销售的整个生产经营过程以及相关的所有财务活动,从而为制造业提供了有效的计划和控制工具。

MRPⅡ与MRP本质的不同就是MRPⅡ集成了销售管理、成本管理和财务管理的内容,不但解决了物流和信息流的统一,还集成了资金流,从而能给财务分析和财务决策提供支持。

MRPⅡ管理模式的特点主要有以下几条。

(1) MRPⅡ把企业中的各个子系统有机地结合起来,形成一个面向整个企业的一体化系统。其中,生产和财务两个子系统关系尤为密切。

(2) MRPⅡ的所有数据来源于企业的中央数据库,各子系统在统一的数据环境下工作。

(3) MRPⅡ具有模拟功能,能根据不同的决策方针模拟出各种未来将会发生的结果,因此,它也是企业上层管理机构的决策工具。

MRPⅡ从20世纪80年代初开始在企业得到广泛的应用,其应用与发展给制造业带来了巨大的经济效益。据1985年的不完全统计数字,美国有160多家计算机软硬件公司开发与提供了300余种MRPⅡ商业软件,已拥有数万家用户。MRPⅡ因其通用性和强大的生命力,获得了广泛的市场需求。在我国,很多企业都采用了MRPⅡ系统。

3. ERP

ERP的概念由美国Gartner Group于20世纪90年代初提出。实施以顾客为中心的经营战略是20世纪90年代企业在经营战略上的重大的转变。ERP的管理思想主要体现为对整个供应链上的资源进行管理,同时也体现精益生产、同步工程和敏捷制造的思想。其核心管理思想就是以顾客为中心,实现对整个供应链的有效管理。

实施以顾客为中心的经营战略就要对顾客需求迅速作出响应,并在最短的时间内向顾客提供高质量和低成本的产品。ERP要求企业能够根据顾客需求迅速重组业务流程,消除业务流程中非增值的无效活动,变顺序作业为并行作业,在所有业务环节操作中追求高效率和动态响应,迅速完成整个业务流程。而基于时间的作业方式的真正实现又必须扩大企业的控制范围,面向整个供应链,把从供应商到顾客的全部环节都集成起来。

简单来说,企业的所有资源包括三大流:物流、资金流和信息流。ERP就是对这三种资源进行全面集成管理的管理信息系统。概括来说,ERP是建立在信息技术基础上,利用现代企业的先进管理思想,全面地集成了企业的所有资源信息,并为企业提供决策、计划、控制与经营业绩评估的全方位和系统化的管理平台。

ERP系统是一种管理思想,而不仅仅是信息系统。它利用企业的所有资源,包括内部资源与外部市场资源,为企业制造产品或提供服务创造最优的解决方案,最终达到企业的经营目标。由于这种管理思想必须依附于电脑软件系统的运行,所以人们常把ERP系统当成一套应用软件,这是一种误解。要想理解与应用ERP系统,必须了解ERP的实际管理思想和理念。

总结:以上简要介绍了现代库存控制技术MRP以及MRP的后续发展,从中我们可以看出随着经济体间联系的加深以及供应链的发展,纯粹的库存管理技术已经不复存在,对于库存的控制更主要的是要与企业的其他部分相集成、相呼应,有时需要从供应链的角度分析问题。图 8-15 所示为从 MRP 到 ERP 的发展过程,从中可以清晰地看出这种扩展趋势。

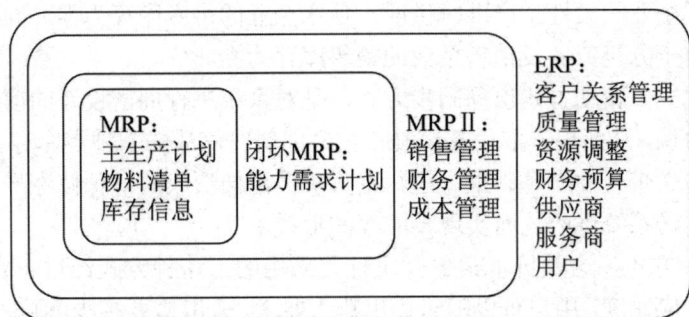

图 8-15　从 MRP 到 ERP 的发展过程

六、准时制生产

(一)JIT 的产生

JIT 思想的产生可追溯到 20 世纪 60 年代,日本丰田汽车公司为削减存货成本、提高生产线的效率率先提出并实践了准时制生产模式。JIT 反映的是生产制造业追求优秀的一种理念,是通过工厂的"拉动系统"进行管理,它涉及产品设计、过程设计、设备选择、物料管理、质量保证等一系列的活动。

JIT 的核心理念就是在正确的时间,将正确的物料送到正确的地点从事正确的生产活动。基本要求是不早不晚、不多不少,可以说是达到一切活动都恰到好处的理想状态。其基本目标是有计划地消除所有的浪费,持续不断地提高生产率。从原材料到产成品的所有过程消除一切浪费,强调零库存,以零缺陷为目标改善产品质量;通过减少准备时间、队列长度缩短前置期,改进操作过程,并且以最小成本来实现这些目标。

丰田公司经过多年对 JIT 的实践和研究,取得了卓越的成果。其成功迅速吸引了全世界的目光,从 20 世纪 70 年代末开始,美欧等地的一些企业纷纷效仿和研究,掀起了一股准时制生产的浪潮。到 20 世纪 90 年代初,已有接近半数的欧洲制造企业部分地采用了准时制生产模式。

(二)JIT 与零库存

零库存的概念其实早在 20 世纪 20 年代就存在了,当时在生产界有一股拒绝任何库存的浪潮,后来发现零库存只是黄粱一梦不可实现,从此库存控制转入科学计算库存的阶段。JIT 的出现重新让零库存的概念深入人心,甚至很多人将 JIT 等同于零库存。

我们知道 JIT 以实现零库存为目标,但这里的零库存必须要相对地理解,而不能绝对地理解,不能认为 JIT 可以实现彻底的零库存。事实上,绝对的零库存是不可实现的。JIT 实现的是最低程度的库存,而不是没有库存。

另一个现象是零库存的观念经过这么多年的发展已经不局限于生产领域了。例如，戴尔公司的直销模式在某种程度上彻底省却了库存环节。零库存的实现方式除了准时制生产主要还有以下几种。

（1）协作分包方式。协作分包方式主要是制造企业的一种产业结构形式，这种结构形式可以以若干企业的柔性生产准时供应，使主企业的供应库存为零。同时主企业的集中销售库存使若干分包劳务及销售企业的销售库存为零。

（2）轮动方式。轮动方式也称同步方式，是对系统进行周密设计的前提下，使整个环节速率完全协调，从而根本取消甚至是工位之间暂时停滞的一种零库存、零储备形式。这种方式是在传送带式生产基础上，进行更大规模延伸形成的一种使生产与材料供应同步进行，通过传送系统供应从而实现零库存的形式。

（3）水龙头方式。这是日本索尼公司首先采用的。这种方式经过一定时间的演进，已发展成即时供应制度，用户可以随时提出购入要求，采取需要多少就购入多少的方式，供货者以自己的库存和有效供应系统承担即时供应的责任，从而使用户实现零库存。

（三）JIT 的特点与适用性

1. JIT 的特点

JIT 并不仅仅是一种实现库存最小化的方法，它实际上是看待运作的一种观念。JIT 观念认为生产运作环节存在诸如交货周期漫长、产能有限、设备故障、物料缺陷等一系列问题，而传统的应对这些问题的方法是持有库存。问题越多，库存储备就越多。JIT 观念认为持有大量库存并不能有效解决这些问题，只是暂时掩盖了问题而已。解决问题的最佳方法就是对症下药，精确控制运作的各个环节。JIT 在观念上的新特点主要表现在以下方面。

（1）存货。正如之前我们讲到的，企业持有库存的最大目的是在短时间内调节供给和需求之间的差别。而对于 JIT 来说，库存完全是掩盖问题的挡箭牌。因此，企业首先要明确供给和需求产生差别的原因，并尽力去解决这些问题。

（2）质量。在传统的观念里，企业对产品的质量并不追求完美无缺，而是提出可以接受的质量标准。例如，100 个产品里次品数量在 2 个以内即视为合格。而从 JIT 的角度来看，所有的残次品都会产生成本，并且将会阻碍运作的顺畅实施，尤其是后者是 JIT 运作所不能忍受的。因此对于质量的控制，JIT 一般要实行全面质量管理。

（3）供应商。供应商的供应是企业生产活动的前提，对于 JIT 模式来说，供应商不是敌人，也不是一般的朋友，而是能够负责到底，具有高度责任感和纪律性的亲切伙伴。双方通力合作，不允许出现摩擦。

（4）生产批量。生产批量一般可以通过数学模型得到一个最优的量，实际中，为削减成本，企业通常都有意加大生产批量。而实施 JIT，一定要缩小生产批量，使生产贴近需求。

（5）可靠性。由于 JIT 方式有意地实现各种资源的无缝链接，生产中一旦出现故障，很难立刻作出调整，因此，正如对原材料质量的苛刻要求，JIT 对机器设备的可靠性也有非常苛刻的要求。

（6）员工。上下级的地位差异在企业中是一直存在的，可以说，普通员工难以获得企业的重视和栽培。JIT 思想却把员工放在了非常重要的位置，它认为管理者与员工的地位差异是毫无意义的，对待员工应该一致看待、一致尊重。

2. JIT 的适用性

到目前为止，JIT 还只是在一些特定类型的企业里比较适用。也就是说，JIT 不具备可以推广应用的特性。一般说来，适合实施 JIT 的理想企业环境具备如下特点：①具备一个稳定的运作环境；②生产的是差别不大的标准化产品；③ 可以实现固定生产速度下的连续生产；④具有性能可靠的生产设备；⑤可以实现较低的开工成本和订货成本；⑥拥有可以信赖的供应商，而且供应商的位置应尽量靠近生产线；⑦具备一批训练有素、优秀可靠的员工队伍。

由以上可以看出，成功实施 JIT 的条件还是非常苛刻的，所以对于一般的企业来说，不能觉得 JIT 很时髦，就赶潮流贸然地实施 JIT。

（四）JIT 的运作方式和关键实施要素

1. 拉动式运作系统

企业生产的运作方式可以分为推动式（push）生产方式和拉动式（pull）生产方式。所谓推动式生产方式是指由前端工序推动后续工序进行的生产方式，其特点是每个环节都有一个任务时间表，前一个环节完成任务后把产品交给下一环节，以此类推直到产品加工完工。此种方式的典型特点是各家自扫门前雪，生产过程中会产生时间延误以及额外的库存。因此，为了实现各工序间的无缝衔接以及压缩库存，丰田公司采用了拉动式生产方式。

拉动式的典型特点是由后续生产环节发出物料要求，前面的环节根据后面环节的要求制订生产和供给计划（图 8-16）。当一个运作环节完成了手头的工作，就会向上一个环节发出信息，要求提供新的物料。

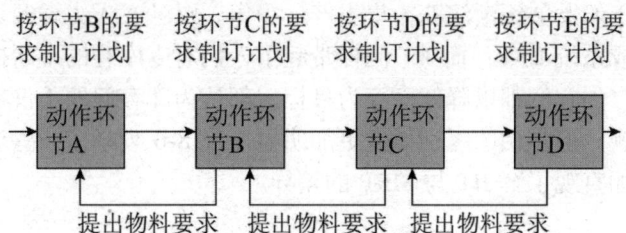

图 8-16　拉动式运作

实际中，后面的环节从发出要求到物料到达会有一定的前置期，因此实际中，一般前面环节会根据进度提前发布要求，发布供货要求一般通过看板进行。

2. 实施 JIT 的关键四因素

（1）与供应商的关系。供应商与厂家的合作关系，在这个追求双赢的时代已无须赘言，不过对于实施 JIT 的企业来说，仅仅合作还不足以解决问题，必须上升到战略合作的层次才可能推进 JIT 的正常运行。实施 JIT 的企业对于供应商有高度的依赖性，供应商必须具备高度的可靠性，能够消除供应阶段的一切不确定因素。虽然企业对供应商的要求提高了，但双方达成的还是一个稳定互惠的协议。供应商有时可以参与产品的设计和标准的制定，因此供应商的性质具有明显的专业化、定制化倾向。

（2）质量管理。JIT 生产方式是一种反传统的质量成本观念，通过将质量贯穿于每一道工序来实现提高质量和降低成本的一致性。这一目标的实现要依靠操作人员的质量意识和质量保证措施的实施来完成。注重建立质量保证体系，从根本上保证产品质量，坚持预防性设备维护制度，一旦设备出现故障，就全线停工，全力排除故障。

（3）人员素质。充分发挥人的能力是 JIT 生产方式和全面质量思想理念的一个重要方面。按照 JIT 生产方式的要求，员工的职责是在下道工序需要时，能准确及时地提供合乎质量要求的产品，如果员工不能担负这个责任，就必须进行学习、提高技能，否则就会生产出次品，造成浪费。因此，要使每个岗位的员工生产出合格产品，必须对他们进行必要的培训。

（4）看板系统。看板系统是 JIT 生产现场控制技术的核心，是 JIT 生产方式用于实际生产的一种有效方法，它是根据生产过程的先后顺序，采用拉动的办法来控制生产进度和库存水平。具体做法是看板系统通过最终产品的需求，一级一级地向前一道工序发出各级零部件在制品的需求信号，以保证这些零部件在下一道工序需求之时按时到达，当某道工序因故停产时，后续其他工序也随之停产。这一系统是通过对最终产品的需求来拉动整个生产线的生产活动的，只有最终产品的最后一道工序从生产调度部门接受生产进度指令，所有其他工序和供货商均从其后续工序接受生产指令。

使用看板作业时，应遵守以下规则：严格按照看板所示的信息提取材料和搬运；按照看板所示信息进行生产作业活动；有质量问题的零件不转移到后道工序；在没有看板的情况下，既不进行生产作业，也不进行搬运作业。

（五）JIT 与 MRP 的比较

JIT 与 MRP 都是起步于 20 世纪 60 年代，而且都是适用于制造业的库存控制技术。MRP 经过 20 多年的发展逐渐演变为集生产、销售、财务、人力资源、顾客为一体的大型计算机管理集成系统 ERP；而 JIT 同样带起了人们对零库存的不断探索。这两种方式存在一些共同点，如它们都以降低库存为目标，都认为库存问题不仅在于库存本身，而且是一项运作问题。但它们的区别显然更加明显，表 8-6 列举了一些这两者间的区别，可以帮助我们更加直观了解 JIT 与 MRP 的差异。

表 8-6　JIT 与 MRP 的区别

不同的方面	JIT	MRP
对计算机的依赖	以看板为导向的人工系统	高度依赖于计算机
运作方式	拉动式生产方式	推动式生产方式
控制策略	强调对运作的控制	更注重计划
控制重点	现场作业	需求计划的制订
信息依赖性	可以在数据较少情况下工作	依赖于大量的数据分析
生产速度	速度快，且生产速度恒定	生产速度具备一定灵活性
易理解性	容易被理解	不易理解
生产批量	尽量压缩生产批量	科学计算批量，提高生产批量

显然对于不同方法的选择，必须视具体情况以及管理的需要而定。从总体上看，生产小批量、多品种产品的企业更适合采用物料需求计划，而那些以大批量的方式生产相似产品的企业则更适合准时制生产，而那些介于两者之间的企业，可以采用这两种方式的组合。有些研究者认为，MRP 更多的是一套计划系统，而 JIT 则是一套控制系统，这两种方式完全可以组合起来，一个管外，负责企业外部的流转控制，另一个管内，负责物料在内部的流转控制。

第三节　供应链环境下的库存控制模式

只要有商品经济，其实就存在供应链，不同的是以前大家不去感觉它，好比人站在地球上，并不感觉地球的存在。现代经济一体化的趋势和表现越来越明显，企业的视角也不得不从小我升级到大我。因此对于库存的管理与控制应撇开单个企业，从整个供应链上去架构与评价库存。典型的库存方法有供应商管理库存、联合库存、协同式库存管理策略、多级库存控制策略等。

一、供应链环境下的库存控制的要求与特征

（一）供应链环境下的库存控制的要求

自 20 世纪 90 年代以来，全球化的竞争格局让企业家的眼光超脱于企业本身，转而从供应链的角度看待商业过程。于是管理学家预言 21 世纪的竞争将是供应链之间的较量。那么供应链思想对于库存控制会带来什么变化呢？供应链环境下的库存控制不是简单的需求预测和补给，而是通过库存控制获得用户服务与利润的优化。

供应链环境下的库存控制是指将库存控制置于供应链之中，以降低库存成本和提高企业市场反应能力为目的，从点到链、从链到面的库存控制方法。一条简单策略的供应链主要由供应商、分销商、制造商、零售商、消费者等环节构成。当产品沿供应链移动时，不同的供应链环节会存储一些原材料、半成品和成品，从而形成库存，即供应链库存。

在供应链环境下，库存不再局限于单个企业内，企业与企业之间的库存存在密切的联系，这就提出了以下几个新的要求。

（1）必须用系统、整体的观点来看待供应链库存控制。供应链库存控制不仅是满足供需，维持生产和销售连续性的措施，而且更重要的是作为供应链上的一种平衡机制，提高供应链各个环节的协同、响应能力以及整个供应链的运作效率，增强竞争力。

（2）应建立高效率的信息传递系统。在供应链中，各个节点企业之间的需求预测、库存状态、生产计划等都是供应链库存管理的重要数据，这些数据分布在不同的供应链组织之间，供应链库存管理能否做到准确、合理，取决于这些信息能否准确、实时传递。然而，由于需求预测修正、价格波动等因素的影响，这些信息在供应链上上传时，往往会产生致命的"牛鞭效应"。"牛鞭效应"会危害整个供应链的运作，导致总库存增加。因此，需要成员企业之间增加信息的透明度，加强信息沟通与共享。

（3）供应链上成员企业间应加强合作关系。在供应链管理下的库存控制中，组织障

碍是库存增加的一个重要因素。供应链是一个整体，需要协调各方活动，才能取得最佳的运作效果。供应链各环节企业间应保持密切联系，加强深度合作、减少矛盾和分歧，建立协调沟通机制，协调处理库存控制中出现的各种问题。

（二）供应链环境下的库存控制的特征

供应链环境下的库存控制重点是对各个企业与供应链产品有关库存信息及其库存活动的控制。供应链库存控制是对一个典型网链结构的管理，同时伴随信息流和资金流的流动。总结供应链库存控制的主要特征有如下几点。

（1）信息化。传统库存控制中，企业往往根据自身信息来制定库存决策，几乎不与其他企业进行信息交流。而在供应链中，为了实现供应链的无缝衔接，企业之间需要进行密切的信息共享，用库存信息的流通来代替库存物料的流程，以减少不必要的库存费用。因此，供应链环境下的库存控制重点在于对库存信息的管理，而不仅仅是对物料的管理。

（2）复杂性。一条供应链上的成员企业往往涵盖不同行业、不同地区，甚至在不同国家，行业不同、地区不同、国家不同都会使企业自身具有差异性，给供应链上企业的沟通与交流增加了一定的难度。因此，当一条条供应链相互交织形成密切联系的网络结构时，供应链库存控制也就变得复杂起来。

（3）动态性。由于供应链的不确定性，供应链上各个环节的库存会处在一个不断变化的过程中。供应链运作过程中，也往往面临诸多不确定性因素，如市场需求的不确定性、供应商供货的不确定性等，都会造成库存的动态变化。同时，核心企业战略目标的调整，供应链企业之间的利益冲突等都会加剧库存控制的动态性。

二、供应商管理库存

（一）供应商管理库存的概念

供应商管理库存（VMI）是指在供应链环境下，由供应商来为顾客管理库存，并由它们制订库存策略和补货计划。它是根据顾客的销售信息和库存水平，为顾客进行补货的一种库存管理策略。

VMI 的出现突破了传统的库存管理模式，即供应商、制造商、批发商和零售商都各自管理自己的库存，自行制定库存策略和补货计划，实现了系统集成化库存管理的理念，让整条供应链系统同步化运作。供应商运用企业的网络和 IT（信息技术）管理系统信息共享，动态地了解顾客库存和产品的使用率，根据消耗速度和模型制定出补货策略。

供应链环境下，VMI 的实施使上下游组织之间实现信息共享，可以缓解需求的不确定性，有效地解决存货水平和顾客服务水平的冲突，同时提高供货速度、减少缺货、降低成本。供应商管理库存通过信息共享，零售商帮助供应商更有效地作出计划，供应商从零售商处获得销售数据并使用该数据来协调其生产、库存活动以及零售商的实际销售活动；同时供应商完全管理和拥有库存，直到零售商将其售出为止，但是零售商对库存有看管义务，并对库存物品的损伤或损失负责。图 8-17 为 VMI 的运行结构模型。

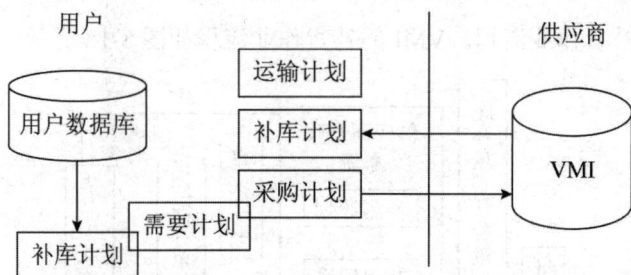

图 8-17　VMI 的运行结构模型

（二）供应商管理库存的实施原则

成功地实施 VMI 并不是件容易的事情,很多企业想当然地在没做好充分准备的前提下实施 VMI 往往以失败为多,实施 VMI 的基本原则有以下几条。

1. 合作性原则

实施该模式,相互信任和信息透明是第一步。把库存这么重要的部分交给别人来全权管理自然有放心不下的心理,若遇到一些变故,可能会互相扯皮、互相埋怨,从而断送了良好的合作关系。

2. 互惠原则

VMI 不是关于成本如何分配或者由谁来支付的问题,而是通过该策略的实施减少整个供应链上的成本,使双方都能获益。

3. 目标一致性原则

根据目标管理的基本要求,部门目标要与组织目标统一,我们可以将供应链上的节点企业看作大组织的不同部门,尽管部门间存在利益争端,但都服务于组织的整体效益的提高。供应商与零售商间必须按照达成的框架协议来彼此分配责任与义务。

4. 持续改进原则

VMI 的实施是以信息技术为支撑的,在信息与通信技术成熟之前,供应商管理库存是不可想象的。但信息技术是高速发展的,这在本质上要求 VMI 具有持续改进的特点。另外,供应商的选择,供货、补货模式的调整都需要在 VMI 的实施过程中进行持续改进。

（三）供应商管理库存的实施方法与步骤

1. VMI 的实施方法

（1）改变订单处理的方式,建立基于标准的托付订单处理模式。这就要求供应商和分销商或零售商一起确定供应商的订单业务处理过程、所需要的信息和库存控制参数;然后,建立一种订单的标准处理模式,如 EDI（电子数据交换）标准报文;最后把下订单、交货和票证处理各个业务功能都集成到供应商一方。

（2）库存状态保持透明性。供应商可以随时跟踪和查看用户的库存状态,对企业的生产状态作出相应的调整,进而快速响应各种市场需求变化。为保证供应商和用户的库存信息透明连接,VMI 采用 EDI 来交换资料,如产品活动资料、订单资料等。

（3）VMI 的补货作业流程。VMI 的补货作业流程如图 8-18 所示。

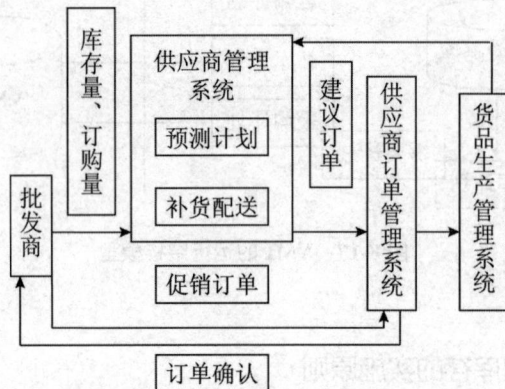

库存量、订购量　供应商管理系统　预测计划　补货配送　建议订单　供应商订单管理系统　货品生产管理系统　批发商　促销订单　订单确认

图 8-18　VMI 的补货作业流程

VMI 补货作业的具体过程包括以下几步。

①批发商每日或每周送出正确的产品活动资料给供应商。

②供应商接受用户传送来的产品活动资料并对此资料和产品的历史资料作预测。

③供应商使用统计方法，针对每种货品作出预测。

④供应商根据市场情报、销售情形适当对上述产生的预测作调整。

⑤供应商按照调整后的预测再修订补货系统预先设定的条件、配送条件、顾客要求的服务等级、安全库存量等，制定出最具效益的订单量。

⑥供应商根据现有的库存量、已订购量制订出最佳的补货计划。

⑦供应商根据自动或无装载系统计算出最佳运输配送方案。

⑧供应商根据以上得到的最佳订购量，在供应商端内部产生用户所需的订单。

⑨供应商产生订单确认资料并传送给用户，对用户进行补货。

2. VMI 的实施步骤

VMI 可以分如下几个步骤实施。

（1）建立顾客情报信息系统。要有效地管理销售库存，供应商必须能获得顾客的有关信息。通过建立顾客的信息库，供应商能够掌握需求变化的有关情况，把由分销商或零售商进行的需求预测与分析功能集成到供应商的系统中来。

（2）建立销售网络管理系统。供应商必须能及时跟踪产品的销售情况，并据此制订产品的订购计划。为此，必须：①保证自己产品码的可读性和唯一性；②解决产品分类、编码的标准化问题；③解决商品存储运输过程中的识别问题。

（3）建立供应商与分销商的合作框架协议。供应商同零售商通过协商共同确定处理订单的业务流程以及控制库存的有关参数（如订货点、最低库存水平等）、库存信息的传递方式等。

（4）组织机构的变革。这一点也很重要，因为 VMI 策略改了供应商的组织模式。过去一般由会计经理处理与用户有关事情，引入 VMI 策略后，在订货部门产生了一个新的职能用以负责用户库存的控制、库存补给和服务水平。

（四）供应商管理库存的优缺点

供应商管理库存的思想打破了传统的各自为政的库存控制模式，体现了供应链的集成化管理思想。作为供应链上游的供应商，可以利用 EDI 和电子商务技术，从他们的零售商那里实时获得销售端点的数据，并调整零售商的库存文档，及时补充存货，并按市场需求安排生产和财务计划。供应商与零售商的紧密合作一方面有利于供应商改善服务水平，降低运输成本，提高需求预测的准确性；另一方面也削弱了"牛鞭效应"，降低了零售商的库存维持成本。可以说，VMI 是降低成本的有效方法。

但是 VMI 不可避免地会存在一定的局限性，主要有以下几个方面。

（1）供应商需要 IT 系统和基础设施来有效管理用户库存。

（2）供应商全体员工必须理解和接受 VMI 管理思想。

（3）如果 VMI 伙伴数量较多、需要处理的信息量很大，供应商就面临较大的应变压力。

（4）企业之间是相互独立的，协作水平一般，难以完全共享信息。

（5）对供应商依赖性强，决策过程缺乏足够的沟通协商，会加大供应商风险。

三、联合库存控制

（一）联合库存的概念

实践中，VMI 管理模式给供应商带来了巨大压力。在 VMI 基础上又发展起一种新的库存管理策略，即联合库存管理模式（VMI）。

联合库存控制是一种上游企业和下游企业权利责任平衡和风险共担的库存管理模式。JMI 强调供应链中各个节点同时参与、共同制订库存计划，每个库存管理者不仅从相互之间的协调性、协同性考虑，而且考虑外部环境因素的影响，任何相邻节点之间需求的确定都是供需双方协调的结果，保证供应链相邻的两个节点之间的库存控制者对需求的预测水平保持一致，从而消除了需求变异放大现象（牛鞭效应）。

因为任何相邻节点需求的确定都是供需双方协调的结果，库存控制不再是各自为政的独立运营过程，而是供需连接的纽带和协调中心（图8-19）。

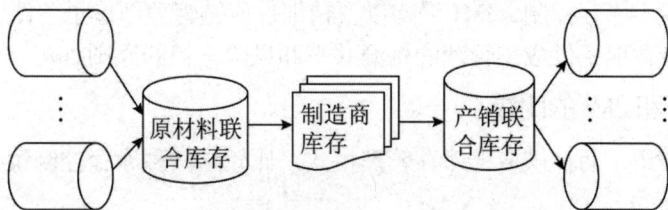

图 8-19 联合库存控制模式

在联合库存控制模式中，风险分担思想、减少库存浪费的思想、供应商战略联盟思想和避免需求放大的思想得以最充分地展示。

（二）JMI 的实施策略

1. 建立共同合作目标

要建立联合库存控制模式，首先供需双方必须本着互惠互利的原则，建立共同的合作目标。在充分考虑市场目标的共同之处和冲突点基础上，通过协商形成共同的远景目标。

2. 建立联合库存的协调控制方法

联合库存控制中心担负着协调供需双方利益的责任，起着协调控制器的作用。因此，需要明确规定库存优化的方法，如如何在多个供应商之间调节与分配库存，库存的最大量、最低库存水平和安全库存量的确定以及需求预测等。

3. 建立一种信息沟通的渠道

为了提高整个供应链需求信息的一致性和稳定性，减少由于多重预测导致的需求信息扭曲，应增加供应链各方对需求信息获得的及时性和透明性。为保证需求信息在供应链中的畅通和准确性，要将条码技术、扫描技术、POS 系统和 EDI 集成起来，并且要充分利用 Internet 的优势，在供需双方之间建立一个畅通的信息沟通桥梁和联系纽带。

4. 建立利益分配机制和激励、监督机制

要有效运行联合库存控制模式，必须对参与协调库存控制的各个企业有效地进行监督和激励，防止机会主义行为，增加协作性和协调性，并建立一种公平的利益分配制度。

（三）实施 JMI 的优势

联合库存控制系统把供应链系统管理集成为上游和下游两个协调管理中心，从而部分消除了由于供应链环节之间的不确定性和需求信息扭曲现象导致的供应链库存波动。通过协调管理中心，供需双方共享需求信息，因而起到了提高供应链运作稳定性的作用。联合库存控制模式与传统的库存管理方式相比，有如下几个优点。

（1）为实现供应链的同步化提供了条件和保证。

（2）减少了供应链中的需求扭曲现象，降低了诸多不确定因素的影响，提高了供应链的稳定性。

（3）库存作为供需双方的信息交流和协调的纽带，可以暴露供应链管理中的缺陷，为改进供应链管理水平提供了依据。

（4）为实现零库存控制、JMI 采购以及精细供应链管理创造了条件。

（5）进一步体现了供应链管理的资源共享和风险分担的原则。

（四）VMI 和 JMI 的比较

以上简要介绍了两种供应链库存管理模式，比较这两种库存控制策略，我们可以得出以下结论。

（1）这两种策略都有其不足之处，VMI 和 JMI 是以系统的、集成的管理思想进行库存管理，使供应链系统能够获得同步化的优化运行。但 VMI 是单行的过程，决策过程中缺乏协商；财务计划在销售和生产预测之前完成，风险较大；供应链没有实现真正的集成，使库存水平较高，订单落实速度慢；促销和库存补给项目没有协调起来；当发现供应出现问题时，留给供应商进行解决的时间非常有限。VMI 则过度地以顾客为中心，使供应链的建立和维护费用都很高。

（2）一般来说，VMI 主要适用于零售商或批发商，或制造实力雄厚并且比零售市场信息量大，有较高的直接存储交货水平的制造商；JMI 尤其适用于零售业以及连锁超市，此外，对于实力雄厚的位于供应链核心企业位置的大型公司，采用 JMI，可以使企业在降低库存量和库存成本的条件下，同样对需求作出快速反应。

（3）在供应链管理中，无论是 VMI 还是 JMI，库存调整策略都应该从静态转为在详细掌握数据基础之上的动态管理，供应链企业各处库存应由大量不同时段的数据运算所得，其结果会随着时间的推移而变化，即"动态"管理。这需要有强大的计算机数据库作支持，单靠手工的方法是不可能实现精确和长期的数据管理的。

四、协同式的供应链库存管理策略

（一）CPFR 定义与主要特点

20 世纪 90 年代末又出现了一种新的供应链管理技术——协同规划、预测和补给。CPFR 是一种协同式的供应链库存控制技术，其最大优势是能及时准确地预测由各项促销措施或异常变化带来的销售高峰和波动，从而使销售商和供应商都能做好充分的准备，赢得主动。CPFR 采取了双赢的原则，始终从全局的观点出发，制订统一的管理目标以及实施方案，以库存控制为核心，兼顾供应链上其他方面的管理。因此，CPFR 能在合作伙伴之间实现更加深入广泛的合作。

CPFR 应用一系列处理和技术模型，提供覆盖整个供应链的合作过程，通过共同管理业务过程和共享信息，来改善零售商和供应商的伙伴关系，提高预测的准确度，最终达到提高供应链效率、降低库存和提高顾客满意度的目的。CPFR 更有利于实现伙伴间更广泛深入的合作，主要体现在如下几方面。

（1）面向顾客需求的合作框架。在 CPFR 结构中，合作伙伴构成的框架及其运行规则，主要基于顾客的需求和整个价值链的增值能力。由于供应链节点企业的运营过程、竞争能力和信息来源等都存在差异，无法完全达成一致，在 CPFR 中就设计了若干运营方案供合作企业选择。

（2）基于销售预测报告的生产计划。销售商和制造商对市场有不同的认识。销售商直接和最终消费者见面，他们可根据 POS 数据来推测消费者的需求。制造商和若干销售商联系，并了解他们的商业计划。根据这些不同，销售商和制造商可交换他们的信息和数据，来改善他们的市场预测能力，使最终的预测报告更为准确、可信。

（3）供应过程中约束的消除。供应过程的约束主要源于企业的生产柔性不够。通常，销售商的订单所规定的交货日期比制造商生产这些产品的时间要短。在这种情况下，制造商不得不保持一定的产品库存，但是如果能延长订单周期，使之与制造商的生产周期相一致，那么生产商就可真正做到按订单生产及零库存控制。制造商就可以减少甚至去掉库存，大大提高企业的经济效益。另一个有望解决的限制是贯穿于产品制造、运输及分销等过程的企业间资源的优化调度问题。

（二）CPFR 的实施步骤

根据 CPFR 的运作模型（图 8-20），我们可以将实施 CPFR 的运作过程分为九个步骤来实现。

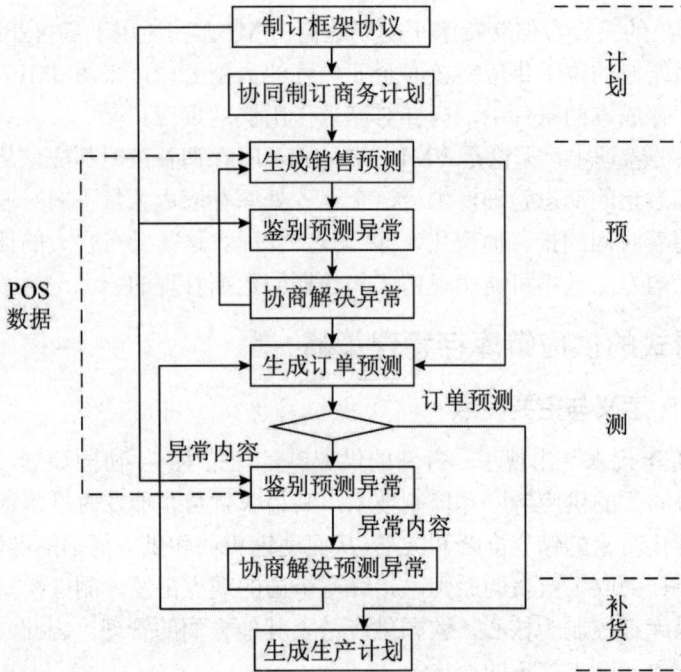

图 8-20　CPFR 的运作模型

（1）制订框架协议。框架协议的内容主要包括各方的期望值以及为保证成功所需的行动和资源、合作的目的、保密协议、资源使用的授权等，并明确规定各方的职责、绩效评价的方法，阐明各方为获得最大的收益而愿意加强合作以及为实现信息交换和风险共担而承担的义务等。

（2）协同制订商务计划。销售商和制造商根据各自企业的公司发展计划交换信息，以便共同制订商务计划。合作方首先要建立战略伙伴关系，确定好部门责任、目标以及策略。项目管理方面则包括每份订单的最少产品数、交货提前期等。此方案是以后预测的基石，便于供应链各部门、组织之间的交流与合作。

（3）生成销售预测。销售商或制造商根据实时销售数据、预计的失误等信息来制定销售预测报告，然后就此报告同另一方进行协商，另一方也提出一份报告进行协商。

（4）鉴别预测异常。根据框架协议中规定的异常标准，对预测报告中的每一项目进行审核，最后得到异常项目表。

（5）协商解决异常。通过查询共享信息、电子邮件、电话交谈记录、会议记录等来解决异常项目，并对预测报告做相应变更。这种解决办法不但使预测报告更加准确，减少了风险，而且加强了合作伙伴间的交流。

（6）生成订单预测。综合实时及历史销售数据、库存信息及其他信息来生成具体的订单预测报告。订单的实际数量要随时间变化，并反映库存情况。报告的短期部分用来产生生产指令，长期部分则用来规划。订单预测报告能使制造商及时安排生产能力，同时也让销售商感到制造商有能力及时发送产品。

（7）鉴别预测异常。确定哪些项目的预测，超出了框架协议中规定的预测极限。

（8）协商解决预测异常。解决办法和（5）类似。

（9）生成生产计划。将预测的订单转化为具体的生产指令，对库存进行补给。指令生成可由制造商完成，也可由分销商完成，取决于他们的能力、资源等情况。

（三）CPFR 的优缺点

CPFR 是从 VMI 发展而来的，它保留了 VMI 中一些先进的技术和管理思想，同时克服了 VMI 的一些局限。应该说 CPFR 在改善供应链合作关系、提高顾客满意度以及预防与处理不确定事件上都有更佳的表现。通过对欧美若干试验性项目的研究发现，CPFR 为制造、销售商带来的效益也非常明显。例如，在实施 CPFR 后，Warner-lambert 公司零售商品满足率从 87%增加到 98%，新增销售收入 800 万美元。由于 CPFR 巨大的潜在效益和市场前景，一些著名的软件商，如 SAP 等公司正在开发 CPFR 软件系统和相关的服务。但是 CPFR 同时也存在一些局限性，表现在以下两方面。

（1）以消费者为中心的思想未能完全实现。这主要是因为，缺乏最主要的当事人（消费者）的积极参与和密切配合。合作过程是在消费者"缺席"的情况下展开的，缺乏与消费者的互动和交流，不能真正反映消费者未来需求的真实情况。

（2）合作过程不太完善。CPFR 的工作重点是产品的生产领域和流通领域的良好对接，但归根结底，这种合作仍集中于流通领域。

五、多级库存控制模式

上述的几种库存控制模式，一般对局部供应链的库存优化效果较好，而对供应链整体库存优化效果并不十分理想。接下来将介绍多级库存控制策略。

（一）多级库存控制的概念

多级库存控制模式下，每个库存点不仅仅需要检查库存数据，还要传递处于整个供应链环境下的各级库存状况，体现出供应链集成控制的思想。全局供应链由很多个环节组成，其中包括供应商、制造商、分销商以及零售商等，而且每个功能环节也可以分解成多层级结构，如图 8-21 所示。

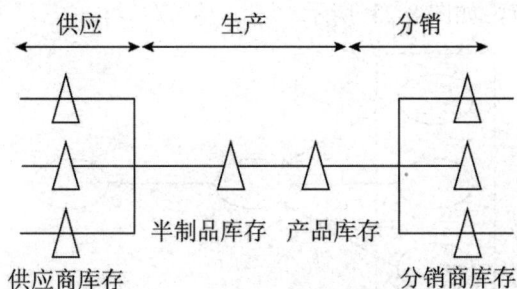

图 8-21　多级供应链库存模型

由于自身特点，多级库存控制模式不能完全按照传统单点模式下定义节点的库存参数，一般采用级库存（echelon inventory）来取代单点库存（installation stock），级库存不仅要考虑自身的库存情况，也要考虑供应链相邻节点的库存信息。

级库存与传统的单点库存相对，主要有三层含义：链上某个节点的级指该节点本身及其下游节点；链上某个节点的现有库存称为该节点的本地库存或点库存；链上某个节点的级库存指该节点现有库存和在同一周期已转移到或正在转移给其后续节点的库存。

假设 A，B 为链上相邻的两个节点企业，A 为上游供应商，处于供应链第 M 级，B 为下游经销商，处于供应链上 $n+1$ 级水平，则该供应链 n 级库存为

$$供应链\ n\ 级库存=Q_1+Q_2+Q_3 \tag{8-17}$$

式中：Q_1——第 k 周期，供应商 A 的现有库存量；

　　　Q_2——第 k 周期，供应商 A 发往经销商 B 的在途库存；

　　　Q_3——第 k 周期，经销商 B 接收的来自供应商 A 的库存量。

因此，在检查链上各个节点的库存数据时，就不仅要检查单点的库存数据，还要检查该节点下游的库存数据，促使链上各节点之间实现信息共享，在一定程度上缓解了需求信息扭曲现象。

（二）多级库存控制基本结构

多级库存控制是在单级库存控制基础之上形成的，供应链上的各节点企业通过相互间的供需关系形成供应链网络系统。供应链各节点之间库存相互影响，供求关系的复杂性使多级库存呈现不同配置结构，包括串行系统、装配系统、配送系统和网状系统。

（1）串行系统。串行系统中，各级节点接收来自上一级节点的供应，并满足下一级节点的需求，输入和输出都是由单个节点完成的，如图 8-22 所示。

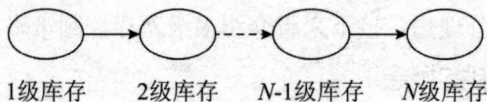

1级库存　　2级库存　　N-1级库存　　N级库存

图 8-22　串行系统

（2）装配系统。装配系统由多个节点输入，但与串行系统一样仅由单一节点输出。如制造商中由多种原材料生产一种产品，每种原材料由唯一的供应商提供，该结构模式制造商有多个输入节点，如图 8-23 所示。

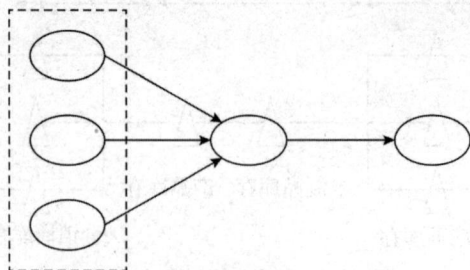

图 8-23　装配系统

（3）配送系统。配送系统实质上就是将产成品通过一级一级的销售网络送到顾客手中，其结构如图 8-24 所示，从物流的角度分析，货物从生产厂家流向多点分销商，再由

分销商将商品配送给下一级的销售商，直到零售商处，货物的流向是扩散的。

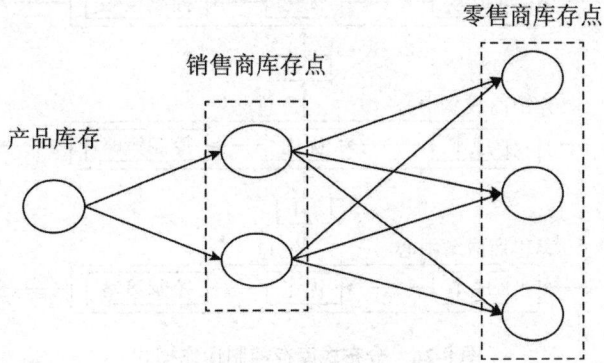

图 8-24　配送系统

（4）网状系统。网状系统结合了装配和配送系统的特点，物流活动的表现形式更加复杂，网络系统的输入类似配送系统，由一点流向多点，而货物的输出结合配送系统特点到达用户手中，如图 8-25 所示。

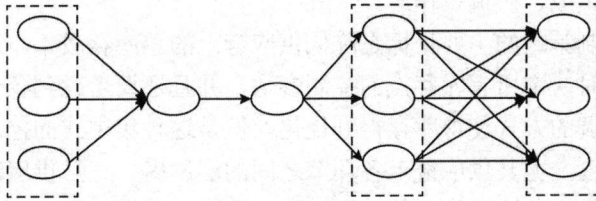

图 8-25　网络系统

（三）多级库存控制策略

多级库存控制是一种针对全局供应链的多级库存控制模式，目前主要分为两种策略：分布式库存控制策略和集中式库存控制策略。

1. 分布式库存控制策略

分布式库存控制策略，又称非中心化库存控制策略，是将供应链上的库存控制分成了三个中心：制造成本中心、分销成本中心以及零售成本中心，各自按照实际库存成本控制情况制定出相应的优化控制策略。

分布式库存控制要想得到整体的供应链优化效果，需要提高供应链各个企业间的信息共享程度，使得供应链上各个环节都使用统一共享的市场信息。同时分布式库存控制又是一个多级制的库存控制策略，它可以使企业按照自身的实际情况独自采取一些决策，这样不仅有利于企业自身的发展，而且能带动企业的灵活性与自主性。另外，分布式库存控制策略在优化管理上也较为简单，但却做不到供应链整体的优化效果，这不仅需要供应链上各企业之间有良好的协调性，还要有较高的信息共享度，避免出现各自为政的局面。图 8-26 是分布式库存控制运作模式。

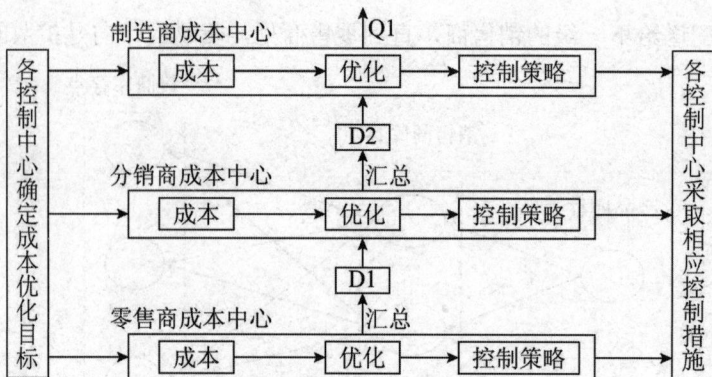

图 8-26　分布式库存控制运作模式

2. 集中式库存控制策略

集中式库存控制策略，又称中心化库存控制策略，是将控制中心集中在一个点上，即放在供应链上的核心企业中，由这家核心企业来对整个供应链所有环节的库存情况进行控制管理，同时协调好各环节之间的合作关系，从而使核心企业成为供应链整体的一个数据库，起数据集成、协调等作用。

集中式库存控制策略的主要目标是降低供应链上的总库存成本，通过集中式控制的策略方式，必须同时决定所有库存点的控制参数，并且还要考虑到各个库存点之间的紧密关系，以互相协调的方式使得库存得到优化。但是这种集中式的控制策略在管理协调上还是有一定的难度，尤其供应链上各环节之间的层次多，一旦供应链的长度再增加，也就相应地增加了供应链协调控制的难度。

该策略成功实施的关键，是要将供应商、分销商、零售商等供应链节点的仓库管理系统或库存管理系统（IMS）和制造商的管理信息系统（MIS）有效集成，由制造商实现对供应链系统库存的全局性控制。图 8-27 为集中式库存控制运作模式。

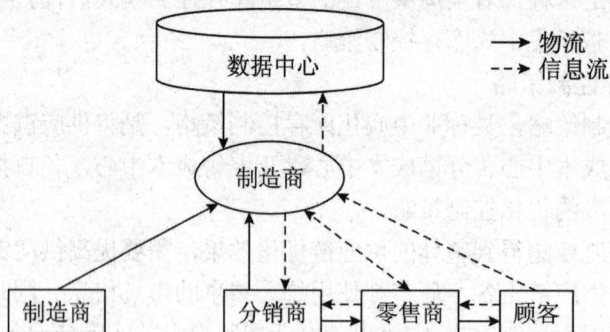

图 8-27　集中式库存控制运作模式

（四）多级库存控制的优缺点

多级库存控制通过对整条供应链库存进行优化与控制，以达到对供应链的全局优化，提高供应链整体效益。多级库存从系统角度出发，把供应链上下游节点企业间的各种活动视作一个整体运作，建立起面向整个供应链的同步化的集成计划模型。供应链集成计划通过协调各成员业务，使整个供应链在同一个计划指导下运作，缩短了节点间的响应时间，达到降低库存水平的目的。

但多级库存控制在实际运用中仍然有诸多局限性，主要体现在以下三个方面。

（1）供应链各节点之间的信息共享程度达不到要求，各企业都是相互独立的，无法确保信息的透明性。

（2）多级库存涉及多个库存节点，增加了库存的协调和管理难度，有时并不能真正产生很好的优化效果。

（3）多级库存控制策略要求供应链各级节点企业之间能够利益共享、风险共担，当涉及各节点间利益博弈时，增加了库存控制的复杂性。

复习思考题

1. ABC 分类法的具体实施步骤是怎样的？
2. 定量订货法与定期订货法的主要区别有哪些？
3. 什么是经济订购批量？其基本模型的前提假设是什么？
4. 某仓库库存商品的编码、单价和年需求量，如表 8-7 所示。该公司 ABC 分类的标准是：A 类商品占总金额的 80%，B 类商品占总金额的 15%，C 类商品不超过总金额的 5%。要求：

（1）请按商品占用资金从高到低的顺序排列库存商品；

（2）请分别列出 A、B、C 类商品的编码，以及 A、B、C 类商品占用资金的总额。

表 8-7 习题 4 数据表

物品编码	单价/元	年需求量/个
1	1.5	260
2	0.5	650
3	1.0	220
4	2.2	750
5	0.8	7 000
6	1.6	6 500
7	0.3	850
8	1.2	250
9	1.8	400
10	0.5	200

5. 企业每年得采购单价为 200 元的商品 5 000 件，每次订购成本是 200 元，每件商品的储存保管成本为 50 元。求该零件的经济订购批量、最低年总储存成本、每年订货次数及平均订货间隔周期。

6. 仓库内某种饮料平均日需求量为 10 000 瓶，并且饮料的需求情况服从标准差为 300 瓶 / 天的正态分布，如果提前期是固定数 9 天，该仓库确定的顾客服务水平不低于 95%，试确定该饮料的安全库存量和再订货点。

7. 某新华书店新英汉大辞典的年销售需求 1 600 册，每册的单价为 40 元，已知每期的年储存费率为 20%，每次订货费用为 4 元，试求：（1）新英汉大辞典的经济订货批量；（2）新英汉大辞典的平均库存量；（3）新英汉大辞典的年储存成本；（4）新英汉大辞典的年订货成本。

8. 工厂每年采购甲零件 20 000 个，每次订购成本是 240 元，供应商为了促销，采取以下折扣策略（表 8-8）。若单位零件的仓储保管成本为单价的 40%，求该厂的最佳订货批量。

表 8-8　习题 8 数据表

折扣区间	0	1	2
折扣点/个	0	1 000	2 000
折扣价格/元	20	18	15

9. 某企业年需某材料 1 200 单位，每次订货成本为 300 元。单位材料年保管费率为 20%，供应商给出的数量折扣条件是：订货量小于 650 单位时，每单位为 10 元；订货量大于或等于 650 单位时，每单位为 9 元。问该企业最佳采购批量为多少？此时库存物资的年度总费用是多少？

10. 针对某种产品的需求为每个月 100 单位。该种产品的单位成本为 50 英镑，订购成本为 50 英镑，库存持有成本为每单位成本的 25%，延期交货的缺货成本为每年单位成本的 40%，请你为该产品确定一个最佳的订货政策。

11. 简要说明 MRP 的基本原理，以及实现 MRP 的基本要素。

12. JIT 就是零库存吗？你是如何理解零库存的？

13. 常规库存管理与供应链下的库存管理有什么不同？

14. 简述多级库存控制两种策略有何异同点。

主要参考文献

[1] 周文泳. 现代仓储管理[M]. 北京：化学工业出版社，2010.

[2] 余敏. 供应链管理环境下库存控制策略探讨[J]. 辽宁师专学报（自然科学版），2016.

[3] 丛建春. 供应链环境下多级库存控制策略及绩效评价研究[D]. 河南理工大学，2009.

[4] 姜宁. 供应链需求预测和库存控制研究——基于时尚鞋服零售企业的实证分析[D]. 上海交通大学，2012.

第九章

仓储管理信息系统

📖 **本章导读**

从信息管理的视角看，仓储管理过程实质上是仓储信息处理的过程。现代信息技术的发展为仓储管理信息系统的建设提供了条件保障。通过本章的学习，要求掌握仓储管理信息系统的内涵、结构与功能，熟悉仓储管理信息系统的业务流程、单证流转和数据结构，了解仓储管理信息系统的分类、支持技术、开发与实施过程。

第一节 仓储管理信息系统概述

有效的仓储信息处理是仓储管理活动得以有序开展的必要条件。现代信息技术发展，为提升仓储管理效率提供条件保障。本节从介绍仓储信息的内涵入手，阐述了仓储管理信息系统的内涵、特征、结构、功能、业务流程、单证流转、数据结构等相关知识。

一、仓储信息与仓储管理信息系统

（一）仓储信息

仓储活动贯穿着物流和信息流两种运动方式，如图 9-1 所示。物流是实物的流动，也就是物资实体的进、销、调、运、存的过程。信息流一方面随着仓储活动产生，另一方面又引导、控制着仓储行为进行有规律的运动。

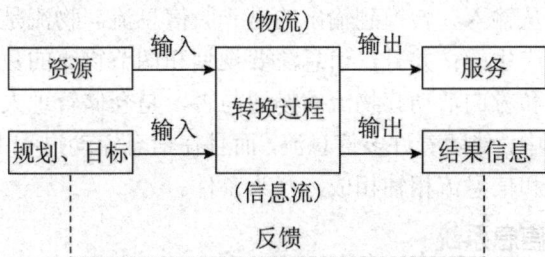

图 9-1 仓储活动中的物流和信息流

仓储信息属于物流信息的范畴，是用来表征仓储运动状态的、表征仓储与外界相互联系的、并可为仓储工作人员所认识和利用的信息。仓储信息是物流和仓储过程的重要因素之一，在仓储现代化过程中的地位和作用是十分显著的。仓储信息具有可传输性、可扩充性、可扩散性、可交换性、可再生性、可压缩性、可继承性、可储存性、可共享性、可替代性、可买卖性、知识性等特性。

仓储信息十分复杂，通过不同角度进行划分，可以使人们比较清晰而具体地了解仓储信息的内容。仓储信息的分类如表 9-1 所示。

表 9-1　仓储信息的分类

大类	子类	描述
信息在仓储管理中的作用	计划信息	既包括确定目标及为实现目标制订各种措施时需用的信息，又包括上述过程所形成的信息。属于战略决策信息
	控制信息	包括仓储管理人员在工作中需用和形成的各种战术决策信息
	作业信息	来源于仓库日常经营和业务等各方面，属于一般性质的信息
信息的技术经济性能	技术信息	那些与仓储各项生产和管理技术有关的信息、设备性能和参数等
	经济信息	那些与仓储经营状况有关的信息效果等
仓储信息变化速度	相对固定信息	在一定时期内可以重复利用而不发生根本性变化的信息，如物资保管保养操作规程，各项作业定额等
	可变信息	那些只反映或只能用于某一时刻的信息。这种信息的时效性很强。在许多情况下，仓库经营的成败往往取决于对这种信息的管理及利用能力
信息来源	库内信息	仓储是信息的发布者，它产生的信息大都反映物资仓储各项生产经营状态及对外界的各种要求等
	库外信息	仓库作为信息的接收者时，由仓库外单位产生信息。这些信息反映了库外行政单位的状态、变化和要求，如供求状况、方针政策和市场动态等
信息加工程度	原始信息	那些未经加工的仓储信息，如记录、账本、单据等
	加工后信息	按各种要求经过收集、整理后得到的信息，如报告、报表等

仓储管理过程实质是信息处理过程。从信息论的观点看，仓储管理过程就是信息的收集、传递、加工、应用的过程。仓储活动可概括为两大类：一类是物流活动，即物资经过进、销、调、运、存各个环节，合理地满足社会的需要；另一类是管理活动，围绕和伴随着一系列物流活动，执行着决策、计划和调节等职能，以保证物流活动有秩序、高效能地进行。物流活动中流动的是物，从输入、转换到输出的是一股物流；而管理活动中流动的是信息，从输入、转换到输出的是一股信息流。物流是仓储活动的中心流，信息流是伴随物流而产生的；并且，信息流要规划和调节物流的数量、方向、速度、目标，使之按一定目的和方向活动。物流的畅通与否，是仓储管理人员极为关心的事。在这个主要的仓储活动中，伴随着许多信息流，而且在信息流动过程中都存在着信息反馈。在仓储系统中，物流和信息流相辅相成、互为条件。

（二）仓储管理信息系统

传统的仓储管理，主要是依靠非自动的、以纸张为基础的系统来记录、跟踪进出的货物。仓储从入库开始到出库为止的入库验收、在库盘点、在库查询、出库分拣等一系列作业全过程都是依靠人工手动完成的。现代仓储信息一般具有量大、频繁、复杂等特点，为加强对仓储信息的管理，企业非常需要建立一个能迅速及时地处理大量信息的仓储管理信息系统。

仓储管理信息系统是一个实时的计算机软件系统，它能够按照运作的业务规则和运算法则，对信息、资源、行为、存货和分销运作进行更完美的管理，使其最大化满足有效产出和精确性的要求。其应用形式是企业管理系统甚至更大系统内的计算机信息网络的建立和运行。在企业建立计算机管理信息系统时，仓储管理信息系统将以子系统的形式出现。仓储管理信息系统通过将计算机网络技术、数据库技术、自动识别和数据采集技术与仓储业务有效地结合起来，将具有信息存储高效、准确和实时的功能，满足了现代物流管理的要求，能够为企业创造更多的经济效益，对推动仓储物流行业的发展具有重大的现实经济意义。仓储管理信息系统具有如下几个特征。

（1）主题性。仓储管理信息系统是为解决某一领域的问题而存在，面向具体管理决策的人工系统。例如，进行设备管理的设备管理系统、用于无纸化网络办公的办公自动化系统、用于财务管理的财务会计系统等。

（2）系统性。仓储管理信息系统的开发具有系统性，包含多个层次的含义。首先，信息系统开发涉及人、财、物等多方面的资源，需要进行各个方面的协调；其次，系统开发要综合考虑各个方面的因素，如系统的应用环境、投资的大小、预期的期望值、员工的素质等；再次，信息系统的开发需要软硬件的协作以完成特定的系统功能，相互配合、相互补充；最后，信息系统是人机系统，需要管理和技术的双重支持。

（3）人机系统。虽然信息系统在计算机发明之前已经存在，但是现在的信息系统一般指基于计算机的信息系统。计算机在信息系统中扮演着重要的角色，计算机的存储能力与运算能力是人所不及的。但是，人的因素是决定性的因素，因为系统需求的提出、系统分析、系统设计、系统实施、系统维护和评价、系统的使用均是由人进行的。因此，系统应用成功与否主要取决于人。

（4）多学科交叉的边缘学科。仓储管理信息系统是综合了计算机科学、应用数学、决策理论、运筹学、管理学等多学科的一门学科，其边缘学科的特点非常明显。因此，正确认识和理解 WMS 需要有相应学科的基础知识。

二、仓储管理信息系统的结构与功能

仓储管理信息系统的结构是指仓储管理信息系统各组成部分所构成的框架。由于系统的内部组织方式不同，对其结构的理解也有所不同。可以从系统的技术框架、物理结构、软件结构和常用功能等方面来进一步了解仓储管理信息系统。

（一）仓储管理信息系统的技术框架

不同种类的仓储管理信息系统框架结构不甚相同，但总体来说目前较为主流的仓储管理信息系统的框架结构主要由三个层次的软硬件组成：采集层、汇聚层和管理层。它们分别负担着信息的获取、传输、管理和消费的功能，如图 9-2 所示。采集层主要是通过射频识别设备以及其他自动识别设备采集数据，包括位置标签、货物标签、手持读写器、无线接入终端；汇聚层通过无线通信技术，将采集的数据传递到中央数据库，包括无线接入设备和相关的网络设备；管理层对采集的数据进行处理、管理和消费，包括数据库服务器、网络服务器等设备和仓库管理系统软件。

图 9-2　仓储管理信息系统的框架结构

　　从实际操作的角度看，仓储管理信息系统的采集层是由一系列的手持读写器、无线读写器和叉车车载读写器组成。这些读写器负担着对 RFID 标签信息进行读和写的功能，是仓储管理信息系统与库存货物产生信息交互的最基本载体。这些读写器产生的信息流会通过无线或者固定网络传输到库存信息数据库中。信息承载的网络可以是以太网、4G 通信系统或 Wi-Fi 无线通信系统等。

　　仓储信息系统可以采用 B/S 架构为客户端提供访问接口，通过这些接口，客户端可以向仓储信息管理平台查询相应物品的库存情况和存放位置。这个客户端可以是一个手持读写器、叉车车载读写器或是一台计算机。仓储信息一般会包含如信息写入管理、信息删除修改、查询管理、定位管理、信息备份、容错恢复等几大功能模块和货位、货品、标签和审计等不同数量的数据库，具体数量要视具体情况而定。这几个模块组成了仓储信息管理平台，与采集层的手持读写器、无线读写器和叉车车载读写器等直接发生数据交互的载体。它们以采集层传来的数据为输入，直接对这数据库进行相应操作，如图 9-3 所示。

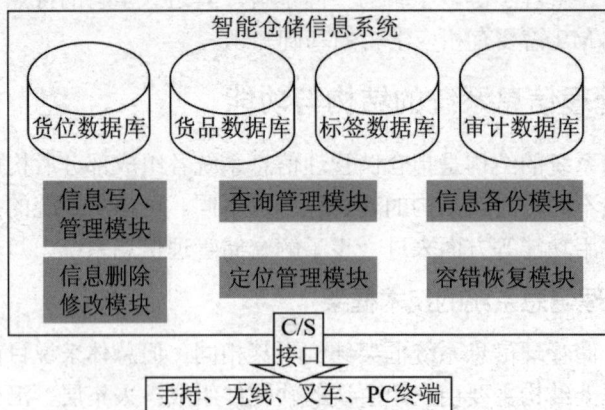

图 9-3　仓储管理信息系统的三层结构

（二）仓储管理信息系统的软件结构

　　支持仓储管理信息系统各种功能的软件系统或软件模型所组成的系统结构，是仓储管理信息的软件结构，一个系统可包括多种不同的子系统，这些子系统主要分为两类：

一类负责实现系统的底层技术支持，如数据库部分、接口部分等；另一类主要为实现仓储管理的各类功能而服务，不同企业、不同类型的仓储管理信息系统之间的功能子系统也存在差异，最终都为仓储管理的目标服务。

（1）数据库部分。数据库部分主要完成数据文件的存储、组织、备份等功能，数据库是仓储管理信息系统的核心部分。

（2）接口部分。接口部分在仓储管理信息系统中有举足轻重的地位，因为系统不是孤立的，总要和系统之外的数据进行数据交换，因此数据的导入和导出成为系统必备的功能。

（3）事务处理子系统。事务处理子系统主要完成数据的收集、输入，数据库的管理、查询、基本运算、日常报表的输出等。

（4）管理控制部分。管理控制部分主要在事务处理系统（transaction processing systems, TPS）基础之上，对数据进行深加工，如运用各种管理模型、定量化分析手段、程序化方法、运筹学方法等对组织的生产经营情况进行分析。

（5）战略决策部分。仓储管理信息系统的决策模型多以解决结构化的管理决策问题为主，其决策结果要为高层管理者提供一个最佳的决策方案。

（三）仓储管理信息系统的物理结构

仓储管理信息系统的物理结构是指系统的硬件、软件、数据等资源在空间的分布情况。其物理结构可分为集中式和分布式两大类。

（1）集中式系统。集中式系统是资源在空间上集中配置的系统。单机系统是典型的集中式系统，它将软件、数据和主要外部设备集中在一套计算机系统之中。多用户系统也是集中式系统，它由分布在不同地点的多个用户通过终端共享资源。集中式系统由于资源集中，便于管理，资源利用率高。但系统可靠性低，一旦主机出现故障会导致全系统的瘫痪。

（2）分布式系统。分布式系统通过计算机网络将不同地点的计算机硬件、软件、数据等资源联系在一起，服务于一个共同的目标。实现不同地点资源的共享是分布式系统的一个主要特征。分布式系统可以根据应用需求来配置系统资源，提高了系统对用户需求和环境变化的应变能力，系统扩展方便，健壮性好，网络上某个节点出现故障一般不会导致全系统的瘫痪。但由于分布式系统的资源分散且一般分属各个子系统，使得系统维护管理的标准不易统一，协调比较困难，不利于安全保密。

（四）仓储管理信息系统的常用功能

仓储管理信息系统的管理及控制是基于现代信息技术、控制技术和通信技术等发展起来的综合应用系统，负责整个仓库的管理、调度工作。该系统有较强的综合性，主要目的是根据各公司企业的不同需求，提供相应的仓储信息，根据订货查询库存及配送，发出配送指令、结算指令及发货通知以及反馈配送信息等。

对仓储管理流程进行分析，可知仓储管理信息系统需要实现哪些功能，据仓储管理信息系统功能设置可以得知该系统需要实现的主要功能模块，然后根据各个功能模块对系统进行设计和实现。系统的主要功能一般包括：管理员登录、货物基本信息的存储、货物的分类管理、货物的出库入库管理、订单管理、货物盘点等功能。根据以上分析，本书以某智能仓库管理软件为例，阐述系统具体功能，如图 9-4 所示，该智能仓库管理软件的具体的功能包括：标签制作、货位数据库和货品数据库的初始化、入库管理、出库管理、统计查询、库存管理、账目管理、RFID 和条码打印、信息安全、系统接口等。

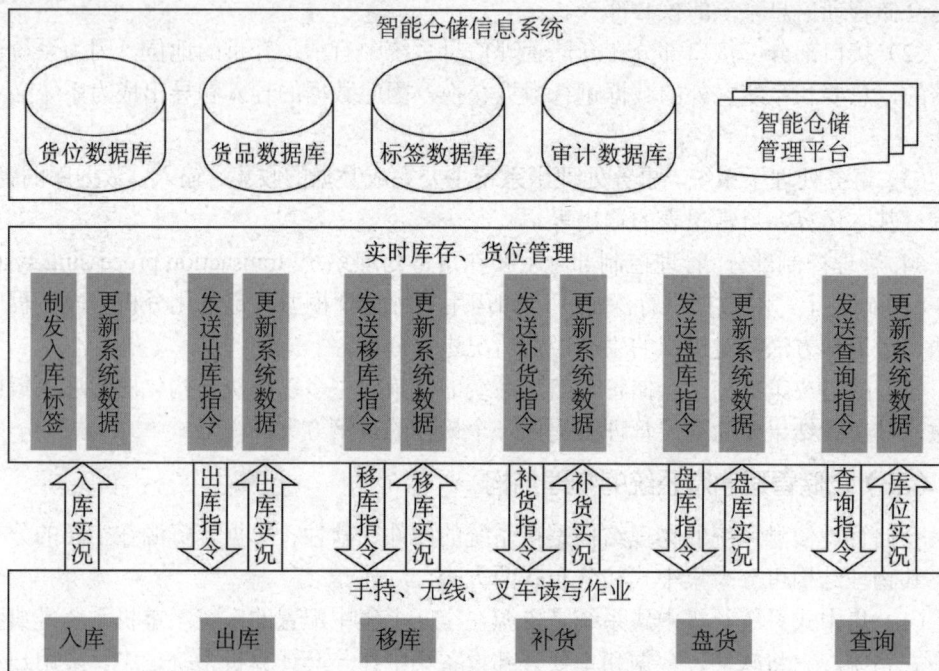

图 9-4　智能仓储管理信息系统的功能

（1）标签制作。依据入库单及标签制作申请单录入的货物信息生成每个物品的电子标签，标签表面上打印标签序号及产品名称、型号规格，芯片内记录产品的详细信息。

（2）货位数据库和货品数据库的初始化。实现对所有货物的统一管理和其相应仓储位置的可视化。

（3）出入库管理。仓储系统应该记录货物的出库、入库时间，以便对货物进行后期查询和统计分析。出库应该包含的信息：出库业务号、顾客、货物名、货物规格、应出数量、实出数量、出货员、出库时间等。

（4）统计查询。主要用于仓库的入库、出库、残损及库存信息的统计查询，按相应的货物编号、分类，对供应商、顾客和仓库保管人员进行统计查询。

（5）库存管理。主要用于仓库的库存货物的管理。其主要内容有：对库存货物的上下限报警；库存呆滞货物报警；货物缺货报警；库存盘点管理：主要用于仓库的货物盘点清单制作、盘点清单打印、盘点数据输入、盘点货物确认、盘点结束确认、盘点利润统计、盘点货物查询、浏览统计、盘亏盘盈统计等，以便于实行经济核算、库存分析、退品和废旧物资管理；货位调整：主要用于对库存货物的货位进行调整、进行货位调整查询，同时通过可视化的工具使得仓库管理人员掌握各种货物的存放情况，能及时准确地查找在库货物。

（6）账目管理。主要用于仓库核算某一时间段的每种货物明细账，分类货物的分类账和全部在库货物的总账，以便仓库实行经济核算。

（7）RFID 和条码打印。主要用于仓库的货物自编 RFID 和条码打印、货物原有 RFID 和条码打印等，用于仓库实行 RFID 和条码管理，自动生成打印各种货物的 RFID 和条码。

（8）信息安全。无须客户端，可以通过认证登录。异地也可查看，但无法进行修改复制等操作。在数据保护方面，使用审计数据库备份各种操作数据，可排除意外带来的损失。

（9）系统接口。为防信息孤岛的现象出现，系统预留多个接口以供加载新功能或与其他系统对接，如 CRM、ERP、财务等系统。

三、仓储管理信息系统的业务流程

一般情况下，仓储管理主要包括验收入库、在库管理及货物出库三个业务环节。具体还可根据业务类型拆分为不同的环节，本章不一一赘述。

（一）验收入库

仓储收到供应商以电话或邮件方式提前发送入库通知后做好入库准备，同时安排车辆到供应商指定取货点接货；货物安全到达仓库后，对货物进行验收入库，具体验收入库流程如图 9-5 所示。其具体操作步骤如下：①载货车辆到达仓储后，人工检查货车封条是否完好，检查无误则组织卸货，若出现异常则用相机拍照记录相关异常情况填写"收货异常登记表"并通知上游供应商有关人员进行处理。②确认可以卸货后，工作人员开始卸货。③卸货完成后，人工核对货物的名称、规格、外包装、数量及货单号等信息是否与入库通知一致，一致则填写"收货登记表"；核对不一致，填写"收货异常登记表"并报告上游供应商。④货物核对完成后，叉车司机或搬运人员将货物搬运到规划好的库区库位入库，货物摆放好以后，登记入库货物信息。⑤将入库信息人工输入电脑保存，包括入库货物储存的库区库位，打印入库单；以电话或邮件方式将货物验收信息反馈给供应商。

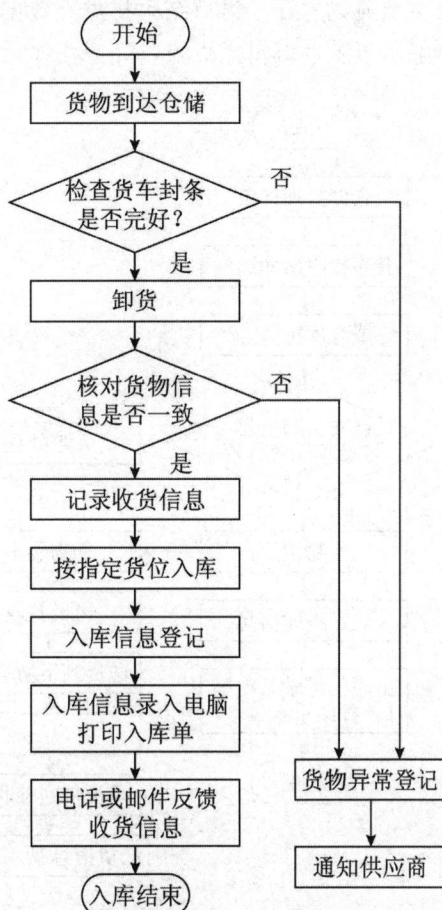

图 9-5　验收入库流程

（二）在库管理

在库管理主要是指在库货物盘点。在仓储作业过程中，货物不断地入库和出库产生的误差经过一段时间的累积会使库存资料反映的数据与实际数量不符合。有些货物因长期存放，品质下降，不能满足顾客需求。为了对库存数量进行有效的控制，并清查货物在库房中的质量状况，必须定期对仓库进行盘点，确保货物在库数量的真实性和完整性。仓储盘点流程如图 9-6 所示。

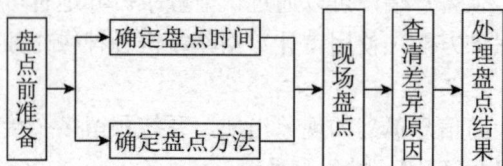

图 9-6　仓储盘点流程

在库货物盘点：仓库管理员确定盘点时间及盘点方法并制订盘点计划，包括盘点类型、盘点库区及盘点货物等；仓库盘点人员根据盘点计划找到需要盘点的库区和货物人工盘点货物库存，盘点结束将盘点数据及结果分析反馈至仓管员；仓管员将盘点结果数据输入电脑，编辑盘点表，完成在库货物的盘点。

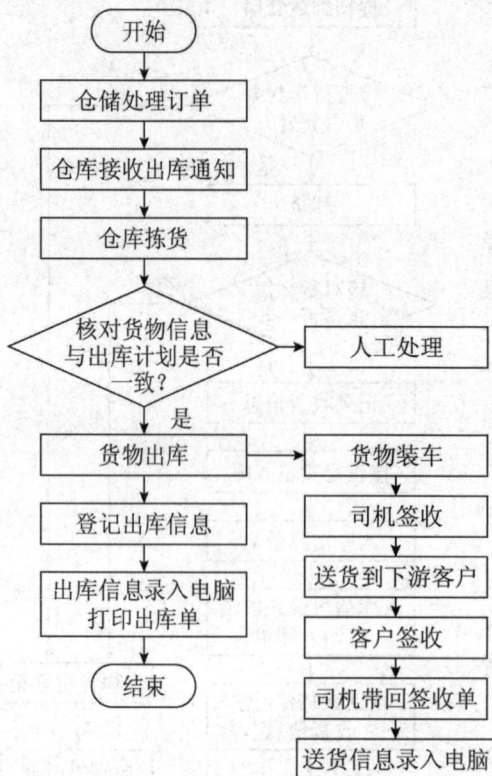

图 9-7　货物出库流程

（三）货物出库

仓储接收到出库通知后，根据出库通知制订出库计划通知仓库，仓库接收到出库通知后，根据出库计划拣货出库，具体流程如图 9-7 所示。其具体操作步骤如下：①仓库人员接到出库通知后，根据出库计划到货区拣货，并将所拣货物运至理货区；②仓库人员在理货区根据出货计划人工核对货物的名称、规格、数量等信息是否与出库计划一致，不一致则需查明原因，人工处理拣货出库异常，确保一致，然后出库准备装车，并做好出库登记；③将出库信息人工录入电脑保存并打印出库单；④送货司机签收货物并带上三联的签收单，货送至下游顾客；⑤货物安全送达顾客后，顾客人工核对货物的名称、数量、规格、包装等信息是否与订单上的一致，不一致则查明原因，并作相关异常处理，核对一致则签收货物；⑥司机将签收单带回仓库，保存相关送货信息。

四、仓储管理信息系统的单证流转

（一）系统流程中的数据文件

仓储管理信息系统中的单据一般分为两种：①基本单证：主要是由单次操作行为而产生的基础凭证，可作为原始凭证保存，主要类型有入库单、领料单、出库单、缺货单等。②查询文件：与基本单证相对应，查询文件通常为定期、特定行为的操作而在系统中由多个基本单证集合形成的文件，可作为定期查询文件，主要有库存盘点表、入库统计表、出库统计表、库存盘点表等。

（二）单证流转过程

最基本的单证流转过程如下所述。

（1）入库。工作人员开具相应入库单，在分拣区对货物进行分类并提取相关备件信息，然后将货物放入总仓相应储位，由总仓管理员根据货物信息（包括备件编号和数量等）录入系统并更新数据库。

（2）出库。当某货物出库时，工作人员须创建领料单到分仓，经系统审核通过后在系统中需要通知仓库出货，管理员在 WMS 中进行出库操作：查找相关货物的位置、拣选取货并形成相应的出库单，并在系统中更新相关库存。

（3）库存管理。盘点员连接数据库提取当前库存货物的数量形成库存盘点表；若发现实际数量与库存不一致则需要由管理员做好记录，核实账单并告知仓库主管追查差异原因，最后需要在盘点表上签字审核；盘点结束后则由盘点员提交库存盘点表，再次交给仓库主管签字审核，同时由管理员在仓库管理系统中修改库存信息，最终在系统中确认。

五、仓储管理信息系统的数据结构

在开发仓储管理信息系统应用软件时，首先遇到的就是数据文件或数据库结构的设计问题，如果设计不当，就会直接影响系统的处理效率和响应速度，并给用户使用和维护带来不便。仓储管理信息系统中涉及的数据存储和数据处理量很大，系统的运行效率与数据文件或数据库结构有直接联系。尽管随着计算机内外存储能力的增加，空间不足已不是重要问题。但数据文件或数据库结构的合理设计对提高系统的响应速度非常重要。

（一）数据结构规范化理论

为了合理设计数据结构，美国 BIM 公司的一名科学家首先提出了数据结构规范化理论。这一理论为数据文件或数据库结构设计提供了理论基础。虽然这个理论以关系数据模型为背景，但对一般的数据结构设计同样具有重要指导意义。数据结构规范化理论仍然处于发展之中，但从实用角度看，符合第三数据结构规范化形式的数据结构就是一个合理的数据结构。

第一数据结构规范化形式，是指一个数据结构中没有重复出现的数据元素或数据元素组，即一个"平坦"的数据结构就是一个符合第一数据结构规范化形式的数据结构。

第二数据结构规范化形式，是指一个符合第一数据结构规范化形式的数据结构中的非关键字数据元素都完全函数依赖于整个关键字，即一个"平坦"的数据结构中非关键字数据元素的取值都与整个关键字有联系，它就是一个符合第二数据结构规范化形式的数据结构。因此，对于只有一个关键字数据元素的数据结构，如果它满足第一数据结构规范化形式的要求，那么也一定满足第二数据结构规范化形式的要求。

第三数据结构规范化形式，是指一个符合第二数据结构规范化形式的数据结构中的非关键字数据元素间都彼此独立，即非关键字数据元素的取值不存在函数依赖关系，它就是一个符合第三数据结构规范化形式的数据结构。

（二）数据结构合理化的步骤

把一个数据结构不合理的形式转化为一个数据结构合理的形式一般要经过下列几个步骤。

（1）把含有重复数据项的数据结构通过在重复数据项中指定新的关键字的方法，转化为符合第一数据结构规范化形式的数据结构。

（2）如果数据结构中包含两个以上的关键字，通过分解数据结构的方法，将"大的数据结构"转化为"小的数据结构"，使"小的数据结构"中的非关键字数据元素都完全函数依赖于整个关键字。成为一个符合第二数据结构规范化形式的数据结构。

（3）如果数据结构中非关键字数据元素间存在函数依赖，通过消除存在函数依赖关系数据元素的方法，使非关键字数据元素间不存在函数依赖。成为一个符合第三数据结构规范化形式的数据结构。

第二节　仓储管理信息系统的分类与案例

在对仓储管理信息系统的结构、功能以及业务流程等有一定的了解之后，本节我们将通过介绍几种常见的仓储管理信息系统来进一步加深对其的认知，并且介绍一些仓储管理信息系统的应用实例，相信读者会对仓储管理信息系统有更为具体的认知。

一、仓储系统发展历程

（一）人工机械仓库

这一阶段的仓库主要采用的是人工与机械管理相结合的管理模式，出现了对物资输送、储存、应用等方面的综合管理。当前，我国还有许多企业仍然在采用这一种管理模式。

（二）自动化仓库

这一阶段，自动化技术开始在仓库管理中应用。但这一时期的自动化只能在部分设备中进行应用，无法实现整体系统的自动化管理。

（三）集成自动化仓储

随着自动化技术在仓库管理中的应用不断扩大，集成自动化仓库逐渐形成。仓储配送走向现代化，物流管理行业的发展逐渐成熟，使得我国仓储管理系统机制的建立逐渐趋于完善和健全。

（四）智能化仓储

人工智能技术的发展将仓储技术推向了一个更高的层面，智能化自动技术在仓库管理中得到了广泛的应用，并且取得了良好的效果。随着科学技术、经济一体化和信息技术的不断发展与进步，仓储管理逐渐发展成为信息化企业的重要核心。仓储配送企业要积极利用信息技术，借助于仓储配送中心，搭建好流动信息平台，通过网络平台将企业经营网点连接起来，衔接好厂家与商家、商家与使用者上下游之间的连接，提供更深层次的服务，进一步优化仓储配送资源配置。

二、仓储管理信息系统的常见类型

现代物流的观点认为，仓库已经不再是一个简单的存放货物的场所，而是流动的物流配送中心。随着物流技术和仓储设备的完善，配送中心的自动化仓库已经成为整个物流过程的枢纽，其核心理念是按需运送、零库存、无缝隙传送、最短在途时间等。而要达到上述要求，就必须建立仓储管理信息系统。通过该系统整合各种仓库资源，并进行集中管理，以便完成出入库登记、存量检索、容积计算、储位分配、盘点报告、损毁登记、仓储加工、租期报告和费用结算等作业。同时随时向仓库管理者和顾客提供各种查询服务。下面介绍几种常见的仓储管理信息系统。

（一）基于 B/S 模式的仓储管理信息系统

B/S 模式是一种以 Web 技术为基础的新型的系统平台模式，它把传统 C/S 模式中的服务器部分分解为一个数据服务器和一个或多个应用服务器（Web 服务器），从而构成了三层结构的客户服务器体系。第 1 层客户机是用户与整个系统的接口。客户的应用程序精简到一个通用的浏览器软件，如 Netscape Navigator、微软公司的 IE 等。浏览器将HTML 代码转化成图文并茂的网页，网页具备一定的交互功能，允许用户在网页提供的申请表上输入信息提交给后台第 2 层的 Web 服务器，并提出处理请求。第 2 层 Web 服务器将启动相应的进程来响应这一请求，并动态生成一串 HTML 代码，将嵌入的处理结果返回给客户机浏览器。如果客户机提交的请求包括数据的存取，Web 服务器还需与数据库服务器协同完成这一处理工作。第 3 层数据库服务器的任务类似于 C/S 模式，负责协调不同的 Web 服务器发出的 SQL 请求。综上，B/S 模式具有以下几个特点。

（1）B/S 模式体系简化了客户端。B/S 模式无须像 C/S 模式那样在不同的客户机上安装不同的客户应用程序，而只需安装通用的浏览器软件。这样不但可以节省客户机的硬盘空间和内存，而且安装过程更加简便，网络结构更加灵活。另外，它简化了系统的开发和维护，系统的开发者无须再为不同级别的用户设计开发不同的客户应用程序，而只需把所有的功能都实现在 Web 服务器上，并就不同的功能为各个组别的用户设置权限。各个用户通过 HTTP 请求在权限范围内调用 Web 服务器上不同的处理程序，从而完成对数据的查询或修改。在维护方面，相对于 C/S 模式，B/S 模式的维护具有更大的灵活性。当形势变化时，它无须再为每一个现有的客户应用程序升级，而只需对 Web 服务器上的服务处理程序进行修订。这样不但可以提高企业的运作效率，还省去了维护时协调工作的不少麻烦。

（2）B/S 模式体系使用户的操作变得更简单。对于 C/S 模式，客户应用程序有自己特定的规格，使用者需要接受专门培训。而采用 B/S 模式时，客户端只是一个简单易用的浏览器软件。无论是决策层还是操作层的人员都无须培训，就可以直接使用。

（3）B/S 模式特别适用于网上信息发布，这是 C/S 模式所无法实现的。而这种新增的网上信息发布功能恰是现代物流企业所需的。这使得企业与客户之间的信息交流可以在 Internet 上直接进行，从而提高了企业的工作效率。常见的 B/S 三层模式结构见图 9-8。

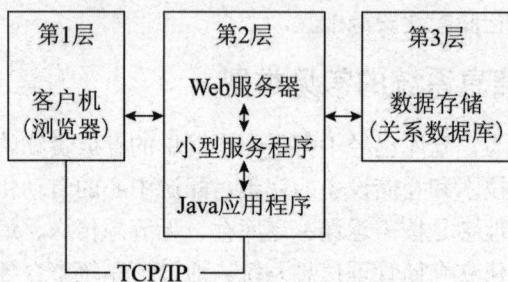

图 9-8　常见的 B/S 三层模式结构

（二）基于 RFID 的仓储管理信息系统

在基于 RFID 的仓储管理信息系统中，系统作为仓储管理的数据采集终端，实现货物信息的自动采集，为仓储业务处理提供数据信息支持。系统的体系结构采用分层混合结构，主要包括物流层、中间件层及仓储管理层，系统的总体框架结构如图 9-9 所示。

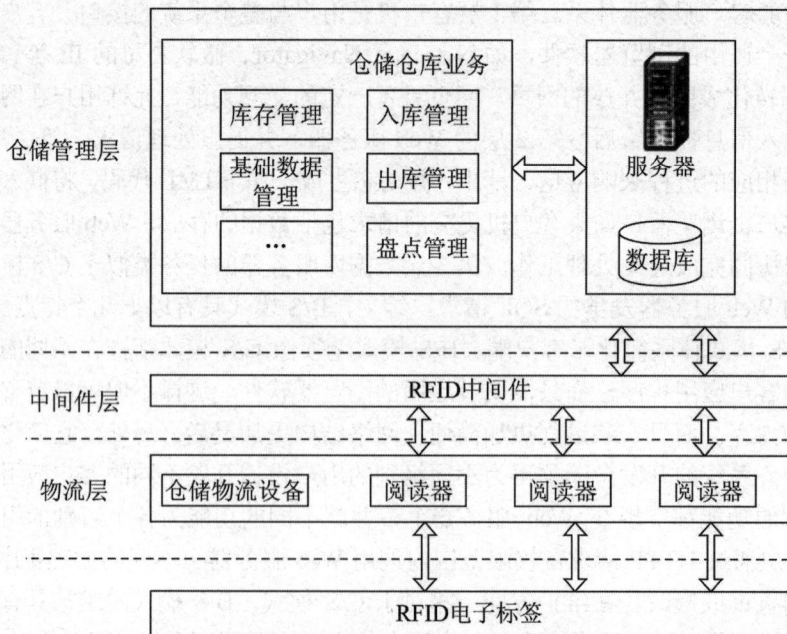

图 9-9　基于 RFID 的系统框架结构

系统将采集到的数据信息传送融合至仓储业务管理系统，改善了仓储业务流程，促进仓储管理的自动化及信息化。该系统应该满足以下几个方面的需求：①为上游供应商及下游顾客提供方便统一的网上出入库通知订货功能及常规信息系统具有的用户权限管理、数据查询、统计管理等功能。②提高仓储业务处理效率：及时接收处理货物出入库通知，自动生成货物出入库计划为仓库出入库作业提供依据；借助系统快速准确完成货物出入库，加快货物出入库速度，提高仓储仓库的吞吐量；借助系统快速准确进行库存盘点，提高盘点作业质量。③仓储货位管理能提高货位利用率。④提高货物查询的准确性。⑤货物库存量低于库存下限或高于库存上限时，系统能自动提示警示。⑥能够给管理者与决策者提供及时准确的库存信息。

（三）基于Web的仓储管理信息系统

基于 Web 的仓储管理信息系统是作为敏捷供需链管理系统（ASCMS）的一个子系统，供中小型制造商使用。他们只需通过 Internet 浏览器输入正确的公司 ID、用户 ID 和密码便可以登录系统，利用它可以进行系统管理、库存管理、统计分析以支持高层决策，顾客可以浏览产品信息或反馈产品信息。系统能保证数据的安全性和一致性。通常情况下，基于 Web 的仓储管理信息系统会采用 J2EE 的底层架构。

（1）J2EE 系统结构。基于 Web 的仓储管理信息系统采用 J2EE 平台设计分布式企业应用程序。J2EE 是利用 Java 平台来简化与多级企业解决方案的开发、部署和管理相关的复杂问题的体系结构，平台的应用主要由构件组成，应用系统的开发就是设计这些构件并组装成整个企业应用，可以大大降低开发网络化应用的费用和复杂性，其三层甚至多层体系结构如图 9-10 所示。

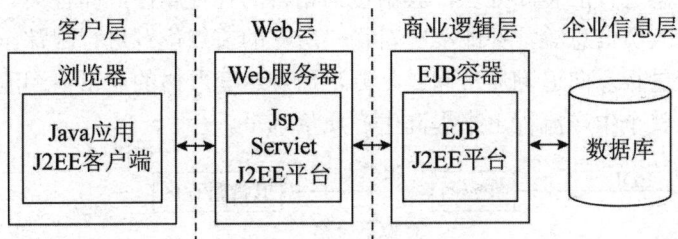

图 9-10　J2EE 的系统体系结构

（2）系统总体结构设计。仓储管理信息系统划分成表示层、业务逻辑层和数据访问层。表示层位于系统的最外层，最接近用户，是用户访问系统的门户，用于显示数据和接收用户输入的数据，只提供软件系统与用户交互的操作界面。业务逻辑层位于表示层和数据访问层之间，负责处理用户输入的信息，将这些信息发送给数据访问层进行保存，或者接收数据访问层传输过来的数据，将数据进一步传递给表示层。业务逻辑层是表示层和数据访问层的桥梁，负责数据处理和传递。数据访问层实现对数据的保存和读取操作，数据访问包括访问数据库系统、二进制文件、文本文件或 XML 文档等，数据访问层只负责对数据的访问操作。

（四）基于云计算的智能仓储管理系统

云计算技术自其发展以来便逐渐成为社会中相关人士关注的焦点。现阶段，为了适应时代的发展，仓储管理系统也要与先进的信息技术相结合，进行智能仓储管理系统设计。云计算技术本身作为 IT 基础设施交付与使用的基本模式，能够满足智能仓储系统对于信息技术的要求。云计算技术本身是一种可进行动态伸缩的虚拟形式的资源，是以互联网为基础的计算模式，其本身最为基本的特征是在互联网中利用 IT 资源为相关服务提供资源，其中主要包含计算能力、应用程序、存储能力以及编程工具等。当前云计算技术主要涵盖了基础设施即服务、平台即服务以及软件即服务几种应用模式。基础设施即服务主要是利用虚拟化、动态化技术使 IT 基础资源能够构成资源库。企业或终端用户可以通过网络获得自己所需要的计算资源，运行自己的业务系统。在基础设施即服务之上是平台即服务，除了基础的计算能力之外，平台即服务具备业务开发运行的基本环境。软件即服务是最上层服务模式，这种软件在运用方面具有一定的便捷性，无须安装，用户可以结合实际需要，为软件即服务提供商提供软件租赁的相关服务。

三、仓储管理信息系统的应用案例

（一）华为：基于 WMS 和 RF 系统一体化的自动化生产物流系统

1. WMS 和 RF 系统

WMS 在生产系统的应用中的主要功能有两个：货位管理和质量追溯。货位管理是指通过数据收集器等物流设备来查询货物在货架中的具体位置，实现物料的全方位监控，并能实时了解货架上各种货物的种类、数量、位置等信息，以及货架上的剩余容量，来更好地安排进出库等物流活动。而质量追溯是指将通过货位管理的各项物流活动中信息收集器获得的信息进行汇总和处理，其中包括物料的各种属性，即种类、大小、数量、入库时间、操作人员信息等，并能实时对物料所在的节点位置进行跟踪，此外还能根据物料的属性向上进行反向追溯质量问题来源，通过这套严格的质量追溯流程不断巩固生产质量体系，从整个生产流程上来提高生产质量水平。

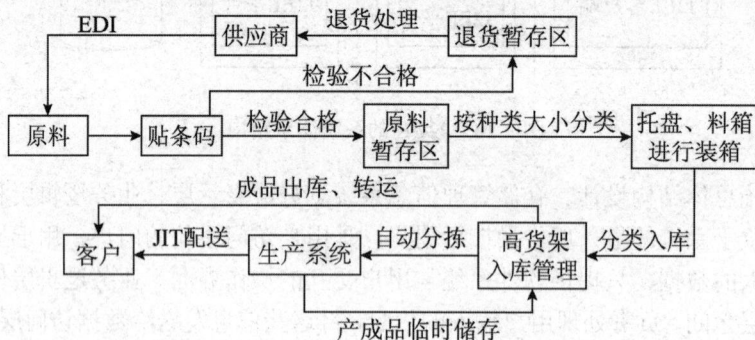

图 9-11　自动化生产物流系统流程图

RF 系统即无线射频技术系统，是指将专用的条码贴在目标物上，通过专用的条码读取器能实时的读取条码的光信号，并进行分析，得到关于目标物的种类、数量、空间位置等信息，从而达到对目标物的监控、检测、跟踪等目的。在出入库作业中，RF 系统发挥着越来越重要的作用。在入库作业当中，贴码的物料托盘或者料箱通过分拣设备时，阅读器便会读取条码上的信息，并进行条码分析，然后输送机和堆垛机会将分类的物料按照其种类及用途送至货架中的指定位置进行储存。在自动生产物流系统中，企业一般往往为了节约储存空间，提高库存利用率而采用高货架。庞大复杂的高货架如果采用传统的物流处理方式会显得非常麻烦且效率低下，容易出错，而结合 RF 系统的出库作业则简便许多。在出库作业当中，通过 RF 系统的阅读器能实时地通过标签发射出来的光信号而获得物料在高货架的准确位置，在利用分拣设备对物料进行调取时，采用先进先出的方法，提高原料利用率。

2. 华为公司案例分析

华为作为国内一家通信设备和通信方案解决供应商，一直秉承严格的顾客服务要求，致力于及时准确地为顾客提供服务，而通信市场存在着需求波动大、交货期短、计划性差的特点，这对通信企业的物流系统及其服务能力要求很高。华为面对全球的采购物流中，通常采购周期长达两个月，而产成品的交货期只有两周，中间有一个半月的时间差，因此在原材料仓库中存在一定的安全库存。在 2002 年自动化生产物流系统投入使用之前，华为的原材料主要采用平面码放存储、人工拣选和搬运等比较传统的方式，不仅占地面积非常大，而且物流效率低，差错率和货物损失难以避免，无法跟上公司不断提高的生产物流服务要求，阻碍了公司对顾客服务水平的提高。

为了改变传统生产物流系统效率低下、无法满足快速运转生产线要求的现状，华为建立新型、高效的自动化生产物流系统迫在眉睫。公司最终选择西门子德马赛克提供的方案，其为华为打造的物流中心实现了仓储和分拣无人化作业，其中包括 2 万个托盘和 4 万多个料箱的高架库，高效智能化的操作设备保证了物料的先进先出和准确的存储期限控制，库存数据正确率高达 100%。同时，WMS 与 Oracle ERP 系统进行集成，实现实时数据交换，保证物流信息的实时可视化，WMS、RF 系统与企业内部的 ERP 管理系统高度融合，对企业的生产输入输出进行实时的信息化、自动化管理，实现生产物流的智能化、自动化流程管理，该系统正是结合 WMS 和 RF 系统的生产物流自动化系统，为华为带来了非常不错的效益（表 9-2）。

表 9-2　系统投入前后对比

	库存利用率	物流准确率	作业流程	总体评价
系统投入前	平地码放，造成库存利用率低	人工操作较多，准确率为 95%	人工操作较多，缺乏流程化	效率较低，无法满足华为快速的发展要求
系统投入后	立体式仓库，节约 50% 以上库存空间	自动化、智能化操作，准确率达 99.6%	标准化、流程化的自动化生产物流运作模式	自动化、智能化、信息化的物流系统，有利于提高服务水平

生产物流系统上线后，主要改善了以下两个方面。

（1）通过采用 WMS 与 RFID 技术及条形码技术，做到了生产物料 100% 的先进先出管理，使得物料的存储期限得到有效管理；此外在物料入库中加入自动化的物流甄选环节，使得不合格的物料避免进入库房，提供生产物流的准确性；WMS 和 ERP 系统的融合，可以实现实时的库存报表，便于对库存进行实时监控。

（2）采用自动化物流设备实现物料的自动存取、输送与分拣，大幅提高了作业效率自动化物流设施的使用，减少了大量的人力投入；减少人为操作的生产物流活动，使得物流活动的准确率达到了99.6%。同时采用立体式自动化仓库，节省了占地面积。

（二）电商服装行业 WMS 应用

由于服装行业的特点，海量的 SKU 且每季上线；精确的款色码人工识别困难；较大的仓库面积对拣货路径及作业流程的优化依赖严重；以及新零售将线上线下业务的整合，电商日均万计的订单但每单少量，线下日均百单但每单有几千行，如此大的订单行向差异对一套 WMS 的顺利运行提出了极高的要求。所以长期以来，WMS 是否成熟与专业的重要衡量标准是能否支持精确管理到款色码的服装物流中心的运作。某电商企业拥有近万米仓库、将线上的电商业务（天猫及京东各平台店铺）和线下零售业务（门店及分销商）整合到一起，有效利用物流设施和资源。通过 WMS 的上线成功，该企业的主要变化有以下几方面。

1. 收货与分拣

（1）上线前。货到仓库，将货物地堆铺开在一片区域里，人工将几千箱货并款，通过 ERP 打印发货单据肉眼识别后，将所需货品拣出来后集中起来，再经过人工核对数量后打包发货到门店。新品到货后，通常需要十几个人用一周时间才能完成并款收货作业，之后才可以从 ERP 下单进行发货。

（2）上线后。品牌公司发出的 ASN 通过接口传到 WMS，同时入库箱单会第一时间发送到物流部公众邮箱，将箱单明细导入 WMS，现场人员通过手持 RF 边卸货边点数，按系统提示进行分货作业，整箱直接并款，拼箱开箱点清件数摆放在斜口篮或对应货架，收货并款时间由原来的一周缩短到两天。

（3）对比。入库可以扫描箱号，并且能将不同箱号的货品入库到越库区，当有订单出库时，直接分配越库区拣货出库。替代了原有打印 A4 纸做核对、分货，避免人为分错货，使入库、分拣效率和准确性提高。

2. 分拣和验货

（1）上线前。通过人工记忆及每排货架分拣牌指示进行分拣，拣货效率低下，并且在分拣过程中容易出错，同时，要求定期对货品进行整合，做大量的合款仓库管理工作，所有的员工没有库位的概念，需要员工几乎将所有的 SKU 记忆住。

（2）上线后。分拣员直接使用 RF 枪根据提示分拣，每一个 SKU 都在相应的库位上。大幅提高了作业人员的拣货效率，降低人员依赖。

（3）对比。系统提示各订单货品具体的拣货库位，通过 RF 拣货提高准确性。代替原有拣货尺寸用肉眼判断。

3. 发货

（1）上线前。期货发货，期货分拣完成时将箱数上报给仓库内勤，内勤统计数据，需要发货时内勤根据统计数据将验货单塞至最后一箱，进行发货。当顾客没有打款时货品不能正常发出，会一直在发货区。

（2）上线后。发货员在发货区域规划出集货库位，当货品复核完成时交发货员，发货员根据订单信息将货物移至集货库位，待顾客打款后 ERP 给出库指令，WMS 打印装车清单将货品交驾驶员并签字，发货完成。

（3）对比。代替原有纸单登记，改由系统控制发货并记录发货信息，打印装车清单，由司机确认签收。

4. 退货商品

（1）上线前。店铺退货，做退货单并将货物装箱，但无法提供每箱的装箱明细，经常多张退货单对应多个箱子，货到仓库，仓库按照装箱清单上的总数，拆箱进行清点，清点完成后通知给内勤，内勤入库。

（2）上线后。店铺退货订单回传给 WMS，WMS 按照退货明细进行汇总入库，逐件扫描核对数量并提示大类暂存库位，通过系统扫描后二次并款，并款后集中上架，收货完成。

（3）对比。通过扫描入库的方式，提高退货品入库效率和入库准确性，避免人工核对货品容易出错的问题。

该企业并没有专职的 IT 运维团队，现由一个 IT 人员负责公司电脑及网络硬件设备，所以此次项目上线的是 WMS 产品，并没有增加服务器等相关软硬件的采购成本，整体投入并不高。

（三）农产品冷链智能仓储管理系统

冷链物流的仓储管理对于减少农产品损失率、降低经济损失有重要意义。而冷链条件下，对于仓储信息管理提出了更高的要求。大多数农产品要求在低温条件下储存，而低温对于电子芯片、红外传感等都具有一定的影响。大型冷库储存的农产品种类繁多，而每种产品都有其自身物理化学性质上的独特性，对储存条件的要求各不相同。

1. 智能仓储管理信息系统具备的功能

农产品冷链智能仓储管理系统的开发针对农产品的规范仓储：如何更好、高效地利用仓位，降低农产品在仓储流通作业过程中的损耗，合理控制库存量，实现出库入库的时序控制；仓储管理的远程控制端能够监控和调节仓库的温度、湿度，统计不同种类农产品的流通情况及分析其流通周期，预测现有库存的供应能力，及时预警作出定购决策；在出入库时通过操作屏的提示指导搬运人员选择合理的路径及合适的仓位。

（1）农产品冷链仓储货区及货位的优化布局。运用 CAD（计算机辅助设计）优化货位及货区的布局，选择合理路径以实现农产品出库入库的时间分离与空间分离。

（2）农产品冷链仓储温度及湿度的智能控制。对温度、湿度传感器在不同货区进行合理配置，实时监控货区温度及湿度信息，反馈至系统，借助于系统数据库储存的信息对货区内的温度及湿度进行自动化、智能化调节。

（3）农产品冷链智能仓储管理系统研发。农产品冷链智能仓储管理系统的研发包括：系统的模块化分解，模块逻辑的设计和模块功能的实现，对模块间进行整合，调试完善系统。能够实现对农产品出库入库作业、存货区的温度与湿度的自动调控、农产品未来需求预测、临界库存预警、库存信息实时更新及冷库运营日志的记录等环节的智能化管理。

2. 系统设计

进行系统开发时，必须考虑系统的合理性、使用的方便程度和系统用户界面友好等特性。农产品冷链智能仓储管理系统主要包含 5 个功能模块，其系统结构如图 9-12 所示。

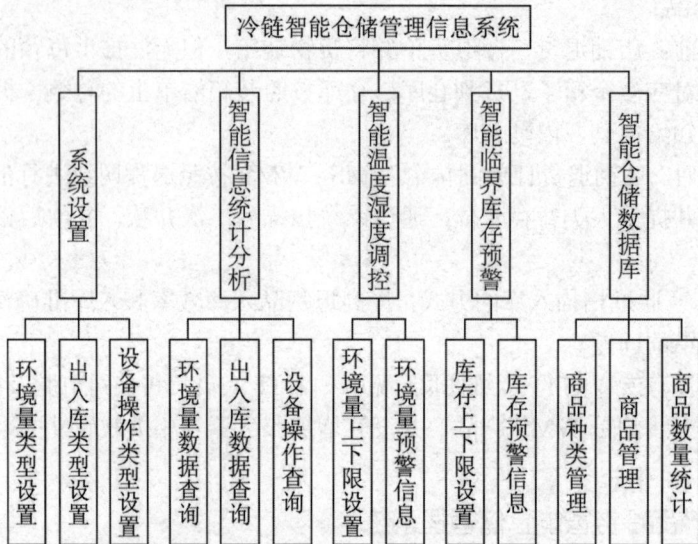

图 9-12 冷链智能仓储管理信息系统结构

3. 模块设计

本系统要完成的工作是对库存中每个仓位的数据进行可视化查询。依据冷链仓库位置图，对库存状态进行分析。控制库区温度湿度以达到农产品的最佳储存环境，对仓储环境温度湿度进行实时监测与记录，并对超出规定范围的温度湿度进行有效调控；查看库位利用情况、剩余空间情况。对该系统中所应用的关键技术进行研究，能够极大地提高系统的安全性和实用性，也能够提高系统的运行效率，设计的模块及完成功能如下：

（1）系统设置模块。在此功能模块，用户可以进行系统基本的环境量、出入库和设备操作类型设置，实现系统的各个模块分工明确。

（2）智能信息统计分析模块。智能信息统计分析模块包括环境量数据查询、出入库数据查询和设备操作查询，可以完成环境量数据、出入库数据和设备操作的查询功能。在此功能模块，系统通过与传感器的连接可以及时反映并记录各种条件的温度湿度的数据、出入库货物的数据统计，以及设备的使用状况，使得操作更加方便，统计更加快速准确。

（3）智能温度湿度调控模块。智能温度湿度调控模块包括环境量上下限设置和环境量预警信息。通过预先设定的温度湿度的上下限值，能够控制温度湿度在预定的范围内。当温度湿度达到一定的数值时，系统能给予预警。

（4）智能临界库存预警模块。智能临界库存预警模块包括库存上下限设置和库存预警信息。根据仓库的规模设置库存量的上下限值，当库存量达到一定的数值后，系统发出预警。

（5）智能仓储数据库模块。智能仓储数据库模块包括商品种类管理，商品管理和商品数量统计。其中，商品数量统计包括按商品统计、按商品种类统计以及按种类统计。此部分完成了商品的录入与统计，更加方便用户了解库存信息，并能快速作出相应的决策。

第三节　仓储管理信息系统的支持技术

随着互联网的普及和现代技术应用成本的降低。各类高新技术在物流和仓储管理中扮演着越来越重要的角色。下面从物流和仓储管理的流程中详细介绍几种信息技术的应用动态。

一、数据库技术

数据库（data base, DB），是指长期储存在计算机内的、有组织的、可以共享的、与公司或组织的业务活动和组织结构相对应的各种相关数据的集合。数据库中的数据按照一定的数据模型组织、描述和储存，具有较小的冗余度、较高的数据独立性和易扩展性，可以被各种用户所共享。

（一）数据库的特点

数据库具有以下几个特点。

（1）数据结构化。数据结构化是数据库的主要特征之一。数据库以一定的数据模型来组织数据，使得数据尽可能没有重复，保持最小的冗余度。这样不但节省了存储空间，而且还减少了存取时间，有利于系统功能的扩充。

（2）数据独立性。在数据库系统中，数据结构独立于使用它的应用程序。数据独立性又包括逻辑独立性和物理独立性。不论是数据的总体逻辑结构还是存储结构发生了变化，都不必修改应用程序。

（3）数据资源共享。数据资源的共享性是大量数据集成的结果。同一组数据可以服务于不同的应用程序，处理不同的业务；多个用户也可以在相同的时间内使用同一个数据库，每个用户使用与自己相关的那一部分数据，且允许其访问的数据相互交叉和重叠。

（4）数据统一管理。对数据的定义、操作和控制，由数据库管理系统（data base management system，DBMS）统一进行管理和控制。为确保数据库数据的正确、有效和数据库系统的有效运行，数据库管理系统提供了四个方面的控制功能：数据安全性控制、数据完整性控制、并发控制和数据恢复。

（二）数据库系统

数据库系统（data base system, DBS），是指在计算机系统中引入数据库后的系统，是可运行的以数据库方式存储、维护和向应用系统提供数据或信息支持的系统。它一般由数据库、硬件、数据库管理系统及其开发工具、应用系统、数据库管理员及其他人员构成。数据库系统的组成如图 9-13 所示。

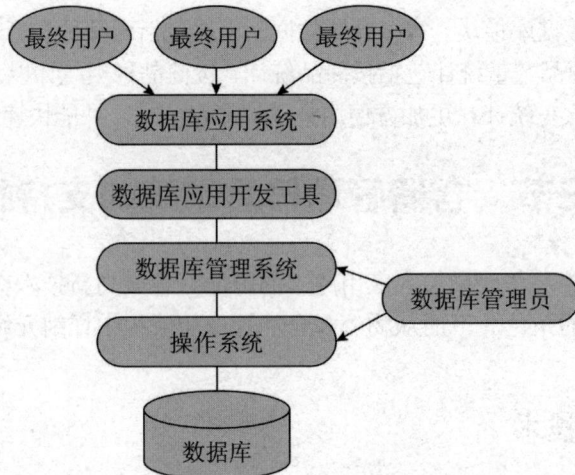

图 9-13　数据库系统的组成

（1）数据库及其硬件支持系统。数据库需要包括 CPU、存储器和其他外部设备等在内的硬件设备支持。计算机性能越高，数据处理能力就越强。随着数据库中数据量的加大，以及系统规模的扩大，除了要求 CPU 运算速度足够快之外，数据库系统对硬件要求有足够大的内存、大容量的直接存取设备和高性能的数据通道传输能力。

（2）操作系统（operating system, OS）。操作系统是基础软件平台，主要负责计算机系统的进程管理、作业管理、存储器管理、设备管理和文件管理等，可以为数据库系统的数据组织、管理和存取提供支持。所选用的操作系统必须能够支持当前的数据库管理系统。

（3）数据库管理系统。数据库管理系统是位于用户和操作系统之间的一层数据管理软件。

（4）数据库应用开发工具。数据库应用开发工具用于支持数据库应用系统的开发，包括过程性程序设计语言，如 C、C++等，也包括可视化开发工具 VB、PB、Delphi 等，还包括与互联网有关的 ASP、JSP、PHP、HTML、XML 等，以及一些专用开发工具。另外，也可以直接利用 DBMS 产品，如 Access、FoxPro 和 Oracle 等。

（5）数据库应用系统（data base application system, DBAS）。数据库应用系统是指包含数据库的各种应用系统，由数据库系统、应用软件、应用界面和用户组成。如管理信息系统（MIS）、决策支持系统（DSS）等都属于数据库应用系统。

（6）人员。数据库系统所涉及的人员主要包括数据库管理员（data base administrator, DBA）、系统分析员、数据库设计人员、应用程序员和最终用户。数据库管理员负责数据库的全面管理和控制；系统分析员负责应用系统的需求分析和规范说明；数据库设计人员一般由 DBA 兼任，负责数据库中数据的确定、数据库的存储结构以及逻辑结构的设计；应用程序员负责设计、编写、调试和安装应用系统的程序模块；最终用户则主要对数据库进行联机查询，通过数据库应用系统提供的界面来使用数据库。

（三）数据库技术的应用

随着所需管理的数据量（如客户的数据）的不断增加，许多大公司（如电信公司、PC 制造商等）都建立数据仓库来存储数据，为了对大量的数据进行筛选（如分析客户的购买习惯），各大公司纷纷开始使用数据挖掘工具进行数据挖掘。

（1）数据仓库（data warehouse, DW）。数据仓库是一个面向主题的、集成的、不可更新的、随时间不断变化的数据集合，它用于支持企业或组织的决策分析处理。从定义可以得出，数据仓库具有以下几个特点。

①面向主题。操作型数据库的数据组织面向事务处理任务，各个业务系统之间各自分离，而数据仓库中的数据是按照一定的主题域进行组织的。

②集成的。数据仓库中的数据是在对原有分散的数据库数据抽取、清理的基础上经过系统加工、汇总和整理得到的，必须消除源数据中的不一致性，以保证数据仓库内的信息是关于整个企业的一致的全局信息。

③相对稳定的。数据仓库的数据主要供企业决策分析之用，所涉及的数据操作主要是数据查询，一旦某个数据进入数据仓库以后，一般情况下将被长期保留，也就是数据仓库中一般有大量的查询操作，但修改和删除操作很少，通常只需要定期的加载、刷新。

④反映历史变化。数据仓库中的数据通常包含历史信息，系统记录了企业从过去某一时点（如开始应用数据仓库的时点）到目前的各个阶段的信息，通过这些信息，可以对企业的发展历程和未来趋势作出定量分析与预测。

（2）数据挖掘。数据挖掘，就是从大量数据中获取有效的、新颖的、潜在有用的、最终可理解的模式的非平凡过程。数据挖掘的广义观点：数据挖掘就是从存放在数据库、数据仓库或其他信息库中的大量的数据中挖掘有趣知识的过程。数据挖掘，又称为数据库中知识发现，也有人把数据挖掘视为数据库中知识发现过程的一个基本步骤。知识发现过程由以下步骤组成：数据清理、数据集成、数据选择、数据变换、数据挖掘、模式评估和知识表示。

数据挖掘可以与用户或知识库交互，主要有神经计算、智能代理和辅助分析三种工具。

①神经计算。神经计算是一种机器学习方法，通过这种方法可以为模型检查历史数据。拥有神经计算工具的用户可以搜索大型数据库，如识别新产品的潜在用户，或搜索那些根据其概况将要破产的公司。

②智能代理。最有希望从 Internet 或基于 Intranet 的数据库获取信息的方法之一是使用智能代理。

③辅助分析。这种方法使用一系列的算法对大数据集合进行分类整理，并用统计规则表达数据项。

二、无线射频识别技术

（一）RFID 的概念

无线射频识别技术，其基本原理是电磁理论，是利用发射接收无线电射频信号，对物体进行近距离无接触方式探测和跟踪的一种技术，是自动设备识别技术中应用领域最为广泛的技术之一。RFID 的基本工作方法是将无线射频识别标签安装在被识别的物体上，当被标识的物体进入无线射频识别系统阅读器的阅读范围时，标签和阅读器之间进行非接触式的信息通信，标签向阅读器发送自身信息（如 ID 号等），阅读器接收这些信息并进行编码，传输给后台处理计算机，完成整个信息处理过程。

（二）RFID 的特点

RFID 具有以下特点。

（1）免接触。RFID 是一种非接触式的自动识别技术，它通过射频信号自动识别目标对象并获取相关数据，识别工作无须人工干预。

（2）环境适应性强。RFID 可以工作于各种恶劣环境，如对生长在恶劣环境条件下的野生动物进行跟踪识别。

（3）抗干扰能力强。RFID 可识别公路上的汽车等高速运动物体，并可同时识别多个标签，操作快捷方便。

（4）RFID 是一种突破性的技术。如果将 RFID 与条形码相比较，则其突破性主要体现在以下几点：①RFID 可以识别单个的非常具体的物体，而不是像条形码那样只能识别一类物体；②采用无线电射频，可以透过外部材料读取数据，而条形码必须靠激光来读取信息；③可以同时对多个物体进行识读，而条形码只能一个一个地读。此外，RFID 储存的信息量也非常大，且可以穿透非金属物体进行识别。

（三）RFID 系统的基本构成

最基本的 RFID 系统由标签（tag）、阅读器（reader）与天线（antenna）三部分组成。

（1）标签。标签由耦合元件及芯片组成，每个标签具有唯一的电子编码，附着在物体上标识目标对象。

（2）阅读器。阅读器也称为读头，是用来读取（有时还可以写入）标签信息的设备，可设计为手持式或固定式。阅读器在 RFID 系统中起着举足轻重的作用，阅读器的频率决定了射频识别系统的工作频段，阅读器的功率也直接影响着射频识别的距离。

（3）天线。天线在标签和阅读器之间传递射频信号。

（四）RFID 系统的基本原理及参数

1. RFID 系统的基本原理

RFID 系统工作的基本原理是电磁理论。阅读器将要发送的信息，经编码后加载在某一频率的载波信号上经天线向外发送；标签进入磁场后，接收阅读器发出的射频信号，凭借感应电流所获得的能量发送出存储在芯片中的产品信息（passive tag，无源标签或被动标签），或者主动发送某一频率的信号（active tag，有源标签或主动标签）；阅读器读取信息并解码后，送至中央信息系统进行有关数据处理。图 9-14 为 RFID 系统的工作原理示意图。

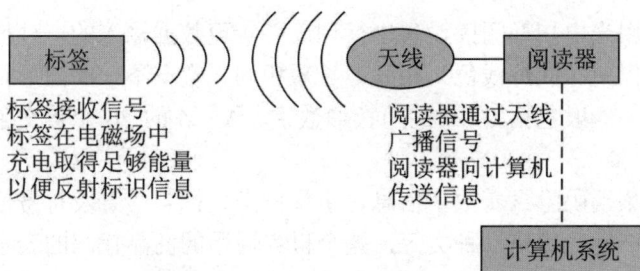

图 9-14　RFID 系统的工作原理示意图

RFID 系统的数据传输程序严格按照"主从原则"进行，即发出指令的方向为：应用程序→阅读器→电子标签，返回应答的方向则相反。

2. RFID 系统的基本参数

可以用来衡量 RFID 系统的技术参数比较多，其中工作频率和作用距离是两个主要参数。

工作频率。RFID 系统工作频率的选择在很大程度上决定了射频标签的应用范围、技术可行性以及系统成本的高低。在无线通信信道中，射频信号只能以电磁耦合或者电磁波传播的形式表现出来。因此，射频系统的工作性能必定要受到电磁波空间传输特性的影响。

作用距离。RFID 系统的作用距离指系统的有效识别距离。阅读器可以识别到标签的距离的影响因素很多，包括系统的工作频率、阅读器的射频发射功率、标签的封装形式等。在其他条件相同时，低频系统的识别距离最短，其次是高频、微波，超高频系统最远。RFID 系统的有效识别距离与阅读器的射频发射功率成正比，发射功率越大，识别距离越远。但是电磁波产生的辐射超过一定范围就会对环境和人体产生有害影响，称为电磁污染。另外，标签天线越大，系统的识别距离也越远。

除了工作频率和作用距离之外，阅读器的发射功率、识别距离的远近、执行的协议标准、识别速度、数据传输速率、芯片内存大小、标签封装标准、可同时识别的标签数、防冲撞性能，以及可读写性能、接口形式等参数也都在一定程度上影响着 RFID 系统的工作性能。

（五）RFID 技术的应用

无线射频技术已广泛运用到物流作业中，如货物入库、出库，通过无线射频技术的电子标签，仓库保管员可直接用读写器掌握物品的入库、出库情况，大大减少货物搜寻时间，提高工作效率。电子门禁系统还很好地保护了仓库、货场、商场的商品安全，减少了商品丢失和被盗的可能。定位系统在物流中对货物跟踪，无论货物是在订购中、运输途中，还是在仓库某个区位、货架上都一清二楚，大大提高了物流管理水平，我国的高速公路收费站、铁路记录货车车厢编号都开始使用定位系统。

三、条形码技术

（一）条形码

1. 条形码的概念

条形码（barcode），简称"条码"，是由条形码符号和人工识读代码两大部分构成的一种编码，是利用光电扫描阅读设备进行识读并实现数据输入的一种特殊代码。其中条形码符号是一组黑白（或深浅色）相间、长短相同、宽窄不一的图形符号；人工识读代码是一组字符串，一般包括 0~9 的阿拉伯数字、A~Z 的 26 个英文字母，以及一些特殊的符号。

一般说来，条形码隐含着数字信息、字母信息、标志信息及符号信息，主要用以表示商品的名称、产地、价格、种类等，是全世界通用的商品代码的表示方法。条形码也是一种可印刷的机器语言，采用二进制数的概念，经 1 和 0 表示编码的特定组合单元。条形码中的黑色部分对光线的反射率较低，白色部分对光线的反射率较高，再加上黑色与白色的宽度不同，就能使扫描光线产生不同的反射接收效果，从而在光电转换设备上转换成不同的电脉冲，形成了可以传输的电子信息。

2. 条形码的构成

一个完整的条形码的组成次序依次为：静区（前）、起始符、数据符、中间分割符（主要用于 EAN 码）、终止符、静区（后），如图 9-15 所示。

图 9-15　条形码的构成

（1）静区，指条码左右两端外侧与空的反射率相同的限定区域，它能使阅读器进入准备阅读的状态，当两个条码相距距离较近时，静区则有助于对它们加以区分，静区的宽度通常应不小于 6 mm。

（2）起始/终止符，指位于条码开始和结束的若干条与空，标志条码的开始和结束，同时提供了码制识别信息和阅读方向的信息。

（3）数据符，位于条码中间的条、空结构，它包含条码所表达的特定信息。

3. 条形码的种类

在实际应用中，条形码一般可以分成一维条形码和二维条形码两种。一维条形码是由一个接一个的条和空排列组成的，条形码信息靠条和空的不同宽度与位置来传递。人们日常见到的印刷在商品包装上的条形码，即是普通的一维条形码。图 9-15 显示的即为一维条形码。常用的一维条形码有：EAN 码、39 码、交叉 25 码、UPC 码、128 码、93 码、库德巴（Codabar）码等。

一维条形码所携带的信息量有限，且对汉字或图像的表示非常困难，在一定程度上限制了条形码的应用范围，因此二维条形码应运而生。二维条形码是用某种特定的几何图形，按照一定的规律通过在平面分布的黑白相间的图形来记录数据符号信息的，在代码编制上巧妙利用构成计算机内部逻辑基础的"0"和"1"的概念，使用若干个与二进制相对应的几何形体来表示文字数值信息，通过图像输入设备或光电扫描设备识读以实现信息自动处理。常见的二维条形码主要有：线性堆叠式二维码、矩阵式二维码和有证码。表 9-3 列出了一维条形码和二维条形码的比较。

表 9-3　一维条形码与二维条形码的比较

项目	一维条形码	二维条形码
基本形状		
显示内容	可直接显示英文、数字和简单符号	可直接显示英文、中文、数字、符号和图形
储存数据	储存数据不多，主要依靠计算机中的关联数据库	储存数据量大，可存放 1KB 字符，可用扫描仪直接读取，无须另接数据库
保密性	保密性较低	保密性高（可加密）
损污后可读性	损污后可读性差	安全级别最高时，损污 50%仍可读取完整信息

4. 条形码的特点

条形码具有以下几个特点。

（1）信息容量大。不同的条空比例每平方英寸可以容纳 250～1 100 个字符。

（2）信息采集速度快。普通计算机的键盘录入速度为每分钟 200 字符，而条形码的录入速度是键盘录入的 20 倍。

（3）译码可靠性高。以条码中的 39 码为例，其字符误读率只有 1 / 3000 000，而普通键盘输入的字符误读率高达 1 / 300，相差近 1 万倍。由此可见条形码的可靠性要比人工输入高得多。

（4）可读性高且修正错误能力强。条形码的首次可读率比较高，如果印刷的条形码符号符合有关标准所规定的误差范围，其首次阅读率几乎可达到 100%。另外，在八级安全情况下，如果破损面积不超过 50%，则条码因沾污、破损等所丢失的信息可以照常破译出来。

（5）容易制作且成本很低。利用现有的点阵、激光、喷墨、热敏/热转印、制卡等打印技术，即可在纸张、卡片、PVC、甚至金属上印出 PDF417 二维条形码，且与其他自动化识别技术相比，应用条形码技术所需的费用比较低。

（6）编码范围广。对照片、指纹、签字、声音、文字等凡可数字化的信息均可进行编码。

（二）条形码系统

条形码系统是由条形码符号设计、制作及扫描阅读组成的自动识别系统。它可以满足大量、快速采集信息的要求，能适应物流大量化和高速化的要求，从而大幅度提高物流效率。条形码识读系统是一种用条形码扫描器作为输入方式的计算机系统。它有三个主要部分：条形码扫描器、译码器和计算机。条形码扫描器是计算机的一种输入设备，译码器是一种和计算机连接的外部设备。

（三）条形码技术的应用

资料的自动辨识方法可采用磁卡、条形码等方式来达成。对物流中心而言，由于大多数的储存货品都备有条形码，所以用条形码作自动识别与资料收集是最便宜、最方便的方式。商品条形码上的资料经条形码读取设备读取后，可迅速、正确、简单地获取并自动输入商品资料，而达到自动化登录、控制、传递、沟通的目的。其在储存管理上的效益有：登录快速、节省人力；提高物流作业效率，减少管理成本；降低错误率，提高作业质量；更精确地控制储位的指派与货品的拣取，方便有效地盘点货品，准确地掌控库存，控制存货；可做到实时数控收集，实时显示，并经计算机快速处理而达到实时分析与实时控制的目的。

仓储配送是产品流通的重要环节。以美国最大的百货公司沃尔玛为例。沃尔玛在全美有 25 个规模很大的配送中心，一个配送中心要为 100 多家零售店服务，日处理量为 20 多万个纸箱。每个配送中心分三个区域：收货区、拣货区和发货区。在收货区，一般用叉车卸货。先把货堆放到暂存区，工人用手持式扫描器分别识别运单上和货物上的条形码，确认匹配无误才能进一步处理，有的要入库，有的则要直接送到发货区（称作直通作业，可以节省时间和空间）。在拣货区，计算机在夜班打印出隔天需要向零售店发运的纸箱的条形码标签。白天，拣货员拿一叠标签打开一只空箱，在空箱上贴上条形码标签，然后用手持式扫描器识读。根据标签上的信息，计算机随即发出拣货指令。在货架的每个货位上都有指示灯，标示哪里需要拣货以及拣货的数量。当拣货员完成该货位的拣货作业后，按一下"完成"按钮，计算机就可以更新其数据库；装满货品的纸箱经封箱后运到自动分拣机，在全方位扫描器识别纸箱上的条形码后，计算机指令拨叉机把纸箱投入相应的装车线，以便集中装车运往指定的零售店。

四、电子数据交换技术

（一）EDI 的概念

电子数据交换，是通过电子方式，采用标准化的格式，利用计算机网络进行结构化数据的传输和交换的一种信息技术。它是通信技术、网络技术和计算机技术的结晶。

国际标准化组织将 EDI 定义为：企业之间将商业或行政事务处理按照一个公认标准，形成结构化的事务处理或报文数据格式，从计算机到计算机的电子传输方法。从定义中可以看出 EDI 包含以下三个要素。

（1）企业或公司之间。电子数据交换是在公司或企业之间进行的，为了成功地传输和接收数据，合作双方必须有同等的通信能力。

（2）具有统一的标准。EDI 强调的是机器阅读的方式，不是人工阅读的书面格式，因此传输的内容必须以预定义的格式表示。这就要求进行电子数据交换的双方之间建立一个通用的标准，依照标准的格式、语法和规则进行电子数据交换。

（3）利用电子方法传递。EDI 用电子传输取代了以往纸质方式的传递，解决了传统处理过程中时间长、效率低等问题，大大提高了传输效率。

EDI 广泛地应用于电子计算机之间商业信息的传递，包括日常的咨询、计划、采购、到货通知、询价、付款、财政报告等，还用于安全、行政、贸易伙伴、规格、合同等信息交换。另外，人们正在开发适用于政府、保险、教育、娱乐、司法、保健和银行抵押业务等领域的 EDI 标准。

（二）EDI 的标准

EDI 是国际范围的计算机与计算机之间的通信，其核心是被处理业务数据格式的国际统一标准。标准化的工作是实现 EDI 互通和互连的前提与基础。EDI 主要包括以下四条标准。

（1）EDI 网络通信标准。EDI 网络通信标准用来解决 EDI 通信网络所基于的通信网络协议问题，以保证各类 EDI 用户系统的互联。目前国际上主要采用 MHX（X.400）作为 EDI 通信网络协议，用来解决 EDI 的支撑环境。

（2）EDI 处理标准。EDI 处理标准研究不同地域不同行业的各种 EDI 报文之间相互共有 "公共元素报文" 的处理标准。它与数据库、管理信息系统等接口有关。

（3）EDI 联系标准。EDI 联系标准解决 EDI 用户所属的其他信息管理系统或数据库与 EDI 系统之间的接口问题。

（4）EDI 语义语法标准。EDI 语义语法标准又称 EDI 报文标准，是 EDI 技术的核心。其主要解决各种报文类型格式、数据元编码、字符集和语法规则以及报表生成应用程序设计语言等。

（三）EDI 的特点

EDI 包括三方面的内容：格式化的数据与报文标准，通信网络，计算机应用。这三方面内容相互依存构成了 EDI 的基本框架。经过几十年的发展与完善，EDI 作为一种全球性的具有巨大商业价值的电子化贸易手段，具有以下几个明显的特点。

（1）结构化数据。EDI 用于合作双方交换的数据是按照规范与标准格式进行组织的，以便于计算机处理和信息交换，而不是一种非标准规范的自由格式。交易双方传递的交易文件必须具有特定的格式，目前所采用的是联合国 W6DDACT 的报文标准。

（2）公认化标准。在电子数据交换中，贸易伙伴在进行交换数据之前，必须就他们希望交换的数据格式以及使用何种标准达成协议和共识，避免出现发送来的数据既读不懂，又无法处理的情况。

（3）自动化处理。EDI 信息传递的路径是计算机到数据通信网络，再到合作伙伴的计算机，信息的最终用户是计算机应用系统，它自动处理传递来的信息，而不需要人工干预。

（四）EDI 的系统组成

EDI 应用系统由四个模块构成，分别为联系模块、报文生成和处理模块、格式转换模块和通信模块。

（1）联系模块。联系模块包括用户联系模块和内部联系模块。用户联系模块是 EDI 系统与 EDI 用户的界面，业务管理人员可以通过此模块进行输入、查询、统计、中断、打印等，及时地了解市场变化，以便调整策略。内部联系模块是 EDI 系统和本单位内部其他信息系统及数据库的接口，一份来自外部的 EDI 报文，经过 EDI 系统处理后，大部分相关内容都要经过内部联系模块送往其他信息系统，或查询其他信息系统才能给对方 EDI 报文以确定的答复。

（2）报文生成和处理模块。该模块一方面可以接受来自用户联系模块和内部联系模块的命令与信息，按照 EDI 标准生成各种报文和单证，经格式转换模块处理后，由通信模块经 EDI 网络发给其他 EDI 用户。另一方面又可以自动处理由其他 EDI 系统发来的报文，及时与本单位信息系统相连，获取必要信息并答复其他 EDI 系统，同时将有关信息送给本单位其他信息系统。

（3）格式转换模块。所有的 EDI 单证都必须转换为标准的交换格式，转换过程包括语法上的压缩、嵌套、代码替换以及增加必要的 EDI 语法控制字符。在格式转换过程中要进行语法检查，对于语法有误的 EDI 报文应予以拒收并通知对方重发。

（4）通信模块。该模块是 EDI 系统与 EDI 通信网络的接口，包括执行呼叫、自动重发、合法性和完整性检查、出错报警、自动应答、通信记录、报文拼装和拆卸等功能。

（五）EDI 系统的构成要素

（1）通信网络。通信网络是实现 EDI 的基础。可以利用公用电话网（PSTN）、分组交换网（PSPDN）、综合业务网（ISDN）以及各种广域网（WAN）、城域网（MAN）和局域网（LAN）来建立 EDI 增值网络。

（2）应用系统。应用系统由计算机硬件和专用软件组成，是实现 EDI 的前提条件。计算机硬件包括计算机、调制解调器和电话线等。专用软件包括转换软件、翻译软件和通信软件。转换软件将计算机的文件转换为翻译软件能够理解的中间文件，或将翻译软件接收的中间文件转换为计算机的系统文件；翻译软件将中间文件翻译为 EDI 标准格式，或将 EDI 标准格式翻译为中间文件；通信软件将要发送的 EDI 标准格式文件外层加上通信信封，送到 EDI 交换中心信箱，或从信箱将接收的文件取回。

（3）EDI 标准化。这是实现 EDI 的关键。EDI 报文必须按照国际标准进行格式化，以达到彼此之间文件交换的目的。目前应用最广泛的 EDI 国际标准是 UN/EDIFACT 标准。

（4）数据库技术。EDI 是电子商务的重要组成部分，要想成功实现 EDI，企业的基础设施建设至关重要，而数据库系统的建设又是其中的重要一环。如何组织企业数据，以便及时准确地提供 EDI 报文所需的数据，自动完成 EDI 报文的生成，是数据库设计要解决的问题。

（六）EDI 系统的工作原理

EDI 报文是结构化的数据，它是按照标准进行格式化的。而 EDI 用户的应用系统是不尽相同的数据库的数据结构，在报文进入网络之前，必须将它翻译为标准的 EDI 文件格式。在实际应用中，翻译软件（翻译器）将无格式的数据文件填到 EDI 报文的相应字段完成翻译工作。这种无格式的数据文件称为平面文件（又称中间文件）。用户应用系统的数据文件不是平面文件，而是格式不尽相同的数据库，因此需要有一个映像程序作为用户数据库与翻译软件包的接口程序,它的作用是将用户的格式数据文件展开成平面文件。

EDI 系统的工作原理如图 9-16 所示,其实现过程主要包括以下几个步骤。

(1)用户应用系统将要发送的数据从信息系统数据库中提出,通过映像程序转换成平面文件,以便翻译器识别。

(2)翻译器按照 EDI 标准将平面文件翻译为 EDI 报文。

(3)通信软件将已转换为标准格式的 EDI 报文,经通信网络传送至网络中心。

(4)接收方通过通信网络到网络中心提取数据,也可通过通信网络自动通知接收方。

(5)接收方将取回的 EDI 标准格式数据,通过 EDI 翻译器转换为平面文件。

(6)平面文件经映像程序转换为用户格式数据存入相应的用户数据库,并到达接收 EDI 用户的应用系统。

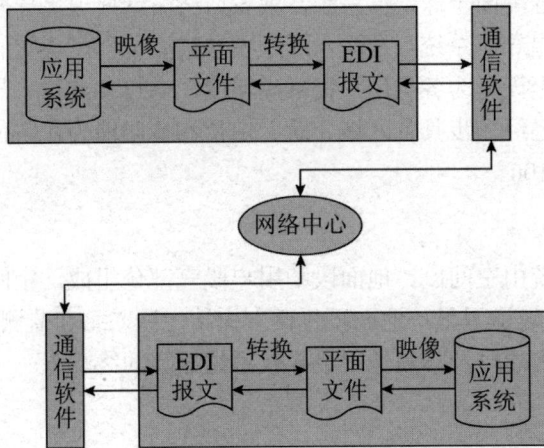

图 9-16　EDI 系统的工作原理

(七) EDI 技术的应用

EDI 在物流中的应用很广,范围包括制造商、配送中心、运输商、批发商、零售商。其应用作业包括定购、进货、送货、配送、对账、转账、结账等。

(1)制造商。制造商与贸易伙伴进行贸易往来,发生如接单、出货、催款、收款等业务,往来的数据交换单据主要有订单、出货单、催款单、对账单、收款凭证等。交易双方通过 EDI 技术传送各种单据信息,可大大提高交易效率,将商品尽快送达顾客。

(2)配进中心。物流配送中心与交易伙伴的商业行为大致可以分成接单、配送、催款、收款等业务。其间往来交换的数据单据包括订货单、出货单、催款单、对账单、收款凭证等。双方通过 EDI 技术传送信息,大大提高物流作业效率,将商品准确及时地送达顾客。

(3)运输商。运输商接受托运人的委托,将货物送到收货人处。其间与托运人和收货人发生托运、收货、送货、回报等业务关系,可利用 EDI 进行数据单据交换,主要有托运单、送货单、收货单、回单等。采用 EDI 技术可大大提高运输作业效率,将货物快速准确地运送到收货人。

（4）批发商。批发商与交易伙伴发生的交易行为大致有订货、进货、出货、对账、收付款等作业。其间利用 EDI 进行数据交换的单据有订单、进货单、出货单、催款单、收付款凭证等。利用 EDI 技术可大大提高交易作业效率，将商品及时运到本企业或及时送达顾客。

（5）零售商。零售商与其交易伙伴发生的交易行为大致有订货、进货、对账、付款等业务。其间利用 EDI 进行数据交换的单据有订单、进货单、对账单、付款单等。利用 EDI 技术可大大提高零售商的交易作业效率，将商品及时运达商店或及时销售给顾客。

五、北斗卫星导航系统

北斗卫星导航系统（BeiDou Navigation Satellite System，BDS）是中国自行研制的全球卫星导航系统，是继美国全球定位系统、俄罗斯格洛纳斯卫星导航系统（GLONASS）之后第三个成熟的卫星导航系统，是联合国卫星导航委员会已认定的供应商。BDS 可在全球范围内全天候、全天时为各类用户提供高精度、高可靠定位、导航、授时服务，并具短报文通信能力，已经初步具备区域导航、定位和授时能力，定位精度 10m，测速精度 0.2m/s，授时精度 10ns。

（一）系统构成

北斗卫星导航系统由空间段、地面段和用户段三部分组成。空间段包括 5 颗静止轨道卫星和 30 颗非静止轨道卫星；地面段包括主控站、注入站和监测站等若干个地面站；用户段包括北斗用户终端以及与其他卫星导航系统兼容的终端。

（二）系统功能

北斗卫星导航系统具有包括短报文通信、精密、军用与民用等功能。

（1）短报文通信功能。北斗卫星导航系统用户终端具有双向报文通信功能，用户可以一次传送多达 120 个汉字的短文信息，此功能在远洋航行中有重要的应用价值。另外，短报文通信功能也是 GPS 系统所不具备的功能，GPS 只能用作导航却无法实现通信功能。

（2）精密功能。此项功能性能指标如下：一是精密授时，可向用户提供 20～100ms 时间同步精度；二是定位精度为水平精度 100m（1σ），设立标站之后为 20 米（类似差分状态）；三是工作频率为 2 491.75MHz；四是系统容纳的最大用户数为 540 000 户/小时。

（3）军用功能。北斗卫星导航系统的军用功能与 GPS 类似，如运动目标的定位导航，即为缩短反应时间的武器载具发射位置的快速定位；人员搜救、水上排雷的定位需求等。这项功能用在军事上意味着可主动进行各级部队的定位，除了可供自身定位导航外，高层指挥部也可随时通过北斗系统掌握部队位置，并传递相关命令，对任务的执行有相当大的帮助，完全可以实现部队指挥与管制以及战场管理。

（4）民用功能。北斗卫星导航系统可以在服务区域内任何时间、任何地点，为用户确定其所在的地理经纬度，并提供双向通信服务。系统可以为船舶运输、公路交通、铁路运输、野外作业、水文测报、森林防火、渔业生产、勘察设计、环境监测等众多行业以及其他有特殊调度指挥要求的单位提供定位、通信和授时等综合服务。例如，在西部和跨省区运营车辆、沿海和内河船舶的监控救援，水利、气象、石油、海洋和森林防火的信息采集，通信、电力、铁路网络的精确授时。

（三）覆盖范围

北斗卫星导航系统是覆盖中国本土的区域导航系统，覆盖范围东经约 70~140°，北纬 5~55°，已经对东南亚实现全覆盖。根据系统建设总体规划，到 2020 年左右，将建成覆盖全球的北斗卫星导航系统。

（四）主要优势

北斗卫星导航系统具有如下优势：一是该系统同时具备定位与通信功能，无须其他通信系统支持；二是北斗系统已覆盖中国及周边国家和地区，24 小时全天候服务，无通信盲区；三是特别适合集团用户大范围监控与管理和数据采集用户数据传输应用；四是融合北斗导航定位系统和卫星增强系统两大资源，提供更丰富的增值服务；五是自主系统、高强度加密设计，安全、可靠、稳定，适合关键部门应用。

（五）物流中应用举例

传统的物流行业增加北斗系统的高科技之后可以用"如虎添翼"来形容这种变化，北斗作为提供时间、位置定位、导航以及信息通信的基础技术，实现了物流过程透明化管理的需求，对传统的物流行业产生了巨大作用和深远影响。

（1）北斗系统的应用将保障运输安全。例如，在危险品运输领域的应用，通过北斗技术定位危险品运输车辆的行驶线路和途经区域，避免车辆行驶在路况差，能见度低，弯道、坡道过多的线路上，保证运输安全。

（2）保障运输时效。例如，在快速行业的应用，把运输车辆途经各个站点的时间截取下来，并与企业规定时间对比，以作出车辆是否延误的判断，帮助企业保障运输时效。

（3）提升运输品质。例如，在冷链运输企业的应用，通过北斗技术，再配合温度采集设备，实施全程冷链运输。

（4）管控运输成本。例如，在公路干线企业应用，通过北斗技术，再配合车辆油量采集设备，实现对运输过程的全程油耗监控，降低企业成本。

例如，在京东网上下单后，随时跟踪订单状态是消费者的重要需求，而保障物流信息实时透明的"幕后英雄"就是北斗卫星导航系统。从 2013 年 9 月开始，京东在运输车辆上替换安装北斗导航设备，包含货车、挂车等多个车型，结合自身的物流大数据，进行了北斗卫星导航系统电商化运用。例如，通过对车辆速度和线路的实时监控，保障驾驶安全；结合北斗卫星导航系统的地理位置数据，进行数据分析和挖掘，定制了仓储和站点急需上门接货的位置信息，定制服务线路，提高物流效率，管控成本，也让信息更透明。

2015 年 8 月，京东的第三方配送大件订单轨迹功能上线，依托北斗导航 GIS 技术，手机 APP 及 POS 机可以实现每 30s 采集一次 GPS 位置信息，每 2min 上传一次服务器，消费者可以直观明了地看到订单的实时位置。截至 2006 年 7 月 5 日，京东 1 500 辆物流车辆和 10 000 个配送员手环已安装了基于北斗卫星导航系统的智能终端设备。可以预见，到 2020 年，北斗市场国际化和服务全球化将得以实现，北斗应用深度和广度都将得到大幅度提升，市场潜力将得到极大的释放，产业竞争能力将得到质的提升。

六、其他支持技术

（一）电子自动订货系统

电子自动订货系统，是指企业间利用通信网络（VAN 或互联网）和终端设备以在线连接的方式进行订货作业与订货信息交换的系统。它可以将企业的各种订货信息通过计算机网络系统传送给供应商，完成零售企业与供应商之间商品的订购、运输、调配等信息控制，订货、接单、处理和结算等全部在计算机中进行处理。按照应用范围，EOS 可以分为企业内的 EOS、零售商与批发商之间的 EOS 以及零售商、批发商和生产之间的 EOS。

电子自动订货系统采用电子手段完成供应链上从零售商到供应商的产品交易过程。因此，一个 EOS 必须包含供应商、零售商、网络和计算机系统。EOS 的特点有如下几点：能及时产生订货信息，并以计算机为工具，通过网络传输出货信息；POS 与 EOS 高度结合，能产生高质量的信息；在零售商和供应商之间进行信息传递，且传递及时、准确；EOS 是许多零售商和供应商之间的整体运作系统，而不是单个零售商和供应商之间的系统；EOS 在零售商和供应商之间建立起了一条高速通道，使双方的信息及时得到沟通，订货周期大大缩短，既保证了商品的及时供应，又加速了资金周转，从而实现零库存战略。

传统 EOS 工作流程。首先，零售商的计算机应用系统根据销售情况和库存情况生成订货信息，制作出一张订货单，利用计算机网络传到供应商的计算机系统中；供应商则根据订货单的要求准备货物，开出出库单（发货通知单）；将发货通知单通过网络传递到零售商的计算机系统中。交货单的资料便成为零售商的应付账款资料及供应商的应收账款资料，如图 9-17 所示。

图 9-17　传统 EOS 工作流程

现代 EOS 工作流程。零售商将销售数据和库存信息通过网络传递给供应商，告知当前的销售情况，供应商根据销售情况决定是否为零售商发货。供应商发货时，通过网络传给零售商装货通知，零售商根据装货通知告知的情况自行计算货款进行付账，如图 9-18 所示。

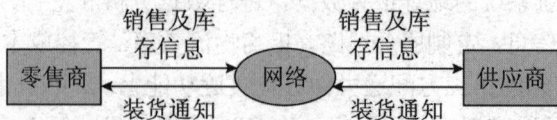

图 9-18　现代 EOS 工作流程

EOS 具有如下作用：有利于减少企业的库存水平，提高企业的库存管理效率，防止商品尤其是畅销商品的缺货现象；相比传统的订货方式（如上门订货、邮寄订货、电话和传真订货等），EOS 可以缩短从接到订单到发出货物的时间，缩短订货商品的交货期，减少商品订单的出错率，节省人工费用；有利于提高企业物流信息系统的效率，使各个业务信息子系统之间的数据交换更加便利和迅速，丰富企业的经营信息；对生产厂家和批发商来说，通过分析零售商的商品订货信息，能准确判断畅销商品和滞销商品，有利于企业调整商品的生产和销售计划。

（二）销售时点信息系统

销售时点信息系统，是指通过自动读取设备在销售商品时直接读取商品的销售信息，并通过通信网络和计算机系统传送至有关部门进行分析加工以提高经营效率的系统。

POS 系统主要采用条码技术和收款机进行销售数据的实时输入、跟踪、处理，并根据这些数据对销售动态进行详细、准确、迅速的分析，从而为商品的补货和管理提供信息依据。其功能是采集各种商品的销售信息，为实施单品管理创造条件，还可以根据计算机终端所提供的信息来控制进货、存货，使每种商品能以比较合理的库存来保证销售的需要，同时也可以减少收银工作中的错漏等现象的发生，缩短结算时间，减少顾客的等候时间。

POS 系统大致可以分为如下三类。

（1）独立的收款机 POS 系统。收款机本身具有商品交易处理、商品信息储存和管理的功能，所以一般的小型商店就会采用基于 PC 机的收款机建成 POS 系统。

（2）收款机与 PC 机组成的 POS 系统。这类 POS 系统由一台 PC 机与多台收款机联结而成，一般用于中、小型商场处理日常的商品销售交易业务，收款和处理商品销售收据，形成格式化的数据文件并传送给主机系统。

（3）收款机、网络、计算机组成的 POS 系统。这类 POS 系统由一组收款机与一台 PC 机相连，PC 机又通过网络与主计算机相连。收款机运行时，所需要的信息先由主机系统下载到 PC 机，再由 PC 机下载到收款机。收款机将商品交易的信息传送到 PC 机，PC 机再通过网络传送到主机系统，由主机系统去完成商品的进、销、存的处理与分析。这类 POS 系统可以分析处理整个商场的销售信息、库存信息和进货信息，同时还可以与银行组成金融商业 POS 系统，为顾客提供信用卡结算的功能。

POS 系统可以用来完成相关的信息收集，通过数据来辅助仓储式超市完成各种经营管理决策。具体来说，它的应用主要包括以下几方面。

（1）商品销售。将销售商品的条码扫描进入收款机，收款机系统就会自动将商品的名称、数量、价格等信息从数据库中检索出来，并打印输出相关单据。

（2）补货。计算机会根据预先设定的时间来测算一个平均库存量用来当作补货的依据。

（3）到货确认。卖场收货部门根据采购订单来确定到货的数量后，把商品的信息按要求输入系统，就形成了商品的库存管理。

（4）盘点管理。仓储式超市的商品部门可以根据收货部门对商品的计算机库存记录与实际卖场的库存相比较，进行盘点处理，并由计算机部门出具盘点报告。

（三）地理信息系统

地理信息系统（geographic information system, GIS），是建立在地球科学与信息科学基础上的新兴边缘学科，是图形管理系统和数据管理系统有机结合的产物，可以对各种空间信息进行收集、存储、分析和可视化表达的信息处理与管理系统。GIS 的实质是由计算机程序和地理数据组织而成的地理空间信息模型，在 GIS 的支持下可以提取出地理系统不同侧面、不同层次的空间和时间特征，也可以快速地模拟自然过程的演变和思维过程的结果。

从应用的角度来看，地理信息系统由硬件、软件、数据、方法和人员五部分组成。硬件和软件为地理信息系统建设提供环境；数据是 GIS 的重要内容；方法为 GIS 建设提供解决方案；人员是系统建设中的关键和能动性因素，直接影响和协调其他几个组成部分。

（1）硬件。硬件主要包括计算机和网络设备，存储设备，数据输入、显示和输出的外围设备等。

（2）软件。软件主要包括以下几类：操作系统软件、数据库管理软件、系统开发软件、GIS 软件等。GIS 软件的选型，直接影响其他软件的选择，影响系统解决方案，也影响着系统建设周期和效益。

（3）数据。数据是 GIS 的重要内容，也是 GIS 的灵魂和生命。数据组织和处理是 GIS 建设中的关键环节，涉及许多问题：应该选择何种（或哪些）比例尺的数据？已有数据现势性如何？数据精度是否能满足要求？数据格式是否能被已有的 GIS 软件集成？应采用何种方法进行处理和集成？采用何种方法进行数据的更新和维护？等等。

（4）方法。方法指系统需要采用何种技术路线、采用何种解决方案来实现系统目标。方法的采用会直接影响系统性能，影响系统的可用性和可维护性。

（5）人员。人员是 GIS 的能动部分。人员的技术水平和组织管理能力是决定系统建设成败的重要因素。系统人员按不同分工有项目经理、项目开发人员、项目数据人员、系统文档撰写人员和系统测试人员等。各个部分齐心协力、分工协作是 GIS 成功建设的重要保证。

GIS 的基本功能是将表格型数据（无论它来自数据库、电子表格文件或直接在程序中输入）转换为地理图形显示，然后对显示结果浏览、操纵和分析。其显示范围可以从洲际地图到非常详细的街区地图，显示对象包括人口、销售情况、运输线路以及其他内容。GIS 应用于物流分析，主要是指利用其强大的地理数据功能来完善物流分析技术。国外公司已经开发出利用 GIS 为物流分析提供专门分析的工具软件。完整的物流分析软件集成了车辆路线模型、网络物流模型、分配集合模型和设施定位模型等。

（1）车辆路线模型。用于解决在一个起始点、多个终点的货物运输中，如何降低物流作业费用，并保证服务质量的问题，包括决定使用多少辆车、每辆车的形式路线等。

（2）网络物流模型。用于解决寻求最有效的分配货物路线问题，也就是物流网点布局问题。如将货物从 N 个仓库运往到 M 个商店，每个商店都有固定的需求量，因此需要确定由哪个仓库提货送给哪个商店，总的运输代价最小。

（3）分配集合模型。可以根据各个要素的相似点把同一层上的所有或部分要素分为几个组，用以解决确定服务范围和销售市场范围等问题。如某一公司要设立 X 个分销点，要求这些分销点要覆盖某一地区，而且要使每个分销点的顾客数目大致相等。

（4）设施定位模型。用于确定一个或多个设施的位置。在物流系统中，仓库和运输线共同组成了物流网络，仓库处于网络的节点上，节点决定着路线。如何根据供求的实际需要并结合经济效益等原则，确定在既定区域内设立多少个仓库、每个仓库的位置、每个仓库的规模，以及仓库之间的物流关系等，运用此模型均能很容易地解决这些问题。

（四）敏捷物流系统的构建：无线网络技术

对于构建敏捷物流系统有重要意义的另一种信息技术就是无线网络技术。网络从有线到无线并非只是简单的媒体变化，这种媒体变化带来了新的可能性。GPS 与 GSM/CDPD/GPRS 的组合，可以提供实时或接近实时的车辆位置信息，这些信息对于运力调配有着重要意义。物流企业融入 GPS 卫星定位系统技术，建立一个基于互联网的开放、实时的货运交易平台。为货主、车主、中介服务机构提供服务创造条件，更有效地组织跨地区的业务，迅速提高业务量。能充分利用信息网络提供的资源，降低空载率，提高运输效率，节省时间，减少运营成本，加快资金周转，具有显著的经济和社会效益。无线网络也可以与条形码相结合，如在仓储过程中，保管员可以利用无线手持终端接受业务中心的盘点或备货指令，并利用终端扫描条形码完成盘点或备货工作。相对于过去利用单据下达盘点或备货指令，手工进行盘点和备货记录的方式，无线方式减少了中间环节，减少了差错，提高了物流效率。这些成果正是一个敏捷物流系统所关心的。过去无线网的安全性令人担心，但今天如跳频等过去的军用技术已转向民用，无线网的安全性已经可以与有线网络相比了。合理地搭配有线网络与无线网络可以大大提高系统的可用性。CBSD （Component- Based Software Development,基于组件的软件开发）最适合开发敏捷物流系统。从软件的角度来讲，CBSD 对于构造敏捷物流系统有着决定性的影响。顾客对于流程的调整也很容易，因为业务内容是经过精心提炼而来的，顾客可以随心所欲地进行调整。

第四节　仓储管理信息系统开发与实施

仓储管理信息系统本身是管理信息系统的一种，其开发与实施步骤也要经过需求分析、系统设计、系统实施、系统运行与维护等几个步骤，但每一个环节都需要将仓储管理的具体内容融入其中。本节主要对仓储管理信息系统的开发与实施进行详细阐述。

一、需求分析

（一）可行性分析

在决定实施一个仓储管理信息系统之前要先对公司（仓储部门）实施仓储管理信息系统的可行性研究。它的任务是对整个新系统建立的所有问题，包括总目标，分目标，研究该问题的意义、价值，国内外状况，总体方案，系统功能，技术路线，承担单位和协作单位的技术力量，设备，器材，机房，人员培训，进度和经费概算等问题与各方面人员充分讨论和协商，最后写出可行性研究报告，请各方面专家和领导进行可行性方案的论证，对报告中的各个方面进行充分的讨论，以确定是基本通过、进行修改或推倒重来。仓储管理信息系统的可行性研究是十分重要的，如果这一阶段的工作做不好，后面的整个工作都将是盲目的，或者可能半途而废，或者可能系统虽然建立了，而很多问题事先未考虑到或未考虑好，致使系统无法达到预定目标而前功尽弃。

由于实施计算机仓储管理信息系统的投资量较大，少则几万元、十几万元，多则几十万元，因此，对于可行性研究必须做好资金来源、投资方式，以及投资效果的估算和研究。针对仓储管理的实际情况和具体特点，要在分析研究的基础上，拟订若干方案，并对这些方案逐一进行论证、比较，以进行优化选择。

经过可行性研究，对于所开发的仓储管理信息系统要做到心中有数。对于所开发过程的工作内容与工作步骤以及每步工作所要实现的目标都要十分明确并作出周密安排。

可行性研究的步骤一般可以分为以下三个阶段。

（1）初始阶段：①任命设计负责人；②定义新系统所要确立的目标；③形成初步计划。

（2）研究阶段：①配备可行性研究人员；②围绕新系统所确立的目标收集和分析有关数据；③形成初步计划；④管理部门对初步计划进行评价。

（3）最后阶段：①完成仓储管理信息系统实施计划；②产生正式建议书；③产生可行性研究报告；④组织由专家、管理部门、上级领导参加的方案论证会或可行性报告论证会。

（二）系统调查

仓储管理信息系统的建立过程是将计算机与仓储管理实际业务紧密结合的过程。因此，系统设计者对于应用对象的过去、现在和将来的各个方面都要透彻了解。以彻底弄清仓储管理的业务现状、信息流程、处理要求和组织机构，并提出新系统的目标。

参加系统调查的人员应包括设计单位的系统分析和设计人员，仓储管理部门的业务人员和领导人员。仓储管理信息系统的设计需要两方面的知识：计算机数据处理方面的知识和应用的具体业务知识。在大多数情况下，系统设计者具有第一方面的知识而缺乏第二方面的知识，而业务人员具有第二方面的知识但缺乏第一方面的知识。只有两方面的人员结合起来，取长补短，才能加快调查和设计的进度，并使设计的效果更好。

在进行调查前应做好充分的调查准备，拟定详细的调查提纲，让全体人员都明确调查的目的、任务、范围、内容。调查方法可采取向各业务部门发调查提纲、开调查会、个别访问、现场观看或跟班作业、查阅各种票据等。对系统进行需求分析，是任何系统或软件设计必不可少的重要环节，做好需求分析设计出来的系统切合实际。本章对系统的功能需求和系统运行需要的环境进行了分析，确定了系统的总体需求；还对系统库存进行了建模，确定了以何种方式决定存储量最经济；最后利用系统行为建模的方式采用系统的用例图对系统进行了分析，列出了系统的主要参与者和参与者进行的操作。

（三）系统分析

系统分析阶段的任务是：分析业务流程；分析数据与数据流程；分析功能与数据之

间的关系；提出新系统逻辑方案。若方案不可行，则停止项目；若方案不满意，则修改这个过程；若方案可行并满意，则进入下一阶段的工作。系统分析阶段要完成系统分析报告。

仓储管理信息系统是多种不同功能的仓储要素的集成。各要素相互联系、相互作用，形成众多的功能模块和各级子系统，使整个系统呈现多层次结构，体现出固有的系统特征。对仓储管理信息系统进行系统分析，可以了解仓储系统各部分的内在联系，把握仓储系统行为的内在规律性。所以说，不论从系统的外部还是内部，不论设计新系统或是发展现有系统，系统分析都是非常重要的。

系统分析的步骤主要包括以下过程。

1. 详细调查

可行性报告批准之后，正式进入系统分析阶段，系统分析的首要任务就是详细调查。详细调查也称为功能数据调查。详细调查的对象是现行系统，目的在于掌握现行系统的现状，发现问题和薄弱环节，收集资料，为下一步的系统分析和提出新系统的逻辑模型做好准备。详细调查的内容包括：①组织机构与功能调查；②业务流程调查；③数据与数据流程调查；④决策方法的调查；⑤薄弱环节的调查。

其中工作量较大的部分是业务流程调查和数据与数据流程调查。在对现行系统进行详细调查过程中要特别注意对薄弱环节的调查，薄弱环节也正是新系统设计时要解决的主要问题，薄弱环节的解决可极大地提高新系统的效益。在总体规划中，薄弱环节也是新系统目标的重要组成部分。决策方法调查和薄弱环节调查可通过座谈访问、书面调查、分析资料和直接参加业务实践来实现。组织机构与功能调查是详细调查的首要环节，对一个企业进行调查时，首先要了解其组织机构状况，即一个企业内部职能的划分及相互关系，将企业内部的部门划分及相互关系用图形表示出来。为了实现系统目标，系统必须具有各种功能。功能调查就是要详细调查各部门的管理功能，将来子系统的划分就是以此为依据的。调查结果可以用功能层次图来描述。

2. 系统分析

在详细调查的基础上对系统进行组织结构与功能分析、业务流程及数据流程分析。

1）业务流程分析

在对系统的组织结构和功能进行分析时，需要从实际业务流程的角度进行分析。业务流程是现行系统各个业务活动的工作过程，通过业务流程调查，系统分析人员可以发现业务流程是否合理，数据、业务过程和实现管理功能之间的关系。调查内容包括各个环节的处理业务、信息来源、处理方法、信息流经去向、输出信息的形态。业务流程图（transaction flow diagram, TFD），就是用一些规定的符号及连线来表示某个具体业务处理过程。业务流程图基本上按照业务的实际处理步骤和过程绘制。业务流程图用一种尽可能少、尽可能简单的方论来描述业务处理过程。通过绘制业务流程图可以帮助系统分析人员整理和汇总调查结果，找出业务流程中的不合理流向；另外，通过业务流程图，系统分析人员可以更好地与管理人员进行交流，启发他们总结和说明管理业务的规律。

2）数据流程分析

业务流程调查中所用的业务流程图和表格分配图等虽然形象地表达了管理活动中信

息的流动和存储过程，但仍没有完全脱离一些物质要素（如货物、产品、资金等）。信息系统是为信息管理服务的，所以为了描述系统中数据流的变化过程，还必须进一步舍去物质要素，根据有关资料，绘制出原系统的数据流程图，为下一步分析作准备。数据流程分析又包括：数据与数据流程调查、数据流程图和数据字典。

（1）数据与数据流程调查。数据与数据流程调查过程中，收集的资料包括：原系统全部输入单据（如入库单、收据、凭证）、输出报表和数据存储介质（如账本、清单）的典型格式；各环节上的方法和计算方法；上述各种单据、报表、账本的制作单位、报送单位、存放地点、发生频度（如每月制作几张）、发生的高峰时间及发生量等以及上述各种单据、报表、账册上所包含数据的类型长度、取值范围（指最大值和最小值）等文件。

（2）数据流程图。通过调查可以绘制出现行系统的数据流程图。数据流程图是描述信息系统逻辑模型的主要工具，它可以用少数几种符号综合地反映出信息在系统中的流动、处理和存储情况，便于用户理解，是系统分析人员与用户之间常用的通信工具，是系统设计的出发点。数据流程图是在详细调查的基础上，通过抽象（抽去物质流、资金流）后，把数据的流动及存储情况概括而成的。

结构化分析用图表的形式表示新系统的逻辑模型，使用户直观地理解系统的概貌，系统设计人员能够在逻辑模型的基础上进行系统设计，绘出系统功能结构。数据流程图是结构化系统分析的主要图表工具，它描述了系统自有的逻辑功能，以及与之有关的输入、输出和数据存储。数据流程图也是新系统逻辑模型的重要组成部分。数据流程图由4种基本元素组成：外部实体、数据流、处理逻辑、数据存储。

（3）数据字典。数据流程图从整体上描述系统的逻辑功能，但并未对图中的数据流、处理逻辑和数据存储等元素的具体内容加以说明。建立数据字典是为了对数据流程图上各个元素作出详细的定义和说明。数据流程图加上数据字典，就可以从图形和文字两个方面对系统的逻辑模型进行完整的描述。数据字典包括：数据项、数据结构、数据流、处理逻辑、数据存储、外部实体。

3）系统分析报告

系统分析阶段的成果就是系统分析报告，它反映了这一阶段调查分析的全部情况，是下一步系统设计的依据。系统分析报告形成后必须组织各方面的人员一起对已经形成的逻辑方案进行论证，尽可能地发现其中的问题、误解和疏漏。对于问题要及时修正，如有重大问题要重新进行系统分析。总之系统分析报告是一份非常重要的文件，必须非常认真地讨论和分析。一份好的系统分析报告不但能够充分展示前阶段调查的结果，而且还要反映系统分析结果——新系统的逻辑方案。系统分析报告主要包括以下内容。

（1）组织情况简述。组织情况简述主要是对分析对象的基本情况作概括性描述，它包括组织的结构、组织的目标、组织的工作过程和性质、业务功能、对外联系、组织与外部实体间的物质以及信息的交换关系、研制系统工作的背景等。

（2）现行系统运行状况。现行系统运行状况的分析主要利用业务流程图和数据流程图，详细描述原系统信息处理以及信息流动情况。另外，各个主要环节对业务的处理量、总的数据存储量、处理速度要求、主要查询和处理方式、现有的各种技术手段等，都应进行说明。

（3）新系统的逻辑方案。新系统的逻辑方案是系统分析报告的主体。这部分主要反映分析的结果和对今后建立新系统的设想，主要包括：新系统拟定的业务流程及业务处理工作方式；新系统拟定的数据指标体系和分析优化后的数据流程，以及计算机系统将完成的工作部分；新系统在各个业务处理环节拟采用的管理方法、算法或模型；与新的系统相配套的管理制度和运行体制的建立；系统开发资源与时间进度估计。

二、系统设计

系统分析阶段解决的是"做什么"的问题，分析的结果是构建出系统的逻辑模型；而系统设计阶段解决的是"怎么做"的问题，设计的结果应该是构建出系统的物理模型。WMS 的设计主要包括总体设计和详细设计两大部分。

（一）总体设计

1. 系统总体功能模块设计

总体设计中最核心的问题是系统总体功能结构的确定和子系统与模块的划分。采用结构化系统设计思想，对系统自上向下划分为若干个子系统。而子系统又划分为模块，模块又划分为子模块，层层划分直到每一个模块能够作为计算机可执行单独程序为止。系统划分的结果最终反映为一张分层的树形结构图。

2. 系统物理环境的配置设计

系统物理环境的配置是总体设计中必须考虑的一件事。系统物理环境的配置包括机器设备的选择和软件配置方案的确定。通常主要从以下两个方面进行。

（1）确定系统设备配置的拓扑结构。其主要根据系统调查与分析的结果，从系统的功能、规模、主要的处理方式、用户的需要和条件来考虑。充分运用计算机系统技术、通信技术和网络技术等，为系统配置的机器设备构筑一个总体的方案。

（2）机器选型。首先考虑主机的结构，如 CPU 的型号、处理速度、内存大小、I/O通道与输出口、外存储器容量和性能价格指标等；其次考虑外设的型号及其性能指标，如显示器的分辨率，打印机的速度，绘图仪的幅面、分辨率等；最后考虑软件配置，包括操作系统、网络管理软件、数据库系统、应用系统开发环境与工具等。

3. 代码设计

代码是一组有序的数字或字母的排列，是代表客观存在的实体或属性的符号，代码设计就是给系统中某些实体及其属性予以相应的编码。在仓储管理信息系统中，代码更是人和计算机对实体及其属性进行识别、记载和处理的共同语言，成为人和机器交换信息的有力工具。

代码设计的作用如下：①为数据单元提供一个简单而准确的识别，以便于数据的存储及检索。节省数据录入、记忆和存储的时间与空间。②代码可以显示数据单元的属性，便于对数据含义的理解，并能帮助对数据的操作。③能使数据以分类、分组的形式有序地排列，便于对数据进行排序、累计或按某一规定算法进行统计分析等，提高数据处理的效率和精度。

代码设计对系统的设计和实施影响极大，如果代码设计不合适，小则引起程序的改变，大则引起数据存储文件的更新建立。因此，设计人员在完成了系统的功能设计之后，必须把精力转移到代码体系的建立上来。

（二）详细设计

1. 信息系统流程设计

这一步主要由信息系统流程图来描述。信息系统流程图是由前面逻辑模型中的数据流程图导出的。DFD 可以清晰地反映业务进程中数据的流动，而信息系统流程图则具体地描述了在此项业务中数据在计算机中到底是怎样运行的。

2. 系统功能模块结构设计

根据功能模块图，可以很好地对模块结构图的结构进行设计。模块结构图是由数据流程图导出的，每一张数据流程图对应了模块结构图中的某一个层次。

3. 数据库物理结构设计

设计数据库的物理结构主要是设计数据库中的表，首先根据数据字典的要求建立各个表文件，设置相应的字段和约束，然后建立一个表联系文件，建立表与表之间的联系，从而可以反映后台数据库各个表单的逻辑关系。

4. 输入输出设计

输入设计主要是考虑用什么样的方式和格式向系统输入数据，包括输入方式的设计、输入格式的设计以及正确性校验。输出设计是仓储信息系统非常重要的设计，用户并不关心系统如何工作，他们关心的是系统输出的结果，系统输出的方式通常有打印输出、屏幕输出、绘图仪输出、电子邮件输出、自动传真输出、专门设备输出等。输出设计必须考虑输出结果与平时工作习惯的对接，不能出现输出结果与平时工作结果不一致的情况，否则就很难被人们所接受。

三、系统实施

系统实施是系统开发的最后一个阶段，也是至关重要的一个阶段，它将前面所进行的所有的分析和设计的工作实现出来，使设想的系统真正编程一个可以操作和运用的系统。实施阶段需要大量用到前面分析得出的数据和方法，要严格根据分析和设计展开实施，而反过来，实施的进行也会对前面的分析和设计起到优化与完善的作用。系统实施阶段主要包括以下几个步骤。

（一）系统开发环境的选择

根据仓储管理信息系统设计的要求，经仓储管理专家和企业领导评审批准后，请熟悉计算机和网络设备的工作人员到市场进行调查，拿出设备采购方案，以投标的方式选择硬件供应商，货到付款后，请供应商安装调试即可进行运行。

（二）程序的设计与测试

程序设计的依据来自前面的数据库设计、数据字典、业务流程分析以及数据库表结构设计等多个方面。系统测试是系统开发过程中一个重要的环节，测试成功则可以保证系统的质量和可靠性，也就是成功实现了系统分析、系统设计和系统实施的所有工作。

测试的目的是发现软件的错误和问题，及时恰当地进行纠正和完善，主要包括：模块测试、组合测试、确认测试和系统测试。

（三）系统试运行与转换

这是系统实施的最后一个步骤，也是整个系统开发的最后一个环节，如果这一步顺利完成，那么新系统的开发工作基本上就能顺利结束，并保证了系统的准确性、可靠性和安全性。这一部分主要包括以下两个方面。

（1）基础数据录入。在系统开发阶段中所使用的数据一般是比较简单和随意的，无法体现系统的严密性和准确性，因此在系统开发完成之后要进行严格准确的数据录入，使用比较正规和真实的数据测试系统，保证系统的现实意义。

（2）系统试运行。这里是用上面录入的严密的数据进行系统试运行，发现系统还存在的一些问题，如数据的唯一性约束、数据的类型限制等。对这些问题及时改正，提高系统的质量和可行性，保证系统不会因为误操作而失败。

四、系统运行与维护

仓储管理信息系统开发成功后在正式实施之前需要经过系统测试、系统试运行以及人员培训等一系列的准备工作。系统正式运行后要进行运行情况的登记和记录，包括系统运行的工作数量、工作效率、工作质量和工作保障。

（一）系统测试

系统在进行测试时，一般采用黑盒测试，将系统看作一个看不见内部的黑盒子，测试人员不需要对程序内部和结构进行了解，只需要熟悉系统操作流程，根据操作需要对系统功能进行一一测试，采用输入数据，运作并观察结果的方式，检查软件是否能够按照需求说明书的要求完成操作任务。黑盒测试重在检验程序的功能完善性，不注重内部逻辑结构的实现。黑盒测试的主要依据是规格说明书和用户手册。按照规格说明书中对软件功能的描述，按照软件在测试时的表现所进行的测试称为软件验证；以用户手册等对外公布的文件为依据进行的测试称为软件审核。

（二）系统试运行

系统在测试上线后需要进行为期 3 个月的试用，保证其实际运行的功能和性能以及测试性能指标满足技术规范要求。试运行期间如出现重大故障，试运行时间自故障修复后重新计算。直至系统运行没有故障可交付使用。最终验收合格后方可投入正式使用。

（三）人员培训

系统开发商应在提交系统时同时提供相关人员培训计划，列出人员培训课程、时间安排及拟投入的教员资质。还有详细的培训教材（含相关的用户使用手册），提供的培训人员应熟悉行业并具有工程经验、实践经验和教学经验等，对系统实操人员进行系统使用的培训，以保证系统正常操作并达到预设目的。

（四）后期维护

（1）数据维护。仓储管理信息系统在正式运行中有时会出现数据文件的差错，或者仓储业务的改变和新的仓储业务需要，要求系统建立新的数据文件时，就需要对仓储管理信息系统的数据文件进行修改维护和建立新的数据文件。

（2）程序维护。仓储管理信息系统在正式运行过程中可能会出现计算机程序错误，需要修改错误的程序，或者随着仓储业务发展，用户提出了新的更高的要求。这时就需要对部分程序进行修改维护，以适应新的物流业务发展的需要。

（3）代码维护。随着物流业务的发展，系统中的代码可能不适应新的物流业务发展需要，有的可能过时，不符合新标准，这就需要进行及时的代码维护，制定新的代码体系或修改旧的代码体系。

（4）硬件维护。仓储管理信息系统中的硬件经过一段时间的运行也会发生故障，特别是一些小故障的出现是正常的，这就需要经常对机器进行日常的维护和保养，要有熟悉设备维护的技术人员进行维护或请厂家维修，一般的工作人员不要轻易拆开设备，以免损坏设备，影响系统的正常运行。

复习思考题

1. 什么是仓储信息？仓储信息有哪些基本特征？举例说明仓储信息的应用价值。

2. 一般管理信息系统可以分为哪些部分？仓储信息管理系统与一般管理信息系统框架结构的异同？

3. 什么是仓储管理信息系统？仓储管理信息系统有什么特点？

4. 仓储管理信息系统的常见功能有哪些？举例说明不同系统的功能差别。

5. 简述仓储管理信息系统的主要业务流程，并尝试画出系统业务流程图。

6. 简述仓储管理信息系统数据结构设计的基本原理与主要步骤。

7. 仓储系统的发展一共历经了多少阶段？请分别说明。

8. 归纳常见的仓储管理信息系统种类并分别说明不同类型适合的对象。

9. 简述数据库技术在仓储信息管理中的用途。

10. 简述条形码的内涵、构成要素、主要类别及其应用情况。

11. 什么是 RFID？RFID 有哪些特点？RFID 技术有什么应用？

12. 简述 EDI 的内涵、基本原理与应用情况。

13. 简述北斗卫星导航系统的构成要素、主要功能与主要优势。举例说明其在物流业中的应用情况。

14. 简述 EOS、POS 和 GIS 在仓储管理信息系统的应用情况。

15. 仓储管理信息系统的开发与实施需要经过哪些阶段？分别说明每个阶段的目标和具体步骤。

16. 仓储管理信息系统的规划与设计有什么重要性？分析内容包括哪些步骤？

17. 仓储管理信息系统的实施主要包括哪些内容？

18. 仓储管理信息系统在正式使用前必须经过哪些步骤？

主要参考文献

[1] 周文泳. 现代仓储管理[M]. 北京：化学工业出版社，2010.

[2] 于思佳. 邮政仓储管理信息系统的设计与实现[D]. 大连理工大学，2015.

[3] 霍佳震等. 物流与供应链管理[M]. 北京：高等教育出版社，2012.

[4] 郝云云. 智能化仓储管理信息系统设计[D]. 北京交通大学，2013.

[5] 叶勇，陈亦奇. 农产品冷链智能仓储管理信息系统的初步研究[J]. 经济研究导刊，2012(29)：213-214.

[6] 郭宁. 管理信息系统[M]. 北京：人民邮电出版社，2006.

[7] 张建华. 管理信息系统 [M]. 2 版. 北京：中国电力出版社，2014.

[8] 申纲领. 现代物流管理[M]. 北京：北京大学出版社，2010.7.

[9] 李日保. 现代物流信息化[M]. 北京：经济管理出版社，2005.6.

[10] 方燕. 基于 WMS 和 RF 系统一体化的自动化生产物流系统构建——以华为公司为例[J]. 物流技术，2013（24）：95-98.

[11] 北斗卫星导航系统[DB/OL]. https://baike.baidu.com/item/北斗卫星导航系统.

第十章

仓储服务质量管理

仓储组织为其顾客提供仓储服务质量的好坏，直接关系到仓储组织自身的生存与发展。通过本章的学习，需要掌握仓储服务质量的内涵、特性与管理过程，理解仓储服务质量策划的目标与原则、范围与内容及其输入与输出关系，熟悉仓储服务质量评价的对象与主体、目标与准则、指标体系构建思路，熟悉仓储服务质量控制的内涵、范围与一般过程，熟悉仓储服务质量改进的对象、方法与程序。

第一节　仓储服务质量管理概述

仓储服务质量作为仓储企业管理的基础和核心正受到越来越多的重视。持续提升顾客满意程度，提高仓储服务质量，不仅符合仓储企业自身生存和发展的需要，也符合社会向前发展和人类不断追求更高质量生活的要求。下文重点介绍仓储服务质量的概念、仓储服务质量特性、仓储服务质量管理过程与仓储服务质量管理职能。

一、仓储服务质量的概念

仓储服务是一种特殊形式的服务，正确理解服务质量的内涵，有利于我们更好地正确认识仓储服务质量的基本内涵。下文首先介绍服务的内涵与分类，阐述服务质量的内涵，进而论述仓储服务质量的内涵及其表现形式。

（一）服务的内涵与分类

在 ISO 9000：2000 标准 3.4.2 的注 2 中对服务的定义是：服务通常是无形的，并且是在供方和顾客接触面上至少需要完成一项活动的结果。服务的提供可涉及如下几个方面：在顾客所提供的有形产品（如维修的汽车）上所完成的活动；在顾客所提供的无形产品（如为准备税款申报书所需要的收益表）上所完成的活动；无形产品的交付（如知识传授方面的信息提供）；为顾客创造氛围（如在宾馆和饭店）。

关于服务的定义，我们可以从以下几个方面来理解。首先，服务的目的是满足顾客的需要。服务的中心是顾客，服务是针对顾客的需要来说的，顾客的需要是指顾客的社会需要，这种需要通常包括在服务的技术标准中，或是服务的规范中，有时也指顾客的具体需要。其次，服务的条件是必须与顾客接触。这种供方与顾客的接触可以是人员的，也可以是装备的。最后，服务的内容是供方的一种活动。

服务既有共性，又有差异性，从简单的搬运行李到太空旅行，从家电维修到网上购物，不同的服务具有各自的特性。尽管可以根据不同因素来划分服务，但仍不可避免地存在两个缺陷。第一，由于服务产品创新和技术进步，新的服务业不断产生，服务的分类必须是开放的，以便随时增添新型服务业。第二，有关服务业的这些分类是从不同的角度认识服务，带有明显的主观性，缺乏统一的、被一致认同的分类标准。

表 10-1 列出了几种常见的服务分类。仓储服务是一种经销服务，也是对商品实体具有补充功能的服务（如流通加工业务）。从服务提供方式看，不同类型的仓储组织及其不同服务环节则呈现出显著的差异性，既有以人工方式的，也有以设备提供为主的。

表 10-1　几种常见的服务分类

分类依据	主要类别	举例
对象特征	经销服务	运输和仓储、批发和零售贸易等服务
	生产者服务	银行、财务、保险、通信、不动产、工程建筑、会计和法律等服务
	社会服务	医疗、教育、福利、宗教、邮政和政府等服务
	个人服务	家政、修理、理发美容、宾馆饭店、旅游和娱乐业等服务
服务存在形式	以商品形式存在的服务	电影、书籍、数据传递装置等服务
	对商品实物具有补充功能的服务	运输、仓储、会计、广告等服务
	对商品实物具有替代功能的服务	特许经营、租赁和维修服务等
	与其他商品不发生联系的服务	数据处理、旅游、旅馆和饭店服务等
服务提供方式	主要以设备形式提供的服务	（1）可以利用自动化设备向顾客提供服务，如通过自动化喷漆设备为顾客提供喷漆服务 （2）由非熟练工操作的动力设备向顾客提供服务，如影院里利用放映设备向观众提供影片的观赏服务等
	主要以人工方式向顾客提供的服务	（1）服务提供者是非熟练工，如园丁 （2）服务提供者是熟练工，如修理工 （3）服务提供者是专业人员，如律师、医师等

（二）仓储服务质量的内涵

质量是一组固有特性满足要求的程度（ISO 9000：2005《质量管理体系基础和术语》）。在此，我们可以将仓储服务质量的内涵表述为：仓储服务的体系、过程与产品的一组固有特性满足要求的程度。为了更好理解仓储服务质量的内涵，我们需要弄清楚如下几个问题。

（1）仓储服务的体系、过程与产品分别是什么？三者之间的本质联系是什么？

仓储服务体系是指人员、设施、设备、流程、规范与程度等构成要素之间相互作用并实现仓储服务功能的有机整体。仓储服务过程是一组将仓储服务的输入转化为输出的相互关联或相互作用的活动；特定的仓储服务过程的输入通常是其他过程的输出；仓储组织为了增值通常对过程进行策划并使其在受控条件下运行；仓储服务的特殊过程是对形成的产品是否合格不易或不能经济地进行验证的过程。仓储服务产品是仓储服务过程的结果。三者之间的本质联系存在如下因果关系：仓储服务过程的效率与有效性，决定了仓储服务产品的质量；仓储服务过程的效率与有效性受到在仓储服务体系的影响。

（2）什么是固有特性？仓储服务固有特性可以分为哪几类？

特性是指可区分的特征，它可以是固有的或赋予的。固有特性是指事物本来就具有的特征。仓储服务的固有特性主要包括如下五类：一是仓储服务的物理特性，如盘点器具的精确度、搬运设备的操作性能等；二是仓储服务的感官特性，如货品摆放的视觉效果；三是仓储服务的行为特征，如仓储服务人员对待顾客的态度；四是仓储服务的人体功效特征，如仓储服务人员使用仓储设备的安全性、舒适度等；五是仓储服务的功能特征，如仓储货品的拣选速度等。

（3）要求是什么？可以分为哪几类？仓储组织的要求可以由谁提出？

要求是明示的、通常隐含的或必须履行的需求或期望。要求可以分为如下几类：一是通常隐含要求，它是指相关方（组织、顾客或其他相关方）的惯例或一般做法，所考虑的需求是不言而喻的，如不会对顾客及社会带来危害；二是特定要求，它可使用修饰词表示，如产品要求、质量管理要求、顾客要求；三是规定要求，它是指明示的要求，如合同文本、作业规范中阐明的要求。仓储服务的要求可以由诸多利益相关方提出。对一个仓储组织而言，其利益相关方主要有顾客、员工、供应商、经营者、股东与政府等。

（三）仓储服务的技术质量与功能质量

仓储服务的生产和消费是同时进行的。从顾客的角度来说，顾客购买仓储服务并进行消费，对仓储服务质量的认可可归纳为两个方面：一方面是顾客通过消费仓储服务究竟得到了什么，即仓储服务的结果，通常称之为仓储服务的技术质量。另一方面是顾客是如何消费服务的，即仓储服务的过程，通常称之为仓储服务的功能质量。由此可见，仓储服务质量既是仓储服务的技术和功能的统一，也是仓储服务的过程和结果的统一。

（1）仓储服务的技术质量。仓储服务技术质量是服务质量的一个方面，一般可以用某种形式来度量，如货品拣货环节可以利用运行的时间来作为衡量服务质量的一个依据，货品储存环节可以利用货损率来作为衡量服务质量的一个依据。一般来说，顾客对其通过消费仓储服务所获得的结果是非常关心的，这在顾客评价仓储组织的服务质量中占有相当重要的地位。

（2）仓储服务的功能质量。仓储服务功能质量主要是考虑顾客是如何消费仓储服务的，即仓储服务的过程。由于仓储服务的消费过程与生产过程的同步性，顾客与仓储组织之间存在很多相互的作用，即顾客与仓储组织的各种资源直接接触的"关键时刻"。对顾客来说，消费服务除感受到仓储服务的结果即技术质量以外，还对服务的消费过程即功能质量非常敏感。虽然消费服务的目的可能仅仅是获得该项仓储服务的技术质量，但如果顾客在得到技术质量的过程中发生了不愉快的事情，即使顾客得到的仓储服务的结果（技术质量）是完全相同的，顾客对仓储服务质量的总体评价也会存在较大的差异。例如，顾客到仓储企业去提货，如果接待他的仓储人员非常不礼貌，这必然使顾客产生不好的印象，对该仓储企业的服务质量的评价就可能会比较差；相反如果仓储人员热情周到，让顾客有种上帝的感觉，通常情况下，顾客对仓储企业提供的仓储服务质量的评价可能会比较好。

技术质量是客观存在的，而功能质量则是主观的，是顾客对过程的主观感觉和认识。顾客评价仓储服务质量的好坏，是根据顾客所获得的服务效果和所经历的服务感受两个因素综合在一起来进行评价的。

二、仓储服务质量特性

正确理解服务的共性特征，合理把握仓储服务的特殊性，有利于更好地理解仓储服务的质量特性。

（一）服务的共性特征

对于大多数服务而言，一般有以下几个共同特征。

（1）无形性。无形性是服务的最主要特征。与硬件、流程性材料相比，"服务"被认为是一种无形产品。首先，服务的特质及组成服务的元素，人们无法去触摸，无法以形状、质地、大小等标准去衡量和描述。其次，服务的无形性还表现为消费服务获得的利益也可能很难察觉到或仅能抽象地表达。最后，比起有形产品，企业较难了解消费者是如何评价他们的服务的。但是，真正的，纯粹的"无形"服务是极其罕见的，事实上，有形产品往往和无形产品相伴随，有形产品的生产、流通、消费过程中伴随着大量的服务，而服务提供过程又往往以有形产品为载体，服务是无法独立存在的。如餐饮服务中的食物等。

（2）生产和消费不可分离性。实物产品的生产和消费是一个前后继起的过程，产品可以在一段时间内存在，并可作为商品在这段时间内流通。而服务的生产过程和消费过程是同步进行的，只有当顾客开始消费，服务才能生产出来，其生产和消费同时进行，两者在时间上不可分离。因此，服务的质量如何，不像有形产品那样在企业内部就能控制。

（3）服务是一系列的活动或过程。服务不是有形产品，即不是实物，服务是服务企业通过一系列的活动或过程将服务提供给服务的买方，也是服务企业生产和服务买方消费的一系列活动或过程。服务企业不能按传统的方式来控制服务的质量。一般而言，服务的生产过程大部分是不可见的，顾客可见的生产过程只是整个服务过程的一小部分。因此，顾客必须十分注意自己看得见的那部分服务的生产过程，对所看见的活动和过程进行仔细的体验和评估。

（4）差异性。差异性主要是指服务的构成和质量水准难以固定，服务因人员的不同、时间的变化而出现差异，很难用同一标准来检验服务的质量。一方面，由于服务提供人员自身因素的影响，即使由同一服务人员来提供服务，在不同时间提供的服务的服务质量也可能有差异，而在同样的环境下，不同的服务人员提供同一种服务的服务质量也有一定的差别。另一方面，由于顾客直接参与服务的生产和消费过程，不同顾客在学识、素养、经验、兴趣、爱好等方面的差异客观存在，直接影响到服务的质量和效果，同一顾客在不同时间消费相同质量的服务也会有不同的消费感受。

（5）不可储存性。服务的无形性以及服务的生产和消费的同时性使得服务不可能像有形产品那样可以被储存起来，以备未来销售。顾客也不能一次购买较多的数量的服务回去，以备未来需要时消费。服务企业必须研究如何充分利用现有资源包括人员、设备等解决服务企业供需矛盾。服务企业应尽量增加服务供给的弹性，以适应变化的服务需求。

（6）服务所有权转让是特殊形式的交易活动。在大多数服务的生产和消费过程中，不涉及任何东西的所有权转移。服务是无形的，又是不可储存的，服务在交易完成以后就消失了，顾客并没有"实质性"地拥有服务。缺乏所有权会使顾客在购买时感受到较大的风险，如何克服这种消费心理，促进服务的销售，是服务营销人员所需要面对的问题。目前，许多服务业发达的国家，一些服务企业探索利用"会员制"、信用卡等方式维系企业与顾客之间的关系。当顾客成为企业的会员后，他们可享受某种优惠，使他们从心理上感受到就某种意义而言他们确实拥有企业所提供的服务。

（二）仓储服务的特殊性

仓储服务是一种生产性服务，具有其特殊性。下文以仓储企业为例，简要说明仓储服务的几个方面的特点。

（1）提供的产品本身就是服务。仓储物流企业提供的产品就是服务，因此它的服务质量测评方法显然不同于传统的制造型企业，因为没有最终产品，所以产品的硬性指标对顾客的服务感知起的作用相对于传统企业来说较小。

（2）服务对象的数量小且稳定。相比较于传统的服务业，如餐饮、金融、图书馆等服务行业，仓储物流企业的顾客比较稳定且容易掌握顾客的具体需求，这样就少了许多不确定因素的影响。

（3）仓储物流服务具有承接性。仓储物流服务的对象一般是上下游的企业，很少接触最终的消费者，但仓储服务的完成效率与效果却可以直接影响最终消费者对于商品和服务的感受，因此它是隐藏着的导致供应链最终服务质量低下的原因之一。

（4）服务质量具有可控性。仓储型物流企业由于其空间和服务内容的明确性，以及顾客的稳定性，从而可以保证企业可以对其服务质量具有部分的可控性，并且易于对服务质量进行反馈和监督。

（三）仓储服务的质量特性

开展仓储服务活动，首先要确定服务对象，调研顾客的需要，再把顾客的需要转化成为与此相应的仓储服务属性。我们将这些属性叫作仓储服务的质量特性。在仓储服务咨询中，迅速服务被公认为是顾客的基本要求，也是仓储服务工作中的重要质量特性，由此可以派生出下列质量要求：回答顾客问询的时间，电传所用的时间，交付款等待时间等。与轿车、自来水等有形产品相比，仓储服务的质量特性具有一定的特殊性，有些仓储服务的质量特性顾客可以观察到或感觉到，如服务等待时间的长短、仓储服务设施的好坏等。还有一些顾客不能观察到，但又直接影响服务业绩的特性，如拣货的差错率，仓储设备的正常工作率等。有的仓储服务质量特性可以定量考察，而有些则只能定性描述。仓储服务是一种生产性服务，一般说来，仓储服务至少具有如下几个方面的质量特性。

（1）功能性。功能性是指服务所发挥的效能和作用，是服务质量中最基本的特性。仓储服务的功能就是使用户得到满意的服务。保证仓储服务功能最基础的工作是物资的入库和出库工作。在日常工作中，所有的仓储管理员认真做好进料登记、自点记录，在随时抽查的基础上每月进行定期检查。对入库物资进行严格的质量和数量验收。当出现有些物资验收困难时，要积极与技术部门联系，请技术部门指导验收，保证入库物资的数量正确、质量良好。当物资出库时，认真执行"三检查""三核对""五不发"的原则，以确保出库物资的数量正确、质量良好。

（2）安全性。安全性是指保证顾客在享受服务的过程中生命不受到危害，健康和精神不受到伤害，以及财物不受到损失的能力。安全性的改善和保证的重点在于唤起员工对安全性的高度重视，加强对防火、防盗措施的改善，服务设施的维护保养，环境的清洁卫生等方面工作的精力和财力的投入。仓储服务的安全性是保证服务过程中用户得到质量良好的物资。确保仓储服务的安全性的重点在于日常的库存物资维护保养。为了保持库存设施的清洁，经常开展"5S"活动，根据情况制定清洁卫生制度。坚持做到收发作业后及时清理现场，集中力量、集中时间擦洗料架、托盘、地台、衡器、量具、工具等设施、设备。按规定对物资进行保管保养。此外，还坚持仓库安全检查制度，严格执行管库员"两必须""两严禁""四不准"，严格坚持查门制度，彻底杜绝仓库漏锁、虚锁等事故隐患，确保物资安全。

（3）时间性。时间性是指服务在时间上能满足顾客需要的能力。它包括了及时、准时和省时三个方面。及时是当顾客需要某种服务时，能够及时地提供；准时是要求某些服务的提供在时间上是准确的；省时是要求顾客为了得到所需的服务所耗费的时间能够缩短。及时、准确和省时三者是相关的、互补的。研究表明，在服务传递过程中，顾客等候服务的时间是关系到顾客的感觉、顾客印象、服务组织形象以及顾客满意度的重要因素。为了确保仓储服务的及时、准时、省时，需要做好如下几点。一是及时提供服务，当管库员接到发料单后，抓紧时间办理手中的其他工作，不是急不可办的工作立即停止，同时，要做到向用户让座，并请稍等。二是准时提供服务，根据经验，一般情况下小件物资（数量少、重量轻）在接单后 30min 内保证将材料准确发出；大件物资（数量多、重量大）在接单后 60min 内保证材料准确发出，严格约束自己。三是省时提供服务，这种服务主要是为了满足用户提出的缩短发料过程的要求。省时主要是指宁可自己多劳累、多费事而以优质服务为用户节省时间。因此，发料中需要人力、机械配合时，管库员要积极主动与有关部门联系，调用机械或人力，以求快速、质量良好地完成发料工作，尽力缩短用户等待时间。

（4）文明性。文明性是指顾客在接受服务过程中精神需求得到满足的程度。服务的结果是服务人员与顾客直接接触而产生的无形产品，因而在诸种服务质量特性中，文明性充分体现了服务质量的特色。顾客期望得到一个自由、亲切、尊重、友好、自然与谅解的气氛，有一个和谐的人际关系，在这样的条件下来满足自己的需要。为此，仓库保管人员是直接与用户交往的人员，不但与用户之间应存在一种亲切、尊重、友好、谅解的气氛，而且应具备与用户沟通的适当知识和必要技能。在此条件下满足用户物质需求和精神需求，即可展示服务质量的特色。因此，仓储服务企业可以制定"管库人员服务质量标准"。这个标准包括仪容、语言、态度、动作举止、服务技巧、纪律几个方面。规定在待人接物方面的基本要求。这个标准实质是要求仓库保管员在用户提料的全过程中提供文明礼貌、周到的服务，使用户逐步感受到来时宾至如归，走时满意而去，给用户一种心情舒畅的感觉。此外，为了保证仓储服务的文明性，组织需长期不懈地致力于对员工的培训、开发和教育。

三、仓储服务质量管理过程

仓储服务质量管理过程及其相互关系，可以用服务质量环加以表述，如图 10-1 所示。服务质量环把服务质量管理的全过程分为服务的市场开发、设计、提供、业绩分析与改进四个相互联系的阶段。下文结合仓储服务的具体特点，阐述仓储服务质量管理的主要过程。

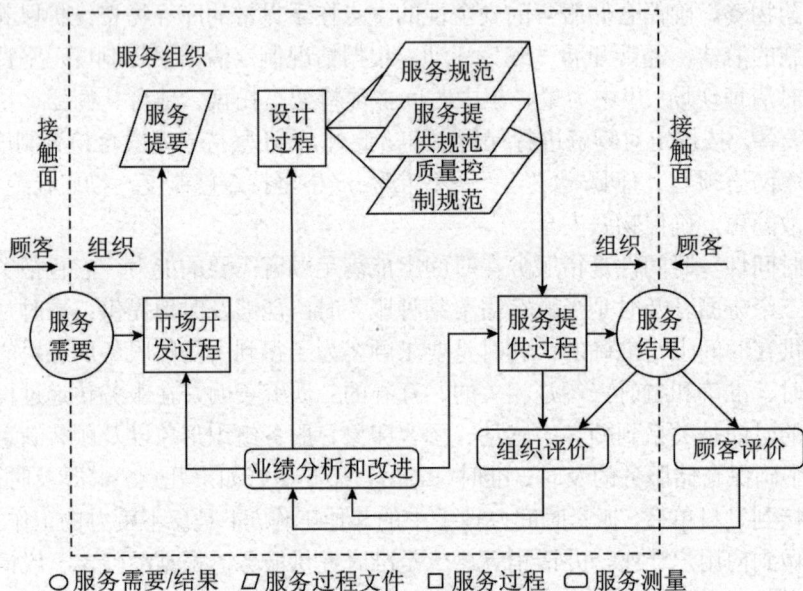

图 10-1　服务质量环

（一）仓储服务市场开发过程

仓储服务市场开发过程主要包括如下三个环节。

（1）确认仓储服务需求。仓储服务组织要从仓储顾客和其他利益相关方的角度出发，调研、识别和确定顾客对仓储服务的需要。

（2）选择仓储服务目标市场。在现有仓储资源的条件下，仓储组织对目标服务市场进行调查研究和开发。

（3）形成仓储服务提要。仓储服务组织要提出一个完整的仓储服务提要。仓储服务提要主要包括：仓储服务需要，拟开发的仓储服务的类型，拟提供的仓储服务的规模、档次与质量水平，给顾客的仓储服务承诺，仓储服务的提供方式等。

（二）仓储服务设计过程

仓储服务设计过程，是一个解决如何开展仓储服务的问题的过程。这一过程，不仅需要设计出仓储服务规范、仓储服务提供规范和仓储服务质量控制规范，还要为上述三种规范制定相应的仓储服务的设施、环境、方式和方法。

（1）仓储服务规范。仓储服务规范也称仓储服务质量标准，规定仓储服务应达到的水准和要求。

（2）仓储服务提供规范。仓储服务提供规范也称仓储服务提供过程质量，规定了在仓储服务提供过程中应达到的水准和要求，即怎样达到仓储服务规范的水准和要求。为保证仓储服务规范的实现，仓储服务提供规范应明确每项仓储服务活动怎样做，即要实现仓储服务过程的程序化和仓储服务方法的规范化。

（3）仓储服务质量控制规范。仓储服务质量控制规范即仓储服务质量控制的标准，规定了如何去控制仓储服务的全过程，即如何去控制仓储服务各个阶段的质量，尤其是仓储服务提供过程的质量。

（三）仓储服务提供过程

仓储服务提供过程，是仓储组织按仓储服务的规范、提供规范和质量控制规范的要求，向顾客提供仓储服务的过程。当仓储服务提供结束后，应对仓储服务的结果进行评估或评定（包括顾客评价和组织评价）。仓储服务提供过程是涉及仓储服务组织各个部门和全体员工的过程，也是与顾客直接接触的过程，还是考察和评定仓储服务提供和三个规范及其实践的过程。

（四）仓储服务业绩分析与改进过程

仓储服务业绩分析与改进过程，是在对仓储服务结果作出供方评定和顾客评定的基础上，对仓储服务业绩进行分析和改进，并将分析和改进的结果、建议要求反馈到市场开发、设计和仓储服务提供等过程中去，形成仓储服务质量信息的闭环系统，使得仓储服务质量的产生、形成和实现过程成为一个不断循环上升的过程。

四、仓储服务质量管理职能

仓储服务质量管理是指导和控制与质量有关的活动，通常包括建立仓储服务质量方针与目标，仓储服务质量策划，仓储服务质量评价，仓储服务质量控制，仓储服务质量改进等管理职能。

（一）建立仓储服务质量方针与目标

仓储服务质量方针是由仓储组织的最高管理者正式发布的仓储组织总的质量宗旨和方向。仓储服务质量方针应与仓储组织的总方针相一致，并为制订仓储服务质量目标提供基本方向。

仓储服务质量目标是指仓储组织在质量方面所追求的目的。仓储服务质量目标通常依据仓储组织的质量方针制订。仓储组织通常对仓储组织的相关职能和层次分别规定相应的仓储服务的质量目标。良好的仓储服务质量目标需要满足如下三个要求：①仓储服务质量目标需要被定量或定性描述，并能被考核；②仓储组织总体的仓储服务质量目标是可以被分解的，最后要落实到具体的责任部门或责任人；③仓储服务质量目标有一定的难度，但通过努力是可以达到的。

（二）仓储服务质量策划

仓储服务质量策划是仓储组织以仓储服务为对象的质量策划，属于仓储服务质量管理的范畴，是仓储服务质量管理中的筹划活动，是仓储组织最高管理者和质量管理部门的质量职责之一。在仓储服务质量管理领域内，尽管仓储服务质量策划是围绕贯彻质量方针与实现质量目标而开展的质量管理活动，但是，质量方针与质量目标本身也需要通过一系列的策划过程来建立。为此，仓储服务质量策划也涵盖了质量方针与质量目标的建立过程。

从广义的视角上看，仓储组织在对其仓储服务质量策划过程中，一般包括如下五个环节：①在分析其内外顾客需求现状的基础上，建立仓储服务的质量方针；②依据质量方针，设定适合自身特点的仓储服务质量目标；③根据质量目标确定仓储服务的工作内容（措施）、职责和权限；④确定仓储服务的工作程序与工作要求；⑤编制仓储服务质量计划，形成仓储服务质量管理的实施方案。

（三）仓储服务质量评价

仓储服务质量评价是为达到特定目的，评价主体采用相应的标准与方法评判特定对象（如仓储组织的质量体系、仓储服务过程或仓储服务产品）的一组固有特性、得出评价结果的过程。在仓储服务质量评价中，评价对象是仓储服务产品、仓储服务过程或仓储组织质量体系的一组固有特性；评价主体一般由顾客、组织方评估团队和第三方专业评价机构组成；评价标准是根据评价目的，反映评价对象一组固有特性的量表；评价结果可以包括评价对象是否满足要求、与标准的比较结果、存在问题与改进建议等。

（四）仓储服务质量控制

仓储服务质量控制是仓储服务质量管理的一个重要组成部分，是仓储组织致力于满足顾客与相关方要求的质量活动。仓储组织实施仓储服务质量控制的目的是确保仓储服务产品（含常规性的仓储服务产品、仓储增值服务产品等）能够满足仓储组织自身、顾客及社会三个方面的质量要求。

（五）仓储服务质量改进

仓储服务质量改进，是仓储服务质量管理的一部分，致力于增强满足质量要求的能力。这里的"能力"有两种含义：一是组织、体系或过程实现产品并使其满足要求的本领（capability）；二是经证实的应用知识和技能的本领（competence）。这里的"要求"可以是有关任何方面的，如有效性、效率或可追溯性。由此可见，仓储服务质量改进是仓储服务质量管理活动的组成部分，是着重于增强满足仓储服务质量要求的能力的那些仓储服务质量管理活动。

第二节　仓储服务质量策划

仓储服务质量策划是仓储服务质量管理的一部分，致力于设定质量目标并规定必要的运行过程和相关资源以实现其质量目标。仓储服务质量策划是仓储组织质量管理中的筹划活动，仓储服务质量策划属于"指导"与质量有关的活动，是仓储服务质量管理诸多活动中不可或缺的重要环节，是连接质量方针和具体的质量管理活动之间的桥梁和纽带。

一、策划目标与原则

（一）仓储服务质量策划的目标

仓储服务质量策划的目标是仓储组织努力所要达到的目的，为后续的质量控制、质量保证、质量改进提供标准和方向。一般而言，只有在设定了仓储服务质量目标之后，才能开展后续的仓储服务质量策划的工作，为此，仓储服务质量目标是仓储服务质量策划的逻辑起点。

仓储组织质量策划的要求、过程与结果随着仓储服务质量目标的变化而变化。尽管仓储组织的不同层次、不同阶段、不同范围的仓储服务质量目标各不相同，但是，多数仓储服务质量策划目标都起因于顾客需求，这些目标可能是仓储服务市场推动的，也可能是仓储技术推动的。此外，仓储组织质量目标也可能来源于法律与规章的变迁、同行压力变化等方面。

（二）仓储服务质量策划的原则

一般说来，仓储组织在仓储服务质量策划过程中需要遵循系统性、层次性、权变性、可考核性、可操作性等原则。

（1）系统性原则。仓储服务质量策划是一项复杂工程，在质量策划过程中，仓储组织需要从系统的视角，考察现有的仓储资源（如仓储人员、储存空间、仓储设备、仓储货品等）、外部顾客需求、质量目标等诸多要素，明确各要素之间的相互关系，确定仓储服务质量策划的内容，才能使质量策划更加符合仓储组织的现实需求。

（2）层次性原则。按仓储组织层次划分，仓储服务质量策划可分为战略层、管理层、执行层、操作层四个层次的仓储服务质量策划。从战略层到操作层，仓储服务质量策划的周期越来越短，时间单位越来越细，空间范围越来越小，内容越来越详细，不确定性越来越小。

（3）权变性原则。权变理论要求根据事件、时间、地点、人员的不同而采取灵活变通的管理方法。仓储服务质量策划过程中，仓储服务组织会遇到不确定性因素（如员工变动、仓储条件变迁、市场变化等），难免会导致策划结果（仓储服务质量计划）在实施过程中出现一定的偏差。为增强仓储服务质量策划方案对未来环境的应变能力，需要在质量策划过程中，综合考虑不确定性因素，增加应急措施，以增强仓储服务质量策划结果的权变性。

（4）可考核性原则。此项原则主要是指仓储服务质量目标的可考核性，其考核途径是将目标量化。所谓目标量化是指人们必须能够回答这样一个问题：在仓储服务质量策划方案实施中，如何知道既定的仓储服务质量目标已经完成了？如仓储组织要求货品储存过程的合格标准设定为"可控的货损率"的质量目标，由于对"可控"的解释是不同的，导致此项质量目标不可考核。如果我们将目标定量为"本年度货品储存过程中的货损率不超过 0.5%"，从而为实施仓储服务质量策划方案的成果提供了可考核的标准。

（5）可操作性原则。为使仓储服务质量策划结果具有可操作性，需要以仓储组织现实条件为基础，综合考虑各方的质量要求和仓储组织的服务能力，需要设定切实可行的仓储服务质量目标及其配套措施。因此，仓储服务质量策划必须建立在实事求是的基础上，一方面要明确自己的能力条件，另一方面又要尽力满足各方要求，制订合理的、满足各方要求的、可实现的质量目标。

二、策划范围与内容

（一）仓储服务质量策划的范围

尽管任何一项仓储服务质量管理活动，不论其涉及的范围大小、内容多少，都需要对其进行质量策划。但是，ISO 9000：2000 族标准所要求的质量策划，并不是包罗万象的，而是针对那些影响组织业绩的项目进行的。从这一意义上看，仓储服务质量策划的范围一般包括如下几个方面。

（1）与仓储服务质量管理体系相关的策划。一般说来，有关仓储服务质量管理体系的策划是一种宏观的质量策划，应由仓储组织的最高管理者负责进行，根据仓储服务质量方针确定的方向，设定仓储服务的质量目标，确定仓储服务的质量管理体系要素，分配仓储服务的质量职能等。在仓储组织尚未建立质量管理体系而需要建立时，或虽已建立却需要进行重大改进时，就需要进行这种仓储服务质量策划。

（2）与仓储服务质量目标相关的策划。仓储组织已建立质量管理体系虽不需要进行重大改变，但却需要对某一时间段（如中长期、年度、临时性）的业绩进行控制，或者需要对某一特殊的、重大的项目、产品、合同和临时的、阶段性的任务进行控制时，就需要进行这种质量策划，以便调动仓储组织各部门和员工的积极性，确保策划的质量目标得以实现。例如，仓储组织每年进行的综合性质量策划（策划结果是形成年度质量计划）。这种仓储服务质量策划的重点，不是对仓储服务质量管理体系本身进行改造，而是在确定具体的仓储服务质量目标和强化仓储服务质量管理体系的某些功能。

（3）与仓储服务过程相关的策划。针对具体的项目、产品、合同进行的质量策划，同样需要设定质量目标，但重点在于规定必要的过程和相关的资源。这种策划包括对产品实现全过程的策划，也包括对某一过程（如设计和开发、采购、过程运作）的策划，还包括对具体过程（如某一次设计评审、某一项检验验收过程）的策划。也就是说，有关过程的策划，是根据过程本身的特征（大小、范围、性质等）来进行的。

（4）与仓储服务质量改进相关的策划。仓储服务质量改进是一项有计划的组织活动，主要针对仓储服务的不良过程和不良结果而展开。一般说来，仓储服务质量改进的策划过程主要包括如下几个环节：一是识别不良仓储服务的结果、过程或质量管理体系要素，确定本次改进的仓储服务质量改进项目，这是仓储服务质量改进策划的前提与基础；二是分析待改进的仓储服务质量改进项目的相关要素（相关的结果、过程或质量管理体系要素），设定开展和实施改进目标；三是编制开展和实施仓储服务质量改进的方案。

（二）仓储服务质量策划的内容

一般来说，仓储服务质量策划主要包括仓储服务的产品策划、管理和作业策划、质量计划编制三个方面的内容。具体来说，仓储服务质量策划主要包括如下几个方面的内容。

（1）设定仓储服务质量目标。任何一种仓储服务质量策划，都应根据仓储组织的质量方针或上一级质量目标的要求，以及顾客和其他相关方的需求和期望，来设定具体的质量目标。

（2）确定实现仓储服务各层次质量目标的途径。针对仓储组织的特定层次而言，实现其仓储服务质量目标的途径一般由多个相关过程组成。达到目标所需要的过程可能是链式的（从一个过程到另一个过程，最终直到目标的实现），也可能是并列的（各个过程的结果共同指向目标的实现），还可能是上述两种方式的结合（既有链式的过程，又有并列的过程）。事实上，任何一个质量目标的实现，都需要多种过程。因此，在仓储服务质量策划时，应该充分考虑所需要的过程，进而确定实现仓储服务各层次质量目标的途径。

（3）确定仓储组织相关的职责和权限。仓储服务质量策划是对仓储服务相关的过程进行的一种事先的安排和部署，而任何过程必须由人员来完成。仓储服务质量策划的难点和重点就是落实质量职责和权限。如果某一个过程所涉及的质量职能未能明确，没有文件给予具体规定（这种情况事实上是常见的），就会出现推诿、扯皮现象。

（4）确定仓储服务提供过程所需的相关资源。在仓储服务提供过程中，涉及的仓储服务资源主要包括人员、设施、材料、信息、经费、环境等方面。这里需要特别强调的是，并不是所有的仓储服务提供过程中的质量策划都需要确定这些资源，而是只有那些新增的、特殊的、必不可少的资源，才需要纳入质量策划中来。

（5）选择实现仓储服务质量目标的方法和工具。并非所有的仓储服务质量策划都需要对所需的方法与工具进行策划。一般情况下，具体的方法和工具可以由仓储组织内承担特定质量职能的部门或人员去选择。如果某项仓储服务的质量职能或某个过程是一种新的工作，或者是一种需要改进的工作，那就需要确定其使用的方法和工具。

三、策划输入与输出

（一）仓储服务质量策划的输入

仓储服务质量策划实际上是一个过程，也有其输入—过程—输出的特殊要求。下文将对仓储服务质量策划的输入作简要说明。仓储服务质量策划是仓储组织针对具体的质量管理活动进行的。在进行质量策划时，力求将涉及该项活动的信息全部收集起来，作为质量策划的输入。

仓储服务质量策划包括但不仅限于以下几个方面：①仓储服务的质量方针或上一级的质量目标的要求；②仓储组织的顾客和其他相关方的需求和期望；③与策划内容有关的业绩或成功经历；④存在的问题点或难点；⑤过去的经验教训；⑥仓储服务质量管理体系已明确规定的相关要求或程序。

在进行仓储服务质量策划时，必须尽力收集与策划内容有关的输入，最好能有形成文件的材料。这些材料应尽早交予参与策划的所有人员。

（二）仓储服务质量策划的输出

仓储服务质量策划都应形成文件输出，也就是说，都应形成质量计划文件。将上述质量策划内容用文字表述出来，就成为仓储服务质量计划。

一般来说，仓储服务质量策划输出应包括以下内容：①仓储服务质量策划（或制订特定仓储服务质量计划）的原因，简单表述质量策划的输入，适当分析仓储服务的现状（问题点）与质量方针或上一级质量目标要求，以及顾客和相关方的需求和期望之间的差距。②经策划而设定的仓储服务质量目标。③已确定的各项具体工作或措施（各种过程）及其负责部门或人员（职责和权限）。④已确定的资源、方法和工具。⑤确定下来的其他内容，其中，质量目标和各项措施的完成时间是必不可少的。如果仓储服务质量计划草案是预先准备好的，应根据仓储组织质量策划会议的决定对其进行必要的修改。如果未预先准备好草案，则应委托或指令相关人员根据会议的决定起草。仓储组织的质量计划应经负责该项质量策划的管理者（组织一级综合性的或重大的质量计划应是最高管理者）批准后下发实施。

四、策划方法与工具举例

仓储服务质量策划是一个复杂、烦琐的过程，需要有效的方法与工具的支持。在仓储服务质量策划中，可以根据特定的策划任务需要，采用质量管理的"老七种"工具和"新七种"工具中一些方法。其中："老七种"工具包括分层法、排列图法、因果图法、调查表法、直方图法、相关图法、控制图法，"新七种"工具包括关联图法、KJ 法、系统图法、矩阵图法、矩阵数据分析法、过程决策程序图法、箭头图法。目前质量功能展开法和质量标杆法也是比较常用的质量策划方法与工具，这些方法也可以应用到仓储服务质量策划工作之中。下文对上述两种方法做简要介绍。

（一）质量功能展开法

质量功能展开法（quality function deployment，QFD）是一种新产品开发的有力的质量工具，首先由日本的赤尾洋二与水野滋提出，在美国得到进一步发展，并在全球得到广泛应用。它是基于顾客需求的对新产品开发进行质量保证的方法论。在概念设计、优化设计和验证阶段，质量功能展开也可以发挥辅助的作用。

水野滋认为："将形成质量保证的职能或业务，按照目的、手段系统地进行详细展开，通过组织管理职能的展开实施质量保证活动，保证顾客的需求得到满足。"QFD 的基本原理就是用质量屋（house of quality，HOQ）的形式，量化分析顾客需求与工程措施间的关系度，经数据分析处理后找出对满足顾客需求贡献最大的工程措施，即关键措施，从而指导设计人员抓住主要矛盾，开展稳定性的优化设计，开发出满足顾客需求的产品。

质量屋是建立 QFD 的基础工具，是 QFD 方法的精髓。其最早出现于日本，1972 年日本三菱公司的神户造船厂首次使用了"质量表"（最初质量屋在日本被称为质量表，后来传入美国后进行了相应的改进，因其形状像一个屋子而被形象地称为质量屋）。1978 年日本水野滋、赤尾洋二教授编写出版了《质量机能展开》。质量表的定义由赤尾洋二教授整理而成："质量表是将顾客要求的真正的质量，用语言表现，并进行体系化，同时表示它们与质量特性的关系，是为了把顾客需求变换成代用特性，进一步进行质量设计的表"。

QFD 作为一种强有力的工具被广泛用于各领域，帮助人们确定生产组织结构需求，流程控制以及质量控制。它带给我们的最直接的益处是缩短周期、降低成本、提高质量。更重要的是，它改变了传统的质量管理思想，即从后期的反应式的质量控制向早期的预防式质量控制的转变。同时它能帮助我们冲破部门间的壁垒，使公司上下成为团结协作的集体，因为开展 QFD 绝不是质量部门、开发部门或制造部门某一个部门能够独立完成的，它需要集体的智慧和团队力量。

尽管 QFD 最早应用于有形产品的质量设计中，但它同样适用于无形产品设计过程。在仓储组织的质量策划中，应用这种方法需要解决如下几个问题：首先，顾客对仓储服务的要求是什么？可以用哪些质量特性加以表述？其次，如何将这些质量特性转化为仓储服务产品（包括服务概要、服务规范、服务提供规范、服务质量控制标准）？最后，如何将拟向顾客提供的仓储服务产品转化为仓储服务产品提供过程中的各项具体工作措施？

（二）质量标杆法

质量标杆法是一种行之有效的质量策划方法，在一定程度上来说质量标杆法是一种发现自身不足，进而明确质量目标的方法，是一场广泛开展的调研与取经的运动，是一个产业研究的过程，能使管理者通过比较组织与组织之间的过程和行事方式来识别"优中之优"，从而实现卓越水准或建立起竞争优势。其基本原理是利用其他项目实际实施的或计划的质量结果，或项目质量计划作为新项目的质量参照体系和比照目标，通过比较进行项目质量策划或制订出新项目质量计划的方法。实施质量标杆法的组织必须不断对其他质量管理项目的产品、服务、成果、经验、不足等进行评价来发现优势和不足。

质量标杆法的基本原理如下所述：①了解自身，评估优势和劣势所在。明确组织目前的重要绩效指标以及对工作过程步骤和行事方式的文件化；②了解行业领先者和竞争对手。只有清楚了领先者的优势和劣势，才能够对自身的能力进行差异化；③借鉴最佳经验以实现卓越。采用并消化最佳行事方式以取得组织的领先地位。

实施质量标杆法一般遵循以下四个步骤：①收集信息；②分析信息和资料，确定标杆项目或企业；③找出差距；④制定对策。质量标杆法的具体工作流程是以标杆项目的质量政策、质量标准与规范、质量管理计划、质量核检单、质量工作说明文件、质量改进记录和原始质量凭证等文件为蓝本，结合新项目的特点去制定出新项目的质量计划文件。在使用质量标杆方法时，要注意标杆企业或项目在实施过程中发生的质量问题，在制订本计划时要吸取其经验教训，并制订防范措施和应急计划。

在仓储服务质量策划中使用标杆法，一方面需要结合仓储服务的具体特征，另一方面需要选取行业内合适的标杆仓储组织。

第三节　仓储服务质量评价

仓储服务质量评价是指对仓储服务结果、仓储服务过程以及仓储服务质量体系（如仓储技术水平、仓储设备能力、仓储设施等）的一组固有特性等方面的评估过程，是仓储服务质量控制与改进的前提和基础。下文介绍了仓储服务质量评价的对象与主体、目标与原则、指标体系构建思路，举例说明了仓储服务质量评价的模型与方法。

一、评价对象与主体

任何评价活动都是围绕特定的对象展开，并由特定的评价主体开展评价活动的，下文对仓储服务质量的评价对象与评价主体作简要论述。

（一）评价对象

仓储服务质量评价对象一般可以分为如下三类。

（1）仓储服务结果。仓储服务结果的主要体现在顾客对仓储组织所提供的仓储服务的满意程度，一般可通过问卷调查等形式获得相关数据加以评价。

（2）仓储服务过程。仓储服务过程主要涉及进货、储存、盘点、分拣、补货、出货、流通加工等仓储作业过程，仓储服务过程的质量水平通常可以通过对特定过程的结果的定量或定性指标加以评价。如拣货过程质量，既需要用拣货过程的结果的定量指标（如差错率、拣货速度、单位拣货成本）加以度量，也需要对拣货过程的定性指标（如拣货下一仓储环节仓储人员对该环节的满意度）加以评价。

（3）仓储服务质量体系。仓储服务质量体系主要包括对仓储服务的结果与过程的绩效产生重要影响的仓储服务质量的文件体系（如仓储服务的概要、规范、提供规范和质量控制标准等）、仓储设施与设备、组织文化等质量体系要素。评价仓储服务质量体系时，通常需要运用多种定性和定量的评价方法与工具。

（二）评价主体

仓储服务质量评价主体是指具体实施评价活动的组织或个人。按身份性质来看，仓储服务质量评价的主体有如下三类。

（1）仓储组织。以仓储组织为主体的质量评价也称为"第一方评价"，是仓储组织或人员希望通过自己的评价人员通过内部质量评价，按照自己选定的质量标准或仓储服务规范，对自身的仓储服务质量体系、仓储服务过程或仓储服务结果进行评价。

（2）顾客。以顾客为主体的仓储服务质量评价也称为"第二方评价"，是由仓储组织的顾客或由其他人以顾客的名义进行的评价，注重双方签订的合同要求。评价的结果通常作为顾客决定购买的因素。

（3）第三方专业机构。以第三方专业机构为主体的质量评价也称为"第三方评价"，是由与第一方和第二方无商业利益关系授权的独立机构，评审某一仓储组织质量体系、仓储服务过程和仓储服务结果。

二、评价目标与准则

（一）仓储服务质量评价的目标

仓储服务质量评价的主要目标可以分为如下三个方面。

（1）取信顾客。保证仓储服务的产品、过程或质量体系符合质量要求，以取得顾客信任。以此为目的的质量评价，可以称为"取信顾客的仓储服务质量评价"，或"仓储服务质量审核"，其属于符合性评价。

（2）展示优秀。发现成功、反映优势、树立典范，并引导行业内仓储组织追求卓越。以此为目的的质量评价，可以称为"以展示优秀为目的的仓储服务质量评价"，或"仓储服务质量奖评价"，其属于示范性评价。

（3）支持改进。发现弱点，诊断原因，提出改进建议。以此为目的的质量评价，可以称为"支持改进的仓储服务质量评价"，或"仓储服务质量诊断性评价"，其属于诊断性评价。

需要指出的是，以上三个方面的质量评价目标并不是相互独立的。首先，质量保证与取信顾客目标应当是质量评价的基础目标。其次，支持改进目标是展示优秀目标的发展和递进。若要改进，首先必须测量和评价，因此支持改进质量评价将不可避免地参考和借鉴展示优秀质量评价的相关模型与方法。从质量评价相关方法的发展情况来看，两者间也存在一定的递进关系。

（二）仓储服务质量评价的准则

仓储服务质量评价准则是用于与评价证据进行比较的依据。对于不同的评价目的，其评价准则是不同的：第一方评价的准则可以包含仓储组织的全部质量体系文件，因为仓储组织的质量体系文件均是经过批准后正式发布的组织法规；第二方审核的准则可能是合同及其附件；而第三方质量体系认证的准则，只能是相关国际权威标准及程序（如ISO 9000 等）。

三、指标体系的构建

无论是符合性评价，还是诊断性评价，或者是示范性评价，仓储服务质量评价时，都需要有与评价目标相匹配的指标体系作为支撑。下文重点讨论了仓储服务质量评价中的指标体系设计原则，举例说明了典型的仓储服务技术质量评价指标，阐述了基于SERVQUAL（服务质量）的指标体系构建问题。

（一）仓储服务质量评价指标体系的设计原则

仓储服务质量评价指标体系设计时，需要遵循如下原则。

（1）全面性原则。设计出来的仓储服务质量评价指标体系，要能全面客观地度量评价对象的总体情况，称之为全面性原则。只有坚持全面性原则，才能保证评价结果符合评价目标的要求，避免产生评价结果的以偏概全或失真。

（2）代表性原则。仓储服务质量评价指标选取中，对同类指标要有典型性，尽可能准确反映出评价对象的主要特征，称之为代表性原则。只有坚持代表性原则，才能保证评价工作的效率和有效性，避免因为指标面面俱到而增加不必要的评价工作量。

（3）独分性原则。仓储服务质量评价指标体系设计时，不同指标之间应该相互独立，且不存在相互交叉的成分，称之为独分性原则。只有坚持独分性原则，才能保证指标体系的层次性和逻辑性，避免指标之间的重复性和相互包含的状况发生。

（4）效用性原则。被设计出来的仓储服务质量评价指标体系，要可定量或可定性判断，并便于实际操作，称之为效用性原则。只有坚持效用性原则，才能保证指标体系的实践应用，避免指标体系不适用的状况发生。

（二）典型的仓储服务技术质量指标举例

仓储服务技术质量是指仓储服务结果的一组固有特性满足要求的程度，以下举例说明若干有代表性的仓储服务技术质量指标及其度量依据。

（1）收发货错误率。收发货错误率是表示仓库在某一段时间错误收发货物的程度。这是仓储服务的重要质量指标，可以用来衡量收发货物的准确性，以保证仓储服务的质量。仓库的收发货错误率应当控制在 0.005 以下。其计算公式为

$$收发货错误率 = \frac{收发货物差错累计笔数}{收发货物累计笔数} \times 100\%$$

（2）账货相符率。账货相符率是指仓库货物保管账面上的货物储存数量与相应库存实有数量的相互符合程度。一般在对仓库货物进行盘点时，要求逐笔与保管账面数字相核对。其公式为

$$账货相符率 = \frac{账货相符笔数}{储存货物总笔数} \times 100\% = \frac{账货相符件数（重量）}{期内储存总件数（重量）} \times 100\%$$

（3）货物损耗率。货物损耗率主要反映货物保管与养护的实际情况。其公式为

$$货物损耗率 = \frac{货物损耗额（元）}{货物保管总额（元）} \times 100\% = \frac{货物损耗量（吨或千克）}{期内货物库存总量（吨或千克）} \times 100\%$$

（4）平均保管损失。通过该指标的核算，可以追查事故原因，核实经济责任，降低损失。其公式为

$$平均保管损失 = \frac{保管损失金额（元）}{货物存储量（件或吨或千克）}$$

（5）货物及时验收率。货物及时验收率反映的是某一特定时期仓储组织及时验收笔数占收获总笔数的百分比，其计算公式为

$$货物及时验收率 = \frac{期内及时验收笔数}{期内收货总笔数} \times 100\%$$

（6）设备完好率。设备完好率是指某一定时期内仓储组织所有拥有的完好设备数量占所有设备总量的百分比。良好设备的标准包括三个方面：第一，设备的各项性能良好。第二，设备运转正常，零部件齐全，磨损腐蚀程度不超过技术规定的标准，计量仪器仪表和润滑系统正常。第三，原料、燃料和油料消耗正常。设备完好率的计算公式为

$$设备完好率 = \frac{期内完好设备台数}{同期设备总台数} \times 100\%$$

（三）基于 SERVQUAL 的仓储服务质量评价指标体系构建

有些学者认为 SERVQUAL，也就是服务质量差距分析模型不适用于第三方物流产

业，但根据前面对此模型的介绍和对仓储物流业服务质量特点的分析，可以看出，正是由于仓储物流企业提供的产品本身就是服务，因而顾客的感知在很大程度上决定了该企业的服务满意度，而且由于仓储型物流企业的顾客相对稳定，可以做到相互了解，这样就更容易明确顾客的期望服务水平，而 SERVQUAL 往往被人诟病的就是顾客的期望服务水平的准确性不足，由于仓储型物流企业顾客结构的特殊性，可见，SERVQUAL 是比较适合构建其服务质量评价模型的基础之一。

虽然 SERVQUAL 与仓储物流企业的服务质量特点具有一致性，但完全地照搬这种评价模型也会产生比较大的误差，主要原因是 SERVQUAL 是完全在顾客的期望与实际感受基础上建立起来的，虽然由于顾客稳定性的提高，主观性误差有所减少，但这种误差依然存在，由于可控性的存在，一些客观指标的应用便可以削减主观性的影响。因此，把 SERVQUAL 方法和一些客观指标有效结合，可达到降低误差、提高准确性的目的。

SERVQUAL 一般从可靠性、反应性、保证性、移情性、可感知性这五个维度进行评价。如果将其应用于仓储物流业，可以解释如下：①可靠性：评价了企业是否可靠地、准确地履行了服务承诺，可靠性反映了服务能无差错地为顾客完成，由于仓储服务的可控性，我们可以将这个维度通过质量指标加以计算反映，而无须进行问卷调查。②反应性：评价了企业是否随时帮助顾客并提供了快捷、有效的服务，针对仓储物流企业可以评价仓库能够及时满足顾客的储存、拼装、分类、配送等服务的要求。③保证性：评价了企业是否具备满足顾客需求的能力和态度，针对仓储物流企业，相当于仓库工作人员的工作能力与工作态度。④移情性：表现了员工是否设身处地为顾客着想和给予顾客特别的关注，体现在仓储企业即是否对顾客的实际情况进行区别对待，提供用户需要的个性化服务。⑤可感知性：是指企业有形的设施、设备以及服务人员的形象等，主要指仓储企业的环境和从业人员的精神面貌等。

根据上面所提到的维度制定出具体的 22 项评价指标，参照我国国家评价标准，我们可以建立一个二层的仓储服务质量评价指标体系，如表 10-2 所示。

表 10-2　仓储服务质量评价指标体系

一级指标	二级指标	一级指标	二级指标
可靠性	出库差错率	保准性	员工具备较好的专业素质
	责任货损率		员工服务态度积极、认真
	账货相符率		员工与顾客沟通良好
	订单按时完成率		具有意外灾害处理能力
	单据与信息传递准时率	移情性	可提供个性化服务
	数据与信息传输准时率		可为顾客提供专有的仓储区域
反应性	能及时提供存储的空间		能按顾客出入库规律进行合理配送
	能及时提供配送车辆		与顾客信息系统有对接功能
	能及时出具相关单据	可感知性	仓库规划合理、布局整齐
	能及时满足用户的拼装要求		仓库有自动化设备与先进信息技术
			仓库空间充足、防火通风
			仓储服务收费合理

四、评价模型与方法举例

仓储服务质量评价方法与模型可以分为两类，一类是指标的赋权方法与模型，另外一类是指标的赋值方法与模型。下文重点介绍服务质量差距分析模型及其由其衍生出来的 SERVQUAL 方法。

（一）服务质量差距分析模型

服务质量差距分析是美国的帕拉苏拉曼（A.Parasuraman）、齐赛尔（V.A.Zeithaml）和贝利（L.L.Berry）等服务营销研究人员于 20 世纪 80 年代末期开发的一种分析模型。他们认为服务质量除了服务感知与服务结果外，还应包含服务的过程，必须消除五种差距，才能达到令人满意的程度。通过这种模型可以分析质量问题的起源，从而协助服务组织管理者采取措施，改善服务质量。服务质量差距分析模型如图 10-2 所示。该模型主要用来测量服务期望与服务感知之间的差距，是了解顾客反馈、分析质量问题来源和提高服务质量的有效方式。

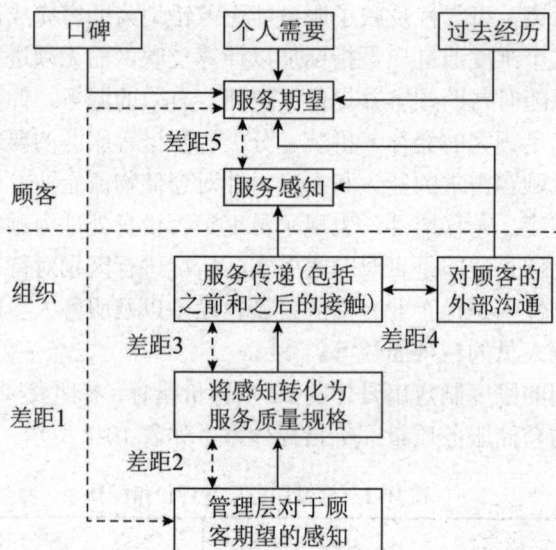

图 10-2　服务质量差距分析模型

图 10-2 横线以上的部分与顾客有关，横线以下的部分与服务提供者有关。顾客的服务期望与服务感知间的差距被定义为差距 5，它依赖于与服务传递过程相关的其他四种差距的大小和方向。

差距 1 是顾客期望与管理者对顾客期望的感知之间的差距。形成这种差距的主要原因如下：①管理者从市场调研和需求分析中得到的信息不准。②从市场调研和需求中得到的信息准确，但管理者对这些信息的理解不正确。③服务组织没有对顾客信息进行分析或分析不正确。④组织与顾客接触的一线员工传递给管理者的信息不准确或没有信息传递。⑤服务组织内部机构重叠，组织层次过多，影响或歪曲了与顾客直接接触的一线员工向管理者的信息传递。

服务组织只有根据形成差距的原因对症下药，才能彻底消除由于管理者认识差距而导致的服务质量问题。要缩小这种差距主要途径有两条：第一，服务组织要重视市场研究，加强市场调研，改进市场调查方法，集中研究服务质量问题。第二，改革组织内部结构，加强管理。高层管理者要克服客观上的限制，抽出时间亲临服务现场，通过观察与交流了解顾客需求，或通过电话、信函定期与顾客联系，就可以更好地理解顾客；改进和完善管理者和一线员工之间的信息沟通渠道，减少管理层次，以缩小认识差距。

差距2是服务组织制定的服务质量规范与管理者对顾客的质量预期的认识不一致。形成这种差距的主要原因有以下几个：①组织对服务质量规划不善或规划过程不完善。②管理者对组织的规划管理不善。③服务组织缺乏清晰的目标。④最高管理者对服务质量的规划缺乏支持力度。⑤组织对员工承担的任务的标准化不够。⑥对顾客期望的可行性认识不足。组织在制定服务规范时既要得到组织的管理者、规划者的认同，又要得到服务的生产者和提供者的认同。服务规范还必须有一定的柔性，不制约员工的灵活性，这样制定的服务规范才可能尽可能地减少差距2对服务质量的影响。

差距3是服务传送的差距，指服务在提供或传递过程中表现的质量水平，未达到服务组织制定的服务规范。形成这种差距的主要原因有以下几个：①质量规范或标准制定得过于复杂或太具体。②一线员工不认同这些具体的质量标准，或员工认为严格按照规范执行会改变自己的行为习惯。③新的质量规范或标准与服务企业的现行企业文化如企业的价值观、规章制度和习惯做法不一致。④服务的生产和供给过程管理不完善。⑤新的服务规范或标准在企业内部宣传、引导或讨论等不充分，使职工对规范的认识不一致，即内部市场营销不完备。⑥组织的技术设备和管理体制不利于一线员工按服务规范或标准来操作。⑦员工的能力欠缺，无法胜任按服务质量规范提供服务。⑧组织的监督控制系统不科学，对员工依据其服务表现而非服务数量进行评价的程度不同。⑨一线员工与顾客和上级管理者之间缺乏协作。解决服务传送差距的办法可以是加强团队合作和培训，重视员工招聘以及合理设计工作等。

差距4是市场信息传递的差距，也就是指组织在市场传播中关于服务质量的信息与组织实际提供的服务质量不相一致的程度。形成这种差距的主要原因有以下几个：①组织的市场营销规划与营运系统之间未能有效地协调。②组织向市场或顾客传播信息与实际提供的服务活动之间缺乏协调。③组织向市场或顾客传播了自己的质量标准，但在实际提供服务时，组织未能按标准进行。④组织在宣传时夸大了服务质量。顾客实际体验的服务与宣传的质量有一定的距离。解决的办法：一是在外部营销或内部运营之间组建跨职能小组，二是进行科学的营销。

差距5是服务质量感知差距，也就是指顾客体验和感觉到的服务质量与自己对服务质量的预期不一致，多数情况是顾客体验和感觉的服务质量较预期的服务质量差。服务质量感知差距会导致以下结果：①顾客认为体验和感觉的服务质量太差，比不上预期的服务质量，因此，对组织提供的服务持否定态度。②顾客将自身的体验和感觉向亲友等诉说，使服务具有较差的口碑。③顾客的负面口头传播破坏组织形象并损坏组织声誉。④服务组织将失去老顾客并对潜在的顾客失去吸引力。

利用服务质量的差距分析模型可以将引起服务质量问题的症结和根源找出来，从而可以根据造成服务质量问题的原因找到缩小差距的方法,提高顾客的满意度和服务质量。

上述服务质量差距分析模型,不仅适用于仓储服务质量的诊断性评价,也是仓储服务质量的符合性评价的一种参考方法。

（二）SERVQUAL 方法

评价服务质量是一项挑战,因为顾客满意是由许多无形因素决定的。与具有物理特性的客观可测的物质产品不同,服务质量包括许多心理因素。另外,服务质量的影响不仅仅限于直接的接触,如医疗服务还会对人的未来生活质量产生影响。因此,评价一个组织的服务质量的一个合适的方法就是测量顾客的质量感知,即顾客的满意程度。

SERVQUAL 方法是迄今为止应用最普遍的服务质量评价方法,是由美国的服务管理专家帕拉苏拉曼、齐赛尔和贝利在 1985 年共同提出来的。SERVQUAL 是 Service Quality 的缩写,它是以服务质量差距模型为基础的调查顾客满意程度的有效工具。它通过对顾客的服务期望和服务感知分别评价,然后对比两种评价的结果,找到其中的差距而得到最后的对服务质量的评价。

由帕拉苏拉曼、齐赛尔和贝利所作的研究揭示了顾客在评价服务质量时使用的标准。SERVQUAL 方法用五个指标表示顾客感受到的服务质量状况。①有形性。有形性指服务的实物特征,如实物设施、员工形象、提供服务时所使用的工具和设备、服务的实物表征（卡片等）及服务设施中的其他东西。②可靠性。可靠性指绩效与可靠性的一致,如公司第一次服务要及时、准确地完成,准确结账,企业财务数据和顾客记录数据准确,在指定时间内完成服务等。③响应性。响应性指员工提供服务的意愿,如及时服务、迅速回复顾客打来的电话、提供恰当的服务等。④保证性。服务人员具备执行服务所需的知识,并能获得消费者的信赖。⑤移情性。尽力去理解顾客的需求,如了解顾客的特殊需求、提供个性化的关心、认出老主顾等。

SERVQUAL 方法设计了一份评价服务质量的标准问卷来测量以上五大因素。第一部分评价顾客对某类服务的期望,第二部分反映顾客对某个服务企业的感知。调查表中的各个陈述分别描述了服务质量的五个方面。服务质量的得分是通过计算问卷中顾客期望与顾客感知之差得到的。该分数直接表明了顾客的满意程度。

SERVQUAL 评价模型在服务质量管理中应用很广。具体来说,该评价模型主要可以应用在如下几个方面:①使用这一模型可以更好地理解顾客的服务期望和感知。②通过定期使用 SERVQUAL 评价模型进行顾客调查,可以有效地追踪服务质量的变化趋势。③通过计算组成每一个方面的各条款的得分的平均分,SERVQUAL 评价模型可以按照五个服务质量方面的每一个方面来评价某给定组织的服务质量。计算五个方面的平均得分,就可以对服务质量作出一个全面的衡量。④对于有多个服务场所的组织（如连锁商店）来说,管理者可以用 SERVQUAL 判断是否有些场所的服务质量较差（得分低）。如果有的话,管理者可进一步探究造成顾客不良印象的根源,并提出改进措施。管理者也可以把服务质量分数作为奖励各场所经理的依据之一。⑤使用 SERVQUAL 评价模型的感知陈述部分,要求被访问者提供其对组织及每个竞争对手的服务质量的感知分数。通过比较本组织与竞争对手的得分,就可以识别出自己在目标市场中服务质量在哪些方面优于对手，哪些方面逊于对手。

在仓储服务质量评价中，可以借鉴 SERVQUAL 方法的五个指标，结合仓储服务的具体特征，可以用于编制评价指标体系[详见本节三（三）]，还可结合其他质量评价方法与工具，为仓储服务质量评价提供积极帮助。

第四节　仓储服务质量控制

仓储服务质量控制，是仓储服务质量管理的重要环节，是发现偏差、纠正偏差的过程。下文将从范围、原理、过程、方法等角度，讨论仓储服务质量的控制问题。

一、仓储服务质量控制概要

（一）仓储服务质量控制的范围

仓储服务质量控制的范围涉及仓储服务质量形成的全过程（如货品的入库、存储、盘点、流通加工、出库、拣选等一系列环节或过程），通过一系列仓储作业技术和活动对全过程质量影响的人、机、料、法、环（man, machine, material, method, environment, 4M1E）诸要素来进行控制，并排除会使仓储服务质量受到影响而不能满足质量要求的各项原因，以减少经济损失，取得经济效益。

（二）仓储服务质量控制的反馈原理

仓储服务质量控制是通过运用反馈回路来进行的，其基本反馈环节如图 10-3 所示。图 10-3 中各反馈环节的各步骤如下所述。①测量手段对仓储服务的受控对象的实际质量加以评价，受控对象即我们所关注的仓储服务项目或过程的特征。确定一个过程的绩效可以直接评价过程的质量特性，也可以间接通过特定仓储服务结果的质量特性来进行，因为结果是过程的最终体现。②测量手段将绩效信息报告给判断装置。③判断装置同时也可以接收到有关的质量目标或标准的信息。④判断装置将实际绩效与标准相对照。若差异过大，判断装置将激活调节装置。⑤调节装置刺激过程（不论是人力过程还是工艺过程）改变其绩效，以使过程质量与质量目标相一致。

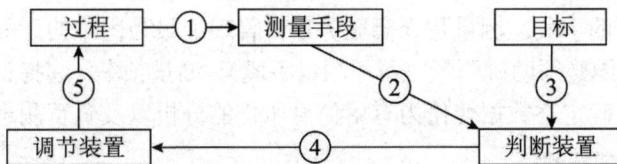

图 10-3　仓储服务质量控制的基本反馈环节

此外，图 10-3 中反馈环节中的要素是职能。这些职能在各种情况下都是普遍存在的，但承担这些职能的职责会有很大差异。有些控制是通过自动反馈来实现的，不需要人力的介入，如自动化立体仓库中的货品拣选系统可以按照特定的指令自动完成货品的拣选工作。另一种常见的控制形式是由人来实现的自我控制。

二、仓储服务质量控制过程

我们在上文所讨论的仓储服务控制的基本反馈环节对于质量控制具有普遍意义，对解决仓储服务质量控制中的任何问题都是至关重要的。图 10-4 所示为仓储服务质量控制的简单流程（其中包含了通用的反馈环节），反映了仓储服务质量控制的一般过程。

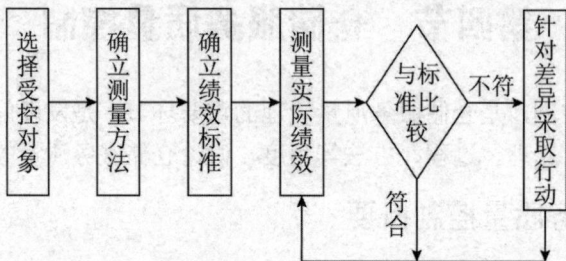

图 10-4　仓储服务质量控制的简单流程

（一）选择受控对象

在仓储服务质量管理过程中，任何种类的仓储服务或任何一个具体的仓储服务过程的每个质量特性都可以成为一个受控对象，这是在具体仓储服务质量控制过程中所围绕的中心。选择仓储服务的受控对象是关键的第一步。仓储服务的受控对象可以来自方方面面，如顾客表述的对于仓储服务特征的需要；将顾客需求转化为服务或过程特性的技术分析；直接影响仓储服务的质量特性的过程性能；仓储行业和政府的相关标准；等等。

在仓储组织成员的层次上，受控对象主要体现在规格和程序手册中的服务和过程特性所构成。在仓储组织管理层次上，受控对象则要广泛得多，且更加体现为经营方面，其重点转向顾客需要与市场竞争方面。这一重心的转移要求增加更为广泛的受控对象，进而影响仓储服务质量控制的其他相关过程。

（二）确立测量方法

选择了受控对象之后，接下来的一步便是确定测量过程的实际绩效或仓储货品与仓储服务的质量水平的手段。测量是仓储服务质量管理中最为困难的任务之一。在确定测量方法时，仓储组织必须明确测量工具（测量手段）、测量频率，选择记录数据的方法和报告数据的形式，确定将数据转化为有用信息所作的分析以及负责测量的人员。

（三）确立绩效标准

仓储组织在仓储质量控制过程中，必须对每个受控对象制定与之相适应的绩效标准，即质量目标。绩效标准是仓储组织成员所追求的成果，也是他们努力达到的方向。一般来说，仓储组织的整体绩效标准是依据质量方针而设定的质量目标的定量或定性的描述。仓储组织具体职能部门的绩效标准则是对组织的质量标准按职能分解或细化的结果。仓储组织成员（管理者和操作者）的绩效标准则是将仓储组织或仓储职能的质量标准落实到具体组织成员的结果。

在制定绩效标准时，无论是处在组织层次或部门层次上，还是处在个人层次上，这些绩效标准应该具备如下特点：①绩效标准是可测量的；②绩效标准是通过努力能够实现的；③绩效标准对任何部门或个人都应该是平等的；④绩效标准是正式的；⑤绩效标准是有一定的时效性的。

此外，在确立仓储组织的绩效标准体系过程中，不仅要设定针对组织、部门或个人的相关的绩效标准，同时，还要为受控的仓储服务过程（如货品的出入库、流通加工、盘点、存储等方面特定过程）确定绩效标准。

（四）测量实际绩效

在仓储组织质量管理中，测量仓储服务或过程的实际绩效是质量控制的一个关键环节。要进行测量，需要有测量手段（进行实际测量的装置）。测量手段是专门的检测装置，可以用于识别某一现象的存在及强度，并能将所得到相关数据转换为信息，而这些信息则是仓储组织管理决策的依据。在仓储组织的较低层次上，信息通常是实时的，主要用作仓储服务或过程的现场控制。在仓储组织的较高层次上，则需要将信息以各种不同的方式加以整理，以提供更为广泛的指标、监测趋势及辨识那些关键的少数问题。

在仓储服务质量管理中，由于受控对象的广泛差异，要求具有多种多样的测量手段。这些测量手段主要可以分为四类：一是用于测量仓储服务特性和过程特性的大量的技术仪器和设备，如温度计、直尺、磅秤等。二是各种数据系统以及相关的报告，它为仓储组织的管理层提供了经过整理的信息。三是利用人员作为测量手段的形式。四是以问卷和访谈作为测量手段的形式。

（五）与标准比较

在仓储组织质量管理中，与标准比较这一行为通常被看作判断装置的职责。判断装置可以是人也可以是仪器设备。无论是何种形式，判断装置都用于执行下面的全部或部分活动：①将实际质量绩效与质量目标比较；②解释观测到的差异，确定是否与目标一致；③决定需采取的行动；④触发纠偏行动。

（六）针对差异采取行动

在任何功能完备的仓储服务质量控制体系中，我们都需要某种对期望的绩效标准和实际绩效之间的差异采取行动的手段。我们需要某种调节装置。这一装置可以是人工的，也可以是技术的，还可以是人工和技术兼备的。调节装置是触发旨在恢复符合性的行动的手段。对管理层而言，这种行动手段可以是向下属下达纠偏指令的一个电话、一张便签，也可以是一份文件，还可以采用其他手段。对于操作层而言，这种行动手段也是多种形式的，如给办公室计算机发出指令的一个键盘，调整行车作业的一个按钮等。

三、仓储服务质量控制方法

在仓储服务质量控制的各个环节中，需要采用与仓储组织情形相适应的质量方法与工具，表10-3列出了常用的仓储服务质量控制方法及其基本原理。

表 10-3　常用的仓储服务质量控制方法及其基本原理

质量控制方法	基本原理
调查表法	检查表是利用统计表对数据进行整理和初步分析原因的一种工具，其格式可多种多样，这种方法虽然简单，但实用有效
分层法	分层法是把性质相同的、在同一条件下收集的数据归纳在一起，以便进行比较分析的方法，通常采用图或表的形式，可用于分析质量问题，找出影响质量变动的因素，发现质量变动的客观规律
因果图法	因果图法是以图来表达结果（特性）与原因（因素）之间的关系的分析方法，可用于分析、表达因果关系，通过识别症状、分析原因，寻找解决问题的方法措施
排列图法	排列图由两根纵坐标与一根横坐标、几个方块与一条折线构成，是分析和寻找影响质量主要因素的一种工具，可用于引起质量问题的主要因素的 ABC 分类
直方图法	直方图是表示数据变化情况的一种主要工具，可以将杂乱无章的资料，解析出规则性，比较直观地看出产品质量特性的分布状态，对于资料中心值或分布状况一目了然，便于判断其总体质量分布情况
散布图法	散布图法是将两个可能相关的变量数据用点画在坐标图上，用来表示一组成对的数据之间是否有相关性。这种成对的数据或许是特性—原因，特性—特性，原因—原因的关系。通过观察分析可判断两个变量之间的相关关系
箭线图法	箭线图法是制定某项质量工作的最佳日程计划和有效地进行进度管理的一种方法，效率高，特别适用于工序繁多、复杂、衔接紧密的一次性生产项目
关联图法	关联图，是指用一系列的箭线来表示影响某一质量问题的各种因素之间的因果关系的连线图。关联图法是根据事物之间横向因果逻辑关系找出主要问题的最合适的方法
系统图法	系统图法，是指系统地分析、探求实现目标的最好手段的方法。把要达到的目的和所需要的手段，按照系统来展开，按照顺序来分解，作出图形，就能对问题有一个全貌的认识。然后，从图形中找出问题的重点，提出实现预定目的最理想途径
矩阵图法	矩阵图法是从多维问题的事件中，找出成对的因素，排列成矩阵图，然后根据矩阵图来分析问题，确定关键点的方法，它是一种通过多因素综合思考，探索问题的方法
矩阵数据分析法	矩阵图上各元素间的关系如果能用数据定量化表示，就能更准确地整理和分析结果。这种可以用数据表示的矩阵图法，在 QC"新七种"工具中，是唯一利用数据分析问题的方法，但其结果仍要以图形表示
质量成本控制法	对质量成本进行控制，充分反映了现代企业对产品质量和产品成本的重视，也反映了技术与经济相结合促进经济和社会发展这一历史发展的必然趋势
质量问题追溯法	质量问题追溯法，是指追溯质量问题应采取的思维形式和行为方式，也就是如何才能有效地符合工作程序、符合成本原则，其解决的具体行为即为所"追溯"的标准行为，也就是方法

在现实的仓储组织开展仓储服务质量控制时，选用控制方法与工具时，需要重点关注如下几个问题：①对照质量控制标准，与之相对应的仓储服务的质量特性值是什么？拟采用何种方法去测量？②如何去识别这些特性值测量结果的好坏？如何发现仓储服务质量的异常波动？③当发现异常波动时，如何去诊断引起波动的原因？④在处理仓储服务质量异常波动时，需要借助哪些质量控制方法与工具？

第五节　仓储服务质量改进

仓储服务质量管理活动可划为两个类型：一类是维持现有的质量，其方法是"质量控制"；另一类是改进目前的质量，其方法是主动采取措施，使质量在原有的基础上有突破性的提高，即"质量改进"。质量控制与质量改进效果不一样，但两者是紧密相关的，质量控制是质量改进的前提，质量改进是质量控制的发展方向。质量控制面对的是"今天"的要求，控制的效果是维持其质量水平；而质量改进是为了"明天"的需要，改进的效果则是突破或提高。改进的最终效果是按照比原计划目标高得多的质量水平进行工作。本节重点介绍仓储服务质量改进的内涵、对象、策略、途径、方法与程序。

一、仓储服务质量改进的内涵与对象

（一）仓储服务质量改进的内涵

仓储服务质量改进是仓储服务质量管理的一部分，致力于增强满足质量要求的能力。该定义中的"要求"可以是有关任何方面的，如有效性、效率或可追溯性。由此可见，仓储服务质量改进是仓储服务质量管理活动的组成部分，是着重于增强满足仓储服务质量要求的能力的那些仓储服务质量管理活动。由此可见，仓储服务质量改进的含义应包括以下内容。

（1）质量改进的对象。质量改进的对象可以分为两类：一类是产品（或服务）质量，如电视机厂生产的电视机实物的质量，饭店的输出服务质量等；另一类是工作质量，如企业中供应部门的工作质量，车间计划调度部门的工作质量等。因此，质量改进的对象是全面质量管理中所叙述的"广义质量"概念。

（2）质量改进的方式。质量改进有两种基本方式：一种是通过改进"产品特性"进而增强顾客满意的改变，这种改变通常是通过质量计划活动来实现的；另一种则是通过降低"缺陷"来减少慢性浪费和消除顾客不满的改变，这种改变主要通过揭示原因并采取纠正措施的方法来实现。这种旨在减少慢性浪费的活动便是通常人们所讲的质量改进。

（3）质量改进的过程。质量改进是一个变革和突破的过程，该过程也必然遵循 PDCA 循环的规律。由于时代的发展是永无止境的，为立足于时代，质量改进也必然是"永无止境"的。国外质量专家认为：永不满足则兴、裹足不前则衰。此外，还要深刻理解"变革"的含义，变革就是要改变现状。改变现状就必然会遇到强大的阻力。这个阻力来自技术和文化两个方面。因此，了解并消除这些阻力，是质量改进的先决条件。

（4）偶发性缺陷与长期性缺陷。在质量管理过程中，既要及时排除产品的质量缺陷，又要保证产品质量的继续提高。缺陷是质量管理的主要对象，缺陷是指不满足预期的使用要求，即指一种或多种质量特性偏离了预期的使用要求。一般情况下，质量缺陷分为偶发性质量缺陷和长期性质量缺陷两种类型。偶发性质量缺陷是指产品质量突然恶化所造成的缺陷，是由于生产过程中系统偏差所造成的。由于偶发性质量缺陷影响生产的进展，因此需要立即采取措施使生产恢复正常。它类似产品质量的"急性病"，采取对策的方式是"救火式",其目的仅局限于"恢复常态"。长期性质量缺陷是指产品质量长期处于低水平状态所造成的缺陷,是生产过程中随机偏差综合影响所造成的。人们虽然对它有所察觉,但习以为常,缺乏采取措施的紧迫感。长期性质量缺陷不易引起人们的重视,所造成的经济损失远远高于偶发性质量缺陷。长期性质量缺陷类似产品质量的"慢性病",对其采取的对策是"质量突破"方式,其目的是"层次提高"。

(二)仓储服务质量改进的对象

仓储组织质量改进活动涉及质量管理的全过程,改进对象既包括仓储服务的结果、过程与质量体系要素,也包括员工的工作质量。仓储服务质量是在一系列的仓储作业过程中形成的,涉及仓储设施、仓储设备、仓储作业、仓储物资等诸多方面。仓储服务质量改进项目的选择重点,应是长期性的缺陷。仓储服务质量改进是指改进服务自身的缺陷,或是改进与之密切相关事项的仓储作业缺陷的过程。

一般来说,应把影响仓储组织质量目标实现的主要问题,作为质量改进的对象,同时还应对以下情况给予优先考虑。

(1)市场竞争最敏感的项目。仓储组织应了解顾客对影响仓储服务结果的众多服务过程与质量体系要素中最关切的是哪一项,因为它往往会决定仓储服务在市场竞争中的成败。例如,顾客对于流通加工服务的速度与效率两个因素比较敏感,则流通加工服务质量改进项目主要是提高它的速度与效率。

(2)服务质量指标达不到规定"标准"的项目。所谓规定"标准"是指在服务提供过程中,合同或销售文件中所提出的标准。如仓储服务的质量指标达不到这种标准,则仓储组织就难以在市场上立足。为此,仓储组织应该对仓储服务中所存在的不达标的作业流程、仓储设施与设备资源配置情况、储存条件等方面加以改进。

(3)服务质量低于行业先进水平的项目。颁布的各项标准只是仓储服务质量要求的一般水准,有竞争力的仓储组织都执行内部控制的标准,内部标准的质量指标高于公开颁布标准的指标。因此选择改进项目应在立足于与先进仓储组织服务质量对比的基础上,将本仓储组织服务质量项目低于行业先进水平者,均应列入计划,制订出改进措施,否则难以占领国内外市场。

(4)其他。诸如仓储服务质量成本高的项目,用户意见集中的项目,索赔与诉讼项目,影响服务信誉的项目等。

二、仓储服务质量改进的策略与途径

仓储服务质量改进有突破性改进和渐进性改进两种策略,在实施质量改进活动中,可以从过程改进、员工改进与组织改进三条途径着手。

(一)仓储服务质量改进的策略

仓储组织对仓储服务的产品、过程和质量体系相互关联的一组要素作出系统性改变的质量改进策略,称为仓储服务质量的突破性改进策略。采用突破性改进策略有如下三个方面的优势:一是有利于仓储组织整合资源;二是若改进成功,则成效非常显著;三是有利于仓储组织形成核心竞争优势。与此同时,实施突破性质量改进策略时,仓储组织也要面对质量改进风险高、改进投入大等方面的挑战。为此，采用这种改进策略时，至少需要具备如下两个条件：一是改进方案可行且可靠，二是组织相关人员有共识。

仓储组织对日常工作中遇到的仓储服务的产品、过程或质量体系的细节问题作出的局部性改变的质量改进策略，可以称为仓储服务质量的渐进性改进策略。采用这种改进策略具有如下优点：一是适合仓储组织全体人员共同参与；二是质量改进的风险小；三是质量改进的成本相对较低。与此同时，实施渐进性质量改进策略时，仓储组织可能面临难以组织系统性整体改进、改进过程中有时会出现不一致的行为等不利因素。此类改进策略适用于如下情形：一是改进仓储组织的日常工作中细节问题；二是改进仓储组织中不影响组织或部门整体利益的局部问题。

（二）仓储服务质量改进的途径

根据仓储服务质量改进项目课题的大小、难度、所涉及的范围及采用的方法不同，质量改进可分为过程改进、员工改进和组织改进三种途径。

（1）过程改进。仓储组织的任何一项工作都是通过一个过程来完成的。任何一个仓储服务过程必须是增值的，否则应视为无效过程。过程改进的目的在于不断提高过程增值的幅度，为组织创造高的工作质量、高的工作效率和高的经济效益。仓储服务过程改进是根据对过程的要求提出的。一是要提高过程的技术能力（使过程处于技术稳态），二是要提高过程的稳定性（使过程处于统计稳态）。

（2）员工改进。仓储服务质量改进活动中，员工改进是指每一位员工根据自己身边存在的质量问题，通过自主管理活动或 QC 小组活动而开展的质量改进。仓储服务质量改进项目大多是由系统因素作用而发生的异常质量波动的结果。员工改进开展的普遍与否，从一个侧面反映了组织"以人为本"的质量文化启动的程度高低。根据美国心理学家马斯洛的分析，人类均有自我实现的需要，这种需要能促使人们具有一定的目标导向。希望需求得到满足，就会导致人们产生自主管理或参与 QC 小组活动的积极性，即员工改进。

（3）组织改进。仓储服务质量改进活动中，组织改进是对整个仓储组织所进行的质量改进活动，其针对的大多是由随机因素的作用，使质量水平达不到顾客要求或不理想，而必须采取系统改造措施解决的课题。其往往会涉及质量管理体系运行的有效性、技术能力的先进性、组织内外部环境的相关性，甚至质量改进的基本概念涉及组织文化和员工队伍的素质等，大多属于宏观管理的改进项目。组织改进涉及范围广、难度大，需要组织的高层领导亲自主持、参与，并且需要在人力、物力、财力等方面有较大的投入，但其效果往往是非常显著的。

三、仓储服务质量改进的方法与程序

无论是采用突破性质量改进策略还是采用渐进性质量改进策略，仓储组织都需要与之相适应的质量改进方法与工具的支撑，需要遵循一定的质量工作程序。

（一）仓储服务质量改进的方法

仓储服务质量改进项目的选定应该根据项目本身的重要程度、缺陷的严重程度、仓储组织的技术能力和经济能力等方面的资料，综合分析后来决定。下面介绍几种常见的选择方法。

（1）统计分析法。该方法首先运用数理统计方法对仓储服务缺陷进行统计，得出清晰的数量报表；其次利用这些资料进行分析；最后根据分析的结果，选定改进项目。常用的方法有：缺陷的关联图分析和缺陷的矩阵分析等。该方法的特点是目光注视仓储组织内部，积极搜寻改进目标。

（2）对比评分法。该方法是运用调查、对比、评价等手段将仓储组织服务质量与市场上同类仓储服务质量进行对比评分，从而找出本企业产品质量改进的重点。该方法的特点是：放眼四方，达到知己知彼的境地，从而制定出最有利的改进项目。

（3）技术分析法。该方法是首先收集科学技术情报，了解顾客对仓储服务需求的发展趋势，了解新技术在仓储服务上应用的可能性，了解新工艺及其使用的效果等；其次进行科技情报的调查与分析；最后寻求质量改进的项目和途径。该种方法的特点是，运用"硬技术"，抢先一步使仓储技术处于领先地位，从而占领市场。

（4）质量经济分析法。该方法是首先运用质量经济学的观点，来选择改进项目并确定这些项目的改进顺序；其次运用"用户评价值"的概念，计算出成本效益率；最后以成本效率数值来选择仓储服务质量的改进项目。其中"用户评价值"是指当该项质量特性改进后，用户愿意支付的追加款额。成本效益率就是"用户评价值"与"质量改进支出费用"的比值，该值大者优先进行质量改进，该值小于 1 者，无改进价值。该种方法是以企业收益值作为标准来进行质量改进项目选择的。

（二）仓储服务质量改进的程序

仓储服务质量改进项目（活动）通常起始于改进机会的发现，而改进机会发现又基于对质量损失的度量和（或）与同行领先仓储组织进行对比分析。问题一旦明确，质量改进项目或活动就可以通过一系列步骤向前推进，并通过采取预防或纠正措施来完成，最终使该过程达到和保持新的、更高的水平。实施质量改进的一般步骤如下：

（1）仓储服务质量改进项目遴选与确定。仓储组织成员都应积极地提出质量改进项目和活动。项目确定之后，应将项目或活动指定给专人或小组负责实施。在实施之前，应制订质量改进项目实施计划，分配充足的资源。

（2）调查可能的原因。这一步骤的目的是通过收集资料，确认、分析被改进项目的性质，提高对被改进项目的认识，初步诊断引起被改进项目的可能原因。

（3）确定因果关系。通过对资料、数据进行分析，确定因果关系，掌握待改进过程的性质。此时，要注意区分巧合与因果关系。

（4）采取预防或纠正措施。在确定因果关系之后，应针对相应的原因制订多种预防或纠正措施的方案并对它们加以评估。对有关方案的取舍，应由参与该措施实施的成员来研究决定。在其实施方面，全体有关人员的合作十分重要。

（5）对改进进行确认。采取预防或纠正措施之后，必须收集适当的数据加以分析，以确定改进取得的效果。如果在采取预防或纠正措施之后，未达到预期效果，那些不良现象仍继续发生，且发生频率与改进之前几乎相同，则需要重新确定质量改进项目或活动。

（6）保持成果。为了将经确认后的改进成果保持下去，应对相应的规范、作业标准、管理程序及方法等进行更改，并要对有关人员进行必要的教育和培训。对改进后的过程需要在新的水平上加以控制。

（7）继续改进。改进取得成果之后，在新的水平上又会有新的问题，此时可以根据新的目标再实施质量改进项目活动。

上述质量改进的步骤也就是一个 PDCA 循环。将 PDCA 循环用于持续的质量改进，就能使产品、服务质量不断提高到更高的水平。

复习思考题

1. 什么是服务？如何从服务的分类中把握仓储服务的内涵与特征？
2. 仓储服务的体系、过程与产品分别是什么？三者之间的本质联系是什么？
3. 什么是固有特性？仓储服务的固有特性可以分为哪几类？
4. 什么是要求？可以分为哪几类？仓储组织的要求可以由谁提出？
5. 什么是质量特性？仓储服务的质量特性有哪些？
6. 简述仓储服务质量管理的主要过程及其管理职能。
7. 简述仓储服务质量策划的目标与原则。
8. 简述仓储服务质量策划的范围与内容。
9. 仓储服务质量策划的输入与输出主要包括哪些？
10. 在仓储服务质量评价中，评价对象和评价主体各有哪些？
11. 仓储服务质量评价的目标有几类？各有什么特征？
12. 简述仓储服务质量控制的反馈原理及其应用。
13. 结合实际谈谈仓储服务质量控制的一般过程。
14. 试比较两类仓储服务质量改进策略的优缺点。
15. 仓储服务质量改进的对象有哪些？简述仓储服务质量改进三条途径之间的内在联系。

主要参考文献

[1] 周文泳. 现代仓储管理[M]. 北京：化学工业出版社，2010.
[2] 尤建新，周文泳，武小军，等. 质量管理学[M]. 3 版. 北京：科学出版社，2014.
[3] 安玉婷. 第三方物流企业服务质量评价研究[J]. 物流科学与工程，2009（1）：9-10.
[4] 张健兰，吴向丹. SERVQUAL 模型在图书馆服务质量评价上的应用[J]. 图书馆学研究，2003（5）：87-90.
[5] 中国仓储协会秘书处. 仓储服务质量评鉴的指标体系[J]. 物流工程与管理，2008（10）：67-68.
[6] 周文泳，钟灿涛，尤建新. 科学研究质量改进理论与方法[M]. 北京：化学工业出版社，2012.

教师服务

感谢您选用清华大学出版社的教材！为了更好地服务教学，我们为授课教师提供本书的教学辅助资源，以及本学科重点教材信息。请您扫码获取。

▶▶ 教辅获取

本书教辅资源，授课教师扫码获取

▶▶ 样书赠送

物流与供应链管理类重点教材，教师扫码获取样书

清华大学出版社

E-mail: tupfuwu@163.com
电话：010-83470332 / 83470142
地址：北京市海淀区双清路学研大厦 B 座 509

网址：https://www.tup.com.cn/
传真：8610-83470107
邮编：100084